漢魏六朝雜傳叙録 下 册

熊明著

中華書局

卷　中

葛洪別傳

輯存。佚名撰。

《葛洪別傳》,《隋書·經籍志》等無著録,撰人不詳。丁國鈞《補晉書藝文志》卷二史録雜傳類、文廷式《補晉書藝文志》卷三史部雜傳類、秦榮光《補晉書藝文志》卷二史部傳記類、吳士鑑《補晉書藝文志》卷二史録雜傳類補録。

葛洪,《晉書》卷七二有傳,其云:"葛洪,字稚川,丹楊句容人也。祖系,吳大鴻臚。父悌,吳平後入晉,爲邵陵太守。洪少好學,家貧,躬自伐薪以貿紙筆,夜輒寫書誦習。遂以儒學知名。性寡欲,無所愛翫,不知棋局幾道,摴蒲齒名。"時或尋書問義,不遠數千里崎嶇冒涉,期於必得,遂究覽典籍,尤好神仙導養之法。從祖玄,吳時學道得仙,號曰葛仙公,以其鍊丹祕術授弟子鄭隱。洪就隱學,悉得其法焉。後師事南海太守上黨鮑玄。玄亦内學,逆占將來,見洪深重之,以女妻洪。洪傳玄業,兼綜練醫術,凡所著撰,皆精覈是非,而才章富贍。太安中,石冰作亂,吳興太守顧祕檄洪爲將兵都尉,破之,遷伏波將軍。避地南土,參廣州刺史嵇含軍事。及含遇害,遂停南土多年,征鎮檄命一無所就。後還鄉里。元帝爲丞相,辟爲掾。以平賊功,賜爵關内侯。咸和初,司徒導召補州主簿,轉司徒掾,遷諮議參軍。選爲散騎常侍,領大著作,洪固辭不就。以年老,欲鍊丹以祈遐壽,聞交阯出丹,求爲句漏令。至廣州,止羅浮山鍊丹。卒,時年八十一。

《葛洪別傳》久佚,今存佚文二節,皆見於《北堂書鈔》徵引。《漢魏六朝雜傳集》即據《北堂書鈔》所引,輯得其文。所存二節佚文,其一見於《北堂書鈔》卷九七《藝文部三·好學十一》"柴火寫書"引,叙葛洪賣薪買紙筆讀書著述。其二見於《北堂書鈔》卷九七《藝文部三·好學十一》"不知碁局幾道不知摴蒱齒名"引,叙葛洪好學,不知棋局幾道,摴蒲齒名。

《晉書·葛洪傳》云葛洪"好神仙導養之法","兼綜練醫術","著述篇章富於班馬,又精辯玄賾,析理入微",故其事多傳於民間。《葛洪別傳》當多載其此類事。惜其散佚。

佛圖澄別傳三種

今見於諸書徵引佛圖澄之別傳者有三:一作《佛圖澄別傳》,一作《佛圖澄傳》。《法苑珠林》卷三一又有《西晉沙門竺佛圖澄傳》。

佛圖澄,《晉書》卷九五《藝術傳》有傳,其云:"佛圖澄,天竺人也。本姓帛氏,少學道,妙通玄術。永嘉四年,來適洛陽,自云百有餘歲。常服氣自養,能積日不食。善誦神咒,能役使鬼神。"及洛中寇亂,佛圖澄潛草野以觀變,石勒屯兵葛陂,澄投勒大將軍郭黑略家,爲預占吉凶,勒召澄,試以道術。自此常在勒處,能逆知勒所思所想,兵戰諸事,皆預卜而後驗。事必諮而後行,號曰大和尚。勒死,石季龍僭位,遷都於鄴,傾心事澄,有重於勒。後趙建武十四年(348),卒於鄴宮寺。《晉書·佛圖澄傳》云:"明年,季龍死,遂大亂。"

佛圖澄別傳

輯存。佚名撰。

《佛圖澄別傳》,《隋書·經籍志》等史志書目均無著録,撰人不詳。《太平御覽經史圖書綱目》録《佛圖澄別傳》,丁國鈞《補晉書藝文志》卷二史録雜傳類、文廷式《補晉書藝文志》卷五子部釋家類、秦榮光《補晉書藝文志》卷三子部釋家類、吳士鑑《補晉書藝文志》卷二史録雜傳類補録。章宗源《隋書經籍志考證》據《世説新語》劉注補録《浮圖澄別傳》,姚振宗《隋書經籍志考證》轉録章氏所補。

《佛圖澄別傳》久佚,今存佚文四節。《漢魏六朝雜傳集》據諸書稱引《佛圖澄別傳》者輯録,題《佛圖澄別傳》。今檢其佚文,共四事,條列如下。

一、叙佛圖澄來歷及生平大略。當是節略,見於《世説新語·言語》第四五條劉注引。

二、叙佛圖澄以鉢盛水,燒香咒之,須臾鉢中生青蓮花。見於《太平御覽》卷七五九《器物部四·鉢》引。此事爲石勒初見佛圖澄事,《晉書·佛圖澄傳》亦載。

三、叙石勒時天旱,得死龍,咒祭而雨降。見於《事類賦》卷二八《鱗介部·龍賦》“或漬之而復活”引。《太平御覽》卷九三〇《鱗介部二·龍下》引一節,承上條“酈善長《水經注》曰《浮圖澄別傳》”,所叙與《事類賦》卷二八所引庶幾相同。

四、叙石虎時,佛圖澄詣滏口祠祈雨事。《北堂書鈔》卷九〇《禮儀部十一·祈禱二十六》“白龍降祠”、《太平御覽》卷六四《地部二十九·滏水》引。《太平御覽》卷九三〇《鱗介部二·龍下》引一節,作“酈善長《水經注》曰《浮圖澄別傳》”,所叙文字大略同《北堂書鈔》卷九〇及《太平御覽》卷六四所引。此事《晉書·佛圖澄傳》亦載。

佛圖澄傳

輯存。佚名撰。

《佛圖澄別傳》之外，又有《佛圖澄傳》。《佛圖澄傳》，《隋書·經籍志》等史志書目均無著錄，撰人不詳。《太平御覽經史圖書綱目》錄《佛圖澄別傳》之外，又錄《佛圖澄傳》，丁國鈞《補晉書藝文志》卷二史錄雜傳類補錄。

《佛圖澄傳》久佚，《漢魏六朝雜傳集》據諸書稱引《佛圖澄傳》者輯錄其文，題《佛圖澄傳》。今見諸書徵引作《佛圖澄傳》者有三：

一、叙佛圖澄以鉢盛水，燒香咒之，須臾生青蓮花。見於《藝文類聚》卷八二《草部下·芙蕖》、《太平御覽》卷九八一《香部一·香》、卷九九九《百卉部六·芙蕖》、《法苑珠林》卷三九《華香篇第三十三·感應緣》引。

二、叙佛圖澄詣滏口祠祈雨事。見於《太平御覽》卷一一《天部十一·祈雨》引。

三、叙佛圖澄指後趙尚書張離、張良事佛而貪恡。見於《太平御覽》卷六五八《釋部八·塔》引。

西晉沙門竺佛圖澄

存。佚名撰。

《佛圖澄別傳》、《佛圖澄傳》之外，《法苑珠林》卷三一《潛遁篇·感應緣》錄有《西晉沙門竺佛圖澄》。《漢魏六朝雜傳集》錄存其文，附於《佛圖澄別傳二種》後。《法苑珠林》卷三一所錄《西晉沙門竺佛圖澄》，與《晉書·佛圖澄傳》、《高僧傳·佛圖澄傳》不同，不知所出，或出澄之別傳。《法苑珠林》此引同《集神州三寶感通錄》卷下《神僧感通錄》所引。《集神州三寶感通錄》即《東夏三寶感通錄》，《開元釋教錄》卷二十著錄，云"三卷"，亦云"《集神州三寶感通》,九十七紙,唐釋道宣撰"。《集神州三寶感通録》卷下列諸人姓名後云"余所討尋前後傳記備列如前",則其當爲人物别傳。

鳩摩羅什譯撰三種

天竺僧鳩摩羅什譯撰有菩薩傳記三種,即《馬鳴菩薩傳》、《龍樹菩薩傳》、《提婆菩薩傳》。

鳩摩羅什,《晉書》卷九五《藝術傳》、《出三藏記集》卷一四《述列傳》、《高僧傳》卷二有傳。《晉書·藝術·鳩摩羅什傳》云:"鳩摩羅什,天竺人也。世爲國相。父鳩摩羅炎,聰懿有大節,將嗣相位,乃辭避出家,東渡葱嶺。龜兹王聞其名,郊迎之,請爲國師。王有妹,年二十,才悟明敏,諸國交娉,並不許,及見炎,心欲當之,王乃逼以妻焉。既而羅什在胎,其母慧解倍常。及年七歲,母遂與俱出家。"年十二,其母攜到沙勒,國王甚重之,遂停沙勒一年。年二十,龜兹王迎之還國,廣説諸經,四遠學徒莫之能抗。建元二十年(384),苻堅遣驍騎將軍吕光等率兵七萬,西伐龜兹,獲羅什還至涼州。及吕光父子敗,姚興遣姚碩德西伐,弘始三年(401),破吕隆,乃迎羅什於長安,待以國師之禮。使入西明閣及逍遥園,與沙門僧叡、僧肇等八百餘人譯經,更出經論,凡三百餘卷,著《實相論》二卷。卒於長安。

鳩摩羅什卒年,諸鳩摩羅什傳有不同記載,《出三藏記集·鳩摩羅什傳》云以晉義熙(405—418)中卒于長安①。《高僧傳·晉長安鳩摩羅什》云以僞秦弘始十一年(409)八月二十日卒于長

---

① 釋僧祐撰,蘇晉仁、蕭鍊子點校:《出三藏記集》,中華書局 2017 年,第535 頁。

安,是歲晉義熙五年也①。《廣弘明集》所載僧肇《鳩摩羅什法師
誄》云癸丑(413)之年,年七十,四月十三日薨乎大寺②。《開元
釋教録》云以秦弘始(399—416)中卒③。今日本學者塚本善隆
考證以爲《高僧傳》記載鳩摩羅什去世於"弘始十一年"是正確
的,其鳩摩羅什生卒年爲公元 350—409 年,享年 60 歲。吕澂在
《中國佛學源流略講》認爲塚本善隆考證"理由很充分,因而是可
信的"④。方立天在《中國佛教與傳統文化》中介紹鳩摩羅什時
生卒年寫爲公元 344—431 年,則認爲其卒年爲 431 年⑤。
"431"或是"413"之誤。湯用彤《漢魏兩晉南北朝佛教史》中依據
僧肇《鳩摩羅什法師誄》定鳩摩羅什生於 343 年或 344 年,卒於
弘始十五年(413)⑥。

　　僧肇曾隨鳩摩羅什譯經,當親歷羅什之卒,其所作《鳩摩羅
什法師誄》所述當最爲準確,亦可信,故湯用彤所斷,近實焉。

　　日本落合俊典比較日本七寺一切經中發現的《馬鳴菩薩傳》
抄本與《大正藏》載録《馬鳴菩薩傳》,並據相關資料,認爲:"《馬
鳴菩薩傳》是羅什弟子僧睿依據羅什的講説整理編集而成的,而
《龍樹菩薩傳》和《提婆菩薩傳》則是僧睿或接近僧睿的弟子基於
羅什的講説整理編集形成的,然而在後來皆遭到大幅度地竄
改。"⑦即使如落合俊典所言,三傳爲僧睿最終整理成文,然譯撰
之權亦當屬鳩摩羅什。

---

①釋慧皎撰,湯用彤校注:《高僧傳校注》,中華書局 2007 年,第 54 頁。

②釋道宣:《廣弘明集》,上海古籍出版社 1991 年,第 226 頁。

③智昇撰,富世平點校:《開元釋教録》,中華書局 2019 年,第 239 頁。

④吕澂:《中國佛學源流略講》,中華書局 1988 年,第 87 頁。

⑤方立天:《中國佛教與傳統文化》,上海人民出版社 1988 年,第 50 頁。

⑥湯用彤:《漢魏兩晉南北朝佛教史》,商務印書館 2017 年,第 222 頁。

⑦落合俊典著,楊曾文譯:《"三菩薩傳"羅什譯質疑》,《佛學研究》2004 年
　第 1 期,總第 13 期,第 52—56 頁。

　　三傳今俱存。唐釋道世撰《法苑珠林》卷六六《機辨篇第五十八·菩薩部》録《馬鳴菩薩傳》、《龍樹菩薩傳》。佛藏俱載三傳，《大正新修大藏經》論藏史傳部收録，各傳本文字多有不同。

馬鳴菩薩傳

存。一卷。

　　鳩摩羅什譯撰《馬鳴菩薩傳》，《隋書·經籍志》等史志書目皆無著録，隋費長房《歷代三寶記》卷八"譯經苻秦姚秦"、唐釋道宣《大唐内典録》卷七"聖賢集傳録"、明佺等《大周刊定衆經目録》卷一四"聖賢集傳"、智昇《開元釋教録》卷一三"有譯有本録中聖賢傳記録"等佛藏目録著録。丁國鈞《補晉書藝文志》卷二史録雜傳類、秦榮光《補晉書藝文志》卷二史部傳記類、吳士鑑《補晉書藝文志》卷二史録雜傳類、黃逢元《補晉書藝文志》卷二史録雜傳類均補録，皆一卷。

　　馬鳴，約爲西元一、二世紀天竺人，佛教著名的文士、論師。付法藏第十二祖，又被譽爲"天竺十二祖"，因講經時"馬解其音"，故爾得名"馬鳴菩薩"。著有《佛所行讚》、《大莊嚴論經》、《大乘起信論》等。

　　《馬鳴菩薩傳》，宋元以來諸佛藏載録，《大正新修大藏經》論藏史傳部收録。叙馬鳴菩薩初爲外道，論辯敗於脅長老而拜其爲師，後廣宣佛法，以至於使餓馬"垂淚聽法"之事。又，唐釋道世撰《法苑珠林》卷六六《機辨篇第五十八·菩薩部》録《馬鳴菩薩傳》。所叙之事與《大正藏》等經藏所録頗異。二十世紀末，日本名古屋七寺一切經中新發現《馬鳴菩薩傳》鈔本，爲平安時代鈔本。與後來於京都興聖寺所發現的鐮倉時代的鈔本同出一源。此鈔本與《法苑珠林》卷六六所載《馬鳴菩薩傳》文字多同，則其當源自唐代傳入日本之佛經。此鈔本與《大正藏》所録《馬鳴菩薩傳》大異，落合俊典認爲七寺鈔本爲"真本"，爲僧睿整理；而《大正藏》所録爲"僞本","僞本"《馬鳴菩薩傳》,"若從五代後晉編集的可洪所撰《新集藏經音義隨函録》所載 20 條摘録語與七寺一切經的真本《馬鳴菩薩傳》一致,而未發現有引自僞本《馬鳴菩薩傳》的文字來看,可以認爲僞本《馬鳴菩薩傳》編纂於北宋敕版一切經雕印前後的可能性是很大的"。又説:"三菩薩傳中的一傳、真本《馬鳴菩薩傳》未被篡改,它被僞本竄改替代至早也不會是在隋唐時代。這也許是在五代、北宋 10 世紀被匆忙加以竄改的。"①

龍樹菩薩傳

存。一卷。

鳩摩羅什譯撰《龍樹菩薩傳》,《隋書·經籍志》等史志書目皆無著録,隋費長房《歷代三寶記》卷八"譯經苻秦姚秦"、唐釋道宣《大唐内典録》卷七"聖賢集傳録"、明佺等《大周刊定衆經目録》卷一四"聖賢集傳"、智昇《開元釋教録》卷一三"有譯有本録中聖賢傳記録"等佛藏目録著録。丁國鈞《補晉書藝文志》卷二史録雜傳類、秦榮光《補晉書藝文志》卷二史部傳記類、吳士鑑《補晉書藝文志》卷二史録雜傳類、黃逢元《補晉書藝文志》卷二史録雜傳類均補録,皆一卷。

龍樹,付法藏第十四祖,南天竺人。因生於樹下,又以龍得道,故稱"龍樹菩薩",著名的佛教大乘論師,中觀學説創始人。

《龍樹菩薩傳》宋元以來諸佛藏載録,此傳亦當在唐宋時傳入朝鮮半島,《高麗藏》亦載此傳。《大正新修大藏經》史傳部據載此二本。文字多異。其最大不同是龍樹教化外道南天竺王一節。

高麗本《龍樹菩薩傳》:

---

① 落合俊典著,楊曾文譯:《"三菩薩傳"羅什譯質疑》,《佛學研究》2004 年第 1 期,總第 13 期,第 52—56 頁。

又南天竺王總御諸國信用邪道。沙門釋子一不得見。
國人遠近皆化其道。龍樹念曰："樹不伐本則條不傾，人主
不化則道不行。"其國政法王家出錢雇人宿衛，龍樹乃應募
爲其將，荷戟前驅，整行伍，勒部曲，威不嚴而令行，法不彰
而物隨。王甚嘉之，問是何人。侍者答言："此人應募既不
食廩又不取錢，而在事恭謹閑習如此，不知其意何求何欲。"
王召問之："汝是何人。"答言："我是一切智人。"（《大正藏》
第 50 册第 185 頁上 4—13 行）

然而在宋本《龍樹菩薩傳》：

　　時南天竺王甚邪見，承事外道，譭謗正法。龍樹菩薩爲
化彼故，躬持赤旛在王前行。經歷七年，王始怪問："此是何
人在我前行。"答曰："我是一切智人。"（《大正藏》第 50 册第
186 頁上 16—20 行）

宋本《龍樹菩薩傳》所載的這段簡短的文字也見於《付法藏
因緣傳》中的《龍樹傳》：

　　時南天竺王甚邪見，承事外道，毀謗正法。龍樹菩薩爲
化彼故，躬持赤幡在王前行，經歷七年，王始怪問："此是何
人在吾前行？"答曰："我是一切智人。"（《大正藏》第 50 册第
318 頁上 19—22 行）

高麗本《龍樹菩薩傳》與宋及以後諸藏《龍樹菩薩傳》叙事順
序亦有不同，高麗本《龍樹菩薩傳》中龍樹菩薩在南天竺廣造經
論、與外道鬥法事在顯示神通感化國王事之前，而諸藏《龍樹菩
薩傳》顯示神通感化國王事在南天竺廣造經論、與外道鬥法事
前。與高麗本《龍樹菩薩傳》相同，《趙城金藏》——作爲北宋《開
寶藏》的覆刻本，其中《龍樹菩薩傳》叙事順序亦是如此。

此外，《龍樹菩薩傳》與《提婆菩薩傳》後叙"南天竺王總御諸
國"一節文字所叙，僅"龍樹"與"提婆"之名不同而已。蓮澤成淳

以爲是"書寫之際產生的混同"①，落合俊典則認爲"絕不是'誤入'，或者'書寫之際產生的混同'等那樣簡單的問題。很清楚，這樣做是有意圖的，是有所作爲的。無論從分量，或是從內容、簡單的錯簡來説，都是不能考慮的。現在越來越清楚，在現行兩種刻本系統的《龍樹菩薩傳》和《提婆菩薩傳》中，隱藏著一個很大的謎"②。

提婆菩薩傳

存。一卷。

鳩摩羅什譯撰《提婆菩薩傳》，《隋書・經籍志》等史志書目皆無著録，隋費長房《歷代三寶記》卷八"譯經苻秦姚秦"、唐釋道宣《大唐内典録》卷七"聖賢集傳録"、明佺等《大周刊定衆經目録》卷一四"聖賢集傳"、智昇《開元釋教録》卷一三"有譯有本録中聖賢傳記録"等佛藏目録著録。丁國鈞《補晉書藝文志》卷二史録雜傳類、秦榮光《補晉書藝文志》卷二史部傳記類、吳士鑑《補晉書藝文志》卷二史録雜傳類、黄逢元《補晉書藝文志》卷二史録雜傳類均補録，皆一卷。

提婆，付法藏第十五祖，龍樹菩薩弟子，南天竺人。著有《中論》、《百論》、《百字論》等。

今《大正新修大藏經》史傳部存録其文。

支遁別傳三種

今見於諸書徵引支遁之別傳者有三：一作《支遁別傳》，一作

---

① 蓮澤成淳：《龍樹菩薩傳解題》，《國譯一切經》史傳部第六，大東出版社1936年，第457頁。
② 落合俊典著，楊曾文譯：《"三菩薩傳"羅什譯質疑》，《佛學研究》2004年第1期，總第13期，第52—56頁。

《支遁傳》，一作《支法師傳》。此三傳《世説新語》劉注均有徵引，故其或當非一傳之異稱。

支遁，字道林。晉釋法濟《高逸沙門傳》有其傳，見於《世説新語·言語》第六三條劉注引，其云："支遁，字道林，河内林慮人，或曰陳留人。本姓關氏。少而任心獨往，風期高亮，家世奉法。嘗於餘杭山沈思道行，泠然獨暢。年二十五始釋形入道，年五十三終於洛陽。"梁慧皎《高僧傳》卷四亦有其傳，其云："本姓關氏，陳留人。或云河東林慮人。幼有神理，聰明秀徹。初至京師，太原王濛甚重之，曰：'造微之功，不減輔嗣。'陳郡殷融嘗與衛玠交，謂其神情俊徹，後進莫有繼之者。及見遁，歎息以爲重見若人。家世事佛，早悟非常之理。隱居餘杭山，深思道行之品，委曲慧印之經。卓焉獨拔，得自天心。年二十五出家……"又云其"以晉太和元年閏四月四日終於所住，春秋五十有三。即窆於塢中，厥塚存焉。或云終剡，未詳"。

支遁別傳

輯存。佚名撰。

《支遁別傳》，《隋書·經籍志》等史志書目無著録，撰人不詳。丁國鈞《補晉書藝文志》卷二史録雜傳類、秦榮光《補晉書藝文志》卷三子部釋家類、吳士鑑《補晉書藝文志》卷二史録雜傳類補録。

《支遁別傳》，今見於《世説新語》劉注引二節，其一見於《世説新語·賞譽》第八八條劉注引，其二見於《世説新語·賞譽》第九八條劉注引，《剡録》卷三《高僧》引則合此二節，言其玄遠高亮，文字互有出入。

支遁傳

輯存。佚名撰。

《支遁傳》，《隋書・經籍志》等史志書目均無著録，撰人不詳。余嘉錫言及《支遁傳》當成書於《語林》之後，其云："《支遁傳》不知誰撰，蓋必作於《語林》成書之後，故採取其語，今《高僧傳》亦仍而不改。"①《太平御覽經史圖書綱目》録《支遁傳》，丁國鈞《補晉書藝文志》卷二史録雜傳類、文廷式《補晉書藝文志》卷五子部釋家類、黄逢元《補晉書藝文志》卷二史録雜傳類補録。

《支遁傳》久佚，其佚文今主要見於《世説新語》劉注及《太平御覽》徵引，計六節。

一、支遁出身及初到京師爲王濛所重。見於《太平御覽》卷六五五《釋部三・僧》、《剡録》卷三《高僧》引。

二、支遁每標舉會宗，而不留心象喻，爲謝安所善。見於《世説新語・輕詆》第二四條劉注引。

三、言支遁自然超邁。見於《世説新語・品藻》第六七條劉注引。

四、支遁太和元年終於剡之石城山。《世説新語・傷逝》第一三條劉注引。

五、法虔爲支道林同學。見於《世説新語・傷逝》第一一條劉注引。

六、王坦之與沙門竺法師論幽冥報應，相約使要先死者，當報其事。此節文字《太平御覽》卷六五五《釋部三・僧》引承上條《支遁傳》引，作"又曰"。此事《晉書・王坦之傳》亦載，其云："初，坦之與沙門竺法師甚厚，每共論幽明報應，便要先死者當報其事。後經年，師忽來云：'貧道已死，罪福皆不虚。惟當勤修道德，以升濟神明耳。'言訖不見。坦之尋亦卒。"與《支遁傳》文字幾同，《晉書》當據《支遁傳》。竺法師，慧皎《高僧傳・支遁傳》言

---

① 劉義慶撰，劉孝標注，余嘉錫箋疏，周祖謨等整理：《世説新語箋疏》下卷下《輕詆》第 24 條箋疏，上海古籍出版社 1996 年，第 844 頁。

其爲竺法仰："時東土復有竺法仰者，慧解致聞，爲王坦之所重。亡後猶見形，詣王勛以行業焉。"陶潛《搜神後記》卷九《竺法度》亦記此事。陶潛《搜神後記》此條故書多引，《法苑珠林》卷二一"晉沙門竺法師"、《太平廣記》卷三二二"王坦之"、《辯證論》卷七注皆引《續搜神記》，《法苑珠林》、《太平廣記》引作"竺法師"，《辯證論》注引作"竺法度"，李劍國先生《新輯搜神後記》從《辯證論》注引作竺法度：

> 沙門竺法度者會稽人。先與北中郎將王坦之友善，每共論死生罪福報應之事，茫昧難明，未審有無。因便共爲要，若有無常，其神有知，及罪福決定者，當相報語。既別後，王坦後在都，於廟中忽見師來，王便驚云："上人何處來？"答曰："貧道以某月日命過，罪福皆不虚，事若影響。檀越但當勤修道德，以升濟神明耳。先與君要，先死者相報，故來相語。"言訖，而不見耳①。

"竺法師"者當是敬稱法師而已，不及名號；言"仰"、"度"者，則實言其法號。此存疑。

支法師傳

輯存。佚名撰。

《支法師傳》，《隋書·經籍志》等史志書目均無著録，撰人不詳。丁國鈞《補晉書藝文志》卷二史録雜傳類、秦榮光《補晉書藝文志》卷三子部釋家類補録。

《支法師傳》久佚，今存佚文一節，見於《世説新語·文學》第三六條劉注引。云法師研十地，則知頓悟於七住；尋莊周，則辯聖人之逍遥。當時名勝，咸味其音旨。《漢魏六朝雜傳集》據以

①李劍國輯校：《新輯搜神記　搜神後記》卷九"竺法度"，中華書局 2012 年，第 580—581 頁。

輯得其文。

　　支遁爲東晉名僧，善玄談，與謝安等相善。慧皎《高僧傳》云：“王洽、劉恢、殷浩、許詢、郄超、孫綽、桓彥表、王敬仁、何次道、王文度、謝長遐、袁彥伯等，並一代名流，皆著塵外之狎。”與當時名流並有交遊。又云其死後，“郄超爲之序傳，袁宏爲之銘贊，周曇寶爲之作誄”。故郄超、袁宏當皆爲之作傳贊。其別傳當非僅一種。而《支遁別傳》、《支遁傳》、《支法師傳》，其郄超、袁宏之流所作耶？

釋道安別傳三種

　　今見於諸書徵引釋道安之別傳者有三：其一作《道安傳》，其二作《安法師傳》，其三作《安和上傳》。

　　釋道安，慧皎《高僧傳》卷五有傳，云：“姓衛氏，常山扶柳人也。家世英儒，早失覆蔭，爲外兄孔氏所養。年七歲，讀書再覽能誦，鄉鄰嗟異。至年十二出家，神智聰敏。”至鄴，事浮圖澄爲師。後又師竺法濟、支曇，後於太行恒山創立寺塔。至年四十五，復還冀部，住受都寺。後南投襄陽，始悟不依國主則法事難立。乃分遣弟子。釋道安於襄陽立檀溪寺，翻譯、整理佛經。苻堅取襄陽，得釋道安，攜至長安，住五重寺。秦建元二十一年二月八日即晉太元十年（385）卒，年七十二。

道安傳

　　輯存。佚名撰。

　　《道安傳》，《隋書·經籍志》等史志書目無著錄，撰人不詳。《太平御覽經史圖書綱目》列《道安傳》，丁國鈞《補晉書藝文志》卷二史錄雜傳類補錄《釋道安傳》；文廷式《補晉書藝文志》卷五子部釋家類補錄《道安傳》。

《道安傳》久佚，今存佚文一節，見於《太平御覽》卷六五五《釋部三·僧》引，叙道安首以釋爲姓，懸與經符，遂爲永式。

安法師傳

輯存。佚名撰。

《安法師傳》，《隋書·經籍志》等史志書目無著録，撰人不詳。丁國鈞《補晉書藝文志》卷二史録雜傳類、文廷式《補晉書藝文志》卷五子部釋家類、秦榮光《補晉書藝文志》卷三子部釋家類、吳士鑑《補晉書藝文志》卷二史録雜傳類補録。

《安法師傳》久佚，今存佚文一節，見於《世説新語·文學》第五四條劉注引，云釋道安見竺法汰，友而善之。

安和上傳

輯存。佚名撰。

《安和上傳》，《隋書·經籍志》等史志書目無著録，撰人不詳。丁國鈞《補晉書藝文志》卷二史録雜傳類、秦榮光《補晉書藝文志》卷三子部釋家類、吳士鑑《補晉書藝文志》卷二史録雜傳類補録《安和尚傳》。

《安和上傳》久佚，今存佚文一節，見於《世説新語·雅量》第三二條劉注引，略叙釋道安生平，當是節略之文。

慧皎《高僧傳·釋道安傳》云：“孫綽爲《名德沙門論》，自云釋道安博物多才，通經名理，又爲之贊。”釋道安爲一代名僧，於佛教中國化，貢獻猶著；且於佛教與世俗皇權關係問題，亦有較好處理，於當時即頗著影響，故其亡，當有多傳録其事蹟。

高坐別傳

輯存。王珉撰。一作《高坐傳》。

《高坐別傳》,《隋書·經籍志》等史志書目無録。撰人不詳。
章宗源《隋書經籍志考證》史部雜傳類據《世説》注補録《高坐別
傳》,姚振宗《隋書經籍志考證》史部雜傳類據章氏補録亦補録
《高座別傳》。丁國鈞《補晉書藝文志》卷二史録雜傳類、秦榮光
《補晉書藝文志》卷三子部釋家類、吳士鑑《補晉書藝文志》卷二
史録雜傳類補録《高坐道人別傳》;文廷式《補晉書藝文志》卷三
史部雜傳類補録《高座別傳》。

　　高坐即和尚帛尸黎密,或作帛尸黎密多羅,西域人。慧皎
《高僧傳》卷一有傳,其云:"西域人。時人呼爲高座。傳云:國王
之子,當承繼世,而以國讓弟。闇軌太伯。既而悟心天啟,遂爲
沙門。密天姿高朗,風神超邁,直爾對之,便卓出於物。晉永嘉
中,始到中國,值亂,仍過江,止建初寺。"爲王導、周顗等所善。
密性高簡,不學晉語,諸公與之語言,密雖因傳譯,而神領意得,
頓盡言前,莫不歎其自然天拔,悟得非常。密又善持咒術,所向
皆驗。晉咸康中卒,春秋八十餘。《世説新語·言語》第三九條
劉注引《塔寺記》云:"尸黎密冢曰高坐,在石子岡常行頭陀,卒於
梅岡,即葬焉。晉元帝於冢邊立寺,因名高坐。"《高僧傳·帛尸
黎密傳》云:"密常在石子岡東行頭陀,既卒,因葬於此。成帝懷
其風,爲樹刹塚所。後有關右沙門來游京師,乃於塚處起寺。陳
郡謝琨贊成其業,追旌往事,仍曰高座寺也。"余嘉錫案云:"(《高
僧傳》)與注所引《塔寺記》大異。咸康是成帝年號,蜜既卒於咸
康,則立寺者是成帝,而非元帝明矣。"[1]余嘉錫所言是,《塔寺
記》有誤,當從《高僧傳》。

　　《高坐別傳》作者,梁王曼穎《與皎法師書》略及,其云:"間有
諸傳,又非隱括。景興偶採居山之人,僧寶偏綴遊方之士,法濟

---

[1] 劉義慶撰,劉孝標注,余嘉錫箋疏,周祖謨等整理:《世説新語箋疏》上卷
　　上《言語》第 39 條,上海古籍出版社 1996 年,第 100—101 頁。

惟張高逸之例,法安止命志節之科,康泓專紀單開,王秀但稱高
座,僧瑜卓爾獨載,玄暢超然孤録。唯釋法進所造,王巾有著,意
存該綜,可擅一家。"①"王季但稱高座",則作《高坐別傳》者即
"王季"。王季者,湯用彤先生《漢魏兩晉南北朝佛教史》認爲即
南朝宋齊間之王秀之②。紀贇則以爲"王秀"當是"王季"之誤,
而"王季"又實即"王季琰"之省稱,王季琰即王珉。作者即王
珉③。秀、季形近而訛,王珉字季琰,或誤作秀琰,《高僧傳》卷五
《義解·竺道壹傳》附《道寶傳》言及王珉,稱其字即作"王秀琰",
湯用彤校注云:"'秀琰'應是'季琰'之誤。王珉字季琰,王導之
孫。"④紀贇所考近實。又,釋慧皎《高僧傳》卷一《譯經上·晉建
康建初寺帛尸梨蜜傳》末云"瑯琊王珉師事於密,乃爲之序曰"云
云,則王珉嘗爲帛尸梨密作序,此序當是《高坐別傳》前序。由此
觀之,《高坐別傳》當確爲王珉所作。

　　王珉,王導孫,《晉書》卷六五《王導傳》附其傳。其云:"珉字
季琰。少有才藝,善行書,名出珣右。時人爲之語曰:'法護非不
佳,僧彌難爲兄。'僧彌,珉小字也。時有外國沙門,名提婆,妙解
法理,爲珣兄弟講《毗曇經》。珉時尚幼,講未半,便云已解,即於
別室與沙門法綱等數人自講。法綱歎曰:'大義皆是,但小未精
耳。'辟州主簿,舉秀才,不行。後歷著作、散騎郎、國子博士、黄
門侍郎、侍中,代王獻之爲長兼中書令。二人素齊名,世謂獻之
爲'大令',珉爲'小令'。太元十三年卒,時年三十八。"王氏奉

---

① 釋道宣:《廣弘明集》卷二四梁王曼穎《與皎法師書》,《四部叢刊》本。今
　　湯用彤校注《高僧傳》附。見:釋慧皎撰,湯用彤校注,湯一玄整理:《高
　　僧傳》卷第十四《高僧傳序録》,中華書局 1992 年,第 552 頁。
② 湯用彤:《漢魏兩晉南北朝佛教史》,商務印書館 2015 年,第 349 頁。
③ 紀贇:《慧皎〈高僧傳〉研究》,上海古籍出版社 2009 年,第 153 頁。
④ 釋慧皎撰,湯用彤校注,湯一玄整理:《高僧傳》卷五《竺道壹傳》附,中華
　　書局 1992 年,第 208 頁。

佛，王導與帛尸黎密交遊甚密，王珉因聞知其行跡，爲其作傳，在情理中。

《高坐別傳》久佚，今存序文一節，見於釋慧皎《高僧傳》卷一《譯經上·晉建康建初寺帛尸梨蜜傳》引，云"瑯琊王珉師事於蜜，乃爲之序曰"。另存佚文三節，見於《世説新語》劉注引。

一、叙高坐來歷，與王導、周顗交遊及臨周顗喪作胡唄事。見於《世説新語·言語》第三九條劉注引。

二、叙高坐爲庾亮、周顗、桓彝等諸名士所賞事。見於《世説新語·賞譽》第四八條劉注引。

三、叙高坐見王導、卞壺之不同。見於《世説新語·簡傲》第七條劉注引。

帛尸黎密爲東晉初高僧，始譯出《孔雀王經》，明諸神咒，又善玄言，爲當時名流所重。《世説新語》多載其與當時名士交遊軼事。

吴猛別傳二種

今所見吴猛別傳有二，其一曰《吴猛別傳》，其二曰《吴猛真人傳》。

吴猛，《晉書》卷九五《藝術傳》有傳，其云："吴猛，豫章人也。少有孝行，夏日常手不驅蚊，懼其去己而噬親也。年四十，邑人丁義始授其神方，因還豫章，江波甚急，猛不假舟楫，以白羽扇畫水而渡，觀者異之。庾亮爲江州刺史，嘗遇疾，聞猛神異，乃迎之，問己疾何如。猛辭以算盡，請具棺服。旬日而死，形狀如生，未及大斂，遂失其尸。識者以爲亮不祥之徵，亮疾果不起。"

吴猛別傳

輯存。佚名撰。

　　《吴猛别傳》,《隋書・經籍志》等史志書目無著録,撰人不
詳。丁國鈞《補晉書藝文志》卷二史録雜傳類、文廷式《補晉書藝
文志》卷三史部雜傳類、秦榮光《補晉書藝文志》卷三子部道家
類、吴士鑑《補晉書藝文志》卷二史録雜傳類等補録。

　　《吴猛别傳》久佚,今存佚文三節,主要見於《北堂書鈔》徵
引,《漢魏六朝雜傳集》據以輯得其文。

　　一、吴猛失妹,夢見一老公告其已歸。見於《北堂書鈔》卷一
六○《地部四・石篇十六》引。

　　二、豫章縣東鄉吕里山中有石笥,弟子數十人合力舉蓋不動
如山。猛一手提,若無重焉。見於《北堂書鈔》卷一六○《地理部
四・石十六》等引。

　　三、縣南山有石直立水中,峻崿千仞,猛乃策杖升之,忽若平
路。見於《北堂書鈔》卷一六○《地理部四・石十六》等引。

吴猛真人傳

　　存。佚名撰。

　　《雲笈七籤》卷一○六《傳》録《吴猛真人傳》,略述吴猛生平
所行神異事,計五事,一云斬殺海昏上僚大蛇,二云見王敦過宫
亭促廟神離開,三云於蜀重標浦水療疫病,四云兩龍負船載吴猛
還家,五云庾亮迎猛,自言算盡未至家而亡。考其文字,與今所
存《吴猛别傳》無交合者,當是别一種吴猛别傳。稱吴猛真人,當
出道教徒之手無疑。《漢魏六朝雜傳集》據《雲笈七籤》卷一○六
輯録其文,附於《吴猛别傳》後。

許遜別傳二種

　　今所見許遜別傳有二,其一曰《許遜別傳》,其二曰《許遜真
人傳》。

　　許遜爲道教神仙，宋徽宗政和二年（1112）封神功妙濟真君。明曹學佺撰《蜀中廣記》卷七三《神仙記第三・川西道三》引《十二真君傳》云：“許真君遜字敬之，汝南人也。弱冠舉孝廉，拜蜀旌陽令。尋以晉室棼亂，弃官東歸學道，拔宅昇天。”《孝道吳許二真君傳》云：“許真君名遜，字敬之。則晉代方外之士，洞曉秘妙神仙之術，孝道之微，通感神靈，出入無間，變現奇異，當代賢達莫得測其由焉。”《西山許真君八十五化錄》云：“祖師姓許，名遜，字敬之。曾祖琰，祖五，父肅，世爲許昌人，高節不仕，潁陽由之後也。父漢末避地於豫章之南昌，因家焉。”

許遜別傳

　　輯存。佚名撰。

　　《許遜別傳》，《隋書・經籍志》等史志書目無著錄，撰人不詳。《太平御覽經史圖書綱目》錄《許遜別傳》，丁國鈞《補晉書藝文志》卷二史錄雜傳類、文廷式《補晉書藝文志》卷三史部雜傳類、秦榮光《補晉書藝文志》卷二史部傳記類、吳士鑑《補晉書藝文志》卷二史錄雜傳類補錄。

　　《許遜別傳》久佚，今存佚文二節，其一見於《藝文類聚》卷二一《人部五・讓》、《太平御覽》卷四二四《人事部六十五・讓下》引，叙許遜少時之仁孝與謙恕。叙述入畫，頗見情性。其二見於《天地瑞祥志》第十四《鬼》引，叙煖環居宅鬼爲禍事。

　　《許遜別傳》當是許遜傳記之早出者，從今存二節佚文看，一叙其孝事，一叙其除鬼禍事，未知是否及於其得道升天諸事。六朝時許遜先知及神怪事已頗傳揚。《太平御覽》卷五一九《宗親部九・孫》引《幽明錄》叙許遜少孤，不識祖墓，傾心所感而得其處：“許遜少孤，不識祖墓，傾心所感。忽見祖語曰：‘我死三十餘年，於今得正葬，是汝孝悌之至。’因舉標牓曰：‘可以此下求我。’於是迎喪葬者曰：‘此墓中當出一侯。’及小孫長，遂封。”《太平御

覽》卷五七七《樂部十五·琴上》引《幽明録》叙其言劉琮疾無患
事：“劉琮善琴，忽得困病。許遜曰：‘近蔣家女鬼相録，在山石
間，專使彈琴作樂，恐欲致災也。’琮曰：‘吾常夢見女子，將吾宴
戲，恐必不免。’遜笑曰：‘蔣姑相愛重，恐不能相放耳。以爲誄
之，今去，當無患也。’琮漸差。”《藝文類聚》卷六《地部·野》引
《幽明録》言許遜預言桓温不獲姚襄事：“桓温北征姚襄，在伊水
上。許遜曰：‘不見得襄而有大功，見襄走入太玄中。’問曰：‘太
玄是何等也？’答曰：‘南爲丹野，北爲太玄。必西北走也。’果如
言。”《太平御覽》卷六五《地部三十·江南諸水·蜀水》引《豫章
圖經》曰：“蜀水在豐城縣北。按《漢書地理志》曰：蜀水源出縣内
小界山東，東流入南昌縣，與漳水合。《耆老傳》云：仙人許遜爲
蜀旌陽令，有奇術，晉末人皆疫癘，多往蜀詣遜請救，遜與一器水
投於上流，疾者飲之，無不愈也。邑人敬其神異，故以蜀水爲
名。”可見，六朝時許遜故事，尚不離卜占預言吉凶。

　　唐以降，許遜事漸爲道家所採，仙傳多出。《新唐書·藝文
志》著録道士胡慧超《晉洪州西山十二真君内傳》一卷，道士胡法
超《許遜修行傳》一卷。《郡齋讀書志》著録《西山十二真君傳》一
卷，並云：“右晉許遜、吳猛、陳勲、周廣、曾亨、時荷、甘載、施岑、
彭杭、盱烈、鍾離嘉、黃仁覽，皆得道於西山者，政和王册誥詞在
其中。”《通志·藝文略》著録《晉洪州西山十二真君内傳》一卷，
唐天師胡慧超撰。《正統道藏》洞玄部譜録類收録《西山許真君
八十五化録》，題“西山勇悟真人施岑編”，當是托名，據其跋所
記，當是據《西山十二真君傳》敷衍而成。又有《孝道吳許二真君
傳》，不題撰人，實唐許簡撰。唐時又有許遜新傳説間出，《朝野
僉載》卷三即載一事云：“西晉末有旌陽縣令許遜者，得道于豫章
西山，江中有蛟蜃爲患，旌陽没水，劍斬之。後不知所在，頃漁人
網得一石甚鳴，擊之聲聞數十里。唐朝趙王爲洪州刺史，破之得
劍一雙，視其銘，一有‘許旌陽’字，一有‘萬仞’字。後有萬仞師

出焉。"①此事《太平廣記》卷二三一《器玩三》"許遜"採錄。《正統道藏》洞玄部譜錄類又錄《許真君仙傳》一卷，不題撰人，首句云"九州都仙太史高明大使至道玄應神功妙濟真君"，文末所列十一真君有胡惠（慧）超，則出在政和二年（1112）以後。

許遜真人傳

存。佚名撰。

此傳見於《雲笈七籤》卷一〇六《傳》引，題《許遜真人傳》。

《許遜真人傳》叙許遜二事，其一叙許遜入山射鹿感悟而歸，其二叙許遜遙禮吳猛，吊吳猛而得傳真符。射鹿感悟事見於唐代以降所出《晉洪州西山十二真君内傳》、《孝道吳許二真君傳》、《西山許真君八十五化錄》等許遜傳記。而遙禮吳猛事，則不見於諸傳記，《西山許真君八十五化錄》爲後出者，收錄許遜仙道事頗詳備，亦不見記此事。《許遜真人傳》與《吳猛真人傳》相類，當相繼而出，而傳文尚不甚繁，皆是早出者。

許邁別傳

輯存。佚名傳。

《許邁別傳》，《隋書・經籍志》等史志書目無著錄，撰人不詳。《太平御覽經史圖書綱目》錄《許邁別傳》，丁國鈞《補晉書藝文志》卷二史錄雜傳類、文廷式《補晉書藝文志》卷三史部雜傳類、秦榮光《補晉書藝文志》卷二史部傳記類、吳士鑑《補晉書藝文志》卷二史錄雜傳類補錄。

許邁，不詳其人。

《許邁別傳》佚失殆盡，今存佚文一節，見於《太平御覽》卷三

①張鷟撰，趙守儼點校：《朝野僉載》卷三，中華書局 2005 年，第 68 頁。

七三《人事部一十四·髮》引,言有薊子訓者,有人髮白者,請子訓,但與對坐共語,宿昔間髮皆黑。《漢魏六朝雜傳集》據以輯錄。薊子訓,《後漢書·方術列傳》有傳,云:"薊子訓者,不知所由來也。建安中客在濟陰宛句,有神異之道。"《神仙傳》亦有傳,《搜神記》亦載其同時數十處持斗酒片脯候公卿,飲啖終日不盡。

許邁別傳二種

今見於諸書徵引許邁別傳者二種,其一曰《許邁別傳》,其二曰《許邁真人傳》。

許邁,《晉書》卷八〇《王羲之傳》附其傳,其云:"許邁,字叔玄,一名映,丹楊句容人也。家世士族,而邁少恬静,不慕仕進。"從南海太守鮑靚學道,立精舍於懸霤,而往來茅嶺之洞室,放絶世務,以尋仙館。永和二年(346),移入臨安西山,改名玄,字遠游。與王羲之爲世外之交。《真誥》卷二〇云:"先生名邁字叔玄,小名映。清虚懷道,遐棲世外,故自改名遠遊。與王右軍父子周旋,子猷乃修在三之敬。按手書授《六甲陰陽符》云:'永昌元年,年二十三歲。'則是永康元年庚申歲生也。而《譜》云:'永和四年秋,絶迹於臨安西山,年四十八。'此則永寧元年辛酉生。爲少一年。今以自記爲正,絶迹時年四十九矣。娶吴郡孫宏字彦達女,即驃騎秀之孫。既離好,無子歸宗。先生得道事迹,在第二卷中。定録所喻被試事,已具載焉。"

許邁別傳

輯存。佚名撰。

《許邁別傳》,《隋書·經籍志》史部雜傳類有《仙人許遠遊傳》,不題撰人。《舊唐書·經籍志》史部雜傳類、《新唐書·藝文志》子部道家類著録《許先生傳》一卷,題王羲之撰。《崇文總目》、《宋史·藝文志》子部道家類著錄《許邁傳》，題王羲之撰。
《晉書·許邁傳》云："羲之自爲之傳，述靈異之跡甚多，不可詳
記。"則王羲之當確爲許邁撰傳。《太平御覽經史圖書綱目》錄
《許邁別傳》，丁國鈞《補晉書藝文志》卷二史錄雜傳類、文廷式
《補晉書藝文志》卷三史部雜傳類、秦榮光《補晉書藝文志》卷二
史部傳記類、吳士鑑《補晉書藝文志》卷二史錄雜傳類、黃逢元
《補晉書藝文志》卷二史錄雜傳類補錄。

　　丁國鈞《補晉書藝文志》卷二史錄雜傳類、秦榮光《補晉書藝
文志》卷二史部傳記類補錄時未題撰人，文廷式《補晉書藝文志》
卷三史部雜傳類補錄時引《晉書》本傳稱王羲之撰，吳士鑑《補晉
書藝文志》卷二史錄雜傳類補錄時稱"王羲之《許先生傳》"，黃逢
元《補晉書藝文志》卷二史錄雜傳類補錄時作"《許先生傳》"，題
王羲之撰。又，秦榮光《補晉書藝文志》卷三子部道家類又補錄
《許先生傳》一卷，稱"據《舊唐志》"，《仙人許遠遊傳》一卷，稱"據
《通志略》"，注云："上二種並王羲之撰。"又補錄《許邁別傳》，稱
"據《藝文類聚》引"。然今存佚文，不見有引作《仙人許遠遊傳》、
《許先生傳》、《許邁傳》者，而多作《許邁別傳》，亦不見有題王羲
之撰者。故實難定《許邁別傳》即王羲之所撰，亦難定諸書所引
《許邁別傳》即《仙人許遠遊傳》、《許先生傳》、《許邁傳》。

　　今所見《許邁別傳》，散見諸書徵引。今檢諸書徵引，得其佚
文四節，條列如下。

　　一、許邁小名映，有鼠齧映衣，乃作符占鼠，得其鼠。見於
《太平御覽》卷九一一《獸部二十三·鼠》、《古今事文類聚後集》
卷四一《毛蟲部·鼠》"召齧衣鼠"、《古今合璧事類備要別集》卷
八〇〇《走獸門·鼠》"作符召鼠"引。

　　二、許邁好養生，采藥於桐廬山，後移入臨安，改名遠遊，書
與婦別。見於《藝文類聚》卷二九《人部十三·別上》、《太平御
覽》卷四八九《人事部一百三十·別離》引。

　　三、高平闞慶等皆就映受學，成，映與諸子弟皆去。見於《藝文類聚》卷八○、《初學記》卷二五、《太平御覽》卷八七一等引，文略不同。《太平御覽》卷八七一《火部四・煙》引作《許邁別傳》，云映教闞服氣以斷穀，彭餌藥以益氣。慶等成，映爲燒香，亦自去，莫知所在。《藝文類聚》卷八○《火部・煙》、《初學記》卷二五《器用部・煙第十五》"五色　四合"、《法苑珠林》卷三六《華香篇第三十三・感應緣》、《錦繡萬花谷續集》卷八《煙》"五色"各引作《許邁列傳》，"列"當作"別"。云闞慶就映受業，成，映爲燒香，映亦去，莫知所在。

　　四、延陵之茅山，是洞庭西門，潛通五嶽。見於《太平御覽》卷四一《地部六・茅山》、《景定建康志》卷一七《山川志序》、《至大金陵新志》卷五上《山川志一》引。

　　就今存佚文觀之，《許邁別傳》雖録如劼鼠等神異之事，然於仙道修煉之事尚簡，恐非道教興盛時爲構築神仙譜系而造作。

許邁真人傳

存。佚名撰。

　　《雲笈七籤》卷一○六《傳》引，作《許邁真人傳》。《漢魏六朝雜傳集》輯其文，附於《許邁別傳》後。《許邁真人傳》傳文完整，與諸書所引《許邁別傳》不同，當非同一傳。傳中多修煉、經符傳授之法，當是道教興盛時，在構築神仙譜系及造作經符時所作。傳中又有"太元真人、定録茅君降，授上法"，"會司命君遣中候李遵握鈴而至"，則此傳當是在李遵等仙化之後所造作。

　　《許邁真人傳》叙許邁登仙事，又及許邁第五弟許謐、穆第二子虎牙、穆第三子玉斧修仙、登仙事，末載許邁《與穆書》，大論道法，道教宣教之意甚明。

附：仙人許遠遊傳

佚。王羲之撰。一卷。或作《許先生傳》、《許邁傳》。

《隋書·經籍志》史部雜傳類有《仙人許遠遊傳》，不題撰人。《舊唐書·經籍志》史部雜傳類、《新唐書·藝文志》子部道家類著錄《許先生傳》一卷，題王羲之撰。《崇文總目》、《宋史·藝文志》子部道家類著錄《許邁傳》，題王羲之撰。《晉書·許邁傳》云："羲之自爲之傳，述靈異之跡甚多，不可詳記。"則王羲之當確爲許邁撰傳。

王羲之所撰許邁傳記亡佚不見，今不見古籍舊注稱引《仙人許遠遊傳》、《許先生傳》、《許邁傳》者。

顔修内傳

輯存。佚名撰。

《顔修内傳》，《隋書·經籍志》等史志書目無著錄，撰人不詳。丁國鈞、文廷式、秦榮光、吳士鑑等諸家《補晉書藝文志》亦不見補録。

顔修，生平事蹟不詳。

《顔修内傳》久佚，《漢魏六朝雜傳集》據諸書徵引，輯録其文。今檢諸書徵引，其二節佚文，其一見於《太平御覽》卷四五《地部十·隆慮山》、《事類賦》卷七《地部·山賦》"林慮之雙童不食"、《太平寰宇記》卷五五《河北道四·相州》等引，叙橋順二子師事仙人盧子基於隆慮山棲霞谷，盧子基教二子清虚之術，服飛龍藥一丸，千年不飢。其二見於《太平寰宇記》卷五五《河北道四·相州》引，云仙母即仙人王津母也。皆不及顔修。

徐延年別傳

輯存。佚名撰。

《徐延年別傳》，《隋書·經籍志》等史志書目無著録，撰人不詳。《太平御覽經史圖書綱目》録《徐延年別傳》，丁國鈞《補晉書藝文志》卷二史録雜傳類、文廷式《補晉書藝文志》卷三史部雜傳類、秦榮光《補晉書藝文志》卷二史部傳記類、吳士鑑《補晉書藝文志》卷二史録雜傳類補録。

徐延年，生平事蹟不詳，或爲古之得神仙者。

《徐延年別傳》久佚，今存佚文二節，見於《北堂書鈔》卷一二九《衣冠部下·衣二十》"持衣衣延年"、《太平御覽》卷八一六《布帛部三·羅》引，事同而詳略稍異。《太平御覽》卷八一六引略，而《北堂書鈔》卷一二九引詳。叙徐延年姓字鄉里，見人持新黃羅衣衣延年，五月五日三更之中夜登仙。四庫本《北堂書鈔》卷一二九引徐延年事作《列仙傳》，又，《太平御覽》卷六八九《服章部六·衣》引亦作《列仙傳》云："道士徐延年，平陽人也。見人持新黃羅衣，云延年五百夜半，夜明如晝，從五億萬人登仙也。"今本《列仙傳》無徐延年，其或《列仙傳》佚文。

王君內傳

輯存。楊羲等整理。舊題華存撰。一卷。一作《真人王君內傳》，或《王褒內傳》、《真人王褒內傳》。

清虛真人王君，即王褒，字子登，范陽襄平人。得道成仙，爲太素清虛真人。領小有天王三元四司右保上公，治王屋山洞天之中。《太平御覽》卷六六一《道部三·真人下》：《三洞珠囊》曰："王褒，字子登，前漢王陵七世孫。服青精䭉飯，趍步峻峰如飛鳥,無津梁直度積水,又服雲碧晨飛丹腴,視見甚遠,太上大道君遣正一左玄執蓋郎封瑋音,賜王君素明瓊玕丹紱錦旌,號清虛真人。"《雲笈七籤》卷一〇六《傳》引題"弟子南嶽夫人魏華存撰"《清虛真人王君内傳》云:"王君,諱褒,字子登,范陽襄平人也,安國侯七世之孫。君以漢元帝建昭三年九月二十七日誕焉,洪基大業,世籍貴盛。君父諱楷,以德行懿美,比州所稱。"

　　《王君内傳》,即《雲笈七籤》卷一〇六《傳》所録《清虛真人王君内傳》。《隋書・經籍志》史部雜傳類著録有《清虛真人王君内傳》一卷,弟子華存撰;《舊唐書・經籍志》史部雜傳類、《新唐書・藝文志》子部神仙家著録《清虛真人王君内傳》一卷,不言撰人。當即此書。《雲笈七籤》卷一〇六《傳》引録,作《清虛真人王君内傳》,云"弟子南嶽夫人魏華存撰"。《真誥》卷一九《真誥叙録》言及此書:"楊書《王君傳》一卷,本在句容葛永真間,中又在王文清家,後屬茅山道士葛景仙(已還封昭臺)。"《真誥》卷一二云"清虛王君、紫陽周君各自有傳。"①陳國符云:"《真誥叙録》謂有掾書《王君傳》一卷,則此書已於晉代出世。"②以爲此書當出於晉代。

　　丁國鈞《補晉書藝文志》卷二史録雜傳類補録,作《清虛真人王君内傳》一卷,題弟子華存撰;文廷式《補晉書藝文志》卷四子部神仙家内補録《清虛真人王君内傳》一卷,題華存撰;秦榮光《補晉書藝文志》卷三子部道家類補録《真人王褒内傳》;黄逢元《補晉書藝文志》卷二史録雜傳類補録《清虛真人王君内傳》,題南嶽夫人撰;吳士鑑《補晉書藝文志》卷二史録雜傳類補録《清虛

①〔日〕吉川忠夫、麥谷邦夫編,朱越利譯:《真誥校注》卷二〇《翼真檢第二》,卷一二《稽神樞第二》,中國社會科學出版社 2006 年,第 581 頁,第 392 頁。
②陳國符:《道藏源流考》(新修訂版),中華書局 2016 年,第 10 頁。

真人王君内傳》一卷，題存華撰。今見《雲笈七籤》卷一〇六《傳》引一節，作《清虚真人王君内傳》，題“弟子南嶽夫人魏華存撰”，似即《隋書·經籍志》史部雜傳類所録《清虚真人王君内傳》一卷。

《真誥叙録》云：“凡三君手書今見在世者，經傳大小十餘篇，多掾寫；真嗳四十餘卷，多楊書。”①誠如陳國符《道藏源流考》所考，據梁陶弘景《真誥叙録》，《上清經》乃晉哀帝興寧年間扶乩降筆，諸真傳實皆出於晉代②。故而諸傳，當是此時道衆所造作，經楊義、許謐、許翽等整理，作者亦當多是僞託。《王君内傳》，《隋書·經籍志》著録題華存撰，《舊唐書·經籍志》、《新唐書·藝文志》著録則已不題撰人，至《雲笈七籤》引録，題“弟子南嶽夫人魏華存撰”，《雲笈七籤》之外，《北堂書鈔》、《初學記》、《太平御覽》則皆不題撰人。故其作者當存疑。《真誥叙録》言及此書時云：“楊書《王君傳》一卷……”則《王君内傳》出世後的主要整理者當是楊義。

《雲笈七籤》卷一〇六《傳》引《清虚真人王君内傳》，題“弟子南嶽夫人魏華存撰”，前後連貫，似即完帙。然他處徵引，又有不同於此傳者：如《三洞珠囊》卷之三《服食品》引《清虚真人王君内傳》云：“主仙道君以雲碧陽水晨飛丹腴二升賜王君，君即拜而服之，積九年之中，視見萬里之外，能日步行三千里，坐在立亡，役使群神也。”此節文字，《雲笈七籤》卷一〇六《傳》引《清虚真人王君内傳》云：“於是主仙道君命侍女范運華、趙峻珠、王抱臺等，發瓊笈，披緑蘊，出《上清隱書龍文八靈真經》二卷授子登。又以雲碧陽水晨飛丹腴二升賜君。君拜服之。真人遂將君還西城。九

---

① 〔日〕吉川中夫、麥谷邦夫編，朱越利譯：《真誥校注》卷一九《翼真檢第一》，中國社會科學出版社 2006 年，第 573 頁。
② 陳國符：《道藏源流考》（新修訂版），中華書局 2016 年，第 7 頁。

年道成……"又有不見於此傳者：如《三洞珠囊》卷之四《絕粒品》引《清虛真人王君內傳》云："太極真人曰：夫受生氣於五穀者，結胎育物必抱穀氣之流精也，合真萬化亦陶五穀之玄潤也。若子寄形於父母，將因所生而攝其生矣。不緣所生之始本，而頓廢其所因者，未曾不枯竭於偏見，斷年命以洞傷乎？皆宜因其所由，順其津源，凝滌而和，微而散根，使營衛易鍊於日用，六府化穀於毫漸矣。故因穀者，乃用生之良術，緣本以去本者，乃攝明之妙跡耶。於是扇南燭之東暉，招始牙之朱靈，五液夷泯，百關通盈，神樂三宮，魂柔魄寧，復勵以晨漱華泉，五方虛精，鳴鼓玉池，呼吸玄精，華腴童於規方，胃滿鎮乎空青，所以千算一啟，壽隨年榮，歲與藥進，飛步仙庭也。服盡一劑者，命不復傾，五雲生身，體神氣精，亦能一日九食，百關流淳，亦能終歲不饑。還老反嬰，遇食則食，不食則平，真上仙之妙方，斷穀之奇靈也。"即不見於《雲笈七籤》卷一〇六《傳》引《清虛真人王君內傳》，豈《雲笈七籤》卷一〇六《傳》引時有刪削哉？《三洞珠囊》卷之四《絕粒品》引此後又尚有一節文字："向云南燭者，仙草也。其樹是木而似草，故號南燭草木也。一名猴藥，一名男續，一名後卓，一名惟那木，一名草木之王，生嵩高、少室、抱犢、雞頭山，已錄服食品訖。此方亦出《登真隱訣》第十也。前服食亦説與此大同小異也。"或當是《三洞珠囊》編者所加。《三洞珠囊》卷之三《服食品》云："太極真人青精干石䭀飯，上仙靈方也。注云：此草有青精之神，而又雜朱青，以爲干飯，故謂青干石䭀飯也。此則諸宮上仙之靈方，非下法也。豫章西山青米，吳越青龍稻米是也。青米理虛而受藥氣。南燭草木搗取汁，以淹青龍之米，作藥服之。其樹是木，而似草，故號曰南燭草木也。一名猴藥，一名男續，一名後卓，一名惟那木，一名草木之王。生嵩高、少室、抱犢、鷄頭山，名山皆有，非但數處而已。江左吳越至多。其土人名之曰猴叔，或曰染叔，似梔子。其子如菜英，《清虛真人王君內傳》説其方法大具也。”亦是《三洞珠囊》編者之説明可證。

《雲笈七籤》卷一〇六《傳》引作《清虚真人王君内傳》，諸書徵引又有《王君内傳》、《真人王君内傳》，或《王褒内傳》、《真人王褒内傳》者，《太平御覽經史圖書綱目》既録《清虚真人王君内傳》，又録《真人王褒内傳》，檢諸書徵引，相同之文，或作《王君内傳》，或作《王褒内傳》，《太平御覽》所引《王君内傳》與《王褒内傳》，當爲同一傳之異稱。

茅盈別傳三種

今所見諸書稱引茅盈別傳者有三，其一《茅真君傳》，其二《茅君内傳》，其三《茅君傳》。

茅盈，即茅真君，字叔申，漢咸陽南關人。得道成仙，爲太元真人，領東嶽上卿司命神君。

茅真君傳

輯存。許謐等整理。舊題李遵撰。一卷。

《茅真君傳》，即《雲笈七籤》卷一〇四《傳》所録《太元真人東嶽上卿司命真君傳》。《隋書·經籍志》史部雜傳類著録《太元真人東鄉司命茅君内傳》一卷，題弟子李遵撰。《舊唐書·經籍志》史部雜傳類、《新唐書·藝文志》子部神仙家類著録《茅君内傳》一卷，《舊唐書·經籍志》著録時不題撰人，《新唐書·藝文志》題李遵撰。

李遵，茅盈弟子，隨茅盈得道成仙，稱中候仙人。故李遵大約與茅盈同時，云李遵撰者，當是僞託。

今見《雲笈七籤》卷一〇四《傳》録《太元真人東嶽上卿司命真君傳》，題“弟子中候仙人李道字安林撰”，“李道”當作“李遵”，陳國符認爲此即《隋書·經籍志》所録《太元真人東鄉司命茅君

內傳》一卷，其在《道藏源流考》有詳考①。今李永晟點校《雲笈
七籤》卷一〇四《傳》録《太元真人東嶽上卿司命真君傳》已改題
"弟子中候仙人李遵字安林撰"，並有考辨②。中候仙人李遵，
《真誥》卷八《甄命授第四》云："有人説中候言如此，可令知之。"
注云："李中候名遵，即撰《茅三君傳》者。"③

　　《雲笈七籤》卷一〇四《傳》所録《太元真人東嶽上卿司命真
君傳》，茅盈之外，又叙及其二弟茅固、茅衷成仙事。《新唐書·
藝文志》子部神仙家類又著録李遵《茅三君傳》一卷。《宋史·藝
文志》子部神仙類著録李遵《三茅君內傳》一卷，《崇文總目》道書
類著録《三茅君內傳》，唐李遵撰。《通志·藝文略》諸子類道家
類著録《太元真人東鄉司命茅君內傳》一卷，唐李遵撰。《真誥》
卷八《甄命授第四》云："有人説中候言如此，可令知之。"注云：
"李中候名遵，即撰《茅三君傳》者。"④《真誥》卷一一《稽神樞第
一》"句曲山源……訪索即得"注云："凡此後紫書大字者，並《茅
三君傳》所記也。傳既以寶秘，見之者稀。今謹抄取説山事，共
相證顯。"又云："吾有傳紀，具載其事，行當相示。"注云："吾有傳
紀者，即是《三茅傳》也。按長史甲子年書云'未見傳記'，則咉此
書時或在癸亥年中也。傳中亦稱良土甘美，居之度世，故因此而
顯言也。"又云："昔年十餘歲時，述虛閑耆宿有見語，茅山上故昔
有仙人，乃有市處，早已徙去。後見包公問動静，此君見答，今故
在此山，非爲徙去。此山，洞庭之西門，通太湖苞山中，所以仙人

---

① 陳國符：《道藏源流考》（新修訂版），中華書局 2016 年，第 8—9 頁。
② 張君房編，李永晟點校：《雲笈七籤》卷一〇四《傳》，中華書局 2003 年，第
　 2254 頁。
③〔日〕吉川中夫、麥谷邦夫編，朱越利譯：《真誥校注》卷八《甄命授第四》，
　 中國社會科學出版社 2006 年，第 248 頁。
④〔日〕吉川中夫、麥谷邦夫編，朱越利譯：《真誥校注》卷八《甄命授第四》，
　 中國社會科學出版社 2006 年，第 248 頁。

在中住也。唯説中仙君一人字,不言有兄弟三人,不分別長少,不道司命君尊遠,別治東宫。未見傳記,乃知高卑有差降,班次有等級耳,輒敬承誨命,於此而改。"注云:"此長史又更答書云。今有所起草存,故得撰録。而前紙斷失,亦非起端語也。"①可見,《真誥》多處言及《茅君傳》,或稱《茅三君傳》、《三茅傳》。《真誥叙録》云:"凡三君手書今見在世者,經傳大小十餘篇,多掾寫;真喫四十餘卷,多楊書。"②據《真誥》所言,其始出僞託李遵所撰《茅真君傳》,當以茅盈爲主,後楊羲、許謐、許翽等整理道教經典,許謐據故老傳説增益,茅固、茅衷成仙事始詳。陳國符云:"《茅三君傳》係定録中君降授長史,即係出長史,故亦於晉代出世也。"又云:"《茅三君傳》乃增益父老傳説而成。"③

　　石青撰文認爲,"傳記託名茅君弟子中候仙人李遵所作,實是定録君通過楊羲授予許謐,許氏復又抄寫而來的,實爲三君手書真迹"。但又認爲《雲笈七籤》所收《太元真人東嶽上卿司命真君傳》,"不稱'内傳',或因這是一個刪節了一些'内傳'内容的人物傳記"④。檢《雲笈七籤》所録《茅真君傳》,其所保存最爲完整,亦當有所刪節,但就完整度等看,也應與許謐等之整理本最爲接近。

　　長史,即許謐,《真誥》卷二〇《翼真檢第二》"真胄世譜"云:"長史名謐,字思玄,一名穆,正生。少知名,儒雅清素,博學有才章。簡文皇帝久垂俗表之顧,與時賢多所儔結。少仕郡主簿、功

①〔日〕吉川忠夫、麥谷邦夫編,朱越利譯:《真誥校注》卷一一《稽神樞第一》,中國社會科學出版社 2006 年,第 345 頁,348 頁,第 373 頁。
②〔日〕吉川忠夫、麥谷邦夫編,朱越利譯:《真誥校注》卷一九《翼真檢第一》,中國社會科學出版社 2006 年,第 573 頁。
③陳國符:《道藏源流考》(新修訂版),中華書局 2016 年,第 9 頁。
④石青:《茅山降神與十大洞天説之起源——以〈茅君内傳〉爲綫索》,《文史》2022 年第 1 期。第 45 頁,第 43 頁。

曹史，王導、蔡謨、臨川辟從事，不赴。選補太學博士，出爲餘姚令，入爲尚書郎、郡中正、護軍長史、給事中、散騎常侍。雖外混俗務，而内修真學。密授教記，遵行上道，挺分所得，乃爲上清真人。"又云："按泰和二年丁卯歲司命所告云：'丙子年當去，時年七十二。'此則永興二年乙丑生，太元元年去也。而《譜》云：'孝武寧康元年去世，年七十一。'此爲泰安二年癸亥生，爲多二年。今以真爲正。"注云："顧云：'寧康元年，七十二。'又非也。"①

茅君内傳

輯存。佚名撰。

《太平御覽經史圖書綱目》録《太元真人茅盈内傳》。檢《太平御覽》，卷六六九《道部十一·服餌上》引一節，作《太元真人茅盈内傳》；卷六七五《道部十七·帔》引一四字"繡羽紫帔"，作《太元真人茅君内傳》；其餘皆作《茅君内傳》，不題撰人，所叙多與《雲笈七籤》卷一〇四《傳》録《太元真人東嶽上卿司命真君傳》不同，或不載。《太平御覽》之外，他書亦有見引作《茅君内傳》者，與《太平御覽》所引或有詳略之别，然出處相同則無疑。

《真誥》卷一一《稽神樞第一》云："句曲山源，曲而有所容，故號爲句容里。過江一百五十里，訪索即得。"注云："凡此後紫書大字者，並《茅三君傳》所記也。傳既以寶秘，見之者稀。今謹抄取説山事，共相證顯。按山形宛曲，東西遭迴，故曰句曲。從山嶺分界，西及北屬句容，東及南屬延陵。句容既立爲縣，故其里不復存。昔時應在述墟左右耳。今山去石頭江水步道一百五六

① 〔日〕吉川中夫、麥谷邦夫編，朱越利譯：《真誥校注》卷二〇《翼真檢第二》，中國社會科學出版社 2006 年，第 588 頁。

十里。"①據此,《茅三君傳》即《茅真君傳》當多叙及句曲山。然今所見《雲笈七籤》卷一〇四《傳》所録《太元真人東嶽上卿司命真君傳》,不見細叙句曲山之文字。或《雲笈七籤》卷一〇四《傳》録《太元真人東嶽上卿司命真君傳》有删節？既不同題署,或視作別一傳更爲確妥。

　　石青以《白氏六帖》所引一條《茅君内傳》爲依據,推測"該引文雖出《茅君内傳》,可内容卻不見於《雲笈七籤》所收《太元真人東嶽上卿司命真君傳》及《茅山志·茅君真胄》等任何一種現存茅君的傳記",並推測:"那《白氏六帖》所引是否有可能是六朝時期上清系茅君傳記版本,也即陶弘景所見版本？"認爲"通過《白氏六帖》引文提供的綫索進一步明確了《茅君内傳》是上清系最早的一批經傳之一,也是洞天説的文獻源頭"②。把《白氏六帖事類集》等所引包括洞天事之《茅君内傳》,歸之於茅三君傳的早期版本,可爲一説。而《北堂書鈔》、《藝文類聚》、《白氏六帖事類集》等所引《茅君内傳》多叙洞天、句曲山等内容,當確與洞天説的興起與流傳有關,至於其是否早於題弟子李遵所撰之《茅真君傳》,則仍難定論。

　　今所見諸書稱引《茅君内傳》者甚夥,略記如下:

　　一、叙洞天所在。見於《北堂書鈔》卷一四九《天部·天一》"洞天"、"朱明天"、《藝文類聚》卷七《山部上·羅浮山》、《初學記》卷五《地理上·泰山第三》"千樹三宮"、《白氏六帖事類集》卷二《洞第三十二》"三十六"、《羅浮山十八》"朱明曜真天"、卷二《泰山第四》"三宮洞天"、《太平御覽》卷四〇《地部五·王屋山》、

①〔日〕吉川忠夫、麥谷邦夫編,朱越利譯:《真誥校注》卷一一《稽神樞第一》,中國社會科學出版社 2006 年,第 345 頁。

②石青:《茅山降神與十大洞天説之起源——以〈茅君内傳〉爲綫索》,《文史》2022 年第 1 期。第 44 頁,第 46 頁。

卷四一《地部六·羅浮山》、《太平寰宇記》卷五《河南道五》、《天中記》卷八《泰山》、《洞》、《廣博物志》卷一二《靈異一》各引一節，作《茅君内傳》；《天中記》卷七《山》引二節。

二、句曲山之形勢。見於《太平御覽》卷四一《地部六·茅山》、《事類賦》卷七《地部二·山賦》"句曲華陽之洞"、《太平寰宇記》卷八九《江南東道一·潤州》、《景定建康志》卷一七《山阜》、《天中記》卷七《山》引。

三、句曲山上有神芝五種。見於《後漢書》卷二八下《馮衍傳》"食五芝之茂英"李注、《太平御覽》卷九二二《羽族部九·鸎》、卷九八六《藥部三·芝下》、《事類賦》卷一九《禽部·燕賦》"茅君僞去曾食於神芝"、《廣博物志》卷四二《草木一》引。

四、金闕聖君命太極真人使正一、玄玉郎、王忠、鮑丘等，與茅盈四節燕胎、流明神芝、長曜雙飛、夜光洞草，使拜而食之。見於《太平御覽》卷六六九《道部十一·服餌上》引。

五、茅盈留句曲，父老作歌。見於《事類賦》卷一八《禽部·鶴賦》"止金穴而迴翔"等引。

六、《太平御覽》等又多引零星散句，或言地名，或言服章，或言神仙車駕、符籙及合丹煉金之法。見於《藝文類聚》卷八〇《火部·竈》、《上清道類事相》卷二《仙房品》、卷三《寶臺品》、《白氏六帖事類集》卷四《釜第二十》"神釜"、《太平御覽》卷六七四《道部十六》、卷六七五《道部十七》、卷六七六《道部十八》、卷六七七《道部十九》、卷七五七《器物部二·釜》、卷八一一《珍寶部十·金下》、卷八一二《珍寶部十一·鉛》、卷九四二《鱗介部十四·蠣》、《事類賦》卷八《地部·井賦》"或著法以投酒"、《記纂淵海》卷一八八《仙道部之三·修養》、《景定建康志》卷一六《疆域志二·橋梁》等引。

茅君傳

輯存。佚名撰。

《太平御覽經史圖書綱目》列《太元真人茅盈内傳》，又列《茅君傳》。《太平御覽》卷六六一《道部三·真人下》引一節，即作《茅君傳》，叙茅盈得仙過程，完整清晰，末云："以晉興寧三年七月四日夜，初降楊君家，著青錦繡裙，紫毛帔巾，芙蓉冠。侍從七人。入户，一人執紫毛節，一人執十絶幡，一人帶緑章囊，一人握流金鈴，三人奉白牙箱，並朱衣。以後數數來降，弟子迎候。仙人李遵撰傳，光顯于世間也。"據此，此作當出於託名李遵所撰《茅真君傳》之後。或是據《茅真君傳》删節而成，亦未可知。

朱東潤以爲諸書所引包括《茅君傳》皆《隋書·經籍志》著録之《太元真人東鄉司命茅君内傳》[1]。非是。今諸書所引《茅君傳》者，《太平御覽》卷六六一《道部三·真人下》所引前後完整一節之外，《太平御覽》又多引題《茅君傳》者，《藝文類聚》等亦或有引，文字與《雲笈七籤》卷一〇四《傳》所録《太元真人東嶽上卿司命真君傳》即《茅真君傳》頗不同，當是别一種茅盈傳。

《太平御覽》卷六七八《道部二十·傳授上》引作《茅君傳》，云西極總真君"别有傳，未顯於世，《神仙傳》云降蔡經家者，是此君也"。則此《茅君傳》當出《神仙傳》成書之後。又，《太平御覽》卷六六一《道部三·真人下》引《茅君傳》提及晉興寧三年（365）七月四日夜初降楊君家，則此傳之出，更在晉興寧三年（365）之後，即在許謐等整理之《茅真君傳》之後。石青亦將《太平御覽》所引納入"東晉南朝時期的《茅君内傳》"考察[2]。

① 朱東潤：《八代傳叙文學述論》，復旦大學出版社 2006 年，第 133—135 頁。
② 石青：《茅山降神與十大洞天説之起源——以〈茅君内傳〉爲綫索》，《文史》2022 年第 1 期。第 48 頁。

今檢諸書稱引《茅君傳》者,條列如下。

一、茅盈得仙事略。見於《太平御覽》卷六六一《道部三·真人下》引。

二、太真元君西母授說《明堂玄真經》。見於《太平御覽》卷六七八《道部二十·傳授上》引。

三、西母攜王君、茅盈以詣固、衷之宫,邀上元夫人來降,傳授經書等。又叙及漢光武祠三君廟事及洞天事、茅君降句曲時間等事。見於《太平御覽》卷六七八《道部二十·傳授上》引。

四、西王母降茅君事。見於《太平御覽》卷六七八《道部二十·傳授上》引。

五、西極總真君事。見於《太平御覽》卷六七八《道部二十·傳授上》引。

六、清虛王真人事。見於《太平御覽》卷六七八《道部二十·傳授上》引。

七、王母降茅盈,自敷演金璫之經及茅盈得仙、二弟得仙經歷。見於《太平御覽》卷六七二《道部十四·仙經上》引。

八、《神仙經黄白方》及煉金事,見於《太平御覽》卷六七二《道部十四·仙經上》引。

九、《太平御覽》等又多引《茅盈傳》,内容駁雜,文字餖飣。見於《上清道類事相》卷三《寶臺品》、《白氏六帖事類集》卷二九《鶴五》"入帳"、《太平御覽》卷六六三《道部五·地仙》、卷六七三《道部十五·仙經下》、卷六七五《道部十七·杖》、《海録碎事》卷一三下《養生門》"正一郎中"、卷二二上《鳥獸草木部·鶴門》"還丹使"、卷二二下《草門》"燕胎芝"、《古今合璧事類備要前集》卷五《地理門·泰山》"三宫"、《古今合璧事類備要别集》卷六四《飛禽門·鶴》"入廟見鶴"等引。

周君內傳

　　輯存。華僑撰,許謐整理。舊題華僑撰。一卷。一作《周君傳》。

　　紫陽真人周君,名義山,字季通。汝陰人。得道成仙,受書爲紫陽真人,治葛衍山金庭銅城。

　　《周君內傳》,或作《周君傳》,《舊唐書·經籍志》史部雜傳類、《新唐書·藝文志》子部神仙家類著録《紫陽真人周君傳》一卷,題華嶠撰;陳國符按云:"華嶠當作華僑。"①當作華僑爲是。《宋史·藝文志》子部神仙家類著録華僑《真人周君內傳》一卷。《通志·藝文略》諸子類道家著録《紫陽真人周君傳》一卷,題華嶠撰。當是據《舊唐書·經籍志》及《新唐書·藝文志》所著録。

　　《太平御覽經史圖書綱目》録《真人周君內傳》,丁國鈞《補晉書藝文志》卷二史録雜傳類、吳士鑑《補晉書藝文志》卷二史録雜傳類、黄逢元《補晉書藝文志》卷二史録雜傳類補録《紫陽真人周君傳》一卷,題華嶠撰。

　　《真誥》卷一二《稽神樞第二》云"學道當如山世遠,去人事如清虛真人,步深幽當如周紫陽,何有不得道邪?"注云:"清虛王君、紫陽周君各自有傳。"又卷一四《稽神樞第四》云:"季主託形隱景,潛跡委羽。《紫陽傳》具載其事也。"注云:"此楊君與長史書。今有華撰《周君傳》,記季主事殊略。未見別真手書傳,依此語則爲非也。此前似有按語,今闕失一行。"今所見《周君內傳》有"季主託形隱景,潛跡委羽"句,則此所謂周君自有傳及《紫陽傳》,當即題華僑所撰《紫陽真人周君內傳》。

　　華僑,《真誥》卷二○《翼真檢第二》所載《真誥叙録》末載華

---

①陳國符:《道藏源流考》(新修訂版),中華書局 2016 年,第 8 頁。

僑其人云："華僑者，晉陵冠族，世事俗禱。僑初頗通神鬼，常夢共同饗醊，每爾輒静寐不覺，醒則醉吐狼藉。俗神恒使其舉才用人，前後十數，若有稽違，便坐之爲譴。僑忿患，遂入道。於鬼事得息，漸漸真仙來游。始亦止是夢，積年乃夜半形見。裴清靈、周紫陽至，皆使通傳旨意於長史，而僑性輕躁，多漏説冥旨被責，仍以楊君代之。僑後爲江城（乘）縣令，家因居焉。今江乘諸華皆其苗裔也。"又注云："華與許氏有婚親，故長史書與裴君，殷勤相請也。若如前篇中有保命所告，則僑被罪也。今世中《周紫陽傳》，即是僑所造，故與《真誥》爲相連也。"故此華僑當非魏太尉華歆孫華嶠。華嶠，《晉書·華表傳》附其傳，考華嶠所履，不曾爲江乘縣令。《三國志·華歆傳》裴注附其事云："表有三子……嶠字叔駿，有才學，撰《後漢書》，世稱爲良史。爲秘書監、尚書。"陳國符認爲："華僑略與長史同時，故傳末云'晉隆安三年太歲己亥正月七日甲子書畢'。是此乃東晉出世之書也。"[1]

《正統道藏》洞真部記傳類録《紫陽真人周君內傳》一卷，其後有《周裴二真叙》，言及華僑事，云：

> 江乘令晉陵華僑，世奉俗神，忽夢見群鬼神與之遊行飲食。群鬼所與僑共飲酒，僑亦至醉，還家輒吐所飲噉之物。數年諸鬼遂課限僑舉才，僑不得已，先後所舉十餘人，皆至死亡。鬼以僑所舉得才，有知人之識，限課轉多。若小稽違，便彈治之。僑自懼必爲諸鬼所困，於是背俗入道，詣祭酒丹陽許治，受奉道之法。群鬼各便消散，不復來往。奉道數年，忽夢見二人年可五十，容儀衣服非常。後遂二人見，或一月三十日時時往來僑家靖室中。唯僑得見。一人姓周，一人姓裴。裴雅重才理，非僑所申。周似不如。此二人先後教授僑經書，書皆與《五千文》相參，多説道家誡行養性

---

①陳國符：《道藏源流考》（新修訂版），中華書局 2016 年，第 8 頁。

事，亦有讖緯。所受二人經書，皆隱秘不宣。周自作傳，裴
作未成。裴所作樂序及周傳如别。

《周裴二真叙》所言"一人姓周"者，當即紫陽真人周義山，又云
"周自作傳"。陳國符認爲："此傳乃華僑撰，託之周紫陽耳。"①
即此傳。《真誥叙録》云："又按衆真未降楊之前，已令華僑通傳
音意於長史。華既漏妄被黜，故復使楊令授。而華時文跡都不
出世。"②則此傳初出或託之周義山自撰，而實華僑撰。又前引
《真誥叙録》末載華嶠事注云："華與許氏有婚親，故長史書與裴
君，殷勤相請也。若如前篇中有保命所告，則僑被罪也。今世中
《周紫陽傳》，即是僑所造，故與《真誥》爲相連也。"則許謐與華僑
合作造作、整理道書或在楊羲之前，而後華僑"被罪"，許謐才改
與楊羲合作。

　　《真誥叙録》云："凡三君手書今見在世者，經傳大小十餘篇，
多掾寫；真暧四十餘卷，多楊書。"③誠如陳國符所考，據梁陶弘
景《真誥叙録》，《上清經》乃晉哀帝興寧年間扶乩降筆，諸真傳實
皆出於晉代④。故而諸傳，當是此時道衆所造作，經楊羲、許謐、
許翽等整理。前所引《真誥叙録》末叙華僑事言明：許謐或先與
華僑合作，華僑因"漏妄被黜"後，"仍以楊君代之"，許謐始與楊
羲合作。故華僑此作《周君内傳》成，隨後或亦經許謐、許翽等整
理抄録。今見《正統道藏》所録《紫陽真人内傳》末有"摹召法主
本，本是晉隆安三年太歲己亥正月七日甲子書畢"句，注明鈔録

①陳國符：《道藏源流考》（新修訂版），中華書局 2016 年，第 8 頁。
②〔日〕吉川中夫、麥谷邦夫編，朱越利譯：《真誥校注》卷一九《翼真檢第
　一》，中國社會科學出版社 2006 年，第 566 頁。
③〔日〕吉川中夫、麥谷邦夫編，朱越利譯：《真誥校注》卷一九《翼真檢第
　一》，中國社會科學出版社 2006 年，第 573 頁。
④陳國符：《道藏源流考》（新修訂版），中華書局 2016 年，第 7 頁。

時間，或即許謐等整理時間。

　　《雲笈七籤》卷一〇六《傳》録《紫陽真人周君內傳》，不題撰
人，似即《舊唐書·經籍志》史部雜傳類、《新唐書·藝文志》子部
神仙家類所録《紫陽真人周君傳》一卷。《正統道藏》録《紫陽真
人内傳》，唯末多出一節文字。此節文字所述，紫陽真人周君修
道成仙事頗不相涉，而多言涓子及蘇林事，且多與《蘇君傳》所載
涓子遺蘇林書同。疑其爲許謐、許翽等抄録時補綴。元趙道一
《歷世真仙體道通鑑》卷一四《周義山》，據《雲笈七籤》、《紫陽真
人周君內傳》，無《道藏》所録《紫陽真人內傳》末節。

　　又，《崇文總目》道書類著録《周義山內傳》一卷，注云“闕”。
《通志·藝文略》諸子類道家著録《周義山內傳》一卷，注云：“後
漢人，居紫陽山。”當是據《崇文總目》。陳國符以爲：“華僑撰《紫
陽真人周君傳》一卷，另有《周義山內傳》一卷，撰人不詳。”①此
傳宋初《崇文總目》著録時已闕，當久佚。

魏華存別傳三種

　　今所見魏華存別傳有三，其一爲《南嶽夫人內傳》，其二爲
《南嶽夫人傳》，其三爲《魏夫人傳》。

　　魏華存即南嶽夫人，字賢安，任城人，晉司徒文康公魏舒女。
得道成仙，爲紫虛元君，領上真司命南嶽夫人，比秩仙公。治天
台大霍山洞臺中。

　　今所見魏華存傳記有多種，《新唐書·藝文志》子部神仙類
著録范邈《紫虛元君南嶽夫人內傳》一卷，又著録項宗《紫虛元君
魏夫人內傳》一卷。《道藏闕經目録》卷上著録《上清紫虛元君南
嶽夫人內傳》，注云“三卷，有符”。陳國符認爲“《顧氏文房小説》

①陳國符：《道藏源流考》（新修訂版），中華書局2016年，第8頁。

所收僅一卷,無符,蓋此乃第三種《南真傳》"①。以爲魏華存傳當有三種。《太平御覽經史圖書綱目》録《南真傳》、《魏夫人傳》、《紫虛南嶽夫人傳》、《南嶽夫人内傳》四種。則魏華存傳實當有多種。檢諸書所引,今存魏華存傳有三種:《南嶽夫人内傳》、《南嶽夫人傳》、《魏夫人傳》。今所見三種南嶽夫人傳,自《南嶽夫人内傳》到《南嶽夫人傳》,再到《魏夫人傳》,體現了南嶽夫人傳記由簡到繁的演變過程。

南嶽夫人内傳

輯存。許翽等整理。舊題范邈撰。一卷。

今見題《南嶽夫人内傳》者,主要見於《太平御覽》卷六七八《道部二十·傳授上》引,當是魏華存傳記之最早出者之遺存。

《隋書·經籍志》史部雜傳類著録《南嶽夫人内傳》一卷。《舊唐書·經籍志》史部雜傳類、《新唐書·藝文志》子部神仙家類著録《紫虛元君南岳夫人内傳》一卷,題范邈撰;《宋史·藝文志》神仙類著録范邈《南嶽魏夫人内傳》一卷,《通志·藝文略》諸子類道家著録《紫虛元君南嶽夫人内傳》一卷,范邈撰;《舊唐書·經籍志》、《新唐書·藝文志》、《通志·藝文略》所著録范邈所作魏華存傳,當即《隋書·經籍志》所録《南嶽夫人内傳》。

《南嶽夫人内傳》舊題范邈撰,當是僞託。《真誥》卷七《甄命授第三》"范中候所道如此。"注云:"范中候名邈,即是撰《南真傳》者。"②《太平御覽》卷六六九《道部十一·服餌上》引葛洪《神仙傳》云:"中候上仙范邈,字度世,舊名冰,服虹景丹得道,撰《魏夫人傳》。"今所見《神仙傳》傳本無。《洞玄靈寶真靈位業圖》云:

---

①陳國符:《道藏源流考》(新修訂版),中華書局 2016 年,第 11 頁。

②〔日〕吉川中夫、麥谷邦夫編,朱越利譯:《真誥校注》卷七《甄命授第三》,中國社會科學出版社 2006 年,第 236 頁。

"北牖弟子中候仙人。姓范,諱邈,字度世,曾名永。漢桓帝侍郎,撰《魏夫人傳》。"舊名"冰"或曾名"永","冰"、"永"當是形近而訛,不知誰是。如羅寧等所言:"范邈既屬東漢卻爲魏華存作傳,只能當作是仙話。"又説:"《隋志》不題《内傳》撰者的姓名,可能就是因爲編者不相信范邈作傳的説法而略去了。"並判斷説:"總之,所謂范邈作《内傳》之事全不可信,它其實是興寧間楊羲託真降之名所造。"①其理可通。

《真誥叙録》云:"凡三君手書今見在世者,經傳大小十餘篇,多掾寫;真唉四十餘卷,多楊書。"②誠如陳國符《道藏源流考》所考,據梁陶弘景《真誥叙録》,《上清經》乃晉哀帝興寧年間扶乩降筆,諸真傳實皆出於晉代③。故而諸道教神仙傳記,當是此時道衆所造作,經楊羲、許謐、許翽等整理,作者亦當多是僞託。今所見諸書徵引《南嶽夫人内傳》,皆不題撰人,《真誥叙録》云:"掾鈔《魏傳》中《黄庭經》並復真授數紙,先在剡山王惠朗間。王亡後,今應是其女弟子及同學章靈民處。"④今所見《太平御覽》卷六七八引《南嶽夫人内傳》提及《黄庭内經》,則掾鈔《魏傳》中《黄庭經》之《魏傳》,當指《南嶽夫人内傳》。故《南嶽夫人内傳》是否爲楊羲所造,可存疑,然其最終爲許翽寫定,應該是沒有問題的,故其出世後的主要整理者當是許翽。

南嶽夫人魏華存在道教中地位極高,今見《太平御覽》卷六七八所引《南嶽夫人内傳》,言及其夫:"彊適太保公掾南陽劉幼

①羅寧、武麗霞《〈南嶽夫人内傳〉、〈南嶽魏夫人傳〉考》,《新國學》輯刊,巴蜀書社 2005 年 3 月,第 215—216 頁。
②〔日〕吉川中夫、麥谷邦夫編,朱越利譯:《真誥校注》卷一九《翼真檢第一》,中國社會科學出版社 2006 年,第 573 頁。
③陳國符:《道藏源流考》(新修訂版),中華書局 2016 年,第 7 頁。
④〔日〕吉川中夫、麥谷邦夫編,朱越利譯:《真誥校注》卷二〇《翼真檢第二》,中國社會科學出版社 2006 年,第 582 頁。

彦，疇昔之志，存而不虧。後幼彦爲修武令。"周治據南京北郊象
山新出土的東晉王氏家族墓葬中的《劉媚子墓志》考定，"劉媚子
的祖父爲修武令劉乂，與《内傳》所記魏夫人丈夫的姓名、官職相
合；父爲光禄勳東昌男劉璞，其名與《内傳》中魏夫人長子一致。"
最終考定魏夫人丈夫名劉乂，字幼彦，曾爲修武令。魏夫人有二
子，長子名劉璞，字子成，歷官庾亮司馬、温嶠司馬、侍中，後仕至
光禄勳，賜爵東昌男。次子名劉遐，字子嵩，歷官陶侃太尉參軍、
從事中郎、安成太守等職①。

　　《南嶽夫人内傳》，今見《太平御覽》卷六七八《道部二十·傳
授上》引一節，題《南嶽魏夫人内傳》，文字頗長。又有他書所引，
文字多簡略，計有：《北堂書鈔》卷一四八《酒食部七·酒六十》"王
屋瓊蘇"、《三洞珠囊》卷八《相好品》、《上清道類事相》卷二《樓閣
品》、《初學記》卷二八《果木部·瓜第十二》"黄花絳實"、《太平御
覽》卷六七六《道部十八·簡章》、卷九七八《菜茹部三·瓜》所引
《南嶽夫人内傳》，《上清道類事相》卷三《寶臺品》所引《南嶽魏夫
人内傳》、《太平御覽》卷六六四《道部六·尸解》、卷六六九《道部十
一·服餌上》、《三洞珠囊》卷八《相好品》所引《紫虚元君内傳》等。

　　唐顔真卿有《晉紫虚元君領上真司命南嶽夫人魏夫人仙壇
碑銘》，其開篇云："夫人諱華存，字賢安，任城人。晉司徒劇陽文
康公舒之女也，師於小有清虚真人王袠，袠命中候上仙范邈爲立
傳，其略云。"則顔真卿所撰《魏夫人仙壇碑銘》，題范邈所撰《南
嶽夫人内傳》當是其重要材料。

　　顔真卿《魏夫人仙壇碑銘》所叙南嶽夫人事蹟，羅寧等認爲，
從"夫人能隸書"開始，《碑銘》以後的部分皆爲顔真卿據其他書

① 周治：《南嶽夫人魏華存新考》，《世界宗教研究》2006 年第 2 期。

籍和見聞所述①。《太平御覽》卷六七八《道部二十·傳授上》引《南嶽夫人内傳》,當是據原傳刪節而存。考其文字,止於南嶽夫人同諸仙"詣天台霍山臺"。其實,顏真卿《魏夫人仙壇碑銘》詣天台霍山臺頗詳,又叙"便道過句曲金壇茅叔申,宴會二日二夕。又共適于霍山。夫人安駕玉宇,然後各別"。其下云:"初王君告夫人曰:'學者當去疾除病。'因受甘草丸,所謂穀仙方也。夫人服之而仙。"自此以下當非《南嶽夫人内傳》之文,爲顏真卿據《真誥》概括。"事具陶弘景《真誥》,所呼南真即夫人也",即指明此節所叙的材料來源。而自"初,夫人既渡江,遍遊名山"以下,至"使道士蔡偉編入《後仙傳》",當是顏真卿據《後仙傳》中之華姑黄令微傳而來。這一點,也可從顏真卿的《撫州臨川縣井山華姑仙壇碑銘》得到證明,二者言華姑事多同。而兩處皆以"初"開始,正表明其所據材料的轉換。

南嶽夫人傳

輯存。佚名撰。

今存三種魏華存傳中,《南嶽夫人傳》當是《南嶽夫人内傳》之後,據《南嶽夫人内傳》增益而成。或即《太平御覽經史圖書綱目》所錄四種之一的《紫虚南嶽夫人傳》。

今所見稱引《南嶽夫人傳》者,主要見於《初學記》卷二八《果木部·柰第二》"設玄室投清渠"、《事類賦》卷二六《果部·柰賦》"玄雲在御更聞於南嶽夫人"、《海錄碎事》卷二二下《果實門》"三玄柰"各引一節,作《南嶽夫人傳》;《太平御覽》卷九七〇《果部七·榛》引一節,作《紫虚南嶽夫人傳》;多述仙家瓜果,其文不見於稱"《南嶽夫人内傳》"者。

---

① 羅寧、武麗霞:《〈南嶽夫人内傳〉、〈南嶽魏夫人傳〉考》,《新國學》輯刊,
　巴蜀書社 2005 年 3 月,第 215 頁,第 216 頁。

　　《真誥》卷一九《真誥叙録》言稱“《南嶽夫人傳》”，多述籙、方等事：“《南嶽夫人傳》載青籙文云：‘歲在甲子，朔日辛亥。先農饗旦，甲寅羽水。起安啓年，經乃始傳。得道之子，當修玉文。’”①《三洞珠囊》卷之三《服食品》言及甘草丸方，云“甘草丸方出《南嶽魏夫人傳》”，其下詳列此方：

　　　　第一者，甘草六兩。第二者，丹砂三兩，好者。第三者，大黄五兩。第四者，乾地黄七兩。第五者，白术十兩。第六者，五味五兩。第七者，人參五兩。第八者，茯苓四兩。第九者，當歸三兩。第十者，天門冬四兩。第十一者，木防已二兩。第十二者，豬苓三兩。第十三者，細辛二兩。第十四者，決明子二兩。

　　　　右十四物，並令得精新上藥，不用陳久者。先各細擣，不篩乃秤散，取兩數足，乃入白，以次内甘草，擣一千杵，次内丹砂，又擣一千杵，自從次第一種以次内白，輒擣一千杵。凡十四種藥，合藥一萬六千杵，都合三萬杵。藥成以蜜丸，食後服，如梧桐子大十丸。寧從少起，亦可服三十丸。此藥内滅病，無毒，無所禁忌。食一年乃大得其益，無責旦夕之急效也。俗中女服之，令人多子，無傷病也。久服神仙不死矣。合藥當在別室潔處，不得令雜人多目見之，亦當沐浴齋戒三四，可擣治之。百患千病治之皆愈，不能一一紀所善之名也。其服食吐納事，諸經大有，此不更録也。

《真誥叙録》稱“《南嶽夫人傳》”所載青籙文，《三洞珠囊·服食品》所言《南嶽魏夫人傳》，列甘草丸方，與叙瓜果當屬一類。當是炫燿仙品、仙方。故此類或出後來。由此，諸書所稱引的《南嶽夫人傳》當非最初許翽等整理之《南嶽夫人内傳》，或是在許翽等整

①〔日〕吉川中夫、麥谷邦夫編，朱越利譯：《真誥校注》卷一九《翼真檢第一》，中國社會科學出版社 2006 年，第 565 頁。

理的《南嶽夫人内傳》基礎上，多言仙家瓜果、籙、方等，敷衍增益而成。

今所見《正統道藏》本《紫陽真人内傳》後，附《周君所受道真書目録》、二真人所作詩二首、《周裴二真叙》，由此推測，初出之《南嶽夫人内傳》較略，後來據傳造作之經書、符籙等，亦如今所見《正統道藏》之《紫陽真人内傳》，附載於後。而後來傳鈔，漸次將部分内容增入傳中，然大部分經書、符籙、咒訣等，或當一直附録於後。

今見於《太平御覽》等稱引《南嶽夫人傳》者，計六節，條列如下。

一、叙四真人降夫人静室。因設玄室紫柰，絳實靈瓜。王子喬等並降，時夫人與真人爲賓主，設三玄紫柰。見於《初學記》卷二八《果木部・柰第二》"設玄室投清渠"、《事類賦》卷二六《果部・柰賦》"玄雲在御更聞於南嶽夫人"、《太平御覽》卷九七〇《果部七・楱》、《海録碎事》卷二二下《果實門》"三玄柰"引。

二、仙人有三玄紫杏。見於《藝文類聚》卷八七《菓部下・杏》、《太平御覽》卷九六八《果部五・杏》、《事類賦》卷二六《果部・杏賦》"三玄是號"、《海録碎事》卷二二下《果實門》"三玄紫杏"等引。

三、夫人設王子喬瓊蘇緑酒。見於《初學記》卷二六《服食部・酒第十一》"琬液瓊蘇"、《事類賦》卷一七《飲食部・酒賦》"挹南嶽之瓊酥"、《錦繡萬花谷後集》卷三五《酒》"瓊蘇"等引。

四、叙俗中讀《大洞真經》者、方諸青童歌、清虚真人歌。見於《上清道類事相》卷二《仙房品》引。

五、青籙文。見於《真誥》卷一九《真誥叙録》云《南嶽夫人傳》載。

六、甘草丸方。見於《三洞珠囊》卷之三《服食品》甘草丸方出《南嶽魏夫人傳》。

七、青童君言常當沐浴。見於《無上秘要》卷六六，注"右出《南嶽夫人傳》"。

又，陶弘景《登真隱訣》卷下誦《黄庭經》法，末注云"右出《魏傳》訣凡五事"，所載諸訣，或亦據《南嶽夫人傳》。然其所錄多屢雜，難於分别。

魏夫人傳

輯存。佚名撰。或題項宗撰。

今存三種魏華存傳記中，《魏夫人傳》爲最晚者，當是在《南嶽夫人傳》基礎上增益而成。

《太平廣記》卷五八《女仙三·魏夫人》引一節，題"魏夫人"，云出《集仙錄》及本傳。《顧氏文房小説》、八卷本《虞初志》卷四錄《南嶽魏夫人傳》一卷，不題撰人。凌性德編刊七卷本《虞初志》題唐顏真卿。《綠窗女史》卷一〇神仙部仙姬、宛本《説郛》卷一一三錄《魏夫人傳》，題唐蔡偉。《顧氏文房小説》等所錄，考其文，與《太平廣記》幾同，當源自《太平廣記》。而題顏真卿及蔡偉者，皆非。李劍國先生云："則七卷本《虞初志》題唐顏真卿，非也；而或又稱蔡偉（按：應作蔡瑋），尤誤。"[1]

《太平廣記》卷五八所錄"魏夫人"及《顧氏文房小説》所錄《南嶽魏夫人傳》，有云："陶貞白《真誥》所呼南真，即夫人也。"又云："夫人既遊江南，遂於撫州并山立静室，又於臨汝水西置壇宇，歲久蕪梗，踪跡殆平。有女道士黄靈徽，年邁八十，貌若嬰孺，號爲花姑，特加修飾，累有靈應。夫人亦寓夢以示之，後亦昇天。玄宗敕道士蔡偉編入《後仙傳》。大曆三年戊申，魯國公顏真卿重加修葺，立碑以紀其事焉。"陳國符認爲："是此傳乃晚出

---

① 李劍國：《唐五代志怪傳奇叙錄》（增訂本），中華書局 2017 年，第 1475 頁。

之本。當即項宗所撰。項宗，蓋唐人。"①

　　陳國符以爲"項宗所撰較晚出"，而之所以有如此認識，乃與《新唐書·藝文志》所録項宗《紫虛元君魏夫人内傳》有關。《新唐書·藝文志》子部神仙類著録項宗《紫虛元君魏夫人内傳》一卷，《崇文總目》道書類著録《南嶽魏夫人傳》一卷，當即《新唐書·藝文志》所録項宗書。《通志·藝文略》諸子類道家著録《紫虛元君魏夫人内傳》一卷，項宗撰。當是據《新唐書·藝文志》所録。或即《太平御覽經史圖書綱目》所録四種魏華存傳中之《魏夫人傳》。

　　羅寧等認爲，唐無項宗其人，"所謂作《紫虛元君魏夫人内傳》的項宗，可能是項原之誤"。而項原爲晉人，"可能的情況是，項原因作《列女後傳》知名，有人見傳世之《内傳》未題撰者名字，或者不相信范邈作傳之事（原本就是託名），便以爲《内傳》出於項原（又誤爲項宗）之手了。"②

　　而《顧氏文房小説》所録《南嶽魏夫人傳》即《太平廣記》卷五八所録。故《太平廣記》所録云出《集仙録》及本傳者之魏華存本傳，當非《新唐書·藝文志》子部神仙類著録項宗《紫虛元君魏夫人内傳》，作者亦非項宗。

　　南嶽夫人作爲道教上清派重要人物，其傳始出之時，當不甚繁複，如陳國符所言："諸真傳皆述傳授真經，但撰此諸傳時，其所述經，固未嘗出世也。故《真誥·叙録》謂王靈期得許黃民真經'即竊加損益，盛其藻麗。依王、魏諸傳題目，張開造制，以備其録。'"③南嶽夫人魏華存傳之變遷，體現了這一過程。其始出

①陳國符：《道藏源流考》（新修訂版），中華書局 2016 年，第 11 頁。
②羅寧、武麗霞：《〈南嶽夫人内傳〉、〈南嶽魏夫人傳〉考》，《新國學》輯刊，巴蜀書社 2005 年 3 月，第 232 頁。
③陳國符：《道藏源流考》（新修訂版），中華書局 2016 年，第 11 頁。

之時，經許謐等整理，當尚較爲簡略，如《太平御覽》卷六七八《道部二十·傳授上》所錄《南嶽魏夫人内傳》。在許謐、許翽之後，隨著道教發展對經典的需求，開始對諸仙傳進行敷衍、增益，特别是其中提及之經、籙、方等内容。諸書所引《南嶽夫人傳》當是此一階段産物。陶弘景所見南嶽夫人傳，據《真誥叙錄》云：“掾鈔《魏傳》中《黄庭經》並復真授數紙……”已有《黄庭經》。在其《登真隱訣》卷下末題“右出《魏傳》訣凡五事”，第一部分是“誦《黄庭經》法”，又有“拜祝法”、“存神别法”，第二部分又有“入静”之法。其末“夫人奉而用之”下，陶弘景注云：“此一句范中候自語也。”表明其出自楊羲、許謐等整理的《南嶽夫人内傳》。也就是説，陶弘景時所見魏華存傳，已十分繁複，當是後來流行之《南嶽魏夫人傳》，即《魏夫人傳》。

今見《太平廣記》卷五八《女仙三·魏夫人》引一節，云出《集仙錄》及本傳，其所謂“本傳”，從其題名可知，當即《南嶽魏夫人傳》。《集仙錄》即《墉城集仙錄》，杜光庭撰，傳錄唐代以前女仙，原本十卷，一百九人。今存《道藏》本則僅有六卷，三十七篇，三十七人。無魏華存傳。《太平廣記》卷五八所錄“魏夫人”，云出《集仙錄》及本傳，則《墉城集仙錄》當有魏華存傳。今羅争鳴《杜光庭記傳十種輯校》有《墉城集仙錄》十卷，第九卷錄《魏夫人》，其云：“此篇引作‘出《集仙錄》及本傳’，但一如《金母元君》等篇，各種資料錯綜複雜，難分彼此，故一併引入，作《墉城集仙錄》佚文。”①將《太平廣記》卷五八所錄“魏夫人”全部納入。

羅寧等將《太平廣記》卷五八所錄“魏夫人”劃分爲八段，分析認爲，“這較爲簡略的前四段只能是杜光庭《墉城集仙錄》中的文字了”，第五段“應該是杜光庭抄襲《碑銘》的。同樣，第八段記花姑事蹟，也應該是杜光庭據《碑銘》而述”。“如果説前五段和

_____

① 羅争鳴輯校：《杜光庭記傳十種輯校》，中華書局 2013 年，第 706 頁。

最後一段是'出《集仙錄》',則六、七段是'出本傳'。"①不過,羅寧等也承認,前四段"只能看作是《内傳》的節錄文字,並非原文",並認爲"這個節錄是杜光庭做的"。因而是《墉城集仙錄》中的文字。也就是説,實際上羅寧等所分的前四段的基礎也是《魏夫人傳》,與《太平御覽》卷六七八《道部二十·傳授上》所引對比可知,應該説《太平廣記》此部分文字也大致保存了原傳的基本面貌,亦可視作《魏夫人傳》佚文。

故《太平廣記》卷五八所錄"魏夫人","共適于霍山,夫人安駕玉宇,然後各別"以前,可視爲出"本傳";此語以下,"陶貞白《真誥》所呼南真,即夫人也",可視爲出《集仙錄》,而其文同顔真卿《魏夫人仙壇碑銘》,當是杜光庭轉鈔而來,正好連綴上下;"以晉興寧三年乙丑降楊家"至"夫人與衆真吟詩曰"云云,可視爲出"本傳";"夫人既遊江南"以下,則可視爲出《集仙錄》。

可見,《太平廣記》選錄所據之《魏夫人傳》,又增益了南嶽夫人降楊羲事。以常理推知,在楊羲、許謐造傳或整理南嶽夫人傳之時,不會將自己之事寫入傳中,魏夫人"興寧中降楊君"、"又授許掾上經"事,或只是別紙記錄而已,陶弘景《真誥》中就多錄南嶽夫人降授弟子(楊羲)之語錄。《太平廣記》卷五八"魏夫人"中"降楊君"一節,多以"又曰"、"仍曰"等問答形式的語錄組成,正體現其當是拼合原來虛擬之對話語錄而來。故此節當爲楊羲、許謐、許翽之後,王靈期等後來道流,據當年楊羲等別紙記錄"張開造制"而成。

南嶽夫人降楊羲事的增入,在陶弘景撰《真誥》之前,應已完成。《太平御覽》卷六六一《道部三·真人下》因《真誥》云:

　　紫虛元君領上真司命南嶽魏夫人,王清虛弟子,名華

①羅寧、武麗霞:《〈南嶽夫人内傳〉、〈南嶽魏夫人傳〉考》,《新國學》輯刊,巴蜀書社 2005 年,第 228—231 頁。

存，楊司命之師也，任城人。晉司徒文康公魏舒之女。年二十四，適南陽劉幼彦，幼彦爲汲縣修武，夫人齋戒念道，入室百日。十二月夜半，青童君及王君四真人同降，授上經三十一卷。至洛陽亂，夫人渡江居豫章，隨子璞往江州安城郡，因居彼。年八十三，以成帝咸和九年，青童清虚又降授劍解之道，稱疾隱化。乘飈車往陽洛山。明日，有四十七真人降教道法。積十六年，西母與金闕南極同降迎夫人，北詣上清宮玉闕下，受神鳳章龍衣虎帶丹飛裙、十絶華幡流金火鈴、九蓋芝軿、九色之節、雙珠月明神虎之符、錦旍虎旄，給西華玉女八景飛輿玄景九龍，又受扶桑大帝君玉劄金文，位爲紫虚元君，領上真司命，主諸學道死生圖籍，攝御三官，礪校罪考。又授金闕聖君青瓊板丹籙文，位爲南嶽夫人。給曲晨飛蓋，治天台大霍山洞臺中，下訓奉道教授當爲真仙者，一月再登玉清，三登大素，四謁玉晨，遨宴扶桑，仰招天真，揔括神籙，刊書九天，佐命東華，叶翼帝晨，飛步太霞，參轡九虚。以興寧中降陽君，又授許掾上經。自此後數數來降也。
玉清虚令弟子范邈作内傳顯世也。

此段文字，今本《真誥》無，當是《真誥》佚文。簡述南嶽夫人本事大略，當是陶弘景據《魏夫人傳》概述，其結尾云"以興寧中降陽君，又授許掾上經。自此後數數來降也"。當即《魏夫人傳》中有此事。與《太平廣記》卷五八"魏夫人"相合，則陶弘景所見《魏夫人傳》已增益魏夫人"興寧中降楊君"、"又授許掾上經"事。

又，《真誥》卷七《甄命授第三》"范中候所道如此"注云："范中候名邈，即是撰《南真傳》者。"則云《南真傳》者，亦當是所謂題范邈撰《南嶽夫人内傳》者，《太平御覽》卷六六〇《道部二·真人上》引作《南真傳》，其文亦見於《太平廣記》卷五八"魏夫人"。亦説明陶弘景所見，當即是後來《太平廣記》所據之本。

今所見《太平廣記》"魏夫人"，無繁複的經文、咒語、符籙等

内容，傳之内容重新集中於魏夫人本事，故又得流行。宋以降書
志如《百川書志》傳記類、《寶文堂書目》子部雜類、《也是園藏書
目》仙佛類、《稽瑞樓書目》皆著録《太平廣記》所録本。就其原
因，蓋删削繁複之經文、咒語、符籙等之後，可讀性增加，乃便於
在俗世流傳也。

　　《太平廣記》所録之外，檢古書舊注，亦有稱引《魏夫人傳》
者：《太平御覽》卷六六三《道部五·地仙》引一節，作《魏夫人
傳》；《太平御覽》卷六七七《道部十九·輿輦》引一節，作《南嶽魏
夫人傳》；《仙苑編珠》卷中"賢安甘草伯玉松屑"引一節，作《魏夫
人傳》；《廣博物志》卷四一《食飲》引一節，作《魏夫人傳》；《廣博
物志》卷三四《聲樂二》引一條，作《魏夫人内傳》。諸書所引多
簡。《太平御覽》卷六六三《道部五·地仙》引一節云："赤城丹山
洞，周三百里，有日月伏根，三辰之光照洞中。"《太平御覽》卷六
七七《道部十九·輿輦》引一節云："夫人乘虎輦玉輿隱輪之車。"
不見《太平廣記》及《顧氏文房小説》。《廣博物志》卷三四、卷四
一所引見於《太平廣記》及《顧氏文房小説》。

蘇君傳

　　輯存。許翽等整理。舊題周季通撰或周季通集。一卷。
　　蘇君即蘇林，字子玄，濮陽曲水人。得道成仙，爲玄洲真
命上卿，太極中候大夫，宫在丹陵。《洞玄靈寶真靈位業圖》
云："玄洲上卿太極中候大夫蘇君，名林，字子玄。涓子弟子，
周君師。"
　　《蘇君傳》，《隋書·經籍志》史部雜傳類、《舊唐書·經籍志》
史部雜傳類、《新唐書·藝文志》子部神仙家類著録《蘇君記》一
卷，題周季通撰。《雲笈七籤》卷一〇四《傳》録《玄洲上卿蘇君
傳》，題周季通集，當即《隋書·經籍志》所言《蘇君記》。

　　《真誥》卷一〇《協昌期第二》云：“合藥當令精，不精者不自
咎，反責方之不驗。若是人可謂咎乎？可使鈔方合耳。可用菖
蒲五兩。所以用十兩末，知道門户之人耳。可用茱萸根皮二兩、
紫雲芝英三兩。此周君口訣。”注云：“此是論合初神丸事。其方
在《蘇傳》中，即周紫陽所撰。故受此訣，是告長史也。”指《蘇君
傳》爲“周紫陽所撰”。陳國符認爲：“或許長史許掾生日，已有
《蘇傳》，即謂《蘇傳》或已於晉代出世也。”①周季通即紫陽真人，
名義山，字季通。汝陰人。得道成仙，受書爲紫陽真人，治葛衍
山金庭銅城。

　　羅寧認爲：“華僑與楊羲託言仙真下降而造經傳的方式是一
樣的，只不過一個在前，一個在後，他們都是在二許的扶持下開
展其降神造經活動的。楊羲造《南嶽夫人内傳》，華僑也造有《紫
陽真人内傳》，楊君所得《王君傳》託名弟子魏華存撰，而《蘇君
記》也託名其弟子周季通（即紫陽真人）撰，實際上也是出於華僑
之手。”②此推測頗得其理，題周季通撰者，顯係僞託。或華僑造
《周君内傳》後，又增造此傳。

　　《真誥叙録》云：“凡三君手書今見在世者，經傳大小十餘篇，
多掾寫；真咉四十餘卷，多楊書。”③誠如陳國符所考，據梁陶弘
景《真誥叙録》，《上清經》乃晉哀帝興寧年間扶乩降筆，諸真傳實
皆出於晉代④。《真誥》卷五《甄命授第一》道授注云：“此有長
史、掾各寫一本，題目如此。不知當是道家舊書，爲降楊時説。”

①陳國符：《道藏源流考》（新修訂版），中華書局 2016 年，第 9 頁。
②羅寧、武麗霞：《〈南嶽夫人内傳〉、〈南嶽魏夫人傳〉考》，《新國學》輯刊，
　巴蜀書社 2005 年 3 月，第 236 頁。
③〔日〕吉川中夫、麥谷邦夫編，朱越利譯：《真誥校注》卷一九《翼真檢第
　一》，中國社會科學出版社 2006 年，第 573 頁。
④陳國符：《道藏源流考》（新修訂版），中華書局 2016 年，第 7 頁。

其後"君曰"云:"經曰:'得道者皆隱穀蟲之法,而見三尸之術。'夫穀蟲死則三尸枯,三尸枯,自然落矣。殺穀蟲自有別方,得者祕之。"注云:"此即《蘇傳》中初神九方也。其餘雜法皆不及此也。"①則《蘇君傳》當經許謐、許翽整理,許謐、許翽各寫有一本。

《蘇君傳》今僅見《雲笈七籤》卷一〇四《傳》所引,似即其文。《歷世真仙體道通鑑》卷七"蘇林",當是據此。又,《仙苑編珠》卷中"方平道蔡子玄師涓"、《上清道類事相》卷二《仙房品》引《登真隱訣》各引一節。

道人單道開傳

　　輯存。康泓撰。一卷。

　　《隋書·經籍志》史部雜傳類著録《道人善道開傳》一卷,題康泓撰。梁王曼穎《與皎法師書》言及康泓撰《單道開傳》,其云:"間有諸傳,又非隱括。景興偶採居山之人,僧寶偏綴遊方之士,法濟惟張高逸之例,法安止命志節之科,康泓專紀單開,王季但稱高座,僧瑜卓爾獨載,玄暢超然孤録。惟釋法進所造,王巾有著。意存該綜,可擅一家。"②

　　善道開,又作單道開,百卷本《法苑珠林》卷二七《至誠篇第十九·濟難部》引《冥祥記》云:"趙沙門單,或作善,字道開,不知何許人也。別傳云燉煌人,本姓孟,少出家。"

　　《十六國春秋》卷二一《後趙録十一》、《高僧傳》卷九《神異

---

① 〔日〕吉川中夫、麥谷邦夫編,朱越利譯:《真誥校注》卷五《甄命授第一》,中國社會科學出版社 2006 年,第 184 頁。
② 釋道宣:《廣弘明集》卷二四梁王曼穎《與皎法師書》,《四部叢刊》本。今湯用彤校注《高僧傳》附。見:釋慧皎撰,湯用彤校注,湯一玄整理:《高僧傳》卷第十四《高僧傳序録》,中華書局 1992 年,第 552 頁。

上》、《晉書》卷九五《藝術傳》有傳,《晉書·單道開傳》云:"單道
開,敦煌人也。常衣粗褐,或贈以繒服,皆不著,不畏寒暑,晝夜
不卧。恒服細石子,一吞數枚,日一服,或多或少。好山居,而山
樹諸神見異形試之,初無懼色。"石季龍時到鄴,初止鄴城西沙門
法綝祠中,後徙臨漳昭德寺。升平三年(359)至京師,後至南海,
入羅浮山,獨處茅茨,蕭然物外。年百餘歲,卒於山舍。能療目
疾,就療者頗驗。

　　康泓,一作康弘,單道開弟子。《高僧傳》卷九《神異上·單
道開傳》言及,其云:"有康弘者,昔在北間,聞開弟子叙開昔在山
中,每有神仙去來,迺遥心敬挹。及後從役南海,親與相見。側
席鑽仰,稟聞備至,迺爲之傳贊,曰:'蕭哉若人,飄然絶塵。外軌
小乘,内暢空身。玄象暉曜,高步是臻。餐茹芝英,流浪巖津。'"
則康弘《道人單道開傳》當有傳有贊。

　　《高僧傳》又云:"晉興寧元年,陳郡袁宏爲南海太守,與弟穎
叔及沙門支法防,共登羅浮山。至石室口,見開形骸及香火瓦器
猶存。宏曰:'法師業行殊群,正當如蟬蜕耳。'迺爲贊曰:'物俊
招奇,德不孤立。遼遼幽人,望巖凱入。飄飄靈仙,兹焉遊集。
遺屣在林,千載一襲。'後沙門僧景、道漸等並欲登羅浮,竟不至
頂。"《晉書·單道開傳》亦云:"陳郡袁宏爲南海太守,與弟穎叔
及沙門支法防共登羅浮山,至石室口,見道開形骸如生,香火瓦
器猶存。宏曰:'法師業行殊群,正當如蟬蜕耳。'乃爲之贊云。"
則袁宏亦嘗爲之贊。

　　《十六國春秋》有《單道開傳》。《四庫全書總目》卷六六載記
類録"明嘉興屠喬孫項琳之僞本"《十六國春秋》,云:"然其文皆
聯綴古書,非由杜撰,考十六國之事者,固宜以是編爲總匯焉。
録而存之,削其標名,亦疑以傳疑之義。"王琰《冥祥記》云"别傳
云燉煌人",《十六國春秋·單道開傳》、《高僧傳·單道開傳》、
《晉書·單道開傳》皆云單道開燉煌人,故《十六國春秋》所録《單

道開傳》當據康弘《道人單道開傳》而成,或是直接抄録,亦未可知。慧皎《高僧傳·單道開傳》及《晉書·單道開傳》,亦當據康弘此傳而成。

《十六國春秋·單道開傳》、《高僧傳·單道開傳》引康弘之贊,當出其《道人單道開傳》。

附:單道開贊

輯存。袁宏撰。

《隋書·經籍志》等無著録。《十六國春秋》卷二一《後趙録十一》、《高僧傳》卷九《神異上》所録《單道開傳》,録康弘贊之外,又録袁宏贊。《十六國春秋》卷二一引作:"物俊招奇,德不孤立。遼遼幽人,望巖凱入。飄飄靈仙,兹焉遊集。遺履在林,千載一襲。"《高僧傳·單道開傳》引"履"作"屣",餘同《十六國春秋》卷二一引。袁宏或另撰有《單道開贊》。今附於此,存疑。

袁宏,字彥伯,小字虎,陳郡人。《晉書》卷九二《文苑傳》有傳。其云:"袁宏字彥伯,侍中猷之孫也。父勖,臨汝令。宏有逸才,文章絶美,曾爲《詠史詩》,是其風情所寄。"少孤貧,以運租自業,爲謝尚所拔。尚爲安西將軍、豫州刺史,引宏參其軍事。累遷大司馬桓温府記室。曾爲吏部郎,出爲東陽郡。太元初,卒於東陽,時年四十九。袁宏有文史才,《晉書·袁宏傳》稱其"撰《後漢紀》三十卷及《竹林名士傳》三卷、詩賦誄表等雜文凡三百首",《隋書·經籍志》載其有集"十五卷,梁二十卷,録一卷"。

袁宏與當時名僧多有交遊,據慧皎《高僧傳·支遁傳》:"郗超爲之序傳,袁宏爲之銘贊,周曇寶爲之作誄。"袁宏曾爲支遁作銘贊,故其爲單道開作贊,亦有可能。

法顯傳

存。法顯撰。一卷。

《法顯傳》，在歷代史志書目的著録中有多種異稱，或作《法顯行傳》、《佛國記》、《佛遊天竺記》、《遊天竺記》、《歷遊天竺記傳》等。

《隋書·經籍志》史部雜傳類著録《法顯傳》二卷，又著録《法顯行傳》一卷，無撰人，史部地理類又著録《佛國記》一卷，注云："沙門釋法顯撰"。《出三藏記集》卷二著録作《佛遊天竺記》一卷，《衆經目録》卷六有《遊天竺記》一卷，將其歸入西域聖賢傳記類中，云"西域聖賢所撰"，又有《法顯傳》一卷，歸入此方諸德傳記中，稱法顯自述行記。《歷代三寶記》卷七著録作《歷遊天竺記傳》一卷，《大唐内典録》卷三著録作《歷遊天竺記傳》，《開元釋教録》卷三、《貞元新定釋教目録》卷五著録作《歷遊天竺記傳》一卷，注云："亦云《法顯傳》，法顯自撰，述往來天竺事，見《長房録》。"並分別又有《佛遊天竺記》一卷，注云"見《僧祐録》"；《法顯傳》一卷，注云"亦云《歷遊天竺記傳》"。《宋史·藝文志》子部道家類著録作《法顯傳》一卷。

其他如《水經注》等書注引題名也各不相同。《水經注》卷一、卷二作《法顯傳》，卷一六作《釋法顯行傳》。《法苑珠林》傳記篇作《歷遊天竺記傳》，並云："右東晉平陽沙門釋法顯撰。"《後漢書·西域傳》李賢注作《釋法顯遊天竺記》，《初學記》卷二三作《佛遊天竺本記》，杜佑《通典》卷一七四作《釋法明遊天竺記》，法明當是避李顯諱而改。《太平御覽》卷六五七引作《佛遊天竺記》，卷六五三、卷六五七又引作《法顯記》。北宋以下歷代刊刻大藏經多作《法顯傳》，唯金趙城藏本作《析道人法顯從長安行西至天竺傳》，高麗本作《高僧法顯傳》。明代以下各叢書刊本則又

多作《佛國記》，唯《稗乘》作《三十國記》，張宗祥據明鈔本輯印涵
芬本《説郛》卷四作《法顯記》。

　　題名雖異，而考其内容實爲同一書。胡震亨在將其收入《祕
册彙函》時題《佛國記》，而在跋語中認爲其名當爲《法顯傳》①，
《四庫全書總目》也以爲胡震亨之説"似爲有據"。其云："胡震亨
刻入《祕册函》中，從舊題曰《佛國記》，而震亨附跋則以爲當名
《法顯傳》。今考酈道元《水經注》引此書，所云于此順嶺西南行
十五日以下八十九字，又引恒水上流有一國以下二百七十六字，
皆稱曰《法顯傳》，則震亨之説似爲有據。然《隋志》雜傳類中載
《法顯傳》二卷、《法顯行傳》一卷，不著撰人。地理類載《佛國記》
一卷，注曰'沙門釋法顯撰'。一書兩收，三名互見，則亦不必定
改《法顯傳》也。"②

　　《法顯傳》爲法顯自述其從長安出發、歷經西域天竺諸國、最
後回到中國的全過程，乃法顯自叙傳。法顯，僧祐《出三藏記集》
卷一五、《高僧傳》卷三《譯經下》有傳。《高僧傳·宋江陵辛寺釋
法顯傳》云："釋法顯，姓龔，平陽武陽人。有三兄，並髫齔而亡，
父恐禍及顯，三歲便度爲沙彌……及受大戒，志行明敏，儀軌整
肅，常慨經律舛闕，誓志尋求。"

　　法顯西行，《法顯傳》傳世各本皆作"弘始二年"，章巽考定，
當作"弘始元年"，即三九九年③。則法顯後秦弘始元年即晉隆
安三年(399)，與同學慧景、道整、慧應、慧嵬等，發自長安，西行
求法。凡所經歷三十餘國，至天竺、中天竺，後附商人船舶，循海

①胡震亨：《佛國記·跋》，見《祕册彙函》之《佛國記》，明萬曆刻本。
②永瑢等：《四庫全書總目》卷七一史部二十七地理類四"《佛國記》"條，中
　華書局 1995 年，第 630 頁。
③法顯撰，章巽校注：《法顯傳校注》(一)"自發跡長安至度葱嶺"校注[4]，
　上海古籍出版社 1985 年，第 2—3 頁。

而還，晉義熙八年（412）至青州長廣郡牢山南岸。次年南歸建康，於道場寺譯經，後至荆州，卒於辛寺。法顯自長安西行，至歸來建康，"首尾計有十五年之久"①。

法顯卒時年齡，《高僧傳·宋江陵辛寺釋法顯傳》云"春秋年八十有六"，《出三藏記集·法顯法師傳》則云"春秋八十有二"。章巽以爲，"法顯卒年當在公元418年2月至423年7月之間"。由此推測，法顯於後秦弘始元年即晉隆安三年（399）從長安出發去天竺，他當時的年齡，"無論如何已在五十八歲以上了"②。以如此年齡而跋涉千山萬水去求取佛經，其精神可嘉。如《法顯傳·跋》所云："於是感歎斯人，以爲古今罕有，自大教東流，未有忘身求法如顯之比！"③

《法顯傳》之成書，據傳後跋語，是晉義熙十二年（416），慧遠迎法顯於道場寺講經後，問及其所遊歷，於是法顯爲之"具叙始末"，後有人又請他寫出來，這就是《法顯傳》。此跋之作者，章巽認爲，"蓋道場寺僧人，更就文中語氣觀之，尤可能即當時法顯之檀越也"④。其云：

　　是歲甲寅，晉義熙十二年，歲在壽星，夏安居末，迎法顯道人。既至，留共冬齋。因講集之際，重問遊歷。其人恭順，言輒依實。由是先所略者，勸令詳載。顯復具叙始末。自云："顧尋所經，不覺心動汗流。所以乘危履嶮，不惜此形

① 法顯撰，章巽校注《法顯傳校注》"法顯傳校注序"，上海古籍出版社1985年，第5頁。
② 法顯撰，章巽校注：《法顯傳校注序》，章巽《法顯傳校注》，上海古籍出版社1985年，第1—2頁。
③ 法顯撰，章巽校注：《法顯傳校注》"跋"，上海古籍出版社1985年，第179頁。
④ 法顯撰，章巽校注：《法顯傳校注》"跋"校注[1]，上海古籍出版社1985年，第179頁。

者,蓋是志有所存,專其愚直,故投命於不必全之地,以達萬
一之冀。"於是感歎斯人,以爲古今罕有。自大教東流,未有
忘身求法如顯之比。然後知誠之所感,無窮否而不通;志之
所獎,無功業而不成。成夫功業者,豈不由忘失所重,重失
所忘者哉①。

　　關於《法顯傳》的版本流傳,章巽在《法顯傳校注序》中有詳
細解説,可參看②。其所校注之《法顯傳》,亦是今所見之善本。

　　《法顯傳》之價值在於對當時西域、天竺諸國人文、地理風貌
有許多真實記録。如王邦維所言:"不僅限於記述了法顯個人的
經歷,更重要的是,它是中國人最早以實地的經歷,根據個人的
所見所聞,記載一千五六百年以前中亞、南亞,也包括部分東南
亞的歷史、地理、宗教的一部傑作。與它同時,世界上没有任何
其他人有類似法顯的經歷,或者寫有類似的書,《法顯傳》因此有
它不可替代的特殊的地位和價值。"③在真實記録之外,《法顯
傳》也裹挾着虛誕,在雜傳之自叙傳一類中别具一格,亦值得注
意。同時,作爲一部特殊自叙傳,價值亦十分顯著,如朱東潤云:
"這幾節文字裡,很明顯地看到《法顯行傳》不僅是一篇遊歷底記
載,而是一篇人性底叙述。我們看到悲歡離合,看到生死無常,
看到法顯底慨然生悲,看到印度諸僧底相顧駭嘆。這裡所見的
不僅是事蹟而是人生,所以這一篇便成爲有價值的自傳。"④

---

①法顯撰,章巽校注:《法顯傳校注》"跋",上海古籍出版社 1985 年,第
　179 頁。
②法顯撰,章巽校注:《法顯傳校注》"校注説明",上海古籍出版社 1985 年,
　第 13—31 頁。
③王邦維:《法顯與〈法顯傳〉:研究史的考察》,《世界宗教研究》2003 年第 4
　期,第 20—27 頁。
④朱東潤:《八代傳叙文學述論》,復旦大學出版社 2006 年,第 125 頁。案:
　《法顯傳》朱東潤作《法顯行傳》。

靈人辛玄子自序

輯存。許翽整理。一卷。舊題辛玄子撰。

《隋書·經籍志》史部雜傳類著録《靈人辛玄子自序》一卷，不題撰人。《舊唐書·經籍志》史部雜傳類著録《靈人辛玄子自序》一卷，辛玄子撰；《新唐書·藝文志》子部釋家類著録《靈人辛玄子自序》一卷。《通志·藝文略》子類道家類著録《靈人辛元子自序》一卷。

辛玄子，據此自序，隴西定谷人。名玄子，字延期者，乃其“志願憑子晉於緱岑，侣陵陽於步玄”，於是改焉。辛玄子渡秦川長梁津致溺水而亡，“西王母見我苦行，酆都北帝愍我道心，告敕司命，傳檄三官，攝取形骸，還魂復真”，因而得仙。《道學傳》卷四有其傳，《三洞珠囊》卷五《長齋品》引一條，作《真誥第八》，云亦見《道學傳》第四，其云：“辛玄子，字延期，隴西定谷人也，漢明帝時人也。少好有道，遵奉法戒，至心苦行，日中菜食，鍊形守精，不遺外物，或遊山林，屏棄風塵，志願憑子晉於緱岑，侣陵陽以步玄，故改名爲玄子，而自字爲延期矣。”

《真誥》卷一六《闡幽微第二》録《辛玄子自叙》并詩，《雲笈七籤》卷九六《讚頌歌》録《辛玄子詩》三首（并序），《真誥》卷一六與《雲笈七籤》卷九六所録三首詩同，《真誥》卷一六所録《自序》詳於《雲笈七籤》，《真誥》卷一六所録計有十節。陶弘景云：“右辛玄子所言，説冥中事亦多矣。今粗書其矗者耳，不復一二具説。”注云：“此記雖玄子所受，而雜有楊君之辭也。楊書不存，今有掾寫本耳，此紙後又被剪缺，恐事亦未必盡。”可知《真誥》卷一六所録此序，或亦非其全。

《靈人辛玄子自序》其名自序，而題辛玄子撰，如陶弘景所言，“説冥中事亦多矣，今粗書其矗者耳”，不僅叙辛玄子溺水死後如何得西王母、酆都北帝拯救而得仙爲仙官,且多説冥中事。而其自序及爲詩三首,如陶弘景言:"楊君既爲吴越司命董統鬼神,玄子職隸方應相關,故先造以陳情也。尋鬼書既異,不應是自運筆,亦當口受疏之耳。"此序當非辛玄子自序,託名耳。陶弘景於節録末注云:"此記雖玄子所受,而雜有楊君之辭也。楊書不存,今有掾寫本耳,此紙後又被剪缺,恐事亦未必盡。"由"楊書不存"、"今有掾寫本"一語推測,此《靈人辛玄子自序》,或出楊羲、許翽之手,或爲他人所造作,而最後經許翽整理。

陰真君自叙

輯存。佚名撰。

《陰真君自叙》,諸史志書目無著録,《神仙傳》卷五《陰長生傳》"陰君自叙云"下引一節,《雲笈七籤》卷一〇六《傳》録《陰真君傳》附《陰真君自叙》,《太平廣記》卷八神仙類"陰長生"引《神仙傳》文亦載。

言陰真君"自叙",然顯係僞託。葛洪《神仙傳》卷五《陰長生傳》已引之,云"陰君自叙"云云,則此傳之出在葛洪之前。自叙文下葛洪云"於是陰君裂黄素寫丹經一通",言其寫丹經。故此自叙或亦是爲證道書所出而造作,亦或葛洪僞造亦未可知。

《陰真君自叙》文不甚長,略叙己之得仙,言不死之道,要在神丹。除首二句外,皆四言爲句,似傳贊之體。

玄晏春秋

輯存。皇甫謐撰。原三卷或二卷。

皇甫謐《玄晏春秋》,《隋書・經籍志》史部雜傳類、《舊唐書・經籍志》、《新唐書・藝文志》史部雜傳記類均有著録,《隋

書·經籍志》作三卷,《舊唐書·經籍志》、《新唐書·藝文志》作
二卷。《晉書·皇甫謐傳》云皇甫謐號玄晏先生,《玄晏春秋》即
以其號名之,宋避諱,改“玄”曰“元”,故諸書稱引又或曰《元晏春
秋》。章宗源《隋書經籍志考證》卷十三皇甫謐“《玄晏春秋》三
卷”條云:“觀此書體例,似用編年法,如後世年譜之類。”

　　皇甫謐,號玄晏先生,幼名皇甫静。《晉書》卷五一有傳。其
云:“皇甫謐字士安,幼名静,安定朝那人,漢太尉嵩之曾孫也。
出後叔父,徙居新安。”皇甫謐祖爲皇甫叔獻,父爲皇甫叔侯。
《晉書·皇甫謐傳》云:“年二十,不好學,游蕩無度,或以爲癡。
嘗得瓜果,輒進所後叔母任氏。任氏曰……謐乃感激,就鄉人席
坦受書,勤力不怠。”年二十尚不知學,爲叔母任氏所教,乃始學。
而《玄晏春秋》則云:“十七年,予長七尺四寸,未通史書,與從姑
子梁柳等擊壤於路……予出得瓜果,歸以進母,母投諸地曰……
予心少感,遂伏書史。”自叙云“十七”,當較爲可信。皇甫謐“遂
伏書史”與“就鄉人席坦受書”,都是其在接受後母教誨後的悔過
行動,應是同時之舉,陸侃如將此兩事分別繫於太和五年(231)
和青龍二年(234),恐過於牽强①。自此以後,皇甫謐遂“耽翫典
籍,忘寢與食,時人謂之‘書淫’”,後得風痺疾,猶手不輟卷。魏
郡召上計掾,舉孝廉;景元初,相國辟,皆不行。其後武帝頻下詔
敦逼不已,謐乃上疏自陳,得見聽許。歲餘,又舉賢良方正,並不
起。咸寧初,又詔爲太子中庶子,固辭篤疾。尋復發詔徵爲議
郎,又召補著作郎。司隸校尉劉毅請爲功曹,並不應。終生不
仕,太康三年(282)卒,時年六十八。《晉書·皇甫謐傳》云皇甫
謐“以著述爲務,自號玄晏先生,著《禮樂》、《聖真》之論”,又云:
“謐所著詩賦誄頌論難甚多,又撰《帝王世紀》、《年曆》、《高士》、

---

① 陸侃如:《中古文學繫年》卷五、卷六之《皇甫謐文學繫年》,人民文學出
　　版社 1985 年,第 495 頁,第 512 頁。

《逸士》、《列女》等傳、《玄晏春秋》,並重於世。"

《玄晏春秋》久佚,其文今散見諸書徵引,宛本《説郛》輯録四節,其一、其二叙與衛倫論味;其三叙十七年未通史書,遊戲無度,爲叔母所教,遂伏史書;其四叙農時勞作,冬季閒暇讀書。《漢魏六朝雜傳集》據諸書徵引輯録,附宛本《説郛》所輯於後。

皇甫謐《玄晏春秋》篇幅當頗可觀,《隋書·經籍志》著録作三卷,《舊唐書·經籍志》、《新唐書·藝文志》著録作二卷,則其在唐代開元時或已部分散佚,僅存二卷。今檢諸書所徵引《玄晏春秋》之佚文,得十一事,文十二節,條列如下。

一、自言朴訥,不好戲弄,口又不能戲談。見於《太平御覽》卷四六四《人事部一百五·訥》引。

二、叙十七年,未通史書,遊戲無度,爲母所譴,少感,遂伏書史。見於《北堂書鈔》卷一二一《武功部九·盾三十三》"編荆"、《太平御覽》卷三五一《兵部八十二·戈》、卷六〇七《學部一·叙學》引。

三、叙家素貧窘,二時之務,無暇讀書,季冬裁得一旬學,兼夜寐,號爲書帙。見於《北堂書鈔》卷九七《藝文部三·好學十一》"玄晏書淫"、《太平御覽》卷二七《時序部十二·冬下》、卷三七《地部二·塵》、卷六一四《學部八·好學》等引。

四、叙好桑農種藏之事。見於《太平御覽》卷八二四《資產部四·園》引。

五、隣人亡斧及雞事。見於《太平御覽》卷七六三《器物部八·斧》引。

六、讀《匈奴傳》,不識撑犁孤塗之字,胡奴爲解事。見於《史記》卷一一〇《匈奴列傳》"匈奴單于"索隱、《藝文類聚》卷八〇《火部·燭》、《太平御覽》卷八七〇《火部三·燭》、《能改齋漫録》卷三《辯誤》"不識撑犁孤塗字"、《野客叢書》卷七"不識撑犁事"等引。

七、與衛倫論味。存二節，其一見於《藝文類聚》卷八七《菓部下·杏》、《太平御覽》卷八六〇《飲食部十八·糗糒》、卷八六五《飲食部二十三·鹽》、卷九六八《果部五·杏》、卷九七〇《果部七·柰》、《事類賦》卷二六《果部·杏賦》"糅麥知別味之精"等引。其二見於《太平御覽》卷八六〇《飲食部十八·餅》等引。

八、夢至京師。見於《太平御覽》卷四〇〇《人事部四十一·凶夢》引。

九、夏四月，瘧于河南，歸于新安，不瘳。見於《太平御覽》卷七四三《疾病部六·瘧》引。

一〇、解新安寺雄雞奪鵲巢事。見於《太平御覽》卷八八五《妖異部一·怪》、《天地瑞祥志》第十八《禽總載·鷄》引。

一一、常恨不能請命於天，延年累百，博極群書者。見於《北堂書鈔》卷九七《藝文部三·博學十二》"博極群書"引。

《玄晏春秋》爲自叙傳，以今存佚文觀之，多叙皇甫謐日常生活中的勞作、讀書與交遊等事，亦涉及當時政治，如《太平御覽》卷四〇〇《人事部四十一·凶夢》引夢至京師一節。可推知《玄晏春秋》所記內容當十分豐富。不僅是了解皇甫謐本人生平所歷及思想之重要史料，亦可視爲當時的社會生活史。而觀其體例，亦頗別致，不同當時的自叙傳，亦可略窺中國古代自傳文體之演進。

趙至別傳三種

今見諸書稱引趙至別傳者有三種，即《趙至自叙》、嵇紹《趙至叙》及佚名《趙至別傳》。

趙至，《晉書》卷九二《文苑傳》有傳。其云："趙至，字景真，代郡人也。"年十三，與母同觀初到官緱氏令，感母言，詣師受業。年十四，詣洛陽，游太學，遇嵇康於學寫石經。年十六，游鄴，復與康相遇，隨康還山陽，改名浚，字允元。及康卒，至詣魏興見太守張嗣宗，甚被優遇。嗣宗遷江夏相，隨到湏川。嗣宗卒，乃向遼西而占户焉。遼西舉郡計吏，到洛，與父相遇。時母已亡，父欲令其宦立，弗之告，仍戒以不歸，至乃還遼西。幽州三辟部從事，斷九獄，見稱精審。太康中，以良吏赴洛，方知母亡。初，至自耻士伍，欲以宦學立名，期於榮養。既而其志不就，號憤慟哭，嘔血而卒，時年三十七。

嵇紹《趙至叙》今見於《世說新語》劉注，稱《趙至自叙》及《趙至別傳》者，均見於《太平御覽》，存文不多，其事皆見於嵇紹《趙至叙》，文字亦大同而小異。或以爲《趙至自叙》及《趙至別傳》即嵇紹《趙至叙》之異稱。然亦有可能《趙至自叙》在先，嵇紹之作《趙至叙》及佚名作《趙至別傳》，取而參之，故而多同。趙至與嵇康交遊經歷頗爲奇幻，又兼至孝。時人或多有議論，且爲其撰傳焉。今《晉書·趙至傳》當參酌此三傳而成，其中言及趙至與康兄子嵇蕃相善，"及將遠適，乃與蕃書叙離，并陳其志"，全文録趙至《與嵇蕃書》。《世說新語》劉注所引嵇紹《趙至叙》，首尾完備，或其全文。故《晉書·趙至傳》所載《與嵇蕃書》，《趙至自叙》及嵇紹《趙至叙》或不載，《趙至別傳》或載之，《晉書·趙至傳》得以取録。

趙至自叙

輯存。趙至撰。

《趙至自叙》，《隋書·經籍志》等史志書目無著録，文廷式《補晉書藝文志》卷三史部雜傳類補録。

《趙至自叙》佚文，今存二節，主要見於《太平御覽》徵引。其一見於《太平御覽》卷三六六《人事部七·目》引，作《趙至自叙》。云："嵇康謂至曰：'卿頭小鋭，瞳子白黑分明，覰占停諦，有白起風。'"其二見於《太平御覽》卷三六八《人事部九·脣吻》引，作《趙志自叙》。云："至長七尺四寸，潔白黑髮，明眉赤脣，髭鬢不多。"此之趙志，即趙至。余嘉錫云："《御覽》三百六十八引《趙志自叙》曰：'志長七尺四寸，潔白黑髮，明眉赤脣，髭鬢不多。'其文與此同。趙志蓋即趙至，則嵇紹此文，即本之至自叙也。"①

嵇紹《趙至叙》云趙至"自痛棄親遠遊，母亡不見，吐血發病，服未竟而亡"。《晉書·趙至傳》亦云："遼西舉郡計吏，到洛，與父相遇。時母已亡，父欲令其宦立，弗之告，仍戒以不歸，至乃還遼西。幽州三辟部從事，斷九獄，見稱精審。太康中，以良吏赴洛，方知母亡。初，至自恥士伍，欲以宦學立名，期於榮養。既而其志不就，號憤慟哭，歐血而卒。"此自叙之作，或其痛悼母亡、傷己志之不就，而追憶往事。

觀《太平御覽》所引文字，《趙至自叙》或其自叙與嵇康交遊經歷，以回顧生涯。趙至年十四於太學遇嵇康，年十六亡命徑至洛陽，從此離家。故遇嵇康，是其遠遊宦學之始，亦是别其母之時。此事於趙至可謂至關重要。

趙至叙

輯存。嵇紹撰。

《趙至叙》，《隋書·經籍志》等史志書目無著録，丁國鈞《補晉書藝文志》卷二史録雜傳類、文廷式《補晉書藝文志》卷三史部雜傳類、秦榮光《補晉書藝文志》卷二史部傳記類、吳士鑑《補晉書藝文志》卷二史録雜傳類補録。丁國鈞《補晉書藝文志》卷二史録雜傳類補録時作"嵇紹《叙趙至》"，文廷式《補晉書藝文志》卷三史部雜傳類補録有《趙至叙》，又有《趙至别傳》，吳士鑑《補晉書藝文志》卷二史録雜傳類補録時題《趙至別傳》，且云："見《太平御覽》、《世説·言語》篇注引嵇紹叙趙

① 劉義慶撰，劉孝標注，余嘉錫箋疏，周祖謨等整理：《世説新語箋疏》上卷上《言語》第 15 條箋疏，上海古籍出版社 1996 年，第 77 頁。

至，即此書。”

　　《趙至叙》作者，《世説新語·言語》第一五條劉注引一節，題“嵇紹《趙至叙》”，作者當爲嵇紹。嵇紹，嵇康子。《晉書》卷八九《忠義傳》有傳，其云：“嵇紹，字延祖，魏中散大夫康之子也。十歲而孤，事母孝謹。以父得罪，靖居私門。山濤領選，啟武帝曰：‘《康誥》有言，父子罪不相及。嵇紹賢侔郤缺，宜加旌命，請爲祕書郎。’帝謂濤曰：‘如卿所言，乃堪爲丞，何但郎也。’乃發詔徵之，起家爲祕書丞。”累遷汝陰太守，轉豫章内史，以母憂，不之官。服闋，拜徐州刺史，後以長子喪去職。元康初，爲給事黄門侍郎。及謐誅，以不阿比凶族，封弋陽子，遷散騎常侍，領國子博士。趙王倫篡位，署爲侍中。惠帝復阼，遂居其職。以公事免，齊王冏以爲左司馬，冏被誅，遂還滎陽舊宅。尋徵爲御史中丞，未拜，復爲侍中。據《晉書》卷四《惠帝紀》，永興元年（304），司徒王戎等奉帝北征，秋七月己未，“六軍敗績于蕩陰，矢及乘輿，百官分散，侍中嵇紹死之”。

　　嵇紹作此文，余嘉錫推測，是爲其父被殺作辯解。余嘉錫認爲，嵇紹作《趙至叙》，乃是爲了證明趙至曾作《與嵇茂齊書》，非吕安《與嵇康書》。吕安《與嵇康書》中多大言激憤，實乃嵇康牽連吕安事被殺之因。此書到底是趙至作與嵇茂齊還是吕安作與嵇康，嵇紹自云“此書趙景真與從兄嵇茂齊書，時人誤以爲吕仲悌與先君書，故俱列其本末”。干寶《晉紀》以爲吕安與嵇康書。余嘉錫以爲干寶説可信，云：“……尋其至實，則干寶説吕安書爲實，何者？嵇康之死，實爲吕安事相連。吕安不爲此書言太壯，何爲至死？當死之時，人即稱爲此書而死。嵇紹晚始成人，惡其父與吕安爲黨，故作此説以拒之。若説是景真爲書，景真孝子，必不肯爲不忠之言也……”而嵇紹之所以作《趙至叙》，乃是因爲：“且嵇紹欲辨明此書非吕仲悌與其父者，只須曰‘仲悌未嘗至邊郡，書中情景皆不合’，數語足矣。何用屑屑叙趙景真之本末哉？惟其呂安實嘗徙邊，雖紹亦不敢言無此事，始詳叙趙景真之本末，明其嘗至遼東，以證此書之爲景真作也。夫呂安既已徙邊，又追回下獄，與叔夜俱死，則二人之死，不獨因呂巽之誣亦明矣。嵇紹欲爲晉忠臣，不欲其父不忠於晉，使人謂彼爲罪人之子，故有此辯。其實不忠於晉者，未必非忠於魏也。紹叙趙景真事，見《言語》篇注。"①也就是説，嵇紹爲了證明呂安未曾作《與嵇康書》牽連其父，因書中有"經迴路，涉沙漠"等語，是邊地景象，故而作《趙至叙》，其中言趙至曾到遼東，從而與書中内容相合。

　　嵇紹《趙至叙》，今見於《世説新語·言語》第一五條劉注引，或有删削。觀《趙至叙》今存之文雖短，然頗連貫，雖然其主要目的在於爲其父嵇康的某些行爲進行辯護，然其善用典型事例，善摹人物言語，叙中趙至形象頗鮮明生動。嵇紹《趙至叙》與《晉書·趙至傳》多有相異處，李詳曾略作比對，余嘉錫《世説新語箋疏》有引，可參看②。

趙至別傳

　　輯存。佚名撰。

　　今見《太平御覽》卷三八五《人事部二十六·幼智下》引一節，作《趙至別傳》，其文與嵇紹《趙至叙》篇首叙趙至少時事文字幾同。吴士鑑《補晉書藝文志》卷二史録雜傳類補録晉代雜傳時，視此《趙至別傳》與《世説新語·言語》第一五條劉注引《趙至叙》同爲一傳，題《趙至別傳》。文廷式《補晉書藝文志》卷三史部雜傳類補録有《趙至叙》，又有《趙至別傳》，即視爲不同之兩傳。

① 劉義慶撰，劉孝標注，余嘉錫箋疏，周祖謨等整理：《世説新語箋疏》中卷上《雅量》第 2 條箋疏，上海古籍出版社 1996 年，第 345—349 頁。
② 劉義慶撰，劉孝標注，余嘉錫箋疏，周祖謨等整理：《世説新語箋疏》上卷上《言語》第 15 條箋疏，上海古籍出版社 1996 年，第 77 頁。

余嘉錫云：“《御覽》三百六十八引《趙志自叙》曰：‘志長七尺四寸，潔白黑髮，明眉赤脣，髭鬢不多。’其文與此同。趙志蓋即趙至，則嵇紹此文，即本之至自叙也。”①即視《太平御覽》卷三八五所引《趙至別傳》非嵇紹《趙至叙》之文。

杜預自叙

輯存。杜預撰。

《杜預自叙》，《隋書‧經籍志》等史志書目無著録，《太平御覽經史圖書綱目》録《杜預自叙》，文廷式《補晉書藝文志》卷三史部雜傳類補録。

杜預，西晉初平吳重要功臣，《晉書》卷三四有傳，其云：“杜預字元凱，京兆杜陵人也。祖畿，魏尚書僕射。父恕，幽州刺史。預博學多通，明於興廢之道，常言：‘德不可以企及，立功立言可庶幾也。’”文帝嗣立，預尚帝妹高陸公主，起家拜尚書郎，襲祖爵豐樂亭侯。在職四年，轉參相府軍事。鍾會伐蜀，以預爲鎮西長史。及會反，僚佐並遇害，唯預以智獲免，增邑千一百五十户。泰始中，守河南尹。司隸校尉石鑒以宿憾奏預，免職。時虜寇隴右，以預爲安西軍司，給兵三百人，騎百匹。到長安，更除秦州刺史，領東羌校尉、輕車將軍、假節。拜度支尚書。羊祜病，舉預自代，因以本官假節行平東將軍，領征南軍司。及祜卒，拜鎮南大將軍、都督荆州諸軍事。孫皓既平，振旅凱入，以功進爵當陽縣侯。徵爲司隸校尉，加位特進，行次鄧縣而卒，時年六十三。自稱有“《左傳》癖”，既立功之後，從容無事，乃耽思經籍，爲《春秋左氏經傳集解》。又參攷衆家譜第，謂之《釋例》。又作《盟會

---

① 劉義慶撰，劉孝標注，余嘉錫箋疏，周祖謨等整理：《世説新語箋疏》上卷上《言語》第 15 條箋疏，上海古籍出版社 1996 年，第 77 頁。

圖》、《春秋長曆》，備成一家之學，比老乃成。又撰《女記》。

《杜預自叙》今存文二節，當爲前後相連之文。見於《太平御覽》卷四三一《人事部七十二・勤》、卷六一四《學部八・好學》引。叙在官則勤於吏治，在家則滋味經籍。

夏侯稱、夏侯榮叙

輯存。夏侯湛撰。

《夏侯稱、夏侯榮叙》，《隋書・經籍志》等史志書目未見著錄，秦榮光《補晉書藝文志》卷二史部傳記類、吳士鑑《補晉書藝文志》卷二史録雜傳類補録。

《三國志》卷九《魏書・夏侯淵傳》裴注引《夏侯稱、夏侯榮叙》云“淵第三子稱，第五子榮，從孫湛爲其序曰”。夏侯湛，字孝若，譙國譙人。《晉書》卷五五有傳，其生平事蹟已見前録。

《夏侯稱、夏侯榮叙》，其文今主要見於《三國志》卷九《魏書・夏侯淵傳》裴注引，文字不多，但首尾完備，存夏侯稱、夏侯榮生平大略，當是據全篇而得，或即全篇亦未可知。《漢魏六朝雜傳集》據以輯録，題《夏侯稱、夏侯榮叙》。又，《太平御覽》卷六〇六《文部二二・刺》有引《夏侯榮傳》者，其文多與《夏侯榮叙》同，或是截取《夏侯稱、夏侯榮叙》之文而別題，故《漢魏六朝雜傳集》附於《夏侯稱、夏侯榮叙》後。

羊秉叙

輯存。夏侯湛撰。

《羊秉叙》，《隋書・經籍志》等史志書目未見著録，秦榮光《補晉書藝文志》卷二史部傳記類補録。

《世說新語・言語》第六五條云：“羊秉爲撫軍參軍，少亡，有令譽。夏侯孝若爲之叙，極相賛悼。羊秉爲黄門侍郎，侍簡文坐。帝問曰：'夏侯湛作《羊秉叙》，絶可想。是卿何物？有後不？'權潸然對曰：'亡伯令問夙彰，而無有繼嗣。雖名播天聽，然胤絶聖世。'帝嗟慨久之。"據此則知《羊秉叙》作者爲夏侯湛。夏侯湛，字孝若，譙國譙人。《晉書》卷五五有傳，其生平事蹟已見前録。亦可知羊秉爲當時名士，頗有令譽，與夏侯湛相友。據《羊秉叙》，三十二歲而亡。時人傷悼。夏侯湛作《羊秉叙》成，其時當頗得傳揚，至晉簡文帝亦知有此叙，因而詢之羊權。

《羊秉叙》，其佚文今見於《世説新語·言語》第六五條劉注引，文雖簡略而羊秉事蹟粗可得見，或當即是全篇，抑或據全篇删削。

附：羊氏譜

輯存。佚名撰。

《隋書·經籍志》等諸書志無著録，作者卷數不詳。

今見《世説新語》劉注引七節，涉及羊繇、羊權、羊孚、羊輔、羊楷、羊綏等晉代羊氏人物。《世説新語》劉孝標注已見引，《世説新語·傷逝》第一八條"羊孚年三十一卒，桓玄與羊欣書曰：'賢從情所信寄，暴疾而殞……'"云云劉注引《羊氏譜》云："孚即欣從祖。"羊欣移入宋，《羊氏譜》言及羊欣，則此譜或出宋梁之間。而作者或當是羊氏人物。

一、羊繇。存文一節，見於《世説新語·賞譽》第一一條"羊長和父繇與太傅祜同堂相善，仕至車騎掾，蚤卒。長和兄弟五人幼孤"劉注引一條，叙羊繇姓字、父祖、官任，娶樂國禎女，五子秉、洽、式、亮、悦。

二、羊權。存文一節，見於《世説新語·言語》劉注第六五條云"羊權爲黄門侍郎……"劉注引。叙羊權姓字、父諱、官任。

三、羊楷。存文一節，見於《世説新語·方正》第二五條"諸葛恢大女適太尉庾亮兒，次女適徐州刺史羊忱兒”劉注引。叙羊楷姓字、歷官及娶諸葛恢次女，并及其父祖姓名、官任。

四、羊綏。存文一節，見於《世説新語·方正》第六〇條“謝公聞羊綏佳，致意令來，終不肯詣”劉注引。叙羊綏姓字、里籍、歷任，并及其父名、官任。

五、羊孚。存文二節，其一見於《世説新語·言語》劉注第一〇四條“桓玄問羊孚”劉注引，叙羊孚姓字、里籍、歷官、卒年，并及其父祖名諱、官任。其二見於《世説新語·傷逝》第一八條“羊孚年三十一卒，桓玄與羊欣書曰：‘賢從情所信寄，暴疾而殞……’”云云劉注引，僅云：“孚即欣從祖。”

六、羊輔。存文一節，見於《世説新語·文學》第六二條“羊孚弟娶王永言女”劉注引。叙羊輔姓字、里籍、官任，并及娶琅邪王訥之女。

馬鈞序

輯存。傅玄撰。

《馬鈞序》，《隋書·經籍志》等史志書目無著録，秦榮光《補晉書藝文志》卷二史部傳記類補録。

《三國志》卷二九《魏書·方技傳·杜夔傳》“其好古存正莫及夔”裴注云：“時有扶風馬鈞，巧思絶世，傅玄序之曰。”則《馬鈞序》當爲傅玄所作。傅玄，《晉書》卷四七有傳，其云：“傅玄，字休奕，北地泥陽人也。祖燮，漢漢陽太守。父幹，魏扶風太守。玄少孤貧，博學善屬文，解鍾律。性剛勁亮直，不能容人之短。郡上計吏，再舉孝廉，太尉辟，皆不就。州舉秀才，除郎中。與東海繆施俱以時譽選入著作，撰集《魏書》，後參安東、衛軍軍事，轉温令，再遷弘農太守，領典農校尉。所居稱職。”五等建，封鶉觚男。武帝爲晉王，以玄爲散騎常侍。及受禪，進爵爲子，加駙馬都尉。

泰始四年(268)，爲御史中丞。泰始五年(269)，遷太僕，轉司隸
校尉。卒於家，時年六十二。傅玄撰論經國九流及三史故事，評
斷得失，各爲區例，名爲《傅子》，爲内、外、中篇，凡有四部、六錄，
合百四十首，數十萬言，并文集百餘卷行於世。

馬鈞，當時巧匠，改進綾機、改造連弩、造指南車、作翻車、作
百戲、發石車。

《馬鈞序》今主要見於《三國志》卷二九《魏書·方技傳·杜
夔傳》裴注引一節，似即全文。又，《太平御覽》卷三三六《兵部六
十七·攻具上》引一條，作《傅子序》;《北堂書鈔》卷一一《樂部·
簫十八》、《藝文類聚》卷四四《樂部四·簫》、《初學記》卷一二《職
官部下·給事中第三》、《太平御覽》卷五八一《樂部十九·簫》各
引一節，《太平御覽》卷七五二《工藝部·巧》引二節，作《傅子》。
考諸書所引，或亦當出《馬鈞序》，文多略，不出《三國志》裴注引
之外。

《漢魏六朝百三家集》卷三五《晉傅玄集》錄《贈扶風馬鈞
序》。今人朱東潤《八代傳叙文學述論》附輯傅玄《馬鈞序》，主要
依據《三國志》卷二九裴注，未作校勘。《漢魏六朝雜傳集》據《三
國志》卷二九裴注等所引輯錄，題《馬鈞序》，並略加校勘。

又，《白氏六帖事類集》卷二《綾七十五》"五十絲"引一條，作
傅元《烏先生傳》，當作傅玄《馬先生傳》，其云："舊綾機五十絲爲
五十躡，先生易以十二，奇文異變，因而作成。"又，《事類賦》卷一
六《服用部·車賦》"馬鈞既洞其精微"引一條，作《魏書·馬鈞
傳》，其云："先生與高堂隆、秦朗爭，言及指南車，二子謂古無之，
記言之虛也。先生曰:'古有之。'明帝乃召先生作之，車果成。"
亦當是傅玄《馬鈞序》。

附:馬鈞別傳

輯存。佚名撰。

傅玄《馬鈞序》之外，又有《馬鈞別傳》者，《隋書·經籍志》等無著録。《太平御覽經史圖書綱目》録《馬鈞別傳》。今見於《太平御覽》卷七五二《工藝部九·巧》引一節，作《馬鈞別傳》，其云："鈞，字德衡，扶風人。巧思絶世，不自知其爲巧也，居貧。舊綾機五十綜者五十躡，六十綜者六十躡，鈞乃易以十二躡，其奇文異變，因感而作，猶自然而成形，陰陽之無窮。"所引"鈞，字德衡，扶風人"，《三國志》裴注所引傅玄《馬鈞序》無，且傅玄《馬鈞序》稱馬鈞爲先生，此別傳則徑稱"鈞"。然所述改進綾機事則亦見《馬鈞序》，且文字多同。亦或本即傅玄《馬鈞序》歟？然《太平御覽經史圖書綱目》録《馬鈞別傳》，則宋初李昉等修《太平御覽》之時所見即《馬鈞別傳》。

傅咸自叙

輯存。傅咸撰。

《傅咸自叙》，《隋書·經籍志》等史志書目無著録。劉知幾《史通·序傳》言及傅咸自叙，其云："歷觀揚雄已降，其自叙也，始以誇尚爲宗。至魏文帝、傅玄、陶梅、葛洪之徒，則又踰於此者矣。"文廷式《補晉書藝文志》卷三史部雜傳類補録。

傅咸，北地泥陽人，傅玄子。《晉書》卷四七《傅玄傳》附其傳，其云："咸字長虞，剛簡有大節。風格峻整，識性明悟，疾惡如仇，推賢樂善，常慕季文子、仲山甫之志。好屬文論，雖綺麗不足，而言成規鑒。潁川庾純常歎曰：'長虞之文近乎詩人之作矣！'"咸寧初，襲父爵，拜太子洗馬，累遷尚書右丞。出爲冀州刺史，遷司徒左長史，轉爲車騎司馬，遷尚書左丞。楊駿誅，咸轉爲太子中庶子，遷御史中丞。再爲本郡中正，遭繼母憂去官。頃之，起以議郎，長兼司隸校尉。元康四年（294）卒官，時年五十六。

《傅咸自叙》今存文一節,見於《太平御覽》卷一一一《天部十一·祈雨》引。

傅暢自序

輯存。傅暢撰。

《傅暢自序》,《隋書·經籍志》等史志書目無著録,文廷式《補晉書藝文志》卷三史部雜傳類補録。

傅暢,字世道,北地泥陽人,傅祗少子,《晉書》卷四七《傅玄傳》附其傳其云:“暢,字世道。年五歲,父友見而戲之,解暢衣,取其金環與侍者,暢不之惜,以此賞之。年未弱冠,甚有重名。”以選入侍講東宮,爲祕書丞。尋没於石勒,勒以爲大將軍右司馬。傅暢諳識朝儀,恒居機密,勒甚重之。作《晉諸公叙贊》二十二卷,又爲《公卿故事》九卷。咸和五年(330)卒。

《傅暢自序》已佚,今存佚文二節,見於《北堂書鈔》、《太平御覽》等徵引,《漢魏六朝雜傳集》據以輯録。其一叙年五歲,魯叔虎與戲,解衣及脱金環與侍者事。見於《太平御覽》卷三八五《人事部二十六·幼智下》、卷六九五《服章部十二·袴褶》引。其二叙爲中正事。見於《北堂書鈔》卷七三《設官部二十五·中正一百六十四》“掌州鄉之論”、《太平御覽》卷二六五《職官部六十三·中正》引。

以今存二節佚文觀之,《傅暢自序》當多記其生平所歷,既有日常細事,如遊戲;亦有朝廷大事,如定九品。而語言頗親切婉麗,如對人談講。

陶氏叙

輯存。佚名撰。

《陶氏叙》，《隋書·經籍志》等史志書目無著録，丁國鈞《補
晉書藝文志》卷二補録。《陶氏叙》作者今已無考，陶氏當指陶侃
及其家族，推知當爲陶氏後人或其親信所作。

陶侃字士行，本鄱陽人也。吴平，徙家廬江之尋陽。《晉書》
卷六六有傳，陶侃爲東晉初名臣。《晉書·陶侃傳》云：“侃在軍
四十一載，雄毅有權，明悟善決斷。自南陵迄于白帝數千里中，
路不拾遺。”又云：“侃命張夔子隱爲參軍，范逵子珧爲湘東太守，
辟劉弘曾孫安爲掾屬，表論梅陶，凡微時所荷，一餐咸報。”恩義
顯著，既有别傳，又有此叙，在情理中。

《世説新語·言語》第四七條劉注引一節，叙陶侃爲張華、劉
弘所稱等事，稱出《陶氏叙》。《漢魏六朝雜傳集》據以輯得其文。

梅陶自叙

輯存。梅陶撰。

《梅陶自叙》，《隋書·經籍志》等史志書目無著録。劉知幾
《史通·序傳》言及梅陶自叙，其云：“歷觀揚雄已降，其自叙也，
始以誇尚爲宗。至魏文帝、傅玄、陶梅、葛洪之徒，則又踰於此者
矣。”“陶梅”當作“梅陶”。义廷式《補晉書藝文志》卷三史部雜傳
類補録。

梅陶，梅頤弟，《世説新語·方正》第三九條言及梅頤，劉注
引《晉諸公贊》曰：“頤字仲真，汝南西平人。少好學隱退，而求實
進止。”劉注又引《永嘉流人名》曰：“頤，領軍司馬。頤弟陶，字
叔真。”

梅陶生平行跡散見《世説新語》及《晉書》諸列傳，《晉書》卷
三〇《志第二十·刑法》言及：“詔内外通議，於是驃騎將軍王導、
太常賀循、侍中紀瞻、中書郎庾亮、大將軍諮議參軍梅陶、散騎郎
張嶷等議以肉刑之典，由來尚矣……”《晉書·陶侃傳》叙王敦將

殺陶侃，言及梅陶：“諮議參軍梅陶、長史陳頒言於敦曰……”知
元帝時梅陶爲王敦大將軍諮議參軍。《晉書‧祖納傳》言及祖納
與梅陶等論月旦評：“納嘗問梅陶曰：‘君鄉里立月旦評，何如？’
陶曰：‘善襃惡貶，則佳法也。’納曰：‘未益時。’王隱在坐，因曰：
‘尚書稱三載考績，三考黜陟，幽明何得一月便行襃貶？’陶曰：
‘此官法也，月旦私法也。’”陶侃又曾“表論梅陶”。而梅陶在陶
侃逝後，對陶侃頗加贊譽：“尚書梅陶與親人曹識書曰：‘陶公機
神明鑒似魏武，忠順勤勞似孔明，陸抗諸人不能及也。’”陶侃報
梅陶，乃因梅陶曾勸王敦不害陶侃，《世説新語‧方正》第三九條
劉注引鄧粲《晉紀》記其經過：“初，有譖侃於王敦者，乃以從弟廙
代侃爲荆州，左遷侃廣州。侃文武距廙而求侃，敦聞大怒。及侃
將蒞廣州，過敦，敦陳兵欲害侃。敦諮議參軍梅陶諫敦，乃止，厚
禮而遣之。”劉注云：“王隱《晉書》亦同。按二書所叙，則有惠於
陶是梅陶，非頤也。”今《晉書‧陶侃傳》取此。《晉書‧鍾雅傳》
云：“時國喪未期，而尚書梅陶私奏女妓，雅劾奏……”則梅陶曾
爲尚書。《隋書‧經籍志》著錄其有集九卷，題“晉光禄大夫”，注
云“梁二十卷，録一卷”。《舊唐書‧經籍志》、《新唐書‧藝文志》
著錄《梅陶集》十卷。

　　《梅陶自叙》今存文一節，見於《北堂書鈔》卷三七《政術部十
一‧公正三十一》“鞭太子傅令”、卷六二《設官部十四‧御史中丞
八十五》“梅陶奉王憲”、《初學記》卷一二《御史中丞第七》“奏彈夜
警法鞭儲傅”、《太平御覽》卷二二六《職官部二十四‧御史中丞
下》、卷六四九《刑法部十五‧論肉刑》、《職官分紀》卷一四《中丞》
“以法鞭皇太子傅”引，梅陶自叙居中丞時，曾以法鞭皇太子傅事。

譜叙

輯存。華嶠撰。

華嶠《譜叙》，《隋書·經籍志》等史志書目無著録。丁國鈞《補晉書藝文志》卷二史部譜系類補録，作華嶠《譜序》。

華嶠，《晉書》卷四四有傳，其云："嶠，字叔駿，才學深博，少有令聞。"文帝爲大將軍，辟爲掾屬，補尚書郎，轉車騎從事中郎。泰始初，賜爵關内侯。遷太子中庶子，出爲安平太守。辭親老不行，更拜散騎常侍，典中書著作，領國子博士，遷侍中。元康初，封宣昌亭侯。誅楊駿，改封樂鄉侯，遷尚書。轉祕書監，加散騎常侍，班同中書。華嶠曾撰《漢後書》，《隋書·經籍志》史部正史類著録其《後漢書》十七卷，注云："本九十七卷，今殘缺。"題晉少府卿華嶠撰。華嶠又著論議難駁詩賦之屬數十萬言。元康三年（293）卒。

華嶠《譜叙》久佚，其文今主要見於《三國志》裴注等引，《漢魏六朝雜傳集》據諸書徵引，搜得其佚文五節。今檢五節佚文所出，條列如下。

一、避西京之亂，與同志鄭泰等六七人路遇陌生人事。見於《三國志》卷一三《魏書·華歆傳》"遂從藍田至南陽"裴注、《世説新語·德行》第一三條劉注引。

二、叙孫策徇豫章，華歆不迎事。見於《三國志》卷一三《魏書·華歆傳》"以其長者待以上賓之禮"裴注引。《三國志·華歆傳》云："孫策略地江東，歆知策善用兵，乃幅巾奉迎。策以其長者，待以上賓之禮。"《資治通鑑》卷六三《漢紀》載此事，亦云"歆葛巾迎策"，《資治通鑑考異》卷三《漢紀下》"十二月華歆迎孫策"，論華嶠《譜叙》所叙云："此説太不近人情，今不取。"

三、魏文帝受禪，華歆以形色忤時徙爲司徒事。見於《三國志》卷一三《魏書·華歆傳》"及踐阼改爲司徒"裴注、《世説新語·方正》第三條劉注、《蒙求集注》卷上"華歆忤旨陳群蹙容"引。

四、華歆淡於財欲，陳群稱嘆。見於《三國志》卷一三《魏書·華歆傳》裴注"唯歆出而嫁之帝歎息"裴注引。

五、華歆三子事。見於《三國志》卷一三《魏書·華歆傳》"歆弟緝列侯表咸熙中爲尚書"裴注、《太平御覽》卷二二四《職官部二十二·散騎侍郎》、《職官分紀》卷六《散騎常侍》"與尚書共論"引。

華歆爲華嶠祖父，華嶠録華歆事，多叙其高行懿範，當多所回護，如不迎孫策事，即爲司馬光所不取。

卷　下

高士傳

輯存。皇甫謐撰。原三卷。

皇甫謐《高士傳》,《隋書·經籍志》史部雜傳類、《舊唐書·經籍志》史部雜傳類、《新唐書·藝文志》史部雜傳記類皆有著錄,唯卷數不一,《隋書·經籍志》作六卷,《舊唐書·經籍志》作七卷,《新唐書·藝文志》作十卷,宋代書目著錄俱作十卷。周中孚《鄭堂讀書記》卷二三傳記總錄類著錄《漢魏叢書》本《高士傳》三卷,並云:"《四庫全書》著錄,《隋志》作六卷,《舊唐志》作七卷,《新唐志》、《讀書志》、《書錄解題》、《通考》、《宋志》俱作十卷。案作六卷、七卷,當屬分析之異,至作十卷,則不可解矣⋯⋯"①可見,十卷本來歷頗有疑點,並非其舊。

皇甫謐,字士安,號玄晏先生,西晉安定朝那人。《晉書》卷五一有傳,其生平行事已見前錄。皇甫謐爲當時大學問家,於雜傳情有獨鍾,《晉書·皇甫謐傳》稱皇甫謐"以著述爲務,自號玄晏先生,著《禮樂》、《聖真》之論",又說"謐所著詩賦誄頌論難甚多,又撰《帝王世紀》、《年曆》、《高士》、《逸士》、《列女》等傳、《玄

---

①周中孚:《鄭堂讀書記》卷二三史部九傳記類二"皇甫謐《高士傳》"條,商務印書館 1959 年,第 469 頁。

晏春秋》，並重於世"。《高士傳》爲其所作雜傳之一種。

皇甫謐《高士傳》今有多種傳本，然皆爲輯本，非原本。見於《古今逸史》逸記、《廣漢魏叢書》別史類、《祕書二十一種》、《增訂漢魏叢書》、《祕書廿八種》、《龍谿精舍叢書》史部，民國所編《叢書集成初編》史地類、《四部備要》史部傳記類、《崇文書局彙刻書》等亦收錄。此外，明清至近代以來，又有多家輯補、校訂本，明嘉靖刻本皇甫謐《高士傳》三卷，黃省曾輯皇甫謐《高士傳》三卷，錄於《漢唐三傳》；宛本《説郛》卷五七錄皇甫謐《高士傳》一卷，傅增湘曾取而校錄；《四庫全書》錄江蘇巡撫採進本皇甫謐《高士傳》三卷；魏裔介《删補高士傳》三卷，有康熙五年（1666）刻本；錢熙祚據《太平御覽》等書徵引，校以三卷本，又輯得逸文十二節附於末，錄於《指海》第十五輯；王仁俊抄錄錢氏所輯逸文，編入《經籍佚文》，末節"客有候孔子者"，未注出處，爲錢氏《指海》本所無；羅振玉輯《高士傳》一卷，錄於《雪堂叢刻》；等等。

皇甫謐《高士傳》諸種傳本，以《古今逸史》、《廣漢魏叢書》、《祕書二十一種》等所收三卷本最爲普遍，前有皇甫謐自序，云："謐采古今八代之士，身不屈於王公，名不耗於終始，自堯至魏凡九十餘人，雖執節若夷齊，去就若兩龔，皆不錄也。"而晁公武《讀書志》稱"凡九十六人，而東漢之士居三之一"，陳振孫《書錄解題》云"今自被衣至管寧，惟八十七人"，李石《續博物志》又説"劉向傳列仙亦七十二人，皇甫士安撰高士亦七十二人"，晁氏、陳氏和李氏爲宋人，他們所言不一，可知大約到宋代時，皇甫謐《高士傳》已有多本，《四庫全書總目》以爲李石所言可信，又云："此外，子州支父、石户之農、小臣稷、商容、榮啟期、長沮、桀溺、荷蓧丈人、漢陰丈人、顏闔十人，皆《御覽》所引嵇康《高士傳》之文。閔貢、王霸、嚴光、梁鴻、臺佟、韓康、矯慎、法真、漢濱老父、龐公十人，則《御覽》所引《後漢書》之文。惟披衣、老聃、庚桑楚、林類、老商氏、莊周六人爲《御覽》此部所未載，當由後人雜取《御覽》，又稍摭他書，附益之耳……"周中孚亦持此見，並言其出於北宋人之手。其於《鄭堂讀書記》中説："《太平御覽》所收亦止七十一人，是爲士安原本，今此本以《御覽》所引核之，其出於嵇康《高士傳》者凡十人，出於《後漢書》者凡十人，當由後人雜取嵇康諸書以附益之，而並改原序七字爲九字，非士安之舊矣。然晁、陳所見本亦如此，或出於北宋人編定也。"①姚振宗《隋書經籍志考證》"《高士傳》六卷"條案云："今本序文稱九十餘人者，據李石言，則亦非其本真也。"今人孫猛亦有相似的看法，他在《郡齋讀書志校證》中説："據李石言，其序與《讀書志》著錄本皆非其舊矣。"②

正因爲如此，魏裔介删除原三卷本中亦被諸書引作嵇康《高士傳》的十人，即被衣、王倪、齧缺、子州支父、石户之農、蒲衣子、弘高、曾參、顔回、摯恂，補入逢萌、高鳳、陳留老父，企以接近皇甫謐《高士傳》原貌，成《删補高士傳》三卷。但古人著述，鈔録他人之書是常有的事，而曾參、蒲衣子等在諸書稱引中也有被引作皇甫謐《高士傳》者，所以實難定皇甫謐之書就確實没有這些人。錢熙祚據《太平御覽》等書徵引，校以三卷本，又輯得逸文十二節附於末，此種做法較爲理性客觀。近人羅振玉則完全抛開各種傳本，據《太平御覽》等書重新輯録，得一卷、七十三人，收録於《雪堂叢刻》中。羅氏所輯頗與李石"七十二人"之説相合，竊以爲是。既然皇甫謐原書已不可得，則只有據確證而定之。

又，竊以爲今所見三卷本，皇甫謐《高士傳》不僅羼入了嵇氏等人之書，亦羼入了皇甫謐自己的另外兩書《逸士傳》和《達士

①周中孚：《鄭堂讀書記》卷二三史部九傳記類二"皇甫謐《高士傳》"條，商務印書館 1959 年，第 469 頁。
②晁公武撰，孫猛校證：《郡齋讀書志校證》，上海古籍出版社 1990 年，第366 頁。

傳》之文。明顯的例子是，三卷本中"巢父"條之文字，在《文選》李注中多次被引作《逸士傳》，如卷二二、三四、五五、五七、五八中引巢父事均作皇甫謐《逸士傳》，李善注《文選》去晉未遠，其引注應較爲可信。

今見宛本《說郛》卷五七輯録有《高士傳》，題晉皇甫謐撰，計二十八節，二十八組人事蹟，包括被衣、王倪、齧缺、巢父、許由、善卷、子州支父、壤父、石户之農、蒲衣子、披裘公、江上丈人、小臣稷、弦高、商容、老子李耳、庚桑楚、老萊子、林類、榮啟期、荷蕢、長沮、桀溺、石門守、荷蓧丈人、陸通、曾參、顔回、原憲。大致與三卷本卷上所録相當。

《漢魏六朝雜傳集》據諸書徵引、又參之以各家傳本與輯本進行輯録、校勘，共得序文二節及八十四人事蹟，八十四人包括：王倪、善卷、齧缺、巢父、許由、壤父、浦衣、老萊子、老子、顔回、莊子、毛公、薛公、荷蕢、石門守、東郭順子、壺丘子林、列禦寇、段干木、公儀潛、王斗、黔婁先生、原憲、曾參、弦高、亥唐、陳仲子、小臣稷、披裘公、江上丈人、漁父、陸通、河上丈人、樂臣公、蓋公、四皓（東園公、夏黄公、綺里季、角里先生）、黄石公、魯二徵士、安期先生、東郭先生、田何、王生、嚴遵、鄭朴、李弘、鄭玄、任安、任棠、摯峻、韓福、孔嵩、安丘望之、成公、彭城老父、嚴光、宋勝之、丘訢、閔貢、荀靖、張仲蔚、高恢、姜肱、徐稚、夏馥、申屠蟠、郭泰、袁閎、牛牢、東海隱者、韓順、摯恂、姜岐、管寧、胡昭、焦先、韓康、孫期、許劭、王霸、法真。

今檢諸書徵引，以人名標目，條列其佚文如下。

一、王倪。存文一節，見於《太平御覽》卷五〇六《逸民部六·逸民六》引。

二、善卷。存文一節，見於《太平御覽》卷五〇六《逸民部六·逸民六》引。

三、齧缺。存文一節，見於《太平御覽》卷五〇六《逸民部六·逸民六》引。

四、巢父。存文一節，見於《文選》卷四三《書下·北山移文》"汙淥池以洗耳"李注、卷四六《序下·（王融）三月三日曲水詩序》"既缺薖軸之疾已消"李注、卷五五《論五·演連珠五十首》"是以巢箕之叟不眄丘園之弊洗渭之民不發傅巖之夢"李注、《太平御覽》卷五〇六《逸民部六·逸民六》引。

五、許由。存文二節，所叙事同而文字頗異。其一見於《世說新語·言語》第一條劉注、《文選》卷二一《詠史·詠史詩八首》"高步追許由"李注、《太平御覽》卷五〇六《逸民部六·逸民六》引。其二見於《史記》卷六一《伯夷列傳》"堯讓天下於許由"正義引。又，《淵鑑類函》卷二八九《人部四十八·隱逸二》引一節，作皇甫謐《高士傳》，文字又異於上二節。

六、壤父。存文一節，見於《太平御覽》卷五〇六《逸民部六·逸民六》引。

七、蒲衣。存文一節，見於《太平御覽》卷五〇六《逸民部六·逸民六》等引。

八、老萊子。存文一節，見於《北堂書鈔》卷一三三《服飾部二·席十九》"老萊以艾"、《初學記》卷一八《人部中·貧第六》"蓬室棘庭"、卷二五《器用部·席第六》"茅葭菁艾"、《藝文類聚》卷六九《服飾部·薦席》、《太平御覽》卷四七四《人事部一百一十五·禮賢》、卷五〇六《逸民部六·逸民六》、卷七〇六《服用部八·牀》、卷七〇九《服用部十一·薦蓆》、《錦繡萬花谷續集》卷七《席》"菁艾"等引。又，《太平寰宇記》卷二三《河南道二十三·沂州》"蒙山在縣西北八十里"、《太平御覽》卷四二《地部七·河南宋鄭齊魯諸山·蒙山》、《記纂淵海》卷九二《識見部之十三·料度》、卷一九〇《閫儀部二·識見》、《廣博物志》卷二一《高逸》各引一節，作《高士傳》，言老萊子逃楚王聘事，文大略相同。《蒙求集注》卷下"老萊斑衣黃香扇枕"、《記纂淵海》卷一一五《人道部之四·愛親》各引一節，作《高士傳》，言老萊子孝養事。今見諸書引老萊子事，稱出皇甫謐書，此或亦當出皇甫謐書。又，諸書引老萊子與其妻避楚王事稱出《高士傳》者，事文與劉向《列女傳》卷二《老萊子妻》頗同，或又與《列女傳》相混。

九、老子，存文四節，其一見於《水經注》卷一七《渭水》"又東汧汙二水入焉"引，其二見於《廣弘明集》卷一三《十喻篇下》引，其三見於《類説》卷二《高士傳》"九龍井"引，其四見於《藝文類聚》卷七九《靈異部下·夢》、《太平御覽》卷三九九《人事部四十·應夢》引。

一〇、顏回。存文二節，其一見於《太平御覽》卷五〇六《逸民部六·逸民六》引，其二見於《類説》卷二《高士傳》"屋埃墜飯中"節引。

一一、莊子。存文一節，見於《太平御覽》卷四六四《人事部·辯下》引。

一二、毛公、薛公。存文一節，見於《太平御覽》卷八二八《資産部八·賣買》引。又，《古今事文類聚續集》卷三《居處部·關市》"隱於市"、《古今合璧事類備要別集》卷一〇《市井門·市井》"博徒賣膠"各引一節，作《高士傳》，言毛公、薛公隱於市事。今見諸書引毛公、薛公事，稱出皇甫謐書，此或亦當出皇甫謐書。

一三、荷蕢。《太平御覽》卷五〇七《逸民部七·逸民七》引。

一四、石門守。《太平御覽》卷五〇七《逸民部七·逸民七》引。

一五、東郭順子。《太平御覽》卷五〇七《逸民部七·逸民七》引。

一六、壺丘子林。《太平御覽》卷五〇七《逸民部七·逸民七》引。

一七、列禦寇。《太平御覽》卷五〇七《逸民部七·逸民七》引。

一八、段干木。存文二節，事略同而文互有詳略。其一見於《史記》卷四四《魏世家》"文侯受子夏經藝客段干木過其閭未嘗不軾也"正義引。其二見於《太平御覽》卷五〇七《逸民部七·逸民七》引。

一九、公儀潛。存文一節，見於《太平御覽》卷五〇七《逸民部七·逸民七》引。

二〇、王斗。存文一節，見於《太平御覽》卷五〇七《逸民部七·逸民七》引。

二一、黔婁先生。存文三節，其一見於《太平御覽》卷五〇七《逸民部七·逸民七》引，其二見於《文選》卷二九《雜詩上·雜詩十首》"比足黔婁生"李注、卷五四《論四·辯命論》"不充詘於富貴不遑遑於所欲"李注、"猗頓之與黔婁陽文之與敦洽"李注、卷五七《誄下·陶徵士誄》"黔婁既没展禽亦逝"李注、《五百家注昌黎文集》卷五《月蝕詩》"忍使黔婁生覆尸無衣巾"引，其三見於《王荆公詩注》卷三〇《思王逢原三首其三》引及《類説》卷二《高士傳》"斜其被"節引。第二、三條事同而文異。又，《海録碎事》卷七上《聖賢人事部上·夫婦門》"斜其被"、《錦繡萬花谷前集》卷二六《哀輓》"布被"、《古今事文類聚前集》卷五一《喪事部·死》"黔婁布被"、《古今合璧事類備要前集》卷二八《親屬門·寡婦》"納夫於正"、卷六三《喪紀門·死喪》"黔婁布被"各引一節，作《高士傳》。今見諸書引黔婁子事，稱出皇甫謐書，此或亦當出皇甫謐書。

二二、原憲。存文一節，見於《太平御覽》卷五〇七《逸民部七·逸民七》引。

二三、曾參。存文一節，見於《太平御覽》卷五〇七《逸民部七·逸民七》等引。

二四、弦高。存文一節，見於《太平御覽》卷五〇六《逸民部六·逸民六》引。

　　二五、亥唐。存文一節,見於《太平御覽》卷四七四《人事部一百一十五·禮賢》引。

　　二六、陳仲子。存文二節,其一見於《初學記》卷二六《服食部·履第七》"仲子織嘯父補"、《太平御覽》卷四八六《人事部一百二十七·窮》、卷五〇七《逸民部七·逸民七》、卷六九七《服章部十四·履》、《記纂淵海》卷一九〇《閭儀部二·識見》引及《類說》卷二《高士傳》"容膝之安 一肉之味"節引。其二見於《世説新語·豪爽》第九條劉注引。事有同異,且互有詳略。又,《蒙求集注》卷下"干木富義於陵辭聘"引一節,作《高士傳》,叙陳仲子適楚事。又,《古今事文類聚別集》卷一七《性行部·恬淡》"爲相寧灌園"、《古今合璧事類備要外集》卷四〇《衣服門·履》"樂在其中"、《淵鑑類函》卷一二四《政術部三·辭官一》各引一節,作《高士傳》,叙陳仲子逃楚王聘事。今見諸書引屠陳仲子事,稱出皇甫謐書,此或亦當出皇甫謐書。

　　二七、小臣稷。存文一節,見於《類説》卷二《高士傳》"桓公五往"節引。

　　二八、披裘公。存文一節,《太平御覽》卷五〇七《逸民部七·逸民七》引。又,披裘公或作被裘公,"披"、"被"同。《敦煌類書》錄文篇《語對》〔十五〕"高尚"下三一一——五一〇八"負薪"引一條,作《高士傳》,出嵇康書,或出皇甫謐書,不能確斷。

　　二九、江上丈人。存文一節,見於《太平御覽》卷五〇七《逸民部七·逸民七》引。

　　三〇、漁父。存文一節,見於《太平御覽》卷五〇七《逸民部七·逸民七》引。

　　三一、陸通。存文二節。其一見於《類説》卷二《高士傳》"門外車馬跡深"節載及《渚宮舊事》卷二《周代中》"狂接輿楚人也"注引,其二見於《太平御覽》卷五〇九《逸民部九·逸民九》注引。

　　三二、河上丈人。存文一節，見於《太平御覽》卷五〇七《逸民部七·逸民七》引。

　　三三、樂臣公。存文一節。見於《太平御覽》卷五〇七《逸民部七·逸民七》引。

　　三四、蓋公。存文一節。見於《太平御覽》卷五〇七《逸民部七·逸民七》引。

　　三五、四皓。即秦末漢初東園公、夏黃公、綺里季、角里先生，時呼四皓。陶潛《群輔錄》有"商山四皓"，列園公、綺里季、夏黃公、角里先生。並云："右商山四皓，當秦之末，俱隱上洛商山。皇甫士安云並河內軹人。見《漢書》及皇甫士安《高士傳》。"存文三節。其一見於《初學記》卷五《地理上·終南山第八》"匡綺潛嘉"、《太平御覽》卷三八《地部三·終南山》、《太平寰宇記》卷二五《關西道一·雍州》、《長安志》卷一一《縣一·萬年》、《雍錄》卷五《南山三》引。其二見於《太平御覽》卷五〇七《逸民部七·逸民七》、《太平寰宇記》卷一四一《山南西道九·商州》、《記纂淵海》卷五二《識見部·省悟》、《九家集注杜詩》卷四《喜晴》"千載商山芝"杜補遺、《洗兵馬》"隱士休歌紫芝曲"集注、《王荊公詩注》卷四五《書汜水關寺壁》"便有園公綺季閑"李壁注等引及《類說》卷二《高士傳》"四皓作歌"節引。其三見於《敦煌類書》錄文篇《不知名類書甲》〔四二〕"嶺"二三一一四二一〇一引。又，《白氏六帖事類集》卷二《終南山第七》"隱"引一節，叙四皓深匿終南之事。《事類賦》卷七《地部·山賦》"迎四皓者高車"、《太平寰宇記》卷一四一《山南西道九·商州》"高車山在縣北二里"各引一節，作《高士傳》，叙四皓碑事。今見諸書引四皓事，稱出皇甫謐書，此或亦當出皇甫謐書。

　　三六、黃石公。存文一節，見於《太平御覽》卷五〇七《逸民部七·逸民七》引。

　　三七、魯二徵士。存文一節，見於《太平御覽》卷五〇七《逸民部七・逸民七》引。

三八、安期先生。存文一節，見於《太平御覽》卷五〇七《逸民部七・逸民七》引。

三九、東郭先生。存文一節，見於《太平御覽》卷五〇七《逸民部七・逸民七》引。

四〇、田何。存文一節，見於《初學記》卷一八《人部中・貧第六》"蓬户蒿牀"、《太平御覽》卷五〇七《逸民部七・逸民七》引。

四一、王生。存文一節。見於《太平御覽》卷五〇七《逸民部七・逸民七》引。

四二、嚴遵。存文二節。其一見於《太平御覽》卷四一〇《人事部五十一・請交不許》、卷五〇九《逸民部九・逸民九》引，其二見於《太平御覽》卷七〇九《服用部十一・薦蓆》、《記纂淵海》卷八三《識見部之四・省悟》引及《類説》卷二《高士傳》"吾病耳非不足"、涵本《説郛》卷七《諸傳摘玄》節引。二節所叙事互有同異。又，《敦煌類書》録文篇《瑚玉集》"高士"二二四——一二——一三下引一條，作《高士傳》，叙嚴遵事，文略。

四三、鄭朴。存文一節，見於《太平御覽》卷五〇九《逸民部九・逸民九》引。

四四、李弘。存文一節，見於《太平御覽》卷五〇九《逸民部九・逸民九》引。

四五、鄭玄。存文一節，見於《太平御覽》卷五〇九《逸民部九・逸民九》引。又，《世説新語・文學》第一條劉注引一節，作《高士傳》，叙鄭玄事。《太平寰宇記》卷二四《河南道二十四・密州》"鄭玄墓在縣西北十里玄此縣人也"引一節，作《高士傳》，叙鄭玄葬事。今見諸書引鄭玄事，稱出皇甫謐書，此或亦當出皇甫謐書。

四六、任安。存文一節，見於《太平御覽》卷五〇九《逸民部九·逸民九》引。

四七、任棠。存文一節，見於《太平御覽》卷五〇八《逸民部八·逸民八》引。

四八、摯峻。存文一節，見於《太平御覽》卷五〇八《逸民部八·逸民八》引及《類説》卷二《高士傳》"阰居士"節引。

四九、韓福。存文一節，見於《太平御覽》卷四七四《人事部一百一十五·禮賢》、卷五〇八《逸民部八·逸民八》引。

五〇、孔嵩。存文一節，見於《太平御覽》卷四九九《人事部一百四十·盗竊》引。

五一、安丘望之。存文二節，其一見於《太平御覽》卷五〇八《逸民部八·逸民八》引，其二見於《太平御覽》卷七三九《疾病部二·總叙疾病下》引。

五二、成公。存文一節，見於《太平御覽》卷五〇八《逸民部八·逸民八》引。

五三、彭城老父。存文一節，見於《太平御覽》卷五〇八《逸民部八·逸民八》引。

五四、嚴光。存文一節，見於《後漢書》卷八三《逸民列傳·嚴光傳》"司徒侯霸與光素舊遣使奉書"李注、《太平御覽》卷五九五《文部十一·書記》引及《類説》卷二《高士傳》"君房素痴"節引。

五五、宋勝之。存文一節，見於《太平御覽》卷五〇八《逸民部八·逸民八》引。

五六、丘訢。存文一節，見於《太平御覽》卷五〇八《逸民部八·逸民八》引。

五七、閔貢。存文一節，見於《後漢書》卷五三《周黄徐姜申屠列傳》"太原閔仲叔者……黨見其含菽飲水遺以生蒜受而不食"李注、《王荆公詩注》卷三九《初去臨川》"安能養志似曾參"引。

五八、荀靖。存文二節，其一見於《太平御覽》卷五〇八《逸民部八・逸民八》引，其二見於《後漢書》卷六二《荀淑傳》"靖有至行不仕年五十而終號曰玄行先生"李注引。

五九、張仲蔚。存文一節，見於《太平御覽》卷五〇八《逸民部八・逸民八》引。又，《蒙求集注》卷下"顏回簞瓢仲蔚蓬蒿"引一節，作《高士傳》，叙張仲蔚事。今見諸書引張仲蔚事，稱出皇甫謐書，此或亦當出皇甫謐書。

六〇、高恢。存文一節，見於《太平御覽》卷五〇八《逸民部八・逸民八》引。又，《後漢書》卷八三《逸民列傳・梁鴻傳》李注引一節，作《高士傳》，文略，僅作："恢，字伯通。"今見諸書引高恢事，稱出皇甫謐書，此或亦當出皇甫謐書。

六一、姜肱。存文一節，見於《太平御覽》卷六〇《地部二十五・海》、卷五〇八《逸民部八・逸民八》引。又，《事類賦》卷六《地部・海賦》"見遁世之姜肱"引一節，作《高士傳》，叙姜肱事。今見諸書引姜肱事，稱出皇甫謐書，此或亦當出皇甫謐書。

六二、徐穉。存文一節，見於《藝文類聚》卷三四《人部十八・懷舊》、《太平御覽》卷五〇八《逸民部八・逸民八》引。又，《古今事文類聚前集》卷五八《喪事部・墓》"負笈醊墓"、《古今合璧事類備要前集》卷六七《墓地門・省墓》"負笈醊墓"各引一條，作《高士傳》，叙徐穉事。今見諸書引徐穉事，稱出皇甫謐書，此或亦當出皇甫謐書。

六三、夏馥。存文一節，見於《太平御覽》卷五〇八《逸民部八・逸民八》引。

六四、申屠蟠。存文一節，見於《太平御覽》卷五〇八《逸民部八・逸民八》引。

六五、郭泰。存文二節，其一見於《太平御覽》卷五〇八《逸民部八・逸民八》引，其二見於《事物紀原》卷一〇《布帛雜事部五十三》"鐵錢"引。

六六、袁閎。存文一節，見於《太平御覽》卷五〇八《逸民部八·逸民八》、卷六九八《服章部十五·屐》引。

六七、牛牢。存文一節，見於《太平御覽》卷五〇八《逸民部八·逸民八》引。

六八、東海隱者。存文一節，見於《太平御覽》卷五〇八《逸民部八·逸民八》引。

六九、韓順。存文一節，見於《太平御覽》卷五〇八《逸民部八·逸民八》引。

七〇、摯恂。存文一節，見於《太平御覽》卷五〇八《逸民部八·逸民八》引。

七一、姜岐。存文一節，見於《太平御覽》卷五〇八《逸民部八·逸民八》引。

七二、管寧。存文三節，其一見於《北堂書鈔》卷一三三《服飾部二·榻十六》“管寧膝處皆穿”、《初學記》卷二五《器用部·牀第五》“坐穿臥陷”、《太平御覽》卷三九三《人事部三十四·坐》、卷五〇九《逸民部九·逸民九》引。其二見於《類說》卷二《高士傳》“渡海遇風”節引。其三見於《三國志》卷一一《魏書·管寧傳》“太祖爲司空辟寧度子康絶命不宣”裴注、《文選》卷三〇《雜詩下·郡内登望一首》“言税遼東田”李注、《白氏六帖事類集》卷七《德二十七》“牛犯禾”、《太平御覽》卷九〇〇《獸部十二·牛下》引。又，《白氏六帖事類集》卷三《井第十二》“汲引爭”、《太平御覽》卷一八九《居處部十七·井》、《事類賦》卷八《地部·井賦》“設器聞管寧之義”、《海録碎事》卷三下《鄉里門》“屯落”、《天中記》卷一〇《井》“設器”各引一節，作《高士傳》，叙管寧買器息爭井事。《三國志》卷一一《魏書·管寧傳》“此寧志行所欲必全不爲守高”裴注、《白氏六帖事類集》卷二六《勤學二十一》“藜牀半穿”、《古今事文類聚續集》卷一一《居處部·牀》“當膝榻穿”、《記纂淵海》卷一五〇《問學部之一·好學》、《古今合璧事類備要外集》卷五一《床簀門・床》"坐一榻"各引一節,作《高士傳》;《太平御覽》卷七〇六《服用部八・榻》引一節,作《唐高士傳》,"唐"字當衍;叙管寧木榻事。今見諸書引管寧事,稱出皇甫謐書,此或亦當出皇甫謐書。

七三、胡昭。存文一節,見於《太平御覽》卷五〇九《逸民部九・逸民九》引。《三國志》卷一一《魏書・胡昭傳》"閭里敬而愛之"裴注、《太平御覽》卷四〇三《人事部四十四・陰德》、卷四八〇《人事部一百二十一・誓盟》、卷九六五《果部二・棗》、《事類賦》卷二六《果部・棗賦》)"或斫樹而同盟"各引一節,作《高士傳》,叙胡昭止周生等謀害晉宣帝事。《三國志》卷一一《魏書・胡昭傳》"遞薦昭曰……以勵風俗"裴注引一節,作《高士傳》,叙侍中韋誕駁評議胡昭事。《三國志》卷一一《魏書・胡昭傳》"一川賴昭咸無怵惕天下安輯徙宅宜陽"裴注引一節,作《高士傳》,叙杜恕過昭所居事。今見諸書引胡昭事,稱出皇甫謐書,此或亦當出皇甫謐書。

七四、焦先。存文一節,見於《北堂書鈔》卷一五二《天部四・雪篇十八》"焦先生袒臥"、《藝文類聚》卷二《天部下・雪》、卷六四《居處部四・廬》、《太平御覽》卷一二《天部十二・雪》、卷二六《時序部十一・冬上》、卷一八一《居處部九・廬》、卷五〇九《逸民部九・逸民九》引。又,《三國志》卷一一《魏書・胡昭傳》"動見模楷焉"裴注、《初學記》卷二《天部・雪第二》"焦寢袁門"、《白氏六帖事類集》卷一《雪第十二》"雪救火"、《事類賦》卷三《天部・雪賦》"焦先露寢以自若"、《廣博物志》卷三《天道三》各引一節,作《高士傳》,叙焦先事。今見諸書引焦先事,稱出皇甫謐書,此或亦當出皇甫謐書。

七五、韓康。存文一節,見於《藝文類聚》卷八一《藥香草部上・藥》、《太平御覽》卷八二八《資產部八・賣買》引。又,《太平御覽》卷九八四《藥部一・藥》引一節,作《高士傳》,叙韓康賣藥

長安市事。今見諸書引韓康事，稱出皇甫謐書，此或亦當出皇甫
謐書。

七六、孫期。存文一節，見於《藝文類聚》卷九四《獸部中·
豕》、《太平御覽》卷九〇三《獸部十五·豕》引。

七七、許劭。存文一節，見於《太平御覽》卷八二八《資産部
八·肆》引。

七八、王霸。今存"故梁令閻陽"數字，見於《後漢書》卷八三
《逸民列傳·王霸傳》"閻陽毁之曰太原俗黨儒仲頗有其風遂止"
李注引。

七九、法真。存文一節，見於《北堂書鈔》卷七七《設官部二
十九·功曹一百七十二》"光贊本朝"引。

諸書徵引作《高士傳》，或當出皇甫謐《高士傳》者，計有二
十人。

一、老萊子。得二節，其一見於《太平寰宇記》卷二三《河南
道二十三·沂州》"蒙山在縣西北八十里"、《太平御覽》卷四二
《地部七·河南宋鄭齊魯諸山·蒙山》、《記纂淵海》卷九二《識見
部之十三·料度》、卷一九〇《閫儀部二·識見》、《廣博物志》卷
二一《高逸》引，其二見於《蒙求集注》卷下"老萊斑衣黃香扇枕"、
《記纂淵海》卷一一五《人道部之四·愛親》引。

二、陳仲子。得二節，其一見於《蒙求集注》卷下"干木富義
於陵辭聘"引，其二見於《古今事文類聚別集》卷一七《性行部·
恬淡》"爲相寧灌園"、《古今合璧事類備要外集》卷四〇《衣服
門·履》"樂在其中"引。又，《白氏六帖事類集》卷四《履舄第九》
"織履"、《古今合璧事類備要外集》卷四〇《衣服門·履》"仲子
織"各引一節，作《高士傳》，"陳仲子"誤作"陸仲子"，《白氏六帖
事類集》卷四引作："陸仲子織履以爲食，樂在其中。"《白孔六帖》
卷一二引"陸"作"陳"。《古今合璧事類備要外集》卷四〇引作：
"陸仲子織履以爲食，樂在其中。"今見諸書引陳仲子事，稱出皇

甫謐書,此二節或亦當出皇甫謐書。

三、黔婁先生。得一節,見於《海録碎事》卷七上《聖賢人事部上・夫婦門》"斜其被"、《錦繡萬花谷前集》卷二六《哀輓》"布被"、《古今事文類聚前集》卷五一《喪事部・死》"黔婁布被"、《古今合璧事類備要前集》卷二八《親屬門・寡婦》"納夫於正"、卷六三《喪紀門・死喪》"黔婁布被"引。

四、毛公、薛公。得一節,見於《古今事文類聚續集》卷三《居處部・關市》"隱於市"、《古今合璧事類備要別集》卷一〇《市井門・市井》"博徒賣膠"引。

五、四皓。得三節,其一見於《白氏六帖事類集》卷二《終南山第七》"隱"引,其二見於《古今事文類聚前集》卷三三《退隱部・隱逸》"商山四皓"引,其三見於《事類賦》卷七《地部・山賦》"迎四皓者高車"、《太平寰宇記》卷一四一《山南西道九・商州》"高車山在縣北二里"引。

六、韓康。得一節,見於《太平御覽》卷九八四《藥部一・藥》引。

七、嚴遵。得一節,見於《敦煌類書》録文篇《瑅玉集》"高士"下二二四——一二——一三引。

八、閔貢。得一節,見於《古今事文類聚續集》卷一七《餽送部・餽遺》"不以口腹累人"、《古今合璧事類備要外集》卷四三《餽遺門・餽遺》"怒給豬肝"引。

九、姜肱。得一節,見於《事類賦》卷六《地部・海賦》"見遁世之姜肱"引。

一〇、徐穉。得一節,見於《古今事文類聚前集》卷五八《喪事部・墓》"負笈醊墓"、《古今合璧事類備要前集》卷六七《墓地門・省墓》"負笈醊墓"引。

一一、鄭玄。得三節,其一見於《世説新語・文學》第一條劉注引,其二見於《太平寰宇記》卷二四《河南道二十四・密州》"鄭

玄墓在縣西北十里玄此縣人也”引，其三見於《天中記》卷二
〇《師第》“道東”引。

一二、張仲蔚。得一節，見於《蒙求集注》卷下“顏回簞瓢仲
蔚蓬蒿”等引。

一三、管寧。得三節，其一見於《白氏六帖事類集》卷三《井
第十二》“汲引爭”、《太平御覽》卷一八九《居處部十七·井》、《事
類賦》卷八《地部·井賦》“設器聞管寧之義”、《海錄碎事》卷三下
《鄉里門》“屯落”等引，其二見於《三國志》卷一一《魏書·管寧
傳》“此寧志行所欲必全不爲守高”裴注、《白氏六帖事類集》卷二
六《勤學二十一》“藜牀半穿”、《古今事文類聚續集》卷一一《居處
部·牀》“當膝榻穿”、《古今合璧事類備要外集》卷五一《床簀
門·床》“坐一榻”、《記纂淵海》卷一五〇《問學部之一·好學》
引。又，《太平御覽》卷七〇六《服用部八·榻》引一節，作《唐高
士傳》，“唐”字當衍。其三見於四庫本《記纂淵海》卷九八《獸
部·牛》引。

一四、胡昭。得三節，其一見於《三國志》卷一一《魏書·胡
昭傳》“閭里敬而愛之”裴注、《太平御覽》卷四〇三《人事部四十
四·陰德》、卷四八〇《人事部一百二十一·誓盟》、卷九六五《果
部二·棗》、《事類賦》卷二六《果部·棗賦》“或斫樹而同盟”引，
其二見於《三國志》卷一一《魏書·胡昭傳》“遞薦昭曰……以勵
風俗”裴注引，其三見於《三國志》卷一一《魏書·胡昭傳》“一川
賴昭咸無怵惕天下安輯徙宅宜陽”裴注引。

一五、高恢。得一節，見於《後漢書》卷八三《逸民列傳·梁
鴻傳》“恢亦高抗終身不仕”李注引。

一六、焦先。得一節，見於《三國志》卷一一《魏書·胡昭傳》
“動見模楷焉”裴注、《初學記》卷二《天部·雪第二》“焦寢袁門”、
《白氏六帖事類集》卷一《雪第十二》“雪救火”、《事類賦》卷三《天
部·雪賦》“焦先露寢以自若”等引。

諸書徵引不題撰人《高士傳》者,得十人:

一、善卷。見於《事類賦》卷五《歲時部第二·冬賦》"善卷方衣於皮毛"引。

二、許由。見於《文選》卷一八《音樂下·琴賦》"痌時俗之多累仰箕山之餘輝"李注、《太平御覽》卷三六六《人事部七·耳》、卷九五七《木部六·豫樟》、《敦煌類書》録文篇《事森》"廉儉篇"二二三一〇二一〇一條引。

三、披裘公。得一節,見於《敦煌類書》録文篇《語對》〔十五〕"高尚"下三一一一五一〇八"負薪"引。

四、支父。見於《後漢書》卷三九《周磐傳》"不以榮利滑其生術"李注引。

五、段干木。見於《後漢書》卷五一《橋玄傳》"昔段干木踰牆而避文侯之命"李注引。

六、鶡冠子。見於《古今事文類聚別集》卷二《儒學部·著書》"著鶡冠子"引。

七、張楷。見於《初學記》卷八《州郡部·關内道第三》"蒲池學市"引。

八、孫略。見於《太平御覽》卷六九五《服章部一二·袴》等引。

九、鬼谷。見於《記纂淵海》卷六《論議部之六·處非其地》引。

十、郭文。見於《記纂淵海》卷二九《論議部之二十九·陰驅默化》引。

張宗泰在其《所學集》中針對《高士傳》云:"惟是堯讓天下於舜,舜讓天下於禹,此夫人而知之者,乃云堯讓天下於許由,又讓於子州支父,舜讓天下於善卷,又讓於子州支父,又讓於百户之

農及蒲衣子，何多讓也？將毋借以寫高士之襟期，故曼延其説
歟？"①又云："其書大旨薄視富貴，崇奬節義，喜言恬退，不尚進
取，雖不盡合於賢聖中正之道，然以救人世奔競之風，則一副清
涼散也。"意指皇甫謐《高士傳》之立傳取材，非出實考之歷史人
物與事實。皇甫謐之雜傳寫作，實乃在以雜傳寫心述志，故而並
不追求合於歷史真實，而往往多虚誕之軼事傳聞，如巢父、許由
洗耳事，兩節佚文相異，且又與《逸士傳》不同，劉知幾對此云：
"馬遷持論，稱堯世無許由，應劭著録，云漢代無王喬，其言謬矣。
至士安撰《高士傳》，具説箕山之跡；令升作《搜神記》，深信葉縣
之靈。此並向聲背實，捨真從偽，知而故爲，罪之甚者。"②皇甫
謐並不關心資材的真實性或可靠性，只要能精當地體現人物的
性格，便取而用之。甚至爲了塑造人物性格的需要，他又不惜對
其進行剪裁删削、增益補綴、移植虚構。這種作傳態度和運材方
式，去正統史傳已不可以道里計，卻與小説有相通之處。朱東潤
亦就此評價此傳，認爲"皇甫士安作書的動機，和嵇康相同，所傳
的人物相同，所用底材料也相同，因此結果也相同。對於這部有
名的著作，當然我們也只能給予相同的評價"③。

逸士傳

輯存。皇甫謐撰。原一卷。

皇甫謐《逸士傳》，《隋書·經籍志》史部雜傳類、《新唐書·

---

①張宗泰之語，轉引自胡玉縉《四庫全書總目提要補正》卷一九傳記類
　"《高士傳》"條，中華書局 1964 年，第 496 頁。
②劉知幾撰，浦起龍釋：《史通通釋》卷一七《雜説中》，上海古籍出版社
　1978 年，第 481—482 頁。
③朱東潤：《八代傳敘文學述論》，復旦大學出版社 2006 年，第 99 頁。

藝文志》史部雜傳記類著錄同，皆言"《逸士傳》一卷，皇甫謐撰"，《舊唐書·經籍志》無著錄，《晉書·皇甫謐傳》云："謐所著詩賦誄頌論難甚多，又撰《帝王世紀》、《年曆》、《高士》、《逸士》、《列女》等傳、《玄晏春秋》，並重於世。"所列有《逸士傳》一書。《太平御覽經史圖書綱目》錄皇甫謐《逸士傳》，且《新唐書·藝文志》有著錄，其佚或在宋初以後。章宗源《隋書經籍志考證》略舉《逸士傳》見存佚文出處，姚振宗《隋書經籍志考證》轉錄章氏所考。

皇甫謐，字士安，號玄晏先生，西晉安定朝那人。《晉書》卷五一有傳，其生平行事已見前錄。

皇甫謐《逸士傳》及其《高士傳》，在後來流傳中或有竄亂，朱東潤即云："《逸士傳》和《高士傳》同見《晉書·皇甫謐傳》。逸士和高士底分別在那裡呢？《三國志注》、《世説注》、《文選注》及《御覽》所引諸條，所記逸士如許由、巢父、公儀潛、荀靖、管寧諸人，詞句皆與《高士傳》相同。也許中間譌竄甚多，現在無從索解了。"①

皇甫謐《逸士傳》佚文，今散見於《世説新語》劉注、《三國志》裴注、《文選》李注及《太平御覽》等書徵引，《元晏遺書》及王仁俊《玉函山房輯佚書補編》有輯存。《元晏遺書》自《世説新語》劉注、《太平御覽》等採得九人事蹟，包括巢父、許由、擊壤老人、公儀潛、繆裴、王俊、荀靖、羅威、高鳳。王仁俊據李瀚《蒙求》自注採得許由事一節，未言撰者，錄於《玉函山房輯佚書補編》中。二者但未作細緻校訂。《漢魏六朝雜傳集》據諸書徵引輯錄，參酌《元晏遺書》及王仁俊所輯重新輯錄。得巢父、許由、樊堅、壤父、務光、公儀潛、羅威、董威輦、高鳳、王儁、荀靖、管寧十二人事蹟。

今簡括諸書徵引，以人名標目，條列其佚文如下。

一、巢父。存文二節，其一見於《世説新語·排調》第二八條

① 朱東潤：《八代傳敘文學述論》，復旦大學出版社 2006 年，第 99 頁。

劉注、《文選》卷二二《招隱·反招隱詩一首》"昔在太平時亦有巢
居子"李注、卷三四《七上·七啓八首》"河濱無洗耳之士喬岳無
巢居之民"李注、卷五七《誄下·陶徵士誄》"若乃巢高之抗行夷
皓之峻節"李注引。其二見於《文選》卷五五《連珠·演連珠五十
首》"是以巢箕之叟不盼丘園之弊洗渭之民不發傅巖之夢"李注、
卷五八《碑文上·郭有道碑文》"紹巢許之絶軌"李注引。巢父
事，又見於諸書引作皇甫謐《高士傳》，如《文選》卷四三《書下·
北山移文》"汙渌池以洗耳"李注、卷四六《（王融）三月三日曲水
詩序》"既缺薖軸之疾已消"李注、卷五五《連珠·演連珠五十首》
"是以巢箕之叟不盼丘園之弊洗渭之民不發傅巖之夢"李注、《太
平御覽》卷五〇六《逸民部六·逸民六》等引巢父事，注出皇甫謐
《高士傳》。《文選》李注同引皇甫謐《高士傳》與《逸士傳》，當或
非相混所至。又，《敦煌類書》録文篇《琱玉集》"高士"下二二
四——一二—〇二引一條，云出《逸士傳》，其文所叙囊括此二節文
意，而文字頗異。

　　二、許由。存文二節，其一見於《蒙求集注》卷上"蔣詡三逕
許由一瓢"、《紺珠集》卷一三《諸集拾遺》"風鳴瓢"、《古今事文類
聚前集》卷三三《退隱部·隱逸》"許由一瓢"、《記纂淵海》卷五一
《性行部之十五·隱逸》、《錦繡萬花谷後集》卷二一《隱逸》"一
瓢"引，其二見於《世説新語·排調》第六條劉注等引。又，《文
選》卷二一《詠史·詠史詩八首》"高步追許由"李注、《史記》卷六
一《伯夷列傳》"堯讓天下於許由"正義、《太平御覽》卷五〇六《逸
民部六·逸民六》等引許由事，注出皇甫謐《高士傳》。皇甫謐
《高士傳》與《逸士傳》或當皆有許由。又，《敦煌類書》録文篇《琱
玉集》"高士"下二二四——一二—〇一引一條，云出《逸士傳》，叙
許由姓字、里籍及聞堯聘而洗耳事，與此二節文字頗異。

　　三、樊豎。存文二節，其一見於《太平御覽》卷九〇〇《獸部
十二·牛下》、《事類賦》卷七《地部·水賦》"耻巢父之洗耳"、四

庫本《記纂淵海》卷九八《獸部·牛》引，其二見於《古今事文類聚前集》卷三三《退隱部·隱逸》"堯遜許由"、《古今合璧事類備要別集》卷八二《畜産門·牛》"巢父飲"引。二節所述事略同，而其二所見諸書引甚詳。又，《藝文類聚》卷九《水部下·池》引一節，作《逸士傳》，僅作："堯讓天子於許由，許由逃。巢父聞之，而洗耳於池。"

四、壤父。存文二節，其一見於《北堂書鈔》卷一五《帝王部十五·至治五十二》"老人擊壤"、《太平御覽》卷五七二《樂部十·歌三》、《事類賦》卷一《天部·日賦》"既入而息"、卷八《地部·井賦》"鑿而飲也寧知堯舜之功"、卷一一《樂部·歌賦》"是以堯民擊壤"、《海録碎事》卷一七《農田部·農門》"擊壤歌"引，其二見於《太平御覽》卷七五五《工藝部一二·擊壤》、《農書》卷一四《農器圖譜六·杷朳門》"擊壤"引，二節事同而文異。又，《太平御覽》卷五〇六《逸民部六·逸民六》引壤父事，注出皇甫謐《高士傳》，故壤父抑或兩載於皇甫謐《高士傳》與《逸士傳》。

五、務光。存文二節，其一見於《路史》卷三七《發揮六·湯遜解》"子亦云然則斯舉也果姑制爲之名邪湯無是也"、《名疑》卷一"務光卞隨紀侂申屠狄夏商之際高士也"引。其二見於《敦煌類書》録文篇《瑀玉集》"高士"下二二四——一二一〇四引。

六、公儀潛。存文一節，見於《太平御覽》卷四七五《人事部一百十六·待士》引。

七、羅威。存文一節，見於《白氏六帖事類集》卷二九《鹿六十》"擾墓"、《古今合璧事類備要別集》卷七八《走獸門·鹿》"馴擾墓側"引。

八、董威輦。存文一節，見於《三洞群仙録》卷一五"沈彬三舉董威百結"、《錦繡萬花谷前集》卷二四《貧賤》"白社衣百結"、《錦繡萬花谷後集》卷二一《隱逸》"百結衣"等引，亦見於《韻府群玉》卷一八"鶉衣百結"、《淵鑑類函》卷二八七《人部四十六·貧三》“東坡有破硯威輦無完衣”引。

九、高鳳。存文二節，其一見於《太平御覽》卷五一七《宗親部七·嫂叔》引，其二見於《太平御覽》卷四一九《人事部六十·仁德》、卷四九六《人事部一百三十七·鬭爭》引。

一〇、王儁。存文一節，見於《三國志》卷一《魏書·武帝紀》“以劉表大將文聘爲江夏太守使統本兵引用荆州名士韓嵩鄧義等”裴注、《同姓名録》卷七“王儁二”引。

一一、荀靖。存文一節，見於《世説新語·品藻》第六條劉注、《三國志》卷一〇《魏書·荀彧傳》“彧父緄濟南相叔父爽司空”裴注、《太平御覽》卷三八〇《人事部二十一·美丈夫下》引。又，《後漢書》卷六二《荀淑傳》“靖有至行不仕年五十而終號曰玄行先生”李注、《太平御覽》卷五〇八《逸民部八·逸民八》引荀靖事，注出皇甫謐《高士傳》。荀靖事亦或兩載於皇甫謐《高士傳》與《逸士傳》。

一二、管寧。存文一節，見於《太平御覽》卷四九六《人事部一百三十七·鬭爭》引。又，《三國志》卷一一《魏書·管寧傳》“太祖爲司空辟寧度子康絶命不宣”裴注、《文選》卷三〇《雜詩下·郡内登望一首》“言税遼東田”李注等書徵引管寧事者，多云出皇甫謐《高士傳》。

又有叙“鸑鷟”者，《稽瑞》“鸐雛海上鸑鷟山鳴”引一節，作皇甫謐《逸士傳》，云“狀如鳳，五色而多黄”，不知於何人傳中述及，附於後。

《類説》卷二節載《逸士傳》之文五節，計有“一瓢”、“居士屬”、“百結衣”、“生女灸（或作炙）面”、“蝨入豕栅”。“一瓢”叙許由事，“居士屬”叙朱桃椎事，“百結衣”叙董威（實當爲董威輦）事，“生女灸面”叙昭君村生女灸面事，“蝨入豕栅”叙蝨入豕栅，議擇食事。

關静考證，“《類説·逸士傳》除首條‘一瓢’所載許由事蹟爲皇甫謐《逸士傳》内容外，其他條目均不屬於皇甫謐原書内容。錯舛條目雖然源自《紺珠集》、《五色線》等書，但是將其與皇甫謐《逸士傳》聯結則肇始於《類説》"①。認爲《類説》卷二所載《逸士傳》之文，"一瓢"、"居士屬"、"生女灸（或作炙）面"三節或源自《紺珠集》之《諸傳拾遺》，而"百結衣"、"蝨入豕柵"兩節或源自《五色線》。"一瓢"當出《逸士傳》，餘四節則非《逸士傳》之文。

"一瓢"叙許由事，《紺珠集》亦云出《逸士傳》，此無疑。餘四條似亦當分而論之。

"居士屬"叙朱桃椎事，《紺珠集》亦録。朱桃椎，唐人，《新唐書·隱逸傳》有傳，《舊唐書·高士廉傳》言及其人。必不出皇甫謐《逸士傳》。

"生女灸面"，《紺珠集》亦録。而《紺珠集》採自《續談助》，《續談助》則自《緑珠傳》而來。《緑珠傳》出宋人樂史《緑珠傳》。亦必不出皇甫謐《逸士傳》。

"百結衣"叙董威事，《五色線》亦録。董威，當作董威輦，《晉書》卷九四《隱逸傳》有傳，其云："董京，字威輦，不知何郡人也。初與隴西計吏俱至洛陽，被髮而行，逍遙吟詠，常宿白社中。"習鑿齒《逸民高士傳》亦載其事，《北堂書鈔》卷八七《禮儀部八·社稷十七》"威輦在白社"引一節，作習鑿齒《逸民傳》；《太平御覽》卷五三二《禮儀部十一·社稷》引一節，作習鑿齒《逸民高士傳》。《漢魏六朝雜傳集》有輯録。觀皇甫謐《逸士傳》佚文，叙及荀靖、管寧，其或亦當載其事。故皇甫謐《逸士傳》當載董威輦事。

"蝨入豕柵"叙蝨入豕柵，議擇食曰云云。《五色線》、《海録碎事》卷二二下亦録。其最早見於《韓非子》，觀皇甫謐撰《高士傳》、《列女傳》之例，常採諸書故事而不論其事實，其採《韓非子》

①關靜：《古代雜傳的流傳與輯校——以〈類説·逸士傳〉爲中心的考察》，《中國傳記評論》第一輯，中國海洋大學出版社2022年，第59—67頁。

之文亦有可能。然其傳以人爲傳主，未有以物爲傳主者。則此
條亦不出皇甫謐《逸士傳》。

又，《戰國策校注》卷四《齊·宣王》"舜有七友"鮑彪注云：
"雄陶、方回、續牙、伯陽、東不訾、泰不虛、靈甫見，陶淵明曰七
臣，正曰雄陶云云，又見皇甫謐《逸士傳》。"則《逸士傳》又或尚有
雄陶，今不見徵引。又，《海錄碎事》卷六《飲食器用部·酒門》
"愛竹及酒"引一節，言辛宣仲事，其云："辛宣仲居士截竹爲壺以
酌酒，曰：'吾性甚愛竹與酒，欲令二物並耳。'"注出《逸士傳》，而
與《類說》卷二《襄陽耆舊傳》"竹罍"條文同，疑《海錄碎事》誤。

達士傳

輯存。皇甫謐撰。

皇甫謐《達士傳》，《隋書·經籍志》、《舊唐書·經籍志》、《新
唐書·藝文志》及其它史志書目皆未見著録，《晉書·皇甫謐傳》
亦不言皇甫謐著有此書。唯《太平御覽》卷四九六《人事部一三
七·諺下》引繆斐事，云出"皇甫謐《達士傳》"，丁國鈞《補晉書藝
文志》據此引補録皇甫謐《達士傳》，而《元晏遺書》等則將此條併
入《逸士傳》。雖各種書目均未著録或言及皇甫謐有《達士傳》一
書，然從其撰"高士"、"逸士"、和"列女"等系列人物傳而言，其撰
《達士傳》亦或有可能。

檢諸古籍舊典，今見稱引皇甫謐《達士傳》者，惟《太平御覽》
卷四九六《人事部一三七·諺下》引一節，序繆斐事。云："繆斐，
字文雅。代脩儒學，繼踵六博士，以經行脩明，學士稱之。故時
人爲之語曰：'素車白馬繆文雅。'"王仁俊據《太平御覽》卷四九
六引皇甫謐《達士傳》，採得繆斐事，録於《玉函山房輯佚書補編》
中，題皇甫謐《達士傳》。《漢魏六朝雜傳集》亦據《太平御覽》卷
四九六《人事部一三七·諺下》引，輯得"繆斐"一節，題《達士

傳》。

　　繆斐，繆襲父，《三國志》卷二一《魏書·劉劭傳》"劭同時東
海繆襲亦有才學多所述叙官至尚書光禄勳"裴注引作《先賢行
狀》言及，其云："繆斐，字文雅。該覽經傳，事親色養。徵博士，
六辟公府。漢帝在長安，公卿博舉名儒。時舉斐任侍中，並無所
就，即襲父也。"繆斐至孝，多家《孝子傳》有其傳。宋躬《孝子傳》
載其事，見於《太平御覽》卷四一一《人事部五十二·孝感》、卷六
四四《刑法部十·鑽》引，其云："繆斐，字文雅，東海蘭陵人。父
忽得患，醫藥不給。斐晝夜叩頭，不寢不食，氣息將盡。至三更
中，忽有二神引鑽而至，求哀曰：'尊府君昔經見侵，故有怒報。
君至孝所感，昨爲天曹所攝，鑽銀鐺。'斐驚視父，已差。父云：
'吾病，恒見二人見持向來，忽不見。'斐乃具説。父曰：'吾曾過
伍子胥廟，引二神像置地，當此是也。'"蕭繹《孝德傳》亦有繆斐，
見於《太平御覽》卷五一○《逸民部十·逸民十》引，其云："繆斐，
字文雅，東海蘭陵人。世亂，將家避地海濱，不以遁世爲悶，不以
窮居爲傷，浣衣濯冠，以俟絶氣。"

列女傳

　　輯存。皇甫謐撰。原六卷。

　　皇甫謐《列女傳》，《隋書·經籍志》史部雜傳類、《舊唐書·
經籍志》史部雜傳類、《新唐書·藝文志》史部雜傳記類皆著錄，
並言"《列女傳》六卷"，《晉書·皇甫謐傳》云："謐所著詩賦誄頌
論難甚多，又撰《帝王世紀》、《年曆》、《高士》、《逸士》、《列女》等
傳、《玄晏春秋》，並重於世。"亦列《列女傳》，皇甫謐當有此書
無疑。

　　皇甫謐《列女傳》久佚，其佚文散見於《三國志》裴注及《太平
御覽》等書徵引，或作皇甫謐《列女傳》，或作皇甫謐《列女後傳》。

章宗源《隋書經籍志考證》皇甫謐"《列女傳》六卷"條注意到諸書徵引，或作《列女傳》，或作《列女後傳》。姚振宗《隋書經籍志考證》皇甫謐"《列女傳》六卷"條轉録章氏考證。宛本《説郛》卷五八輯有題皇甫謐《列女傳》者，共十節；傅增湘曾取而校録。《舊小説甲集》録二人之事，不出宛本《説郛》之外。今有黄奭《漢學堂知足齋叢書》本和《元晏遺書》本兩種輯本，黄奭所輯及《元晏遺書》本均有誤輯入者。

　　檢各種書目所録，有劉向、項原、高氏、綦母邃、皇甫謐數家《列女傳》，且大多已散佚，諸書引用，或題署不明，輾轉沿襲，以致相互屚雜，實難甄别。《漢魏六朝雜傳集》據諸書徵引，參酌黄奭《漢學堂知足齋叢書》與《元晏遺書》所輯，重加輯録校勘，凡稱出皇甫謐《列女傳》或《列女後傳》者則録，不言出皇甫謐《列女傳》或《列女後傳》者不録，得二十一人事蹟，計有：任延壽妻友娣、京師節女、翟素、衛農妻、趙嵩妻、羅靜、景奇妻、相登妻度、馮季宰妻珥、王輔妻非、劉長卿妻、公孫去病妻、夏文生妻娥、留子直妻、陳悝妻、陳南妻丹、義姬、曹文叔妻令女、龐子夏妻娥親、姜叙母、趙昂妻異。

　　今簡括諸書徵引，以人名標目，條列其佚文如下。

　　一、任延壽妻友娣。存文一節，見於《太平御覽》卷四八二《人事部一百二十三·仇讎下》引。

　　二、京師節女。存文一節，見於《太平御覽》卷四八二《人事部一百二十三·仇讎下》引。

　　三、翟素。存文一節，見於《藝文類聚》卷三五《人部十九·婢》、《初學記》卷一九《人部下·奴婢第六》"翟青代死杜墓更生"等引。又，《藝文類聚》卷一八《人部二·賢婦人》、《白氏六帖事類集》卷六《奴婢三十八》"代死"各引一節，作《列女傳》；《太平御覽》卷五〇〇《人事部一百四十一·奴婢》引一節，叙翟素事，作《列女後傳》。

四、衞農妻。存文一節,見於《太平御覽》卷一八一《居處部九·屋》引。

五、趙嵩妻。存文一節,見於《太平御覽》卷四四〇《人事部八十一·貞女中》引。又,《藝文類聚》卷一八《人部二·賢婦人》引一節,叙禮脩事,作《列女傳》。其文甚詳。《敦煌類書》録文篇《語對》〔廿七〕"孝婦"下三一一——二七一〇四"禮脩"、〔卅六〕"貞婦"下三一一——三六一〇六"禮脩"各引一條,云出《列女傳》,"趙高"當作"趙嵩",皆當出皇甫謐《列女傳》。

六、羅静。存文一節,見於《太平御覽》卷四四〇《人事部八十一·貞女中》引。又,《藝文類聚》卷一八《人部二·賢婦人》引一節,叙羅静事,作《列女傳》。

七、景奇妻。存文一節,見於《太平御覽》卷四四〇《人事部八十一·貞女中》引。又,《藝文類聚》卷一八《人部二·賢婦人》引一節,叙貢羅事,作《列女傳》。

八、相登妻周度。存文一節,見於《太平御覽》卷四四〇《人事部八十一·貞女中》引。又,《藝文類聚》卷一八《人部二·賢婦人》引一節,叙相登妻度之事,作《列女傳》。

九、馮季宰妻季珥。存文一節,見於《太平御覽》卷四四〇《人事部八十一·貞女中》引。又,《太平御覽》卷三七三《人事部一十四·髮》引一節,叙馮季宰妻珥事,作《列女傳》。

一〇、王輔妻彭非。存文一節,見於《太平御覽》卷四四〇《人事部八十一·貞女中》引。

一一、劉長卿妻。存文一節,見於《太平御覽》卷四四〇《人事部八十一·貞女中》引。又,《藝文類聚》卷一八《人部二·賢婦人》引一節,叙劉長卿妻事,作《列女傳》;《太平御覽》卷三六六《人事部七·耳》引一節,叙劉仲敬妻事,與此略同,作《列女後傳》;《白孔六帖》卷一九《姐妹》"引刃"引一節,叙劉敬仲妻事,作《烈女傳》。

一二、公孫去病妻。存文一節，見於《太平御覽》卷四四〇《人事部八十一·貞女中》引。又，《太平御覽》卷三六七《人事部八·鼻》引一節，叙孫去病妻事，作《列女傳》，文略，作“孫去病”，或當是“公孫去病”脱“公”字。

一三、夏文生妻劉娥。存文一節，見於《太平御覽》卷四四〇《人事部八十一·貞女中》引。又，《太平御覽》卷三六七《人事部八·鼻》引一節，叙夏文珪妻事，作《列女傳》，“夏文珪”或當作“夏文生”。

一四、留子直妻。存文一節，見於《太平御覽》卷四四一《人事部八十二·貞女下》引。又，《藝文類聚》卷一八《人部二·賢婦人》引一節，叙留子直妻事，作《列女傳》。

一五、陳悝妻。存文一節，見於《太平御覽》卷四四一《人事部八十二·貞女下》引。

一六、陳南妻戴丹。存文一節，見於《太平御覽》卷四四一《人事部八十二·貞女下》引。

一七、義姬。存文一節，見於《太平御覽》卷四八二《人事部一百二十三·仇讐下》引。又，《藝文類聚》卷三三《人部十七·報讐》引一節，叙義姬事，作《列女傳》，文同《太平御覽》卷四八二引。

一八、曹文叔妻夏侯令女。存文一節，見於《三國志》卷九《魏書·曹爽傳》“晏何進孫也……作道德論及諸文賦著述凡數十篇”裴注引。又，《太平御覽》卷三六六《人事部七·耳》引一節，叙令女事，作《列女後傳》；《太平御覽》卷四四〇《人事部八十一·貞女中》引一節，作《列女傳》。

一九、龐子夏妻趙娥親。存文一節，見於《三國志》卷一八《魏書·龐淯傳》“娥不肯去遂彊載還家會赦得免州郡歎貴刊石表閭”裴注、《北堂書鈔》卷一二三《武功部十一·刀三十五》“市刀都亭”引。又，《太平御覽》卷四一五《人事部五十六·孝女》引一節，叙娥親事，作《列女後傳》；《太平御覽》卷三四五《兵部七十六・刀上》引一節，作《列女傳》。

二〇、姜叙母。存文一節，見於《三國志》卷二五《魏書・楊阜傳》"姜叙之母……良史紀録必不墜於地矣"裴注、《太平御覽》卷四四一《人事部八十二・貞女下》引。又，《太平御覽》卷四二二《人事部六十三・義婦》引一節，叙姜叙母事，作《列女傳》。

二一、趙昂妻王異。存文一節，見於《三國志》卷二五《魏書・楊阜傳》"姜叙之母……良史紀録必不墜於地矣"裴注引。

朱東潤尚言："劉向《列女傳》是一部抄襲的著作，所寫的人，不是疏謬迭見，便是奄然無生氣，所記更始韓夫人，總算有一點影子，但這篇是後來的續纂，與劉向原作無關。皇甫謐《列女傳》便是一部活躍的著作。所記姜叙母、趙昂妻異、酒泉烈女龐娥親、丹陽羅靜、都是極其生動，富於個性的人物，文字也完全跳出抄撮古書的窠臼，打開生路。"①皇甫謐《列女傳》所存諸女性事蹟，如《曹文叔妻令女傳》、《龐子夏妻娥親傳》、《姜叙母傳》、《趙昂妻異傳》等，今存佚文都在千五百字以上，而其中所記，又往往只是一件事，其叙事之委曲詳盡可想而知，且其叙事多情節化，小說品格頗鮮明。《列女傳》中，多叙及女子夫死之後，貞固自守，誓不再嫁，家人敦逼，至乃如相登妻"引刀截發"、"取刀欲割鼻"，馮季宰妻、王輔妻"剪髮自誓"，劉長卿妻"援刀割耳"，公孫去病妻"操刀割鼻"，夏文生妻"以刀割耳鼻"，留子直妻"自割耳"，陳悝妻自刎而死，陳南妻"自經死"，義姬被燒死，任延壽妻"自縊死"，皆充滿血腥之悲壯和慘烈。皇甫謐對這種酷虐行爲的渲染和偏好，恐與其自身病痛相關。

_____

①朱東潤：《八代傳叙文學述論》，復旦大學出版社 2006 年，第 100 頁。

列女後傳

輯存。項原撰。原十卷。

項原《列女後傳》,《隋書·經籍志》史部雜傳類著録《列女後傳》十卷,項原撰。《通志·藝文略》史類傳記類著録同《隋書·經籍志》。《舊唐書·經籍志》史部雜傳類著録《列女後傳》十卷,顏原撰。《新唐書·藝文志》史部雜傳記類著録項宗《列女後傳》十卷,《新唐書·藝文志》子部道家類又著録有項宗《紫虚元君魏夫人内傳》一卷,此項宗或即項原歟?《舊唐書·經籍志》著録作"顏原"者,當是《隋書·經籍志》"項原",《後漢書》卷八四《列女傳·孝女曹娥》"遂投江而死"李注引稱項原《列女傳》,作項原爲是,"顏"、"項"形近而訛。

項原,生平事蹟不詳。

項原《列女後傳》已佚,今僅存佚文一節,叙曹娥投江尋父尸事,見於《後漢書》卷八四《列女傳·孝女曹娥》"遂投江而死"李注引,云出項原《列女傳》。《漢魏六朝雜傳集》據以輯得其文。

項原《列女後傳》今僅存曹娥事一節文字,曹娥事流傳頗廣,其傳當詳盡,惜其散佚,難窺其貌。

列女傳 列女後傳

輯存。佚名撰。

《隋書·經籍志》史部雜傳類著録有多種《列女傳》,除劉向、皇甫謐之《列女傳》外,又有高氏撰《列女傳》八卷、繆襲撰《列女傳贊》一卷、項原撰《列女後傳》十卷、綦母邃撰《列女傳》七卷以及無名氏撰《列女傳要録》三卷。此數種《列女傳》亦早已散佚。今見諸書徵引作《列女傳》者,多不題撰人(僅見《後漢書》卷八四李注引一節,云出項原《列女後傳》),或出上述諸書。

《漢魏六朝雜傳集》據諸書徵引,分別輯録《列女傳》與《列女後傳》,凡不見於劉向《列女傳》及未稱引作皇甫謐《列女傳》或《列女後傳》者,分別輯入《列女傳》或《列女後傳》,諸書徵引題《列女傳》者,輯爲《列女傳》,題《列女後傳》者,輯爲《列女後傳》。

《列女傳》得二十人,計有:

一、黄帝妃嫫母。存文一節,見於《藝文類聚》卷一五《后妃部·后妃》、《太平御覽》卷一三五《皇親部一·黄帝四妃》引。

二、舜二妃。存文一節,見於《楚辭補注》卷三《天問章句第三》"何肆犬體而厥身不危敗"洪興祖補注引。

三、尹伯奇後母。存文一節,見於《太平御覽》卷九五〇《蟲豸部七·蜂》、《事類賦》卷三〇《蟲部·蜂賦》"綴衣上以興讒伯奇何罪"引。

四、魯師春姜。存文一節,見於《太平御覽》卷五四一《禮儀部二十·婚姻下》引。

五、河内二義。存文一節,見於《太平御覽》卷九九五《百卉部二·麻》引。

六、張氏妻魯潛。存文一節,見於《太平御覽》卷四四一《人事部八十二·貞女下》引。

七、朱叔賢妻張昭儀。存文一節,見於《太平御覽》卷四四一《人事部八十二·貞女下》引。

八、趙萬妻娥。存文一節,見於《北堂書鈔》卷一二三《武功部十一·矛三十八》"賊舉矛"、《太平御覽》卷三五三《兵部八十四·矛》、卷四四一《人事部八十二·貞女下》引。

九、王孝謙妻貴女。存文一節,見於《太平御覽》卷四四一《人事部八十二·貞女下》引。

一〇、周明都妻趙阿。存文一節,見於《太平御覽》卷四四一

《人事部八十二・貞女下》引。

　　一一、廖伯妻段紀配。存文一節，見於《藝文類聚》卷一八
《人部二・賢婦人》引。

　　一二、汝敦妻汝婦。存文一節，見於《太平御覽》卷八一一
《珍寶部・金下》、《事類賦》卷九《寶貨部・金賦》"既稱汝敦之
婦"引。又，《太平御覽》卷五一六《宗親部六・兄弟下》引一節叙
汝敦妻事，作劉向《列女傳》，恐誤。

　　一三、右師安妻吕軍。存文一節，見於《藝文類聚》卷二一
《人部五・友悌》、《太平御覽》卷四一六《人事部五十七・友悌》、
卷四二二《人事部六十三・義婦》引。

　　一四、緱氏女玉。存文一節，見於《藝文類聚》卷三三《人部
十七・報讎》引。案：緱氏女玉事，《後漢書・申屠蟠傳》亦載，
《太平御覽》卷四八一引作《東觀漢記》，《太平御覽》五〇八又引
作皇甫士安《高士傳》。

　　一五、陳仲妻張芝。存文一節，見於《太平御覽》卷四四
〇《人事部八十一・貞女中》引。

　　一六、孫奇妻范姬。存文一節，見於《藝文類聚》卷一八《人
部二・賢婦人》、《太平御覽》卷四四〇《人事部八十一・貞女
中》引。

　　一七、沈伯陽妻顧昭君。存文一節，見於《太平御覽》卷三七
三《人事部一十四・髮》、卷四四〇《人事部八十一・貞女中》引。

　　一八、許升妻吕榮。存文一節，見於《藝文類聚》卷一八《人
部二・賢婦人》、卷四四〇《人事部八十一・貞女中》引。又，《北
堂書鈔》卷一五七《地理部一・阪九》"義婦阪"、《太平御覽》卷五
三《地部十八・阪》、《天中記》卷八《阪》"義婦坂"、《廣博物志》卷
二三《閨壺》各引一節，作《列女後傳》。許升妻榮，《後漢書・列
女傳》有傳。

《列女後傳》得九人。計有：

一、李叔卿妹。存文一節，見於《太平御覽》卷一三《天部十三·霹靂》、《天中記》卷二《雷》"辨誣"、四庫本《北堂書鈔》卷一五二《天部四·霹靂二十五》"霹靂害叔卿者"各引一條，作《列女後傳》；《太平廣記》卷三九三《雷一》"李叔卿"引一節，注出《列女傳》。

二、許昇妻呂榮。存文一節，見於《北堂書鈔》卷一五七《地理部一·阪九》"義婦阪"、《太平御覽》卷五三《地部十八·阪》等引。又，《藝文類聚》卷一八《人部二·賢婦人》、《太平御覽》卷四四〇《人事部八十一·貞女中》各引一節，作《列女傳》，"許昇"作"許升"。《敦煌類書》錄文篇《不知名類書甲》〔四十〕二三一一四〇—〇一"坡阪"引一條，作《烈女傳》，敍許昇妻呂榮事。又，許升妻榮，《後漢書·列女傳》有傳。

三、華穆妻桃樹。存文一節，見於《太平御覽》卷四四〇《人事部八十一·貞女中》引一節，作《列女傳》；《太平御覽》卷三六六《人事部七·耳》引一節，作《列女後傳》。

四、伍伯妻。存文一節，見於《太平御覽》卷三八一《人事部二十二·美婦人下》引。

五、公孫何。存文一節，見於《藝文類聚》卷三三《人部十七·報讎》引一節，作《列女傳》；《太平御覽》卷四一五《人事部五十六·孝女》引一節，作《列女後傳》。

六、衡農妻。存文一節，見於《太平御覽》卷八四二《百穀部六·黍》、《天中記》卷四五《黍》"獨母密園"引。

七、孫奇妻范姬，存文一節，見於《太平御覽》卷三六七《人事部八·鼻》引。

八、孟宗母。存文二節，其一見於《北堂書鈔》卷一三四《服飾部三·被二十七》"作十二幅"、《藝文類聚》卷七〇《服飾部下·被》各引一節，作《列女傳》；《太平御覽》卷七〇七《服用部九·被》引一節,作《列女後傳》。其二見於《北堂書鈔》卷一四六《酒食部五·鮭三十九》"沉鮭於江"、《藝文類聚》卷七二《食物部·鮓》引。

九、董祀妻蔡琰。存文一節,見於《後漢書》卷八四《列女傳·董祀妻》"陳留董祀妻者……名琰字文姬"李注引。

《列女傳》之撰作,自劉向以降,又經皇甫謐《列女傳》之推波助瀾,乃有高氏《列女傳》八卷、繆襲《列女傳贊》一卷、項原《列女後傳》十卷、綦母邃《列女傳》七卷以及無名氏《列女傳要錄》等相繼而作,踵繼既多,雖大致不離貞孝,而常有別裁,固可見用材去取之道,別趣文思,亦常可見其時女性之真實地位與狀況,誠考察女性史之資材。

女記

輯存。杜預撰。原十卷。

《隋書·經籍志》史部雜傳類著錄《女記》十卷,題杜預撰。《舊唐書·經籍志》史部雜傳類著錄《女記》十卷,杜預撰;《新唐書·藝文志》史部雜傳記類著錄杜預《列女記》十卷。《通志·藝文略》史類傳記類著錄同《隋書·經籍志》。《册府元龜》卷五五五《國史部·採撰》云:"杜預為鎮南大將軍,撰《女記》十卷。"

《晉書·杜預傳》云杜預撰《女記贊》:"既立功之後,從容無事,乃耽思經籍,為《春秋左氏經傳集解》。又參攷衆家譜第,謂之《釋例》。又作《盟會圖》、《春秋長曆》,備成一家之學,比老乃成。又撰《女記贊》。"故其或有傳有贊,故或又名《女記贊》。《史通·雜説下》"别傳"第八條論杜預《女記》,作《列女記》,其云:"杜元凱撰《列女記》,博採經籍前史,顯錄古老明言,而事有可疑,猶闕而不載。斯豈非理存雅正,心嫉邪僻者乎?君子哉若人也！長者哉若人也！"①故其或又名《列女記》。《太平御覽經史圖書綱目》録杜預《女記》。宋初李昉等修《太平御覽》嘗見其書。

杜預，《晉書》卷三四有傳，其云："杜預，字元凱，京兆杜陵人也。祖畿，魏尚書僕射。父恕，幽州刺史。預博學多通，明於興廢之道。"太康五年（284）卒，時年六十三，生平行事已見前録。

杜預《女記》今主要見《太平御覽》引四節，叙王陵母、二寡婦之淑、緱玉、新野公主四人事。

一、王陵母。存文一節，見於《太平御覽》卷四二二《人事部六十三·義婦》引。

二、二寡婦。存文一節，見於《太平御覽》卷四四一《人事部八十二·貞女下》、《廣博物志》卷二三《閨壼》引。其言二寡婦者，淑也，晏也。然《太平御覽》卷四四一引僅叙淑事而無晏事。

三、緱玉。存文一節，見於《太平御覽》卷四四一《人事部八十二·貞女下》引。

四、新野公主。存文一節，見於《太平御覽》卷四四一《人事部八十二·貞女下》引。

劉知幾言杜預此書"博採經籍前史，顯録古老明言，而事有可疑，猶闕而不載"。可知其取材當多據前史，且以徵實爲標準，可疑則闕而不載。然就今存之文觀之，其叙事頗詳贍，細節歷歷，誠善叙事者。蓋杜預好《左傳》，深得《左傳》叙事之法。

文士傳

輯存。張隱撰。原五十卷。

《文士傳》，《隋書·經籍志》史部雜傳類著録《文士傳》五十

---

① 劉知幾撰，浦起龍釋：《史通通釋》卷一八《雜説下》，上海古籍出版社1978年，第524頁。

卷,原題"張隱撰",中華書局點校本《隋書》改作"張騭撰";《舊唐書·經籍志》史部雜傳類、《新唐書·藝文志》史部雜傳記類均著録《文士傳》五十卷,題"張騭撰"。王應麟《玉海》卷五八《藝文》之傳類"唐《續文士傳》"條引《新唐志》:"齊張騭《文士傳》五十卷,《文選》注引之。"引《舊唐書·經籍志》:"《文林傳》五十卷,張隱撰。"又引《中興書目》云:"《文士傳》五卷,載六國以來文人,起楚芈原,終魏阮瑀。《崇文目》十卷,終宋謝靈運,已疑其不全,今又缺其半。"其中所引《舊唐書·經籍志》、《新唐書·藝文志》稱"齊"者與"《文林傳》"者,今本《舊唐書·經籍志》、《新唐書·藝文志》無,不知所據何本。《宋史·藝文志》史部傳記類著録張隱《文士傳》五卷。

　　就以上諸史志書目著録可知,《文士傳》在唐代中期尚保存完整,至北宋編定《崇文總目》時則僅餘十卷,據朱迎平推測,此十卷本大約是"經開元以來三百年間散佚後的重輯本"[1]。而到南宋編定《中興書目》之時,則又佚失一半,僅餘五卷。南宋以後,《文士傳》則全部散佚,其佚文今散見於諸書徵引。

　　《文士傳》之作者,史志書目著録和各書徵引題署則有張隱、張騭、張衡、張鄢數種不同。《隋書·經籍志》史部雜傳類著録時本題張隱,今人點校《隋書》,改題張騭,注云:"騭原作隱,據《魏志·王粲傳》注及《舊唐志》上、《新唐志》二改。"[2]《舊唐書·經籍志》、《新唐書·藝文志》著録時題"張騭",另外,《後漢書》卷六〇下《蔡邕傳》李注、《太平御覽》卷三五一、卷四六四、卷五一二引題"張騭《文士傳》",鍾嶸《詩品》亦稱"張騭《文士傳》"。《三

①朱迎平:《第一部文人傳記〈文士傳〉輯考》,《古籍整理研究學刊》1994年第6期。

②魏徵等:《隋書·經籍志》史部雜傳類"《文士傳》"條校勘記,中華書局2011年,第994頁。

國志》卷九《魏書·曹休傳》裴注、《北堂書鈔》卷一六〇、《初學記》卷一二、卷一七、卷一八、卷二〇、卷二五、《太平御覽》卷四〇九徵引時題"張隱《文士傳》"。《三國志》卷一〇《魏書·荀彧傳》裴注引題"張衡《文士傳》",《太平御覽》卷四三八引題"張鄢《文士傳》",《太平御覽經史圖書綱目》錄有張隱《文士傳》、張騭《文士傳》和張鄢《文士傳》。

　　由於書目著錄和各書徵引題署的不同,《文士傳》的作者到底是誰就讓後人頗爲疑惑。陳景雲就發出了這樣的疑問:"張隱,《荀彧傳注》作張衡,《王粲傳注》作張騭,一人之名而三異。裴注既同,又初不言作者有別名,何以參錯乃爾?"①因而引起了學者們的爭議,不過多以爲作張鄢、張衡者,鄢、衡當是誤字。如周勛初云:"衡乃誤字,鄢字當係形近而誤。"②意見分歧主要集中在是張隱還是張騭上,或以爲張隱,或以爲張騭,或以爲張隱、張騭共作。

　　姚振宗、盧弼、朱迎平等認爲作者當是張騭。姚振宗云:"張隱當爲張騭。"又云:"《中興書目》云終阮瑀,知爲張騭,是書裴松之、鍾嶸並云張騭,則作張隱者非也。"盧弼亦云:"……又據《王粲傳》後阮瑀事注中稱張騭者凡三見,而《後漢》章懷注、《文選》李善注引《文士傳》皆作騭,似當從騭爲正。沈家本曰:'據《王粲傳》注當作張騭,作隱者誤也。證以《詩品》,騭字是。'"③中華書局《隋書》點校者也認爲作者當爲張騭,而徑直將《隋書·經籍志》著錄題署張隱改爲張騭。朱迎平也認爲作者爲張騭合理,其

①盧弼:《三國志集解》卷九《曹休傳》集解引,影印古籍出版社 1957 年本,中華書局 1982 年,第 218 頁。

②周勛初:《魏晉南北朝文學論叢》,江蘇古籍出版社 1999 年,第 94—95 頁。

③盧弼:《三國志集解》卷九《曹休傳》裴注引《文士傳》下,影印古籍出版社 1957 年本,中華書局 1982 年,第 218 頁。

云：“從六朝徵引情況看，《文士傳》作者似作張騭爲妥，張隱或是形近而誤。”①

丁國鈞、文廷式、秦榮光、吳士鑑、黄逢元等認爲作者當是張隱。丁國鈞、丁辰在補録此書時云：“見《隋志》。家大人曰：隱爲廬江太守張夔子，見本書《陶侃傳》。《御覽引書目》既列隱是書，又列張鄢《文士傳》、張騭《文士傳》，實即一書，鄢、騭皆隱之訛文。”並注云“《唐志》亦訛張騭”。秦榮光云：“隱爲廬江太守張夔子，見《陶侃傳》。《御覽引書目》别列張鄢《文士傳》、張騭《文士傳》，《唐志》亦作張騭，並誤。”黄逢元云：“本《隋志》、《新唐志》卷同，撰人誤作張騭，《初學記》卷十二、又二十、又二十五引存，均作張隱，《御覽目》既列隱是書，又列張鄢《文士傳》、張騭《文士傳》，實即一書，鄢、騭皆隱字之訛。鍾嶸《詩品》云‘張騭《文士》，逢文即書’，隱誤爲騭已在《唐志》之前。”文廷式、吳士鑑在其《補晉書藝文志》中著録時題“張隱《文士傳》”，雖未明言，但其傾向性是明顯的。章宗源也似傾向于作者爲張隱，魯迅先生輯《文士傳》，題作者爲張隱。

周勛初認爲《文士傳》是“由張隱、張騭二人先後編定”，而將作者定爲張隱、張騭二人。並據《三國志》裴注徵引之事實認爲張隱爲晉人，據《新唐志》著録時題“齊張騭”而將張騭定爲齊代人，他認爲：“齊代的張騭在晉代的張隱原書基礎上作了增補。”②

竊以爲周勛初先生之論是有見地的，只是還應該説張隱當是《文士傳》之最初、也是最主要的作者，《文士傳》中絶大多數篇章當是張隱所作。而張騭或只是曾對其作過整理、增補。而對《文士傳》作過增補的似又不止張騭一人，《崇文總目》稱其“終謝

①朱迎平：《第一部文人傳記〈文士傳〉輯考》，《古籍整理研究學刊》1994年第6期。
②周勛初：《魏晉南北朝文學論叢》，江蘇古籍出版社1999年，第95頁。

靈運", 而今宛本《説郛》又録有梁武帝與蕭介事, 説明張騭之後, 還有人增補過《文士傳》。《隋書・經籍志》著録題張隱撰, 唐代類書《初學記》徵引也多題張隱《文士傳》, 而據《玉海》稱《舊唐志》也録"張隱《文林傳》", "林"或爲"士"之訛誤。説明古本《舊唐志》著録《文士傳》時, 所題作者亦是張隱, 章宗源稱《舊唐志》有題張隱《文林傳》者, 並認爲《文林傳》即《文士傳》, 可見《舊唐志》著録《文士傳》時, 原本也題署作者爲張隱, 而今本作張騭者, 抑或《舊唐志》在流傳過程中爲人所改。則在唐代, 行世的《文士傳》, 所署作者當是張隱, 至於六朝人《三國志》裴注及鍾嶸《詩品》稱張騭者, 抑或張隱成書後, 張騭曾對其加以整理, 《三國志》裴注及鍾嶸所見或是張騭整理之别本。古人整理前人著述, 對之作增益、添加是常有之事, 當不足爲怪。另外, 從今存《文士傳》佚文看, 幾乎盡爲東漢、三國、兩晉文人, 説明此書所記或不及晉以後。又《文士傳・何禎傳》云: "司空文穆公充, 惲之孫也。貴達至今。"也説明此書成於晉世, 作者當屬張隱爲是。

張隱, 其生平始末不詳, 僅據《晉書》卷六六《陶侃傳》云: "(陶)侃命張夔子隱爲參軍, 范逵子珧爲湘東太守……"知其爲廬江太守張夔之子。今存《文士傳》佚文有孫盛事, 據《建康實録》記載, 晉孝武帝太元十一年(386), "遼東表送孫盛《魏晉春秋》三十卷", 並在此附孫盛傳略, 孫盛大約卒於此年前後。則張隱至此時當亦還在世。

《文士傳》, 宛本《説郛》卷五八輯存有十五人, 包括: 成公綏、張儼、孔融、江統、束皙、孫盛、張純、王肅、賈謐、張衡、劉禎、潘尼、武帝、張秉、孔煒。四庫本《説郛》則又多出桓驎、顧榮二人。《五朝小説大觀》之魏晉小説家、《古今説部叢書》二集、《舊小説》甲集各引録宛本《説郛》數節, 傅增湘取宛本《説郛》所輯加以校勘。今又有黄奭、杜文瀾輯本, 黄奭所採以宛本《説郛》爲主, 定爲一卷, 録於其《漢學堂知足齋叢書》中, 杜文瀾據《太平御覽》卷四九六採得諺謡一首，又從《三國志》卷二一《魏書・王粲傳》中採得歌曲一首，稱“《文士傳佚文》”，分別錄於其《曼陀羅華閣叢書》卷二〇和卷八九中。王仁俊鈔録杜文瀾所輯，録於其《經籍佚文》中。以上諸本均不全備，魯迅也輯有《文士傳》一卷，共五十八人①，題張隱撰。今之學者朱迎平、周勛初又分別據諸書徵引採擷，並加以校勘。朱迎平輯得“五十八家八十二條”②，見載於《古籍整理研究學刊》一九九四年第六期，周勛初輯得六十七人，附誤入一人（蕭介），存録於其學術文集《魏晉南北朝文學論叢》③。日本學者古田敬一也輯有《文士傳輯本》，未見。《漢魏六朝雜傳集》據古籍舊注，參酌諸家所輯舊本，重加輯録，得六十四人事蹟。計有：張衡、侯瑾、劉梁、張叔序、張讚、延篤、趙壹、蔡邕、陸續、楊脩、邊讓、朱穆、孔融、禰衡、王粲、陳琳、劉楨、阮瑀、棗袛、棗據、丁廙、鄭胄、鄭曹、高岱、張儼、朱異、張純、張温、陸景、華融、阮籍、嵇康、王弼、桓驎、郭象、何楨、顧基、張華、孔輝、曹攄、夏侯湛、摯虞、杜育、左思、成公綏、束皙、顧榮、張翰、陸雲、陸機、孫丞、棘嵩、潘尼、張載、孫楚、江統、李康、華譚、賈謐、孔煒、張秉、應劭、任績、王濟。另有“離火”一條，不知所出何人。

今簡括諸書所引，以人名標目，條列如下。

一、張衡。存文三節，其一叙張衡姓字及核《和書》、作《周官》、解《説衡》，見於《北堂書鈔》卷五八《設官部十・侍中六十二》“從容諷議”、《藝文類聚》卷四八《職官部四・侍中》、《初學

---

① 魯迅：《魯迅輯録古籍叢編》第三卷張隱《文士傳》，人民文學出版社 1999 年，第 373—408 頁。

② 朱迎平：《第一部文人傳記〈文士傳〉輯考》，《古籍整理研究學刊》1994 年第 6 期。

③ 周勛初：《魏晉南北朝文學論叢》，江蘇古籍出版社 1999 年，第 94—121 頁。

記》卷一二《職官部下・侍中第一》"便繁左右從容諷議"、《太平御覽》卷二一九《職官部十七・侍中》、《職官分紀》卷六《侍中》"從容諷議拾遺左右"引。其二叙張衡特留意於天文、陰陽、算數，見於《北堂書鈔》卷五五《設官部七・太史令三十二》"張衡留意天文"、《太平御覽》卷二三五《職官部三十三・太史令》引。其三叙張衡嘗作木鳥，能飛數里，見於《太平御覽》卷七五二《工藝部九・巧》、卷九一四《羽族部一・鳥》、《廣博物志》卷四五《鳥獸二》引。張衡，《後漢書》卷五九有傳。

二、侯瑾。存文一節，見於《北堂書鈔》卷九七《藝文部三・好學十一》"燒柴讀書"引。侯瑾，《後漢書》卷八〇下《文苑列傳下》有傳。

三、劉梁。存文一節，見於《太平御覽》卷四八五《人事部一百二十六・貧下》引。劉梁，《後漢書》卷八〇下《文苑列傳下》有傳。

四、張叔序。存文一節，見於《太平御覽》卷四八八《人事部一百二十九・泣》引。《後漢書》卷八〇下《文苑列傳下》有張升者，字彦真，或即張叔序。

五、張贊。存文一節，見於《太平御覽》卷四九六《人事部一百三十七・諺下》引。

六、延篤。存文一節，見於《太平御覽》九八八《藥部五・牛黃》引。延篤，《後漢書》卷六四有傳。

七、趙壹。存文二節，其一叙高自抗竦，爲鄉黨所擯，見於《太平御覽》卷三六九《人事部十・肩》引，作《文傳》，"文"下當脫"士"字。其二叙趙壹舉計吏，至京輦，見袁陽事，見於《北堂書鈔》卷八五《禮儀部六・拜揖十二》"揖袁逢而不拜"、《太平御覽》卷五四三《禮儀部二十二・揖》引。趙壹，《後漢書》卷八〇下《文苑列傳下》有傳。

八、蔡邕。存文一節，見於《後漢書》卷六〇下《蔡邕傳》"邕慮卒不免乃亡命江海遠跡吳會”李注、《北堂書鈔》卷一一一《樂部・笛十九》“果有異聲”、《藝文類聚》卷八九《木部中・竹》、《太平御覽》卷五八〇《樂部十八・笛》、卷九六二《竹部一・竹上》、《事類賦》卷一一《樂部・笛賦》“蔡邕識高遷之異”引。蔡邕,《後漢書》卷六〇下有傳。

九、陸績。存文二節,其一叙陸績生平及歷官所至,見於《世說新語・品藻》第二條劉注引。其二叙陸績作《渾天説》,見於《太平御覽》卷一七《時序部二・閏》引。陸績,《三國志》卷五七有傳。

一〇、楊脩。存文二節,其一叙楊脩姓字出身及爲魏武主簿,豫爲答對數紙事,見於《世說新語・捷悟》第一條劉注、《北堂書鈔》卷一〇四《藝文部十・紙四十六》“楊修預爲答數紙”、《藝文類聚》卷五八《雜文部四・紙》引。其二叙魏文帝愛楊脩才,常佩其所贈寶劍事,見於《北堂書鈔》卷一二二《武功部十・劍三十四》“魏文追憶”、《藝文類聚》卷六〇《軍器部・劍》、《太平御覽》卷三四三《兵部七十四・劍中》、《事類賦》卷一三《服用部・劍賦》“楊修曾見思”引。

一一、邊讓。存文一節,見於《世說新語・言語》第一條劉注引。邊讓,《後漢書》卷八〇下《文苑列傳下》有傳。

一二、朱穆。存文二節,其一叙朱穆作《鬱金賦》,見於《太平御覽》卷九八一《香部一・鬱金》引。其二即“世無絶交”,見於《後漢書》卷四三《朱穆傳》“穆又著絶交論亦矯時之作”李注引。朱穆,朱暉孫,《後漢書》卷四三有傳。

一三、孔融。存文一節,見於《藝文類聚》卷八六《菓部上・梨》、《太平御覽》卷九六九《果部六・梨》、《事類賦》卷二七《果部・梨賦》“取小而慧者孔融”引。

一四、禰衡。存文三節,其一見於《世說新語・言語》第八條劉注引。其二見於《三國志》卷一〇《魏書・荀彧傳》“太祖雖征伐在外軍國事皆與彧籌焉”裴注引，作張衡《文士傳》，“張衡”當誤。此二節皆叙禰衡爲鼓吏事，文字各有詳略。又，《後漢書》卷八〇下《文苑列傳下·禰衡傳》“諸史過者皆令脱其故衣更著岑牟單絞之服”李注、“次至衡衡方爲漁陽參撾蹀躞而前”李注、《初學記》卷一八《人部中·交友第二》“忘年得意”、《白氏六帖事類集》卷一〇《朋友十三》“忘年”、《太平御覽》卷四〇九《人事部五十·交友四》各引一節，文略，不出《世説新語·言語》第八條劉注及《三國志》卷一〇《魏書·荀彧傳》裴注之外。其三叙黄射請賦鸚鵡事，見於《太平御覽》卷九二四《羽族部十一·鸚鵡》引。禰衡，《後漢書》卷八〇《文苑列傳下》有傳。

一五、王粲。存文一節，見於《三國志》卷二一《魏書·王粲傳》“表卒粲勸表子琮令歸太祖”裴注引。王粲，《三國志》卷二一有傳。

一六、陳琳。存文一節，見於《北堂書鈔》卷一〇〇《藝文部六·歎賞二十一》“省陳琳之書翕然愈疾”引。

一七、劉楨。存文四節，其一劉楨父名梁事，見於《三國志》卷二一《魏書·劉楨傳》“楨以不敬被刑刑竟署吏”裴注引。其二叙劉楨少以才學知名，見於《太平御覽》卷三八五《人事部二十六·幼智下》引。其三叙劉楨忤武帝，被罰輸作部磨石事，見於《水經注》卷一六《穀水》“又東過河南縣北東南入於洛”、《世説新語·言語》第一〇條劉注、《北堂書鈔》卷一六〇《地理部四·石篇十六》、《藝文類聚》卷八三《寶玉部上·玉》、《太平御覽》卷五一《地部十六·石上》、卷四六四《人事部·辯下》、卷八〇五《珍寶部四·玉下》、《事類賦》卷七《地部二·石賦》“問公幹而其摽彌屬”、《記纂淵海》卷一〇《論議部·不待增益》、卷三七《性行部·天姿自然》引。其四叙厨人進瓜，植命爲賦事，見於《北堂書鈔》卷一〇二《藝文部八·賦三十一》“爲賦立成”、《太平御覽》卷六〇〇《文部十六·思疾》引。

一八、阮瑀。存文三節，其一叙阮瑀少爲蔡邕所賞事，見於《太平御覽》卷三八五《人事部二十六·幼智下》引。其二阮瑀爲魏武所逼來見，撫絃而歌事，見於《三國志》卷二一《魏書·阮瑀傳》“太祖並以琳瑀爲司空軍謀祭酒管記室”裴注、《文選》卷六〇《行狀·齊竟陵文宣王行狀》“刀筆不足宣功風體所以弘益”李注、《北堂書鈔》卷一〇六《樂部·歌篇二》“撫絃而歌”、《太平御覽》卷五七二《樂部十·歌三》引。其三叙阮瑀舐筆操檄立成，見於《事類賦》卷一五《什物部·筆賦》“阮檄而曾訝立成”等引。

一九、棗祗。存文二節，其一叙棗祗姓氏籍貫，見於《元和姓纂》卷一〇“棘”引。其二叙棗祗子孫，《三國志》卷一六《魏書·任峻傳》“軍國之饒起於棗祗而成於峻”裴注引。

二〇、棗據。存文一節，見於《藝文類聚》卷二五《人部九·嘲戲》引。

二一、丁廙。存文一節，見於《三國志》卷一九《魏書·曹植傳》“文帝即王位誅丁儀丁廙并其男口”裴注、《文選》卷二四《贈答·贈丁翼一首》李注引。

二二、鄭胄。存文一節，見於《三國志》卷四七《吳書·孫權傳》“三月遣使者羊衙鄭胄將軍孫怡之遼東擊魏守將張持高慮等虜得男女”裴注引。

二三、鄭曹。存文一節，見於《北堂書鈔》卷九八《藝文部四·談講十三》“清談極日”引。又，《三國志》卷四七《吳書·孫權傳》裴注引《文士傳》云鄭胄有子名豐：“子豐，字曼季，有文學操行，與陸雲善，與雲詩相往反。司空張華辟，未就，卒。”此鄭曹或即鄭豐，“豐”、“曹”或因形近而訛。

二四、高岱。存文一節，見於《北堂書鈔》卷三二《政術部六·去官十七》“稱病歸家”、卷七九《設官部三十一·上計一百七十九》“高孔父勵操”引。

二五、張儼、朱異、張純。存文一節，見於《三國志》卷五六

《吳書·朱桓傳》"子異嗣異字季文以父任除郎"裴注、《北堂書鈔》卷一〇二《藝文部八·賦三十一》"各賦一物然後乃坐"、《初學記》卷一七《人部·聰敏第七》"誦千言賦一物"、卷二五《器物部·席第六》"馮銘張賦"、《太平御覽》卷三八五《人事部二十六·幼智下》、卷七〇九《服用部十一·薦蓆》、《職官分紀》卷三三《四鎮將軍》"賦弩"引。

二六、張溫。存文一節,見於《三國志》卷五七《吳書·張溫傳》"二弟祇白亦有才名與溫俱廢"裴注引。張溫,《三國志》卷五七有傳。

二七、陸景。存文二節,其一叙陸景身世,見於《三國志》卷五八《吳書·陸抗傳》"景字士仁……澡身好學著書數十篇也"裴注引。其二叙陸景誠盈事,見於《太平御覽》四五九《人事部一百·鑒戒下》引。陸景,《三國志》卷五八《吳書·陸抗傳》附其事。

二八、華融。存文一節,見於《三國志》卷六四《吳書·孫綝傳》"融等不從胤皆殺之"裴注引。

二九、阮籍。存文一節,見於《世說新語·任誕》第五條劉注、《藝文類聚》卷九四《獸部中·驢》、《太平御覽》卷二五九《職官部五七·太守》、卷四九八《人事部一百三十九·簡傲》、《古今事文類聚後集》卷三八《毛蟲部·驢》"騎驢到郡"、《古今合璧事類備要別集》卷八一《畜產門·馬》"騎驢到郡"引。阮籍,《晉書》卷四九有傳。

三〇、嵇康。存文四節,其一叙嵇康從孫登遊,見於《世說新語·棲逸》第二條劉注引。其二叙嵇康性絕巧,能鍛鐵,見於《世說新語·簡傲》第三條劉注、《藝文類聚》卷八九《木部中·楊柳》、《太平御覽》卷三八九《人事部三十·嗜好》、卷八三三《資產部一三·鍛》、《古今合璧事類備要別集》卷五二《衆木門·柳》"家有一柳"引。其三叙山濤舉嵇康自代而康嚴拒,見於《太平御

覽》卷三五八《兵部八十九・鑣》引。其四叙吕安事件，見於《世
説新語・雅量》第二條劉注、《文選》卷一六《哀傷・思舊賦》"臨
當就命顧視日影索琴而彈之"李注、《太平御覽》卷五七七《樂部
十五・琴上》等引。嵇康，《晉書》卷四九有傳。

三一、王弼。存文一節，見於《太平御覽》卷三八五《人事部
二十六・幼智下》引。王弼，《三國志》卷二八《魏書・鍾會傳》附
見其事。

三二、桓驎。存文一節，見於《藝文類聚》卷三一《人部十
五・贈答》、《太平御覽》卷三八五《人事部二十六・幼智下》、卷
五一二《宗親部二・伯叔》引。

三三、郭象。存文三節，其一叙郭象生平大略，見於《世説新
語・文學》第一七條劉注引。其二叙郭象天性閑朗，事無疑滯，
見於《北堂書鈔》卷六九《設官部二十一・主簿一百四十》"子玄
無滯"、《職官分紀》卷五《主簿》"任事專勢"引。其三叙郭象作
《莊子注》，最有清辭遒旨，見於《世説新語・文學》第一七條劉注
引。郭象，《晉書》卷五〇有傳。

三四、何楨。存文三節，其一叙天子特詔作《許都賦》事，見
於《藝文類聚》卷五六《雜文部二・賦》、《太平御覽》卷五八七《文
部三・賦》引。其二叙公車特徵何楨爲丞事，見於《職官分紀》卷
一六《丞》"繆以爲郎"引。其三叙何楨生平並及於諸子及後累世
昌阜，見於《三國志》卷一一《魏書・管寧傳》"弘農太守何楨等"
裴注引。

三五、顧基。存文一節，見於《三國志》卷五二《吳書・顧邵
傳》"禮零陵太守"裴注引。

三六、張華。存文三節，其一叙華爲人少威儀，多姿態，見於
《世説新語・排調》第七條劉注引。其二叙張華窮覽古今，有書
三十乘，見於《北堂書鈔》卷一〇一《藝文部七・藏書二十四》"張
華有書三十乘"、卷一〇一《藝文部七・載書負書二十七》"張華

有舊書三十乘”、《太平御覽》卷六一二《學部六·博學》引。其三
叙張華以平吳之計，賜絹萬匹，見於《白氏六帖事類集》卷一四
《賜帛二十四》“賜絹萬匹”引。張華，《晉書》卷三六有傳。

三七、孔輝。存文一節，見於《太平御覽》卷五八三《樂部二
十一·琵琶》引。

三八、曹攄。存文一節，見於《三國志》卷九《魏書·曹休傳》
“追贈前將軍”裴注、《北堂書鈔》卷六九《設官部二十一·記室參
軍一百四十三》”曹攄左思俱爲記室”、“曹攄有才”、《職官分紀》
卷五《記室參軍》“才藻”等引。

三九、夏侯湛。存文一節，見於《世說新語·文學》第七一條
劉注。夏侯湛，《晉書》卷五五有傳。

四〇、摯虞。存文一節，錄摯虞答策，見於《太平御覽》卷三
五一《兵部八十二·戈》引。摯虞，《晉書》卷五一有傳。

四一、杜育。存文一節，見於《太平御覽》卷三八五《人事部
二十六·幼智下》等引。

四二、左思。存文二節，其一叙貌惡不揚，口訥不能給談，默
而心解，見於《太平御覽》卷四六四《人事部·訥》引。其二叙左
思初作《蜀都賦》，後有改易事，見於《太平御覽》卷八八四《神鬼
部四·鬼下》引。左思，《晉書》卷九二《文苑傳》有傳。

四三、成公綏。存文二節，其一叙成公綏口訥，不能談論，嘿
而內朗，見於《太平御覽》卷四六四《人事部·訥》引。其二記張
華薦成公綏文，見於《北堂書鈔》卷三三《政術部七·薦賢十八》
“敦風篤俗達學弘道”、《太平御覽》卷六三二《治道部十三·薦舉
下》引。成公綏，《晉書》卷九二《文苑傳》有傳。

四四、束皙。存文四節，其一叙束皙生平大略，見於《世說新
語·雅量》第四一條劉注、《太平御覽》卷三六二《人事部三·姓》
引。其二叙束皙令邑人躬共請雨，民爲之歌事，見於《藝文類聚》
卷一九《人部三·謳謠》引。其三叙束皙撰《晉書》事，見於《北堂

書鈔》卷五七《設官部九·著作左郎六十一》"束晳創三帝紀"、《初學記》卷一二《職官部下·著作郎第十二》"西觀東郊"、《白氏六帖事類集》卷二一《著作郎三十六》"西觀"、《太平御覽》卷二三四《職官部三十二·著作佐郎》等引。其四叙束晳博識,識竹簡科斗書,見於《文選》卷三八《表·爲蕭揚州薦士表》"竹書無落簡之謬"李注、《北堂書鈔》卷九七《藝文部三·博學十二》"嵩山得簡束晳辨策文"、卷一〇四《藝文部十·簡五十》"竹簡策文"、《太平御覽》卷六〇六《文部二二·簡》引。束晳,《晉書》卷五一有傳。

　　四五、顧榮。存文二節,其一叙顧榮出身及割炙以噉行炙者事,見於《世説新語·德行》第二五條劉注引。其二叙顧榮求急還南事,見於《北堂書鈔》卷三二《政術部六·急假十五》"顧榮得還欣然自得"、《初學記》卷二〇《政理部·假第六》"造渚還都"、《太平御覽》卷六三四《治道部十五·急假》引。顧榮,《晉書》卷六八有傳。

　　四六、張翰。存文二節,其一叙張翰觀世擾攘,辭官歸隱事,見於《世説新語·識見》第一〇條劉注、《太平御覽》卷四八九《人事部一百三十·別離》引。其二叙張翰任性自適事,見於《世説新語·任誕》第二〇條劉注引。張翰,《晉書》卷九二《文苑傳》有傳。

　　四七、陸雲、陸機。存文一節,見於《世説新語·賞譽》第三九條劉注引。又,《世説新語·文學》第八四條劉注引一節,作《文章傳》。余嘉錫《世説新語箋疏》附《引書索引》注云:"《文章傳》,隋唐志皆無著録,疑此爲《文士傳》或《文章志》、《文章録》之譌,因無確鑿證據,姑仍單獨立目。"①故此或出《文士傳》。陸機、陸雲,《晉書》卷五四有傳。

————————

① 余嘉錫:《世説新語箋疏》附《引書索引》,上海古籍出版社 1996 年,第108 頁。

　　四八、孫丞。存文二節，其一敘孫丞生平大略，見於《三國志》卷五一《吳書·孫桓傳》"桓以功拜建武將軍封丹徒侯下督牛渚作橫江塢會卒"裴注引。其二敘陸機陸雲兄弟遇害，孫丞終不自誣，見於《太平御覽》卷四三八《人事部七十九·烈士》引。

　　四九、棘嵩。存文一節，見於《太平御覽》卷五八七《文部三·賦》等引。

　　五〇、潘尼。存文二節，其一敘潘尼生平大略，見於《世説新語·政事》第五條劉注引。其二敘潘尼賦瑠璃椀事，見於《北堂書鈔》卷一〇二《藝文部八·賦三十一》"於坐立成"、《藝文類聚》卷五六《雜文部二·賦》、《太平御覽》卷六〇〇《文部十六·思疾》、卷七六〇《器物部五·盌》引。

　　五一、張載。存文一節，見於《太平御覽》卷二三四《職官部三十二·著作佐郎》、《職官分紀》卷一六《著作郎》"作濛汜池賦"引。張載，《晉書》卷五五有傳。

　　五二、孫楚。存文一節，見於《世説新語·言語》第二四條劉注引。孫楚，《晉書》卷五六有傳。

　　五三、江統。存文二節，其一敘江統每有疑滯大事，章表奏議，輒爲同官所推，見於《北堂書鈔》卷六六《設官部十八·太子洗馬一百二十七》"同官所推"、"江統以五事陳"、《職官分紀》卷二八《司經局洗馬》"章表奏議輒爲同官所推"、《古今事文類聚外集》卷二《東宮官部·司經》"章奏作草"引。其二敘時人諺，見於《太平御覽》卷四九六《人事部一百三十七·諺下》引。江統，《晉書》卷五六有傳。

　　五四、李康。存文二節，其一敘李康篤志好學，爇燒草火以讀書，見於《北堂書鈔》卷九七《藝文部三·好學十一》"爇草讀書"、《太平御覽》卷六一四《學部八·好學》引。其二敘李康不能和俗，官塗不進，作《遊山九吟》，見於《藝文類聚》卷一九《人部三·吟》、《太平御覽》卷三九二《人事部三十三·吟》引。

五五、華譚。存文一節，見於《太平御覽》卷四六四《人事部·辯下》引。華譚，《晉書》卷五二有傳。

五六、賈謐。存文一節，見於《太平御覽》卷一四八《皇親部十四·太子三》引。賈謐，賈充孫，《晉書》卷四〇《賈充傳》有附傳。

五七、孔煒。存文一節，見於《太平御覽》卷五八三《樂部二十一·琵琶》等引。

五八、張秉。存文一節，見於《太平御覽》卷五八六《文部二·詩》引。

五九、應劭。存文一節，見於《後漢書》卷四八《應奉傳》"劭字仲遠"李注引。《後漢書》卷四八李注云："《謝承書》、《應氏譜》並云'字仲遠'，《續漢書》、《文士傳》作'仲援'，《漢官儀》又作'仲瑗'，未知孰是。"

六〇、任續。存文一節，見於《北堂書鈔》卷六九《設官部二十一·主簿一百四十》"任續多規諫"引。

六一、王濟。存文一節，見於《北堂書鈔》卷五七《設官部九·中書侍郎五十三》"王濟少有俊才"引。

又，《初學記》卷二五《器物部·火第十六》"外照内陰"引一條，作張隱《文士傳》云："離火陰居内，故鑒之可映。"未知當屬何人。

鍾嶸《詩品》云："張騭（隱）《文士》，逢文即書。"①《文士傳》所録文士數量當十分巨大，這從其"五十卷"之數可窺一斑。其人物之傳寫是"速寫式"的，常常以一、二最能反映人物品性精神與風貌之事，勾勒出人物之個性形象。故其選材取事，或不加考實，裴松之於《三國志·王粲傳》中引王粲説劉琮歸降曹操後，即加按語批評《文士傳》中所載不實、"乖錯"云："孫權自此以前，尚

---

① 鍾嶸撰，曹旭集注：《詩品》卷中《序》，上海古籍出版社 1994 年，第 186 頁。

與中國和同，未嘗交兵，何云‘驅權於江外’乎？魏武以十三年征荊州，劉備卻後數年方入蜀，備身未嘗涉於關、隴，而於征荊州之年，便云‘逐備於隴右’，既已乖錯；又白登在平城，亦魏武所不經，北征烏丸，與白登永不相豫。以此知張騭（隱）假僞之辭，而不覺其虛之自露也，凡騭（隱）虛僞妄作，不可覆疏，如此類者，不可勝紀。”又於引《文士傳》所載阮瑀之事後引《典略》、《文章志》等書所記，證明《文士傳》所載的“乖戾”，並稱其中阮瑀歌詩“了不成語”，“愈知其妄”，“瑀之吐屬，必不如此”①。顯然，裴松之是以一個史家的標準和尺度在考察與評判《文士傳》，然亦道出了《文士傳》作傳之態度。

《文士傳》成書之後，於後世影響頗巨。稍後范曄所撰《後漢書》，在正史中首創《文苑傳》，一方面乃文學發展之必然結果，另一方面，恐怕也不能否認有《文士傳》之影響。其後，更有續之者，唐代裴朏就作有《續文士傳》一書②，另外，《文士傳》也開創了文人逸事小傳之體制，朱迎平就認爲，元代辛文房之《唐才子傳》及清代錢謙益之《列朝詩集小傳》都“直承《文士傳》而作”，以南宋計有功《唐詩紀事》爲代表之“詩紀事體”，繫事於詩、多存詩人佚聞、兼載詩人生平之做法，也應是受到了《文士傳》之影響，“《文士傳》開創的文人小傳的體制，成爲後世這類著作的範本”③。所言極是。

---

①陳壽撰，裴松之注：《三國志》卷二一《魏書·王粲傳》裴松之注引，中華書局 2011 年，第 598 頁，第 601 頁。

②《新唐書·藝文志》史部雜傳類著錄“裴朏《續文士傳》十卷”，並注云：“開元中懷州司馬。”

③朱迎平：《第一部文人傳記〈文士傳〉輯考》，《古籍整理研究學刊》1994 年第 6 期。

名士傳

輯存。袁宏撰。原三卷。

　　袁宏《名士傳》,《隋書·經籍志》史部雜傳類著録有《正始名
士傳》三卷,題"袁敬仲撰",袁敬仲當是袁宏之誤,姚振宗《隋書
經籍志考證》卷二〇史部雜傳類"《正始名士傳》"條云:"袁敬仲
當爲袁宏。"丁國鈞《補晉書藝文志》卷二史録雜傳類《名士傳》條
注亦云:"《隋志》誤作袁敬仲,《通志》承其誤。"章宗源《隋書經籍
志考證》卷一三史部雜傳類"《正始名士傳》"條指出其之所以致
誤之原因:"宏字彥伯,《隋志》作敬仲,蓋誤以袁宏爲衛宏。"吳士
鑑《補晉書藝文志》卷二史録雜傳類"袁宏《正始名士傳》"條亦
云:"蓋誤以袁宏爲衛宏。"《舊唐書·經籍志》史部雜傳類著録
《名士傳》三卷,題"袁宏撰",據姚振宗稱:"一本題爲袁尚,誤。"
則有舊本《舊唐書·經籍志》曾題袁尚撰。《新唐書·藝文志》史
部雜傳記類著録袁宏《名士傳》三卷,《宋史·藝文志》史部傳記
類著録袁宏《正始名士傳》三卷,王應麟《玉海》卷五八《藝文》之
《傳》類"晉《正始名士傳》、《竹林名士傳》"條云:"《袁宏傳》,宏字
彥伯,著《竹林名士傳》三卷……《中興書目》(《崇文目》同),《正
始名士傳》三卷,其中卷竹林名士三逸,上卷增荀粲,下卷增阮
修。《文選·五君詠》引《竹林名士傳》。"①可見,此書至宋始
散佚。

　　從史志書目之著録可以看出,袁宏此書似有二名,即《正始
名士傳》和《名士傳》,而《晉書》卷九二《文苑傳·袁宏傳》又稱
"《竹林名士傳》"。《世説新語·文學》第九四條云:"袁彥伯作

①王應麟:《玉海》卷五八《藝文·傳》"晉《正始名士傳》、《竹林名士傳》"
　條,廣陵書社 2003 年,第 1104 頁。

《名士傳》成，見謝公。公笑曰：'我嘗與諸人道江北事，特作狡獪耳！彥伯遂以著書。'"劉孝標於此條下注云："宏以夏侯太初、何平叔、王輔嗣爲正始名士，阮嗣宗、嵇叔夜、山巨源、向子期、劉伯倫、阮仲容、王濬仲爲竹林名士，裴叔則、樂彥輔、王夷甫、庾子嵩、王安期、阮千里、衛叔寶、謝幼輿爲中朝名士。"①綜觀之，袁宏所作書當總稱《名士傳》，其中當包括三部分，即所謂正始名士、竹林名士和中朝名士。《隋書·經籍志》、《晉書·袁宏傳》、《宋史·藝文志》及《崇文總目》所稱，當是以其中一部分之名稱代指全書，此點學術界已有共識。丁國鈞《補晉書藝文志》卷二史錄雜傳類"《名士傳》"條云："本書宏傳作《竹林名士傳》三卷，《隋志》作《正始名士傳》三卷，皆爲偏舉。"吳士鑑《補晉書藝文志》卷二史錄雜傳類"袁宏《正始名士傳》"條云："是三卷各有子目，凡稱《正始名士傳》及《竹林名士傳》者，皆爲偏舉。"黃逢元《補晉書藝文志》卷二史錄雜傳類"《名士傳》"條亦曰："《隋志》以正始標目，偏舉未備，當以《唐志》爲是。"程章燦亦云："至於《晉書》本傳稱《竹林名士傳》三卷，恐怕是以偏概全，將《竹林名士傳》與《名士傳》混爲一談了。"②

　　袁宏，字彥伯，小字虎，陳郡人。《晉書》卷九二《文苑傳》有傳。其云："袁宏字彥伯，侍中猷之孫也。父勖，臨汝令。宏有逸才，文章絕美，曾爲《詠史詩》，是其風情所寄。"少孤貧，以運租自業，爲謝尚所拔。尚爲安西將軍、豫州刺史，引宏參其軍事。累遷大司馬桓溫府記室。曾爲吏部郎，出爲東陽郡。太元初，卒於東陽，時年四十九。袁宏有文史才，《晉書·袁宏傳》稱其"撰《後漢紀》三十卷及《竹林名士傳》三卷、詩賦誄表等雜文凡三百首"，

① 劉義慶撰，劉孝標注，余嘉錫箋疏，周祖謨等整理：《世説新語箋疏》上卷下《文學》第 94 條，上海古籍出版社 1996 年，第 272 頁。
② 程章燦：《世族與六朝文學》，黑龍江教育出版社 1998 年，第 157 頁。

《隋書·經籍志》載其有集"十五卷,梁二十卷,録一卷"。《舊唐書·經籍志》、《新唐書·藝文志》並載二十卷。後散佚,嚴可均輯得其文共十八篇(節),録於《全晉文》卷五七中;逯欽立輯得其詩五首,録於《先秦漢魏晉南北朝詩·晉詩》卷一四中。除《名士傳》外,袁宏又著有《孝經注》、《周易譜》、《後漢紀》、《羅浮山記》等。關於其生平行事及著述,程章燦在其書《世族與六朝文學》中有詳考①。可參閱。

袁宏《名士傳》原三卷,分別傳録了三個時期的名士②,即正始名士、竹林名士和中朝名士。《世説新語·文學》第九四條劉注云:"宏以夏侯太初、何平叔、王輔嗣爲正始名士,阮嗣宗、嵇叔夜、山巨源、向子期、劉伯倫、阮仲容、王濬仲爲竹林名士,裴叔則、樂彥輔、王夷甫、庾子嵩、王安期、阮千里、衛叔寶、謝幼輿爲中朝名士。"則《名士傳》中正始名士包括夏侯玄(字太初)、何晏(字平叔)、王弼(字輔嗣)三人,竹林名士包括阮籍(字嗣宗)、嵇康(字叔夜)、山濤(字巨源)、向秀(字子期)、劉伶(字伯倫)、阮咸(字仲容)、王戎(字濬沖)七人,中朝名士包括裴楷(字叔則)、樂廣(字彥輔)、王衍(字夷甫)、庾敳(字子嵩)、王承(字安期)、阮瞻(字千里)、衛玠(字叔寶)、謝鯤(字幼輿)八人,共十八人。據《玉海》所言,"上卷增荀粲,下卷增阮修",後人對《名士傳》又有所增益,今考察《名士傳》佚文,如《世説新語·文學》第一八條劉注引《名士傳》言阮脩事,阮脩不在十八人之列,恐爲後人所增。

袁宏《名士傳》已佚,其文今散見諸書徵引,或引作袁彥伯《竹林七賢傳》,或引作袁宏《竹林名士傳》,或引作《名士傳》。《漢魏六朝雜傳集》據諸書徵引輯録,得十四人事蹟,計有:何晏、

---

① 程章燦:《世族與六朝文學》,黑龍江教育出版社 1998 年,第 135—160 頁。
② 關於"名士"一詞的由來及含義,錢鍾書《管錐編》第一册《史記會注考證》之九《律書》有詳考,可參看。

夏侯玄、阮籍、嵇康、山濤、劉伶、阮咸、王戎、裴楷、王衍、庾敳、王承、阮瞻、阮脩。

今簡括諸書所引,以人名標目,條列如下。

一、何晏。存文一節,見於《世說新語·規箴》第六條劉注引。何晏,字平叔,《三國志》卷九《曹爽傳》附其事。

二、夏侯玄。存文二節,其一叙玄以鍾毓志趣不同,見於《世說新語·方正》第六條劉注引。其二叙夏侯玄論鄉黨貴齒,見於《世說新語·方正》第七條劉注引。夏侯玄,《三國志》卷九《曹爽傳》附其事。

三、阮籍。存文二節,其一叙阮籍喪親,不率常禮,見於《世說新語·任誕》第一一條劉注。其二叙阮籍以步兵厨中有數斛酒,乃求爲校尉,見於《文選》卷二一《詠史·五君詠五首》"阮步兵"李注引。阮籍,《晉書》卷四九有傳。

四、嵇康。存文一節,見於《文選》卷二二《游覽·遊沈道士館一首》"朋來握石髓賓至駕輕鴻"李注引。嵇康,《晉書》卷四九有傳。

五、山濤。存文五節,其一云濤居魏晉之間,無所標明,見於《世說新語·識鑒》第四條劉注引。其二云山濤淳深慎嘿,見於《文選》卷五八《碑文上·褚淵碑文》"孝敬淳深率由斯至"李注引。其三云山濤莫見其際,見於《文選》卷五八《碑文上·褚淵碑文》"韻宇弘深喜愠莫見其際"李注引。其四云王夷甫推歎濤,見於《世說新語·識鑒》第四條劉注引。其五云山濤舉嵇紹,見於《職官分紀》卷一六《丞》"諮出處"引。山濤,《晉書》卷四三有傳。

六、劉伶。存文二節,其一叙劉伶常乘鹿車,使人荷鍤隨之,見於《世說新語·文學》第六九條劉注、《語林》卷二五《任誕第二十五》引。其二云劉伶爲建威參軍,見於《文選》卷二一《詠史·五君詠五首》"劉參軍"李注引。劉伶,《晉書》卷四九有傳。

七、阮咸。存文二節,其一叙阮咸生平大略,見於《世說新語・賞譽》第一二條劉注、《文選》卷二一《詠史・五君詠五首・阮始平》"郭奕已心醉山公非虛覯"李注等引。其二云與籍俱爲竹林之遊，官止始平太守，見於《文選》卷二一《詠史・五君詠》"阮始平"李注引。阮咸，《晉書》卷四九《阮籍傳》附其事。

八、王戎。存文一節，見於《世説新語・雅量》第四條劉注引。王戎，《晉書》卷四三有傳。

九、裴楷。存文三節，其一云行已取與，任心而動，見於《世説新語・德行》第一八條劉注引。其二云李肇將害之。楷神色不變，見於《世説新語・雅量》第七條劉注引。其三云裴楷病困，王衍尤歎其神儁，見於《世説新語・容止》第一〇條劉注引。裴楷，《晉書》卷三五《裴秀傳》附其事。

一〇、王衍。存文一節，見於《世説新語・賞譽》第一六條劉注等引。王衍，《晉書》卷四三《王戎傳》附其傳。

一一、庾敳。存文五節，其一叙庾敳伏理推心之事，見於《世説新語・賞譽》第二六條劉注引。其二云庾敳能言《莊》、《老》，見於《世説新語・賞譽》第三二條劉注引。其三叙王夷甫雅重庾敳，見於《世説新語・賞譽》第四一條劉注引。其四云敳頽然淵放，莫有動其聽者，見於《世説新語・品藻》第五八條劉注引。其五云敳雖居職任，未嘗以事自嬰，見於《世説新語・賞譽》第四四條劉注引。庾敳，《晉書》卷五〇《庾峻傳》附其事。

一二、王承。存文一節，見於《世説新語・政事》第九條劉注、《語林》卷四《言語第二上》引。王承，《晉書》卷七五《王湛傳》附其事。

一三、阮瞻。存文一節，見於《世説新語・賞譽》第二九條劉注、《語林》卷一四《雅量第七》引。阮瞻，《晉書》卷四九《阮籍傳》附其事。

一四、阮脩。存文二節，其一云家無儋石之儲，晏如也，見於《世説新語・文學》第一八條劉注引。其二云脩性簡任，見於《世

説新語·任誕》第一八條劉注引。阮脩,《晉書》卷四九《阮籍傳》
附其事。《世説新語·文學》第九四條劉注所言袁宏《名士傳》共
十八人,無阮脩,恐爲後人所增。

　　給一批人加上名號,進行品題,約略始於漢末桓靈之間,黨
錮事起,當時就有所謂"三君"、"八俊"、"八廚"、"八及"、"八顧"
等等對士人之品題形式。袁宏於《名士傳》將名士分爲正始名
士、竹林名士與中朝名士,據《世説新語·文學》第九四條,當得
之於謝安。此三類名士,"正始名士"和"中朝名士"皆以時代名
之,唯"竹林名士"以"竹林"名之,關於爲何以"竹林"之名冠之,
陳寅恪先生、羅宗强先生、范子燁等皆有高論,可參看①。無論
如何,嵇康等七人被後人以一個整體視之,究其原因"主要是看
重了他們思想上的一致,是對他們高揚個人價值的新人格理想
的贊許,是對他們熱愛生命、熱愛自然的人生態度的肯定,是對

①分别見:陳寅恪先生《陶淵明之思想與清談之關係》,《金明館叢稿初
　編》,上海古籍出版社 1980 年,第 181 頁。《〈三國志〉〈曹沖〉〈華佗傳〉與
　佛教故事》,《寒柳堂集》,上海古籍出版社 1980 年,第 161 頁。羅宗强先
　生《玄學與魏晉士人心態》第二章《正始玄學與士人心態》,浙江人民出
　版社 1991 年,第 53—54 頁。范子燁《世説新語研究》第七章第一節《竹
　林七賢》,黑龍江教育出版社 1998 年,第 257—270 頁。范子燁《論異型
　文化之合成品:"竹林七賢"的意蘊與背景》,《學習與探索》1997 年第 2
　期;范子燁《"竹林七賢"的遠源與近源》,《書品》2001 年第 4 期。他們對
　竹林七賢之名的由來等作了探討,並基本認爲"七賢"有交往,但"竹林"
　之地爲虛;而范壽康、衛紹生、李中華等卻有不同看法,基本認爲"竹林
　之遊"、"竹林之地"都是真實的。(分别見:范壽康《中國哲學史通論》第
　三編《魏晉南北朝的哲學》(玄學)第二章《清談——老莊哲學的勃興》,
　三聯書店 1983 年,第 189—191 頁。李中華《竹林之遊事蹟考辨》,《江漢
　論壇》2001 年第 1 期;衛紹生《竹林七賢若干問題考辨》,《中州學刊》
　1999 年第 5 期。)另外,勉中《竹林七賢簡論》(載《中國文學研究》1998 年
　第 4 期)也對竹林七賢的名稱等情況作了探討,提出了自己的意見。

他們在當時思想文化界所引起的解放、啟蒙作用的認同"①。

漢末名士録

輯存。佚名撰。

《漢末名士録》,《隋書·經籍志》等史志書目無著録,撰人、卷數不詳。

漢末名士之稱,漢末以來當流行。《水經注·沔水》云:"縣有太山,山下有廟,漢末名士居其中。"則此廟即當是祭其地之漢末名士。《宋書·隱逸傳·陶淵明傳》載其《誡子書》言韓元長爲漢末名士:"潁川韓元長,漢末名士,身處卿佐,八十而終,兄弟同居,至于没齒。"《宋書·叙傳》又云盛孝章爲漢末名士:"(沈瑜)外祖會稽盛孝章,漢末名士也。"則漢末名士之稱當不虛,如韓融(字元長)、盛憲(孝章)等皆被認爲是漢末名士,故有人集此等人事蹟而爲類傳,亦在情理之中。

《漢末名士録》其佚文今主要見於《三國志》裴注和《後漢書》李注徵引,《漢魏六朝雜傳集》據以輯得其文,得胡母班、劉表、何顒三人事蹟。《三國志》卷六《魏書·袁紹傳》裴注引二節,言胡母班、劉表與"八友"事,卷一○《魏書·荀攸傳》裴注引一節,言何顒事;《後漢書》卷七四(上)《袁紹傳》李注引一節,述胡母班事。

竹林七賢論

輯存。戴逵撰。原二卷。

---

① 羅筠筠《"竹林七賢"中其他五賢對竹林精神的貢獻》,《甘肅社會科學》1997年第5期。

　　戴逵《竹林七賢論》,《隋書·經籍志》史部雜傳類著録《竹林
七賢論》二卷,並注云:"晉太子中庶子戴逵撰。"《舊唐書·經籍
志》史部雜傳類、《新唐書·藝文志》史部雜傳記類均著録《竹林
七賢論》二卷,題戴逵撰。《太平御覽經史圖書綱目》録戴勝《竹
林七賢論》,《太平御覽》卷七一〇《服用部一二·幾》引一條題
"戴勝《竹林七賢論》",丁國鈞《補晉書藝文志》卷二史録雜傳類
補録戴逵"《竹林七賢論》"云:"《御覽引書目》誤作戴勝。"戴勝當
爲戴逵之誤。

　　考其今存之文,戴逵《竹林七賢論》雖名爲"論",實際上當是
傳論結合而以傳爲主。故陶淵明又稱其爲傳,他説:"右魏嘉平
中並居河内山陽,共爲竹林之遊,世號竹林七賢,見《晉書》、《魏
書》,袁宏、戴逵爲傳,孫統又爲贊。"[1]在諸書徵引中,也有稱作
"《竹林七賢傳》"者,如《太平御覽》卷八一四《布帛部一·絲》所
引《竹林七賢論》山濤懸袁毅所賄絲事,《事類賦注》卷一〇《寳貨
部二·絲》引就作《竹林七賢傳》。

　　戴逵,《晉書》卷九四《隱逸傳》有傳。其云:"戴逵字安道,譙
國人也。少博學,好談論,善屬文,能鼓琴,工書畫。其餘巧藝,
靡不畢綜。"何法盛《晉中興書》卷七、許嵩《建康實録》卷九《烈宗
孝武皇帝》亦言及其事[2]。戴逵性高潔,不樂仕宦。曾師事術士
范宣於豫章,范宣異之,以兄女妻之。孝武帝時,以散騎常侍、國
子博士累徵,辭父疾不就。郡縣敦逼不已,乃逃於吳。會稽内史
謝玄慮逵遠遁不反,乃上疏絶其詔命,戴逵乃還。後王珣爲尚書

①陶潛:《群輔録》"《竹林七賢》"條,見王謨《增訂漢魏叢書》,乾隆五十六
　年金谿王氏刻本。
②何法盛《晉中興書》卷七,見湯球輯《九家舊晉書輯本》,《叢書集成初編》
　本,中華書局 1985 年,第 484 頁。許嵩《建康實録》卷九《烈宗孝武皇
　帝》,上海古籍出版社 1987 年,第 215 頁。

僕射，上疏復請徵爲國子祭酒，加散騎常侍，徵之，復不至。《晉書·戴逵傳》云："太元二十年，皇太子始出東宮，太子太傅會稽王道子、少傅王雅、詹事王珣又上書曰：'逵執操貞厲，含味獨遊，年在耆老，清風彌劭，東宮虛德，式延事外，宜加旌命，以參僚侍，逵既重幽居之操，必以難進爲美，宜下所在備禮發遣。'會病卒。"則戴逵當卒於太元二十年（395）前後。戴逵有文集行世，《隋書·經籍志》載九卷，注云："殘缺，梁十卷、録一卷。"《舊唐書·經籍志》、《新唐書·藝文志》著録十卷，佚，嚴可均輯得其文二十餘節，録於《全晉文》卷一三七中。除《竹林七賢論》外，戴逵又著有《五經大義》三卷。

《竹林七賢論》已佚，其文散見於《世説新語》等書徵引，嚴可均據諸書採摭，輯得其佚文近三十條，録於《全晉文》卷一三七中。《漢魏六朝雜傳集》據諸書徵引，並參之嚴可均所輯，新輯其文。

今簡括諸書所引，以人名標目，條列如下。

一、阮籍。存佚文七節，分別見於《藝文類聚》卷一九《人部三·嘯》《太平御覽》卷三九二《人事部三十三·嘯》引，《世説新語·棲逸》第一條劉注引，《北堂書鈔》卷五八《設官部十·散騎常侍六十四》"阮嗣宗非好事"、《職官分紀》卷六《散騎常侍》"非其好"引，《太平御覽》卷二三八《職官部三十六·大將軍僚屬》引，《北堂書鈔》卷一三三《服飾部二·几二十一》"阮籍書几"、《事類賦》卷一四《服用部·几賦》"草文仍傳於阮籍"、《太平御覽》卷七一〇《服用部十二·几》引，《世説新語·任誕》第五條劉注引，《世説新語·任誕》第一三條劉注、《蒙求集注》卷上"阮簡曠達袁耽俊邁"舊注、《太平御覽》卷八五〇《飲食部八·黍》引。

二、嵇康。存文三節，分別見於《太平御覽》卷四〇九《人事部五十·交友四》引，《文選》卷二一《詠史·五君詠五首·嵇中散》"立俗迕流議尋山洽隱淪"李注引，《太平御覽》卷五七九《樂部十七·琴下》、《事類賦》卷一一《樂部·琴賦》"傷中散之被刑"
引。又,《敦煌類書》録文篇《語對》〔七〕"朋友"下三一一—〇
七——五"千里"引一條,作《先賢傳》,云:"嵇康與吕安爲友,每
一相思,千里命駕。"《先賢傳》當爲《竹林七賢論》。

又,《敦煌類書》録文篇《語對》"〔十二〕宴樂"下三一一一一
二——一二"嵇中散"引一條,作《竹林七賢傳》;《敦煌類書》録文篇
《籯金一部·并序》"朋友篇第廿八"下三一二一二八一〇七"雙
鴻三龍"引一條,作《七賢傳》,當作《竹林七賢傳》。二條皆敘及
阮籍與嵇康,未知所屬。

三、山濤。存文八節,分別見於《藝文類聚》卷二一《人部
五·交友》、《太平御覽》卷四〇九《人事部五十·交友四》、卷四
四四《人事部八十五·知人下》、《記纂淵海》卷一一〇《人倫部
九·朋友》、卷一一一《人倫部十·擇交》引,《初學記》卷一二《職
官部下·侍中第一》"侍帷幄管喉脣"、《太平御覽》卷二一九《職
官部十七·侍中》引,《太平御覽》卷四九二《人事部一百三十
二·貪》、卷八一四《布帛部一·絲》、《事類賦》卷一〇《寶貨部·
絲》"山濤收袁毅之遺"引,《世説新語·政事》第五條劉注引,《世
説新語·賞譽》第一二條劉注引,《世説新語·政事》第八條劉注
引,《世説新語·識鑒》第四條劉注引,《世説新語·識鑒》第四條
劉注引。

四、劉伶。存文二節,分別見於《太平御覽》卷四八〇《人事
部一百二十一·盟誓》引,《世説新語·文學》第六九條劉注、《太
平御覽》卷三七一《人事部十二·肋》、《語林》卷二五《任誕第二
十五》引。

五、阮咸。存文三節,分別見於《世説新語·任誕》第一〇條
劉注、《北堂書鈔》卷一五五《歲時部三·七月七日十九》"七日曬
衣"、《藝文類聚》卷四《歲時部中·七月七日》、《初學記》卷四《歲
時部下·七月七日第九》、《白氏六帖事類集》卷一《七月七日四

十八》“犢鼻”、《太平御覽》卷三一《時序部十六·七月七日》、卷
六九六《服章部十三·裩》、卷八一六《布帛部三·綈》、《事類賦》
卷五《歲時部第二·秋賦》“阮巷矜綈錦之衣”、《古今事文類聚前
集》卷一〇《天時部·七夕》“曝犢鼻褌”、《古今合璧事類備要前
集》卷一七《節序門·七夕》“曝犢鼻褌”、《錦繡萬花谷後集》卷四
《七夕》“標犢鼻裩”引，《北堂書鈔》卷一一〇《樂部·琵琶十四》
“阮咸善琵琶”、《藝文類聚》卷四四《樂部四·琵琶》、《白氏六帖
事類集》卷一八《琵琶十七》、《太平御覽》卷五八三《樂部二十
一·琵琶》、《古今合璧事類備要外集》卷一五《音樂門·琵琶》
“阮咸善”引，《世説新語·任誕》第一五條劉注等引。

　　六、向秀。存文二節，分別見於《世説新語·文學》第一七條
劉注引，《世説新語·賞譽》第二九條劉注引。

　　七、王戎。存文十節，分別見於《水經注》卷一六《穀水》“又
東過河南縣北東南入于洛”、《世説新語·雅量》第五條劉注、《太
平御覽》卷八九二《獸部四·虎下》、《事類賦》卷二〇《獸部一·
虎賦》“王戎逼欄而不懼”引，《藝文類聚》卷一七《人部一·目》、
《太平御覽》卷三六六《人事部七·目》、《緯略》卷七《相經》“目視
日不眩”引，《世説新語·簡傲》第二條劉注引，《太平御覽》卷三
八八《人事部二十九·色》、卷八三六《資産部十六·錢下》引，
《太平御覽》卷八二〇《布帛部七·布》等引，《世説新語·雅量》
第六條劉注引，《太平御覽》卷七一六《服用部十八·手巾》、卷八
九七《獸部九·馬五》、《事類賦》卷二一《獸部·馬賦》“王戎巴
驥”、《記纂淵海》卷七六《性行部四十·無威儀》、卷一一〇《人倫
部九·故吏》、《古今合璧事類備要前集》卷三九《仕進門·故吏》
“相逢輒避”引，《世説新語·言語》第二三條劉注、《北堂書鈔》卷
一五五《歲時部三·三月三日十七》“解禊洛水”、《藝文類聚》卷
四《歲時部中·三月三日》、卷五五《雜文部一·談講》、《初學記》
卷四《歲時部下·三月三日第六》“被灑禊洛”、《白氏六帖事類

集》卷一《三月三四十五》"解禊於洛張裴之言"、《太平御覽》卷
三○《時序部十五·三月三日》、《事類賦》卷四《歲時部·春賦》
"集彼張裴"引,《世説新語·傷逝》第二條劉注引,《藝文類聚》卷
九○《鳥部一·鶴》、《敦煌類書》録文篇《修文殿御覽》"鶴類"下
二一一—○—一三七、《敦煌類書》録文篇《語對》〔八〕"人才"下
三一一—○八—○三"野鶴"引。

　　又,《北堂書鈔》卷五八《設官部十·散騎常侍》"阮嗣宗非好
事"、《藝文類聚》卷四八《職官部四·散騎常侍》、《白氏六帖事類
集》卷一八《嘯三十》"如鼓吹"、《白氏六帖事類集》卷二一《散騎
常侍三十四》"非其好"、《太平御覽》卷一八六《居處部十四·
廚》、卷六一一《學部五·勤學》各引一節,作《七賢傳》,言阮籍
事,或出《竹林七賢傳》。《藝文類聚》卷四八《職官部四·侍中》、
《職官分紀》卷六《侍中》"宜侍帷幄盡規左右"、四庫本《北堂書
鈔》卷五八《設官部十·侍中》"入侍帷幄"各引一節,作《七賢
傳》,言山濤事,或出《竹林七賢傳》。

　　竹林七賢爲魏晉名士之代表,其言動爲時人標的,頗存逸聞
軼事。戴逵《竹林七賢論》即記載此類逸聞軼事者,於其間可窺
魏晉風度之一斑。

廬江七賢傳

　　輯存。佚名撰。原二卷,或一卷。

　　《廬江七賢傳》,《隋書·經籍志》史部雜傳類著録《廬江七賢
傳》二卷,《舊唐書·經籍志》史部雜傳類、《新唐書·藝文志》史
部雜傳記類均著録《廬江七賢傳》一卷。《太平御覽經史圖書綱
目》録《廬江七賢傳》,《太平御覽》卷三四五《兵部七十六·刀上》
引一節,叙漢武帝出淮陽,到舒州不覽城,問此鄉名何,陳翼對武
帝問事,僅見《太平御覽》引,或宋初李昉等修《太平御覽》時尚見

其書歟？

姚振宗《隋書經籍志考證》卷二〇史部雜傳類“《廬江七賢傳》”條案語懷疑《廬江七賢傳》當作《廬江先賢傳》，其云：“案七賢當是先賢之誤，《志叙》有曰：‘後漢光武，始詔南陽，撰作風俗，故沛、三輔有耆舊節士之序，魯、廬江有名德先賢之贊，郡國之書，由是而作。’又曰：‘魯、沛、三輔，序贊並亡。’則《廬江先賢》尚存此二卷，其即東海相傳之舊歟？”這只是推測，姚振宗在其《後漢藝文志》卷二史部雜傳類中據《隋書·經籍志》雜傳類序補錄了《廬江先賢傳》等書，故並未視此《廬江七賢傳》就是《隋書·經籍志》雜傳類序所指《廬江先賢傳》，此亦存疑。

《廬江七賢傳》久佚，《漢魏六朝雜傳集》據諸書徵引輯錄，得文黨、陳翼、陳衆三人事蹟。今簡括諸書所引，以人名標目，條列其佚文如下。

一、文黨。存文一節，見於《北堂書鈔》卷九七《藝文部三·好學十一》“投斧受經”、《太平御覽》卷六一一《學部五·勤學》、《廣博物志》卷二九《藝苑四》、《續編珠》卷一《歲時部》“投斧約繩”引。又，《太平御覽》卷一五九《州郡部五·陳州》引一節，作《七賢傳》，叙文黨事，文與此略異，或亦當作《廬江七賢傳》。

二、陳翼。存文二節，其一叙陳翼到藍鄉遇魏少公事，見於《藝文類聚》卷八三《寶玉部上·金》、《事類賦》卷九《寶貨部一·金賦》“美陳翼之無取”等引。其二陳翼對武帝問事，見於《太平御覽》卷三四五《兵部七十六·刀上》、《廣博物志》卷三二《武功下》引。又，《太平御覽》卷一五九《州郡部五·陳州》引一節，作《七賢傳》，叙陳翼事，文與《太平御覽》卷三四五所引大同而略異，或亦當作《廬江七賢傳》。

三、陳衆。存文一節，見於《北堂書鈔》卷七三《設官部二十五·從事一百六十五》“號白馬從事”、《藝文類聚》卷九三《獸部上·馬》引。

文黨欲遠學,斧掛高木事;陳翼言不欺,佩刀生毛事:皆以誓言立見靈驗著奇。而陳翼助人困厄而不貪,埋金棺下,亦是人間奇行。由此觀之,《廬江七賢傳》傳人用事,頗涉驚奇,近於小說矣。

益部耆舊傳

輯存。陳壽撰。原十篇,或十四卷。

陳壽《益部耆舊傳》,《隋書·經籍志》史部雜傳類著錄《益部耆舊傳》十四卷,題"陳長壽撰",丁國鈞《補晉書藝文志》卷二史錄雜傳類"《益部耆舊傳》"條按語云"長字當衍",甚是。《舊唐書·經籍志》史部雜傳類、《新唐書·藝文志》史部雜傳記類均著錄《益部耆舊傳》十四卷,題陳壽撰。《益部耆舊傳》又或作《益都耆舊傳》,《晉書》卷八二《陳壽傳》言及陳壽"又撰《古國志》五十篇,《益都耆舊傳》十篇,餘文章傳於世",《益部耆舊傳》或又作《益都耆舊傳》,《太平御覽經史圖書綱目》亦錄陳壽《益都耆舊傳》。

又,《三國志》卷四二《蜀書·李譔傳》附傳云:"時又有漢中陳術,字申伯,亦博學多聞,著《釋問》七篇、《益部耆舊傳》及《志》,位歷三郡太守。"則又有陳術撰《益部耆舊傳》並《益部耆舊志》。常璩《華陽國志》之《後賢志·陳壽傳》云:"益部自建武後,蜀郡鄭伯邑、太尉趙彥信,及漢中陳申伯、祝元靈、廣漢王文表皆以博學洽聞,作巴、蜀《耆舊傳》。壽以爲不足經遠,乃並巴、漢,撰爲《益部耆舊傳》十篇,散騎常侍文立表呈其傳,武帝善之。"從常璩所言可知,陳壽所撰《益部耆舊傳》,大約最初爲十篇,至唐修《隋書·經籍志》時,已有兩種版本流傳,一爲十卷,一爲十四卷。另外,在陳壽撰《益部耆舊傳》以前,出現過多家巴、蜀《耆舊傳》,據常璩《華陽國志》,則東漢以來有鄭廑、趙謙、祝龜、王商、陳術等的撰作。又，《職官分紀》卷一六《祕書省・著作郎》"作《益部耆舊傳》"條云："陳封作《益部耆舊傳》，武帝善之，命爲著作郎。"陳壽以爲這些耆舊傳俱"不足經遠"，於是綜合前人所作巴、漢兩地的《耆舊傳》，成《益部耆舊傳》一書。《華陽國志・序志》又云："而陳君承祚，别爲《耆舊傳》，始漢及魏，焕乎可觀。"則陳壽《益部耆舊傳》所録人物，上及兩漢，下至於魏。而《三國志》卷四二《蜀書・譙周傳》云譙周泰始六年冬卒，裴注引《益部耆舊傳》云"益州刺史董榮圖畫周像於州學"，載及泰始六年（270）譙周死事，則其所録人事實至於晉初。

陳壽，史學家，《晉書》卷八二有傳。其云："陳壽字承祚，巴西安漢人也。少好學，師事同郡譙周，仕蜀爲觀閣令史。"因不附宦人黄皓，屢被譴黜。至晉，張華愛其才舉爲孝廉，除佐著作郎，出補陽平令。除著作郎，領本郡中正。遷爲長廣太守。辭母老不就。杜預薦之，授御史治書。以母憂去職。母遺言令葬洛陽，壽遵其志。又坐不以母歸葬，竟被貶議。後數歲，起爲太子中庶子，未拜。元康七年（297），病卒，時年六十五。《晉書・陳壽傳》云其"撰蜀相《諸葛亮集》"，"撰魏吴蜀《三國志》，凡六十五篇"，"壽又撰《古國志》五十篇、《益都耆舊傳》十篇，餘文章傳於世"。

陳壽《益部耆舊傳》之撰作，王仲鏞以爲是"與當時鄉里品第人物的'清議'之風連結在一起的"，與陳壽任本郡中正及其對"清議"之流弊、對九品中正制之公平性懷疑等因素有關。陳壽"想通過《益部省舊傳》的撰作，和《三國志》一樣，來達到'辭多勸誡，明乎得失，有益風化'（范頵《上〈三國志〉表》）的政治效果，這就是他所謂'經遠'的實在意義"①。

陳壽《益部耆舊傳》之成書，1993 年 10 月四川省南充市陳壽紀念館建成，其中陳列"陳壽著作一覽"注明《益部耆舊傳》成

① 王仲鏞：《陳壽〈益部耆舊傳〉探微》，《四川師範大學學報》1994 年第 3 期。

書時間爲"咸寧五年"。李純蛟《陳壽行年鉤沉》認爲"陳壽於泰始十年(274)到咸寧四年(278),於著作郎兼本郡中正任上,撰成《益部耆舊傳》十篇"①。曹書傑《陳壽〈益部耆舊傳〉成書年代考》認爲,陳壽《益部耆舊傳》中有記泰始六年(270)譙周死事,成書於"泰始六年末或七年初"②。曹書傑辨説頗詳,其説可信。

益都即益部,據《漢書·地理志》云:"至武帝攘卻胡、越,開地斥境,南置交阯,北置朔方之州,兼徐、梁、幽、并夏、周之制,改雍曰涼,改梁曰益,凡十三部,置刺史。"可知"益州"即古"梁州"之境。《後漢書·志·郡國五》"益州刺史部,郡、國十二,縣、道百一十八。"包括漢中、巴郡、廣漢、蜀郡、犍爲、牂牁、越巂、益州、永昌、廣漢屬國、蜀郡屬國、犍爲屬國。

陳壽《益部耆舊傳》已佚,涵本《説郛》卷七摘録一節,述楊甲(當作由)事;宛本《説郛》卷五八輯存十六節,包括:楊田(當作楊由)、趙瑶、落下閎、張寬、李孟元、趙閎、朱倉、郭賀、張松、張充、馮顥、張霸、何祗(二節)、柳宗(當作柳琮)、楊子拒妻十五人;《五朝小説》及《五朝小説大觀》之《魏晉小説雜家》節録宛本《説郛》,《舊小説》甲集存二節,叙張松、楊子拒妻事。今又有黃奭、杜文瀾、王仁俊、胡安瀾諸家輯本。黃奭所輯録於《漢學堂知足齋叢書》之《子史鉤沈》;杜文瀾據《太平御覽》卷四六五採得一節,叙王忳事,録於《曼陀羅華閣叢書》之《古諺謡》卷一九中;王仁俊轉録杜氏所輯一條,又據《姓解》採得二節,録於《玉函山房輯佚書補編》中;胡安瀾所輯最詳,共數十節;另外,香雪樓主人又補輯《雜記》八節,《補遺》七節,與胡安瀾所輯各爲一卷,由四川存古書局於民國四年刻印發行。存古書局本末附"香雪樓主人識"

①李純蛟:《陳壽行年鉤沉》,《史學史研究》1989 年第 3 期。
②曹書傑:《陳壽〈益部耆舊傳〉成書年代考》,《古籍整理研究學刊》1995 年第 3 期。

語,云:"國學院舊輯有陳承祚《益部耆舊傳》佚文,第於《三國志》
裴注、《太平廣記》、《蜀藝文志》三書所載,均失微引,未知其偶。
未檢之耶? 抑別有説耶? 又《志》及裴注尚引《耆舊雜記》附焉,
亦抱殘守缺之意也。"香雪樓主人今已不可考。由此識語可知,
存古本是據"國學院舊輯本"而來,"國學院"即"四川國學院",今
"四川大學"前身。此"國學院輯本"今已不可尋得。

　　又,陳陽亦有輯録,共分三部分:"一爲'《益部耆舊傳》輯録'
部分,一爲《益部耆舊傳雜記》部分,一爲'《益部耆舊傳》存古本
未輯録部分'。共計收録人物 90 個,事件 109 個。在存古本所
輯 71 人的基礎上,又輯録出霸栩、杜真、符昭壽、景毅、劉寵、劉
子政、任文公、任永君、馮季成、王離、王棠妻、楊統、楊終、張騫、
張翕、張真妻、趙瑛、朱遵、司馬相如以及楊琳、張充、何祇、何汶,
共 23 人 26 事。存古本已有的人物部分,亦在任昉、張則、張霸
名下各多輯出一段故事或片段。共計多輯録 23 人,29 事。其
中,楊琳疑爲楊球之誤,張充疑爲張彦之誤,何祇疑爲何祇之誤,
何汶疑爲何汝之誤,此四者均在註釋中注出,未列入'存古本未
輯録部分'。"①陳陽輯得《益部耆舊傳》實六十一人,計有:哀牢
夷、巴三貞、便敬妻、乘士會妻、董扶、樊智、馮顥、涪翁、何汝、賀、
段翳、姜詩、景放、景鸞、李固、李弘、李孟元、李尤、廖伯妻、柳琮、
羅衡、落下閎、譙周、任安、任昉、史賢妻張昭儀、叔先雄、王商、王
上妻、王忳(王純)、邢顯、徐韋、閻憲、嚴羽、嚴遵、楊仁、楊鳳珪
妻、楊球、楊申、楊宣、楊由、楊子拒妻、翟酺、張寬、張收、張則、張
霸、張表、張浩、張彦、張嶷、趙典、趙閎、趙祈、趙珪、趙瑶、周繕紀

①陳陽:《陳壽〈益部耆舊傳〉輯録與研究》,四川大學 2006 年 4 月碩士學位
　論文,第 26 頁。

妻、朱倉①。誤輯楊申、邢顯、徐韋，王純、張彥五人。又輯《益部
耆舊傳》之存古本未輯錄部分，得二十人，計有：霸栩、杜真、符昭
壽、郭賀、景毅、劉寵、劉子政、任文公、任永君、馮季成、司馬相
如、王離、王棠妻、楊統、楊終、張騫、張翕、張真妻、趙瑛、朱遵②。
任永君當作任永。又誤輯符昭壽，案：《分門古今類事》卷一四
《讖兆門下》"符太保骨"云："王均咸平三年害兵馬鈐轄符昭壽，
棄其尸於東門外，不見其元。觀者咸云：'此是符太保骨頭。'蓋
昭壽好自親庖事，又僻嗜羹，每嫌羹薄，庖者嘗多取羊骨煉之，
云：勿妄觸此，此是符太保骨頭。至是，乃成其讖焉。"注出《益部
耆舊傳》。咸平乃宋真宗年號，此符昭壽當非漢至魏晉人物。其
注《益部耆舊傳》者當非陳壽之書，或誤。又誤輯張收，案：《蜀中
廣記》卷一〇五《畫苑記第一》引《益州學館記》云："獻帝興平元
年，陳留高眹爲益州太守，更葺成都玉堂，石室東別創一石室，爲
周公禮殿，其壁上所畫，上古、盤古、李老等神及歷代帝王之像，
梁上畫仲尼七十二弟子及三皇以來名臣耆舊，云是西晉太康中
益州刺史張收筆。古有《益州學堂圖》，今已別重粧，無舊迹矣。"
當是誤斷句讀所致。

　　《漢魏六朝雜傳集》據諸書徵引，參之黃奭、杜文瀾、王仁俊、
胡安瀾等諸家所輯，新輯其文，得七十人事蹟，計有：張騫、張寬、
落下閎、楊由、張霸、張則、羅衡、任昉、趙典、李尤、楊厚、楊淮、趙
祈、何汶、柳琮、玄賀、郭賀、景毅、趙瑶、趙祥、嚴羽、王忳、景鸞、
劉子政、翟酺、劉寵、何祗、李孟元、趙閎、涪翁、李弘、嚴遵、閻憲、
楊宣、張充、楊球、段翳、朱倉、杜真、常播、馮信、任永、馮顯、楊

①陳陽：《陳壽〈益部耆舊傳〉輯錄與研究》，四川大學 2006 年 4 月碩士學位
　論文，第 31—65 頁。
②陳陽：《陳壽〈益部耆舊傳〉輯錄與研究》，四川大學 2006 年 4 月碩士學位
　論文，第 70—77 頁。

終、楊統、任文公、秦宓、董扶、任安、譙周、張肅、張松、張表、張
巍、張浩、張真妻、公乘會妻、叔先雄、王上妻、楊鳳珪妻、史賢妻、
周繕紀妻、便敬妻、巴三貞、廖伯妻、王棠妻、楊子拒妻、姜詩妻，
另有"哀牢夷"、"相如宅"、"斯臾"三條佚文不知所屬何人，又，
《名賢氏族言行類稿》卷四六"霸"九百五云"《益部耆舊傳》有霸
栩"，則《益部耆舊傳》又當有霸栩。

今簡括諸書所引，以人名標目，條列其佚文如下。

一、張騫。存文一節，見於《史記》卷一二三《大宛列傳》"張
騫漢中人"索隱、《漢書》卷六一《張騫傳》"張騫漢中人也"顔師古
注引。

二、張寬。存文一節，見於《北堂書鈔》卷五八《設官部十·
侍六十二中》"從祀甘泉"、卷八九《禮儀部十·祭祀總下十九》
"張寬從祀甘泉女子乳長七尺"、《藝文類聚》卷四八《職官部四·
侍中》、《初學記》卷六《地部中·渭水第八》"知星相氣"、卷一二
《職官部下·侍中第一》"八舍七車"、《太平御覽》卷六二《地部二
十七·涇》、卷二一九《職官部十七·侍中》、卷三七一《人事部十
二·乳》、卷五二六《禮儀部五·祭禮下》、卷六一二《學部六·博
物》、《古今事文類聚前集》卷一六《地理部·江》"渭水天星"、《古
今合璧事類備要前集》卷七《地理門·渭》"女星浴水"引。又，
《華陽國志》卷一〇云："張寬，字叔文，成都人也。"

三、落下閎。存文二節，其一叙落下閎生平及制太初曆。見
於《文選》卷四九《史論上·公孫弘傳贊》"曆數則唐都落下閎"李
注、《史記》卷二六《曆書第四》"而巴落下閎運算轉曆"索隱、《北
堂書鈔》卷一三〇《儀飾部上·渾儀十》"轉渾天定時節"、《太平
御覽》卷二《天部二·渾儀》、《事類賦》卷一《天部·天》"落下准
之於地中"引。其二叙落下閎作《太初曆》，並云後八百歲，當有
聖人定之，見於《藝文類聚》卷五《歲時下·曆》引。

四、楊由。存文三節。其一叙楊由爲成都文學掾，占忽有風

起事,見於《藝文類聚》卷八六《菓部上・橘》引。其二叙楊由有
兵雲圖,見於《北堂書鈔》卷九六《藝文部二・圖九》"兵雲圖"、
《蜀中廣記》卷九四《著作記第四・子部》"兵雲圖"引。其三叙楊
由占雞酒事,見於《太平御覽》卷九《天部九・風》、《蜀中廣記》卷
七八《神仙記第八》引。又,楊由,《後漢書》卷八二上《方術列傳
上》有傳。

五、張霸。存文四節,其一張霸少慧事,見於《太平御覽》卷
三八五《人事部二十六・幼智下》引。其二叙張霸爲會稽太守一
郡慕化,民爲之謠,見於《北堂書鈔》卷三五《政術部九・德化二
十一》"一郡慕化"、《太平御覽》卷二六二《職官部六十・良太守
下》引。其三叙張霸遷會稽太守,野無遺寇,民爲之謠,見於《太
平御覽》卷三五二《兵部八十三・戟上》引。其四叙張霸爲會稽
太守,入海捕賊,遭疾風事,見於《太平御覽》卷七一《地部三十
六・波》引。又,《華陽國志》卷一〇云:"張霸,字伯饒,謚曰文
父,成都人也。"

六、張則。存文二節,其一云張則弟兄有令名,爲祥符守,民
號爲取龍,見於《北堂書鈔》卷三六《政術部十・威嚴二十六》"號
爲取龍"引。其二云張則爲牂柯太守,吏民爲之歌曰臥虎,見於
《北堂書鈔》卷七五《設官部二十七・太守中一百六十六》"吏民
號臥虎"引。又,《華陽國志》卷一〇云:"張則,字元修,南鄭人
也。爲牂柯太守,威著南土。"

七、羅衡。存文一節,見於《北堂書鈔》卷三六《政術部十・
威嚴二十六》"百寮嚴憚罔不肅然"、卷三六《政術部十・疾惡二
十七》"誅鋤姦黨門夜不閉"、卷七八《設官部三十・縣令一百七
十六》"繫馬道旁"、"誅鋤姦惡"、《太平御覽》卷二六八《職官部六
十六・良令長下》引。又,《華陽國志》卷一〇云:"羅衡,字仲伯,
郫縣人也。"

八、任昉。存文二節,其一叙任昉姓字、其父姓字及爲固始

侯相事,見於《藝文類聚》卷一〇〇《災異部·蝗》引。其二叙任
昉遷司隸校尉,循法正身事,見於《北堂書鈔》卷三七《政術部十
一·公正三十一》"直道而行"引。又,《華陽國志》卷一〇云:"任
昉,字文始,成都人也。"

九、趙典。存文一節,見於《北堂書鈔》卷三八《政術部十
二·廉潔三十二》"瓦器"、卷五三《設官部五·太常十七》"趙典
布被瓦器"、《藝文類聚》卷四九《職官部五·太常》、《太平御覽》
卷二二八《職官部二十六·太常卿》、《職官分紀》卷一八《總叙
卿·卿》"布被瓦器"引。又,趙典,《後漢書》卷二七有傳。

一〇、李尤。存文一節,見於《北堂書鈔》卷五六《設官部
八·議郎四十五》"使祠陵廟"引。又,李尤,《後漢書》卷八〇上
《文苑列傳上》有傳。

一一、楊厚。存文一節,見於《北堂書鈔》卷五八《設官部
十·侍中六十二》"宿儒顧問進楊厚"、《太平御覽》卷二一九《職
官部十七·侍中》引。又,楊厚,《後漢書》卷三〇上有傳。

一二、楊淮。存文一節,見於《太平御覽》卷二一二《職官部
十·總叙尚書》、《職官分紀》卷九《列曹尚書》"閑練舊典"引。

一三、趙祈。存文一節,見於《北堂書鈔》卷六一《設官部十
三·司隸校尉八十一》"枹鼓不鳴"引。

一四、何汶。存文一節,見於《北堂書鈔》卷六二《設官部十
四·謁者僕射九十一》"上直持赤幘"、卷一二七《衣冠部上·幘
四》"謁者持赤幘"、《蜀中廣記》卷六八《方物記第十·服用》等
引。又,《華陽國志》卷一二云:"經治:犍爲屬國何汶,字景由。"

一五、柳琮。存文一節,見於《北堂書鈔》卷七三《設官部二
十五·治中一百六十二》"其所拔進皆爲牧守"、《太平御覽》卷二
六三《職官部六十一·治中》等引。

一六、玄賀。存文一節,見於《北堂書鈔》卷七三《設官部二
十五·從事一百六十五》"舉摘姦伏"引。又,《華陽國志》卷一二

《序志》"後漢人物"有"玄賀",其云:"政事:大司農玄賀,字文和。"注云:"宕渠人也。"《後漢書·第五倫傳》言及玄賀,其云明帝時第五倫爲宕渠令,"顯拔鄉佐玄賀,賀後爲九江、沛二郡守,以清絜稱,所在化行,終於大司農"。

一七、郭賀。存文一節,見於《太平御覽》卷六八六《服章部三·冕》等引。又,《華陽國志》卷一〇云:"郭賀,字喬卿,雒人也。"

一八、景毅。存文一節,見於《北堂書鈔》卷七五《設官部二十七·太守中一百六十六》"鳩鳥巢於廳事"、《太平御覽》卷九二一《羽族部八·鳩》引。又,《華陽國志》卷一〇云:"景毅,字文堅,梓潼人也。"

一九、趙瑶。存文二節,其一云趙瑶爲緜氏令,到任,虎負其子出界,見於《北堂書鈔》卷七八《設官部三十·縣令一百七十六》"虎即出界"引。其二叙趙瑶爲閬中令,請雨靈星,應時下雨,見於《北堂書鈔》卷七八《設官部三十·縣令一百七十六》"請雨自責"、卷一五六《歲時部四·豐稔篇二十七》"一縣遍熟"、《藝文類聚》卷二《天部下·雨》、《蜀中廣記》卷二四《名勝記第二十四·川北道·保寧府一》等引。又,《華陽國志》卷一〇下云:"趙瑶字元珪……"

二〇、趙琍。存文一節,見於《北堂書鈔》卷七八《設官部三十·縣令一百七十六》"解劍帶之"、卷一二二《武功部十·劍三十四》"解劍挂壁"、《太平御覽》卷二六八《職官部六十六·良令長下》等引。又,《華陽國志》卷一二云:"公車令趙琍,字孫明。"

二一、嚴羽。存文一節,見於《初學記》卷二〇《政理部·薦舉第四》"齎函投板"等引。又,《華陽國志》卷一二云:"徐州牧嚴羽,字子翼。"

二二、王忳。存文二節,其一叙王忳葬金彦,後遇金彦父事,見於《北堂書鈔》卷一三四《服飾部三·被二十七》"繡被隨風"、

《藝文類聚》卷八三《寶玉部上・金》、《太平御覽》卷四六五《人事部一百六・謡》、卷四七九《人事部一百二十・報恩》、卷七〇七《服用部九・被》、《事類賦》卷九《寶貨部・金賦》"重王忳之不欺"等引。其二叙王忳爲郿令，解涪令妻冤獄事，見於《北堂書鈔》卷七九《設官部三十一・亭長一百八十一》"遊徼殺涪令妻"引。又，王忳，《後漢書》卷八一《獨行列傳》有傳。

二三、景鸞。存文一節，見於《編珠》卷一《文學部》"内外記上下經"、《北堂書鈔》卷九六《藝文部二・儒術七》"景鸞治施易"、卷九七《藝文部三・好學十一》"少從師學"、《蜀中廣記》卷九一《著作記第一・經部・石本九經》"易奥集"等引。

二四、劉子政。存文一節，見於《北堂書鈔》卷九八《藝文部四・談講十三》"甘如粘蜜"、《續編珠》卷一《文學部》"粘蜜粲花"引。

二五、翟酺。存文三節，其一見於《後漢書》卷四八《翟酺傳》"屢因災異多所匡正"李注引。其二見於《北堂書鈔》卷一三二《儀飾部三・帳五》"書囊爲帳"、《藝文類聚》卷六九《服飾部・帳》、《太平御覽》卷六九九《服用部一・帳》引。其三見於《職官分紀》卷八《尚書郎》"善天文"引。

二六、劉寵。存文一節，見於《太平御覽》卷七一八《服用部二十・指環》等引。又，劉寵，《華陽國志》卷一〇云："劉寵，字世信，綿竹人也。出自孤微，以明《公羊春秋》，上計闕下，見除成都令。"

二七、何祗。存文四節，其一云何祗爲人寬厚通濟，見於《北堂書鈔》卷一四三《酒食部二・總篇一》"何祗壯大能飲食"、《太平御覽》卷八四九《飲食部七・食下》引。其二云何祗補成都令，使人投算，而心計不差升合，見於《太平御覽》卷四三二《人事部七十三・聰敏》引。其三云何祗爲成都令，嘗眠睡，其覺悟，便得姦詐，見於《太平御覽》卷三九三《人事部三十四・睡》引。其四云何祗夢桑生井之中,占得壽四十八,見於《太平御覽》卷九五五《木部四·桑》引。又,《華陽國志》卷一〇云:"何祗,字君肅,宗族人也。"

二八、李孟元。存文一節,見於《初學記》卷一七《人部·友悌第五》"陰慶推第李孟讓園"、《太平御覽》卷四一六《人事部五十七·友悌》、《續編珠》卷一《人倫部》"孟元紡績魏霸耕桑"引。

二九、趙閎。存文一節,見於《初學記》卷一七《人部·聰敏第七》"默識響應"引。

三〇、涪翁。存文一節,見於《初學記》卷二二《武部·漁第十一》"汧溪涪水"、《海錄碎事》卷九下《時號喻物門》"涪翁"引。

三一、李弘。存文一節,見於《北堂書鈔》卷七三《設官部二十五·從事一百六十四》"不累其身"、《太平御覽》卷二六五《職官部六十三·從事》、《職官分紀》卷四〇《總州牧·諸從事》"不屈其志不累其身"引。又,《華陽國志》卷一〇云:"李弘,字仲元,成都人。"

三二、嚴遵。存文一節,見於《藝文類聚》卷六《州部·揚州》、卷九七《蟲豸部·蠅》、《太平御覽》卷二五八《職官部五十六·良刺史下》、《太平廣記》卷一七一《精察一·嚴遵》、《職官分紀》卷四〇《總州牧·刺史》"路旁女子哭聲不哀"、《古今事文類聚後集》卷四九《蟲豸部·蠅》"青蠅驗腦"引。又,《華陽國志》卷一二:"政事:揚州刺史嚴遵,字王思,閬中人也。"

三三、閬憲。存文一節,見於《藝文類聚》卷五〇《職官部六·令長》、《太平御覽》卷二六八《職官部六十六·良令長下》、卷七〇四《服用部六·囊》引。又,《華陽國志》卷一〇云:"閬憲,字孟度,成固人也。"

三四、楊宣。存文一節,見於《藝文類聚》卷九二《鳥部下·雀》、《太平御覽》卷九二二《羽族部九·雀》、《事類賦》卷一九《禽部·雀賦》"楊宣之知覆粟"、《古今事文類聚後集》卷四五《羽蟲部·雀》"群雀相呼"、《古今合璧事類備要別集》卷七四《飛禽門·雀》"縣有群雀"、《蜀中廣記》卷七八《神仙記第八》等引。又,《華陽國志》卷一〇云:"楊宣,字君緯,什邡人也。"

三五、張充。《太平御覽》卷二六三《職官部六十一·治中》、卷七〇九《服用部十一·薦蓆》引。又,張充,《華陽國志》卷一二云:"匡正:治中從事張充,字伯春,江原人。"

三六、楊球。存文一節,見於《太平御覽》卷二六八《職官部六十六·良令長下》引。

三七、段翳。存文一節,見於《太平御覽》卷三六四《人事部五·頭下》引。又,《華陽國志》卷一〇云:"段翳,字元章,新都人也。"

三八、朱倉。存文一節,見於《太平御覽》卷四二六《人事部六十七·清廉下》、卷八四一《百穀部五·豆》、《蜀中廣記》卷九一《著作記第一·經部·石本九經》"朱雲卿春秋"等引。又,《華陽國志》卷一〇云:"朱倉,字雲卿,什邡人也。"

三九、杜真。存文二節,其一叙杜真姓字及上檄章救翟酺事,見於《後漢書》卷四八《翟酺傳》"及杜真等上書訟之事得明釋卒於家"李注、《太平御覽》卷六四九《刑法部十五·笞》、《蜀中廣記》卷九一《著作記第 ·經部·石本九經》"援神鉤命解詁十二篇"引。其二叙杜真周覽求師,磨鏡自給,見於《太平御覽》卷七一七《服用部十九·鏡》等引。又,《華陽國志》卷一〇云:"杜真,字孟宗,綿竹人。"

四〇、常播。存文一節,見於《太平御覽》卷六五〇《刑法部十六·杖》引。

四一、馮信。存文一節,見於《太平御覽》卷七四三《疾病部·陽病》引。又,《華陽國志》卷一〇云:"馮信,字季誠,郪人也。郡三察孝廉,州舉茂才,公府十辟,公車再徵,不詣。"

四二、任永。存文一節,見於《太平御覽》卷七四三《疾病

部·陽病》引。又,《華陽國志》卷一〇云:"任永,字君業,僰道
人也。"

四三、馮顥。存文一節,見於《太平御覽》卷九二六《羽族部
十三·鷹》、《事類賦》卷一八《禽部·鷹賦》"至若梁冀貪而見求"
引。又,《華陽國志》卷一〇云:"馮顥,字叔宰,郪人也。"

四四、楊終。存文一節,見於《後漢書》卷四八《楊終傳》"終
爲范游説坐徙北地"李注、《樂府詩集》卷六八《雜曲歌辭》載王循
《晨風行》注、《蜀中廣記》卷九一《著作記第一·經部·石本九
經》"春秋外傳十二篇改定章句十五萬言"引。又,楊終,《後漢
書》卷四八有傳。

四五、楊統。存文一節,見於《後漢書》卷三〇上《楊厚傳》
"又就同郡鄭伯山受河洛書及天文推步之術"李注、《蜀中廣記》
卷五五《風俗記第一·川西道屬》、卷九一《著作記第一·經部·
石本九經》"內讖解説二卷"引。

四六、任文公。存文四節,其一云文公爲治中,云:五月一日
大水至耳。見於《北堂書鈔》卷七三《設官部二十五·治中一百
六十二》"文公知大水"引。《敦煌類書》錄文篇《籯金一部·并
序》卷二"別駕長史司馬篇第廿三"下三一二一二三一〇九"任文
公"引一條,作《益州傳》,亦言任文公預知大水事,文詳於《北堂
書鈔》卷七三所引,《益州傳》或《益部耆舊傳》之省稱。其二云爲
州從事,人稱之曰積行黨黨,見於《北堂書鈔》卷七三《設官部二
十五·從事一百六十五》"達道術"引。其三云任文公知有王莽
之變,見於《太平御覽》卷七五七《器物部二·甀》、《蜀中廣記》卷
六八《方物記第十·服用》引。其四云任文公自知死日,見於《天
地瑞祥志》第十七《石》、《太平御覽》卷五一《地部十六·石上》、
《太平寰宇記》卷七二《劍南西道一·益州》"武擔山"、《蜀中廣
記》卷二《名勝記第二·川西道·成都府二》引。又,任文公,《後
漢書》卷八二上《方術列傳上》有傳。

　　四七、秦宓。存文一節,見於《文選》卷五五《論下·演連珠五十首》"臣聞頓網探淵不能招龍……"李注引。又,秦宓,《三國志》卷三八有傳。

　　四八、董扶。存文一節,見於《三國志》卷三一《蜀書·劉二牧傳》"扶亦求爲蜀郡西部屬國都尉及太倉令會巴西趙韙去官俱隨焉"裴注、《北堂書鈔》卷九八《藝文部四·談講十三》"發辭抗論人莫能當"、《職官分紀》卷六《門下省·侍中》"在朝稱爲儒宗"引。

　　四九、任安。存文一節,見於《三國志》卷三八《蜀書·秦宓傳》"今處士任安……但愚情區區貪陳所見"裴注引。

　　五〇、譙周。存文一節,見於《三國志》卷四二《蜀書·譙周傳》"凡所著述撰定法訓五經論古史考書之屬百餘篇"裴注、《蜀中廣記》卷一〇五《畫苑記第一》引。又,譙周,《三國志》卷四二有傳。

　　五一、張肅、張松。存文一節,見於《太平御覽》卷三八九《人事部三十·容止》、卷四三二《人事部七十三·彊記》引。

　　五二、張表。存文一節,云張表,肅子也,見於《三國志》卷四三《蜀書·馬忠傳》"張表時名士……皆不及忠"裴注引。又,《華陽國志》卷一二云:"安南將軍張表,字伯遠,成都人也。伯父肅,廣漢太守,兄松,字子喬,州牧劉璋別駕從事。"與《三國志》卷四三裴注所引《益部耆舊傳》不同。

　　五三、張嶷。存文五節,其一云嶷出自孤微,而少有通壯之節,見於《三國志》卷四三《蜀書·張嶷傳》"張嶷字伯岐巴西郡南充國人也"裴注引。其二叙張嶷隨馬忠討叛羌事,見於《三國志》卷四三《蜀書·張嶷傳》"北討汶山叛羌南平四郡蠻夷輒有籌畫戰克之功"裴注引。其三叙張嶷與夏侯霸交往事,見於《三國志》卷四三《蜀書·張嶷傳》"然放蕩少禮人亦以此譏焉"裴注引。其四叙張嶷風濕固疾寖篤,仍請從姜維出征,見於《三國志》卷四三

《蜀書·張嶷傳》"衛將軍姜維率嶷等因簡之資以出隴西"裴注引。其五記張嶷之評價，見於《三國志》卷四三《蜀書·張嶷傳》"爲嶷立廟四時水旱輒祀之"裴注引。又，張嶷，《三國志》卷四三有傳。

五四、張浩。存文一節，見於《三國志》卷四五《蜀書·張翼傳》"高祖父司空浩曾祖父廣陵太守綱皆有名跡"裴注引。又，張浩，《三國志》卷四五《蜀書·張翼傳》有傳。

五五、張真妻黃帛。存文一節，見於《水經注》卷三三《江水》"又東南過僰道縣北若水淹水合從西來注之"、《太平御覽》卷一六六《州郡部十二·戎州》、《太平寰宇記》卷七九《劍南西道八·戎州》"鴛鴦圻"、《蜀中廣記》卷一五《名勝記第十五·下川南道·叙州府》、卷五六《風俗記第二·上下川南道屬》引。又，《華陽國志》卷一〇云："黃帛，僰道人，張貞妻也。"

五六、公乘會妻。存文二節，其一見於《太平御覽》卷三七三《人事部一十四·髮》引。其二見於《太平御覽》卷四四一《人事部八十二·貞女下》引。皆叙公乘會妻夫卒，斷髮割耳，以明不嫁事，而文字頗不同。

五七、叔先雄。存文一節，見於《太平御覽》卷六九《地部三十四·湍》、卷三九六《人事部三十七·溺》、卷四一五《人事部五十六·孝女》引。又，叔先雄，《後漢書》卷八四《列女傳》有傳。

五八、王上妻袁福。存文一節，見於《太平御覽》卷四四一《人事部八十二·貞女下》引。又，《華陽國志》卷一〇："袁福，亦德陽人，王上妻也。有二子，上以喪親過哀死，福哀感終身。父母欲改嫁，乃自殺。"

五九、楊鳳珪妻陳姬。存文一節，見於《太平御覽》卷三六八《人事部九·喉咽》、卷四四一《人事部八十二·貞女下》引。

六〇、史賢妻張昭儀。存文一節，見於《太平御覽》卷三六八《人事部九·喉咽》引。

六一、周繕紀妻曹禁。存文一節，見於《太平御覽》卷四四一《人事部八十二・貞女下》引。

六二、便敬妻王和。存文一節，見於《太平御覽》卷四四一《人事部八十二・貞女下》引。

六三、巴三貞。存文一節，見於《太平御覽》卷四四一《人事部八十二・貞女下》引。

六四、廖伯妻殷紀。存文一節，見於《太平御覽》卷四四一《人事部八十二・貞女下》引。

六五、王棠妻文拯。存文一節，見於《太平御覽》卷六〇六《文部二十二・褰》引。

六六、楊子拒妻劉奉漢。存文一節，見於《初學記》卷二六《服食部・酒第十一》“歡伯敗首”、《太平御覽》卷八四五《飲食部三・酒下》等引。

六七、姜詩妻。存文一節，見於《太平御覽》卷七〇《地部三十五・泉水》引。又，姜詩妻，《後漢書》卷八四《列女傳》有傳。

六八、哀牢夷。存文一節，見於《太平御覽》卷三六一《人事部二・産》引。

六九、相如宅。存文一節，見於《太平寰宇記》卷七二《劍南西道一・益州》“相如宅”引。

七〇、斯臾。《史記》卷一一七《司馬相如傳》“司馬長卿便略定西夷邛筰冉駹斯榆之君皆請爲内臣”索引案云“今斯讀如字，《益郡耆舊傳》謂之‘斯臾’”，知《益部耆舊傳》或當有斯臾。

七一、霸栩。《姓解》卷一《雨四十三》“霸”、《名賢氏族言行類稿》卷四六“霸”九百五皆云“《益部耆舊傳》有霸栩”，有目無文。

另有疑問者數條，其一叙楊仁事。存文一節，見於《初學記》卷一二《職官部下・侍御史第八》“橫劍持戟”引。《太平御覽》卷二二七《職官部二十五・侍御史》、《天中記》卷三二《侍御》“遮救宮門”各引一條，作《陳留耆舊傳》，叙楊仁事，與此條文字多同。楊仁，《後漢書》卷七九下《儒林列傳下》有傳，云：“楊仁，字文義，巴郡閬中人也。”則楊仁非陳留人，且據《後漢書·楊仁傳》，楊仁亦不曾在陳留爲官，《御覽》卷二二七、《天中記》卷三二引誤，存疑。明清類書等又引樊智、王離、張翕、趙瑛四人，云出《益部耆舊傳》或《益部耆舊記》，存疑。

　　陳壽《益部耆舊傳》所載，“由漢及魏”，今存佚文又有“哀牢夷”，所記或又有益部之少數民族人物。《晉書·陳壽傳》云梁州大中正、尚書郎范頵等上表建議收陳壽遺書，云陳壽作《三國志》“辭多勸誡，明乎得失，有益風化，雖文艷不若相如，而質直過之，願垂採録”。此評價亦適用於《益部耆舊傳》。《益部耆舊傳》載録漢魏間巴蜀人物，往往不見於《後漢書》及《三國志》，朱東潤以爲《益部耆舊傳》“是一部與《蜀志》互相表裡的名著”①，可謂中肯。陳壽爲史學家，善叙事，有良史之才，《益部耆舊傳》叙事張弛有道，多所實録，而時雜虛誕，叙述亦簡潔生動。

益部耆舊雜記

　　輯存。佚名撰。

　　《新唐書·藝文志》史部雜傳記類著録《益州耆舊雜傳記》二卷，無撰人。《三國志》裴注有引《益部耆舊雜記》和《益部耆舊傳雜記》者，當即《新唐書·藝文志》著録之《益州耆舊雜傳記》。

　　章宗源《隋書經籍志考證》史部雜傳類録《益州耆舊傳雜記》二卷，又録《續益部耆舊傳》二卷，“《益州耆舊傳雜記》二卷”考列其佚文所在，云：“見《新唐志》，無撰人名。《蜀志·劉焉傳注》、《先主傳注》、《楊洪傳注》、《楊戲傳注》並引《益州耆舊雜記》，《初

---

①朱東潤：《八代傳叙文學述論》，復旦大學出版社2006年，第103頁。

學記》人部張松爲人短小而放蕩，不理節操二語，稱《益部雜記》，
省耆舊二字。”“《續益部耆舊傳》二卷”云：“《梓潼士女志》，常寬
續陳壽《益部耆舊》，作《梁益篇》。”以爲《益州耆舊傳雜記》即《益
部耆舊雜記》。而《續益部耆舊傳》别爲一書。乃常寬所作，或稱
《梁益篇》。

　　侯康《補三國藝文志》卷三史類雜傳類補録“陳術《益部耆舊
雜傳記》二卷”條案云：“《隋志》有《續益部耆舊傳》三卷，《唐志》
有《益州耆舊雜傳記》二卷，皆無撰人。考《蜀志·李譔傳》稱時
又有漢中陳術，字申伯，博學多聞，著《益部耆舊傳》及《志》，《華
陽國志·漢中士女贊》亦同，則此書陳術撰也。（注云：《隋志》續
字疑衍。）《楊戲傳》稱《益部耆舊雜記》，載王嗣、常播、衛繼三人，
劉焉、先主、楊洪、楊戲諸傳注皆引《益部耆舊雜記》，或稱《耆舊
傳雜記》，雖不繫以陳術，大約皆術書。（注云：陳壽亦有《益部耆
舊傳》，然《楊戲傳》中必不自引其書，裴注引陳壽書多稱《耆舊
傳》，此數條獨稱《雜記》，與《楊戲傳》合，故知皆術書也。）則此書
又名《雜記》，《唐志》之名本於此也。（注云：《史記·曆書》‘巴落
下閎逢算轉曆’注引陳術云：‘徵士巴郡落下閎也。’）”侯康認爲
《新唐書·藝文志》所著録此書以及《三國志》裴注所引二書，與
《隋書·經籍志》史部雜傳類所著録之《續益部耆舊傳》三卷，即
陳術之書。盧弼《三國志集解》引沈家本云：“《新唐志》是書，‘雜
傳’二字誤倒，《楊戲傳》末云：‘《益部耆舊雜記》載王嗣、常播、衛
繼三人，皆劉氏王蜀時人，故録於篇。’據此《雜記》在陳壽之先，
故壽得采之，疑即陳述書也。”並以爲“沈説是”①。

　　姚振宗《隋書經籍志考證》“《續益部耆舊傳》二卷”條考證，
引章氏、侯氏考證，案云：“《後賢志·陳壽傳》明云漢中陳申伯、
祝元靈諸人，皆撰《耆舊傳》，壽以爲不足經遠，則陳術在陳壽之

────────
① 盧弼：《三國志集解》，中華書局 1982 年，第 716 頁。

前。壽撰《蜀志》,亦附其人於李譔傳後。術之書爲壽藍本中之一也。本《志》、《唐志》皆列此書於陳壽之後,名之曰續,與《後賢志・常寬傳》合,是出於寬爲多。寬即常璩所稱族祖,武平府君者是也。所撰《蜀後志》見地理類,是書亦名《梁益篇》云。"注云:"章氏亦以爲常寬書。"又案云:"沈氏《銅熨斗齋隨筆》云,《隋志》、《續益部耆舊傳》二卷,或即承祚之書。以此書爲陳壽撰,則失之愈遠。"

姚振宗以爲常璩《華陽國志・陳壽傳》明言陳術在陳壽之前,陳壽《三國志》也附《陳術傳》於《李譔傳》後,則陳術所撰《益部耆舊傳》當在陳壽之前,"術之書爲壽藍本中之一也",姚氏之言甚是,《益部耆舊雜記》或《益部耆舊傳雜記》或《益州耆舊雜傳記》當非陳術之書。其作者已不可考。

今所見《三國志・裴注》引《益部耆舊雜記》者八人事蹟,引《益部耆舊傳雜記》者二人,其中《三國志》卷四五《蜀書・楊戲傳》"孫德名福……福以前監軍領司馬卒"裴注引一條作《益部耆舊傳雜記》,叙李福事,云諸葛亮於武功病篤,後主遣福省侍,遂因諮以國家大計。《諸葛忠武書》卷七《調御》引一節,云出《益部耆舊雜記》,而文與此稍略而已。則《益部耆舊雜記》與《益部耆舊傳雜記》,當是一書。

陳陽輯得《益部耆舊雜記》附於《益部耆舊傳》後,得王嗣、常播、衛繼、李權、何祗、張任、李氏三龍、張松、諸葛亮[1]。《漢魏六朝雜傳集》據《三國志》裴注等書徵引輯録,得十一人事蹟,計有:李權、張肅、張松、張任、何祗、王離、李福、李朝、王嗣、常播、衛繼。

今簡括諸書所引,以人名標目,條列其佚文如下。

────────────

[1]陳陽:《陳壽〈益部耆舊傳〉輯録與研究》,四川大學 2006 年 4 月碩士學位論文,第 65—70 頁。

一、李權。存文一節，見於《三國志》卷三一《蜀書·劉二牧傳》"又託他事殺州中豪彊王咸李權等十餘人以立威刑"裴注引。

二、張蕭、張松。存文一節，見於《三國志》卷三二《蜀書·先主傳》"於是璋收斬松嫌隙始構矣"裴注及《諸葛忠武書》卷七《調御》、《天中記》卷二十五《德譽》"闇誦"引。

三、張任。存文二節，其一云張任少有膽勇，有志節，仕州爲從事，見於《三國志》卷三二《蜀書·先主傳》"璋遣劉璝冷苞張任鄧賢等拒先主於涪"裴注引。其二叙劉璋遣張任、劉璝率精兵拒捍先主於涪，張任戰敗被殺，見於《三國志》卷三二《蜀書·先主傳》"十九年夏雒城破"裴注引。

四、何祗、王離。存文一節，見於《三國志》卷四一《蜀書·楊洪傳》"門下書佐何祗……是以西土咸服諸葛亮能盡時人之器用也"裴注引。

五、李福。存文一節，見於《三國志》卷四五《蜀書·楊戲傳》"孫德名福……福以前監軍領司馬卒"裴注及《諸葛忠武書》卷七《調御》引。

六、李朝。存文一節，見於《三國志》卷四五《蜀書·楊戲傳》"偉南名朝……章武二年卒於永安"裴注引。

七、王嗣。存文一節，見於《三國志》卷四五《蜀書·楊戲傳》"普至廷尉濬至太常封侯"裴注引。

八、常播。存文一節，見於《三國志》卷四五《蜀書·楊戲傳》"普至廷尉濬至太常封侯"裴注引。

九、衛繼。存文一節，見於《三國志》卷四五《蜀書·楊戲傳》"普至廷尉濬至太常封侯"裴注引。

《益部耆舊雜記》所見存文多闕，而如《何祗》叙及何祗生平、官歷、政事及卒後事，存文頗詳，似即完篇。頗可見何祗個性，叙事詳略有致，亦善叙事者。

益州耆舊傳

輯存。佚名撰。

今見諸書有引《益州耆舊傳》者三節文字,《三國志》卷三八《蜀書·許靖傳》"南陽宋仲子於荆州與蜀郡太守王商書曰文休偭儻瑰瑋有當世之具足下當以爲指南"裴注引一節,作《益州耆舊傳》,叙王商事;《緯略》卷一《解鳥語》引一節,注出《益州耆舊傳》,叙楊宣事;《全芳備祖》後集卷三《果部·橘》引一節,注出《益州耆舊傳》,叙楊由事。

常璩《華陽國志》之《後賢志·陳壽傳》云:"益部自建武後,蜀郡鄭伯邑、太尉趙彦信,及漢中陳申伯、祝元靈、廣漢王文表皆以博學洽聞,作巴、蜀《耆舊傳》……"陳壽《益部耆舊傳》之外,有鄭廑、趙謙、祝龜、王商、陳術等諸家作巴、蜀《耆舊傳》者,此三節文字,或出此數種巴、蜀《耆舊傳》。《漢魏六朝雜傳集》據以輯録,附於陳壽書之後。

襄陽耆舊記

輯存。習鑿齒撰。原五卷。

習鑿齒《襄陽耆舊記》,歷代史志書目著録和諸書徵引題名不一,或稱《襄陽耆舊記》,或稱《襄陽耆舊傳》,《隋書·經籍志》史部雜傳類著録稱《襄陽耆舊記》,《舊唐書·經籍志》史部雜傳類、《新唐書·藝文志》史部雜傳記類著録稱《襄陽耆舊傳》。唐代以後書目,《郡齋讀書志》、《宋史·藝文志》、《玉海》等稱《襄陽耆舊記》;而《崇文總目》、《直齋書録解題》等稱《襄陽耆舊傳》。諸書志著録均言"五卷"。晁公武云:"前載襄陽人物,中載其山川城邑,後載其牧守。《隋·經籍志》曰《耆舊記》,《唐·藝文志》

曰《耆舊傳》。觀其書，紀録叢脞，非傳體也，名當從《經籍志》
云。"①晁氏所言名當從《經籍志》是在理之言，而其言非傳體則
值得商榷。《玉海・地理》地理書"《選》注引習鑿齒《襄陽耆舊傳
記》"注引《中興書目》又云："（此書）載先賢事蹟及山川地理，末
有賀鑄題，疑記述無倫貫，非全書云。"章宗源《隋書經籍志考證》
卷一三史部雜傳類"《襄陽耆舊記》"條云："《續漢郡國志》注'蔡
陽有松子亭，下有神陂'引《襄陽耆舊傳》，《文選・南都賦》注同
引之，則稱《耆舊記》，劉昭生處梁代，其所見在《隋志》前，則知稱
傳之名，其來已久。《三國志》注多省文，稱《襄陽記》。（《水經
注》、《後漢書注》亦同省文。）"由此可知，習鑿齒此書，不僅記録
先賢人物，亦載山川地理，稱傳或記，均自有出處，在於側重不
同，由於原書已佚，難知其原名，其名從《隋書・經籍志》著録所
題《襄陽耆舊記》爲宜。

　　習鑿齒，《晉書》卷八二有傳。其云："習鑿齒，字彦威，襄陽
人也。宗族富盛，世爲鄉豪。鑿齒少有志氣，博學洽聞，以文筆
著稱。"荊州刺史桓温辟爲從事，江夏相袁喬深器之，數稱其才於
温，轉西曹主簿，親遇隆密，遷别駕，出爲滎陽太守。及苻堅陷襄
陽，取習鑿齒及釋道安歸長安，比之晉平吴獲二陸。及晉重奪襄
鄧，朝廷欲徵鑿齒，使典國史，會卒，不果。著有《漢晉春秋》、《襄
陽耆舊記》、《逸人高士傳》等書。習鑿齒有集，《隋書・經籍志》、
《舊唐書・經籍志》、《新唐書・藝文志》並載"五卷"。

　　《襄陽耆舊記》一書已佚，涵本《説郛》摘引三人事蹟，宛本
《説郛》輯存十八人事蹟，涵本《説郛》首節述黄承彦説諸葛亮娶
婦事，宛本《説郛》亦載，餘二節分别述民間私祭諸葛亮事和荀巨
伯事，爲諸本所無。《五朝小説》、《五朝小説大觀》、《舊小説甲

①晁公武撰，孫猛校證：《郡齋讀書志校證》卷九傳記類"《襄陽耆舊記》"
　條，上海古籍出版社1990年，第364—365頁。

集》各存數節,不出宛本《說郛》所載。今有任兆麟校本,杜文瀾、王仁俊、吳慶燾三家輯本。任兆麟校本前有明人陸長庚序云:"紹熙初,太守吳琚刻於郡齋,泯滅久,郡無得而觀焉。宣城少司寇胡公價,初令臨海,得于學士,先生梓以歸,前載人物,中載山川、城邑,後載牧守。"任兆麟序云:"余家藏有《襄陽耆舊傳》一册,亦習氏所著,前神宗時郡齋刊本。考原書,前載人物,中載山川、城邑,後載牧守。《隋志》稱記,《唐志》始稱傳,今本不載山川、城邑……"①任兆麟校本後有周中孚跋語,其云:"此本前有明萬曆癸巳陸長庚舊序,稱《襄陽耆舊傳》,紹熙初太守吳琚刻於郡齋,泯滅久,郡無得而觀焉。宣城胡價初得於臨海,梓以歸,前載人物,中載山川、城邑,後載牧守云云。是價初梓與習氏說合,當屬宋人舊本。而是本止三卷,前二卷爲人物,凡三十二人,後一卷爲牧宰,凡十人。……則又與長庚所序胡刊本不合。夫文田所藏亦即胡本,疑原本已亡其山川、城邑二卷。"②可見,任校本出於陸氏本,缺山川、城邑二卷。任氏在此基礎上"補正數處"③,杜文瀾"從任氏本錄之",載於《曼陀羅華閣叢書》之《古謠諺》卷一九;王仁俊據《稽瑞》採得一節,叙黃穆事蹟,爲諸本所無,錄於《玉函山房輯佚書補編》和《經籍佚文》中,《補編》所錄簡略,而《經籍佚文》較詳。吳慶燾又以任兆麟心齋本爲底本,又"搜輯群書,得若干事,釐爲二卷,以補任本山川、城邑之闕。外補入人物、牧守者復得數事。其有一事而徵引各殊者,別爲考異

---

① 陸長庚:《襄陽耆舊記·序》、任兆麟:《襄陽耆舊記·序》,《心齋十種》本《襄陽耆舊記》,乾隆五十三年刊本。

② 周中孚:《鄭堂讀書記》卷二三史部九傳記類二"《襄陽耆舊記》"條,商務印書館 1959 年,第 470 頁。

③ 任兆麟:《襄陽耆舊記·序》,《心齋十種》本《襄陽耆舊記》,乾隆五十三年刊本。

一卷"①。另外，王謨、王仁俊又輯有《襄陽記》，實亦爲習鑿齒《襄陽耆舊記》，王謨所輯録於《增訂漢魏叢書》中，王仁俊所輯録於《玉函山房輯佚書補編》中。

今人黄惠賢又對《襄陽耆舊記》作了校訂、輯補，"在人物、守宰的三卷，以《心齋十種》本爲底本，參考吳慶燾本，著重於校勘；山川、城邑二卷，參考清人王謨輯習鑿齒《襄陽記》和吳本，著重在於輯補，附帶作點校勘"，由中州古籍出版社出版②。《漢魏六朝雜傳集》據諸書徵引，參之任兆麟校本、杜文瀾、王仁俊、吳慶燾、黄惠賢各家輯本，新輯其文，得宋玉、秦豐、田戎、陳義、習郁、習温、龐德公、龐山民、龐涣、司馬徽、龐林婦、龐統、黄穆、黄奂、胡宜、胡廣、王昌、習竺、黄承彦、諸葛亮、馬謖、董恢、羅憲、向朗、向條、向充、潘記、習珍、李衡、張悌、楊顒、習禎、習暇、潘祕、羅尚、秦頡、狼子、張他、張忠、蔡瑁、王諶、胡烈、羊祜、杜預、山簡、劉弘四十六人事蹟，又得中正、冠蓋山、熨斗陂、中廬山、石梁山、薤山、方山、岑山、襄陽、粗中、牽羊壇、呼鷹臺、諸葛女郎墓、松子亭、木蘭橋、諸葛孔明故宅十六事。

今簡括諸書所引，以人名標目，條列其佚文如下。

一、宋玉。存文二節，其一叙楚襄王既美宋玉之才，而憎其似屈原，喻之而宋玉答，見於《北堂書鈔》卷一〇六《樂部二·歌篇二》"白雪歌"、"魚離歌"、"採菱"、"白露歌"、《藝文類聚》卷四三《樂部三·歌》、《初學記》卷一五《樂部上·歌第四》"含徵吐角"、《白氏六帖事類集》卷一八《歌十二》"含商吐角"、《太平御覽》卷五七二《樂部十·歌三》、《事類賦》卷一一《樂部·歌賦》"楚國陽春"、《海録碎事》卷一六《音樂部·歌曲名門》"曲高寡

①吳慶燾：《襄陽耆舊記·序》，清光緒二十五年刊本。
②黄惠賢：《校補襄陽耆舊記·序》，黄惠賢《校補襄陽耆舊記》，中州古籍
　出版社 1987 年，第 6 頁。

和”等引。其二敘楚襄王與宋玉遊於雲夢之野，將使宋玉賦高唐之事，見於《文選》卷一九《情・高唐賦》“夢見一婦人曰妾巫山之女也”李注、《太平御覽》卷一〇六《天部十・雨上》、卷三八一《人事部二十二・美婦人下》、卷三九九《人事部四十・應夢》、《事類賦》卷三《天部・雨賦》“儼高唐之麗質”、《海録碎事》卷九上《聖賢人事部下・夢寐門》“精夢爲芝”、卷一三下《鬼神門》“姚姬”、《方輿勝覽》卷五七《夔州路・夔州・祠廟》“高唐神女廟”等引；又，《類説》卷二、《紺珠集》卷九各録一節。

二、秦豐。存文一節，見於《後漢書》卷一上《光武帝紀上》“秦豐自號楚黎王”李注引。

三、田戎、陳義。存文一節，見於《後漢書》卷一七《岑彭傳》“時田戎擁衆夷陵”李注引。

四、習郁。存文二節，其一見於《北堂書鈔》卷五八《設官部十・侍中六十二》“從幸黎邱”、《藝文類聚》卷四九《職官部五・鴻臚》、《太平御覽》卷九〇六《獸部十八・鹿》、《能改齋漫録》卷二《事始》“墓路稱神道”等引。其二見於《後漢書》卷八三《逸民列傳・龐公傳》“遂攜其妻子登鹿門山因采藥不反”李注、《九家集注杜詩》卷五《古詩・遣興五首》注引。二節所敘事同，而文字詳略不同。

五、習温。存文一節，見於《太平御覽》卷六三四《治道部十五・急假》引。

六、龐德公、龐山民、龐涣。存文六節，其一龐德公及其二子，見於《三國志》卷三七《蜀書・龐統傳》“稱統當爲南州士之冠冕由是漸顯”裴注引。其文頗備，囊括以下諸節文字。其二諸葛孔明、司馬德操詣見龐德公之軼事，見於《後漢書》卷八三《逸民列傳・龐公傳》“龐公者南郡襄陽人也居峴山之南”李注、《北堂書鈔》卷八五《禮儀部六・拜揖十二》“孔明拜德公”、《太平御覽》卷八五〇《飲食部八・黍》等引；《類説》卷二、《紺珠集》卷九各録一節。其三龐德公對劉表問，見於《北堂書鈔》卷一五八《地理部二·穴篇十三》、《藝文類聚》卷六三《居處部三·城》、《記纂淵海》卷五一《性行部十五·隱逸》引。其四叙龐德公躬耕，妻子相待如賓，休息則正巾端坐，見於《初學記》卷一七《人部·恭敬第六》"正巾斂衽"、《太平御覽》卷八二二《資産部二·耕》引。其五叙龐德公之子龐涣事，見於《白氏六帖事類集》卷一二《棄官二十八》"池中龍種"、《太平御覽》卷四〇三《人事部四十四·道德》、《錦繡萬花谷後集》卷二一《棄官》"池中種龍"等引；《類説》卷二、《紺珠集》卷九各録一節。其六叙龐德公識龐統，見於《世説新語·言語》第九條劉注、《太平御覽》卷五一二《宗親部二·伯叔》引。

七、司馬徽。存文二節，其一叙司馬德操對劉備訪世事，見於《三國志》卷三五《蜀書·諸葛亮傳》"徐庶見先主……將軍豈願見之乎"裴注、《太平御覽》卷四四四《人事部八十五·知人下》引。其二叙司馬德操知劉表必有變，思退縮以自全，見於《記纂淵海》卷八八《識見部九·保身》引。

八、龐林婦。存文一節，見於《三國志》卷三七《蜀書·龐統傳》"統弟林……至鉅鹿太守"裴注引。

九、龐統。存文三節，其一云人目龐統爲鳳雛，見於《緯略》卷三《鳳毛》引。其二云刺史云可舉龐統爲别駕，見於《敦煌類書》録文篇《籝金一部·并序》卷二"别駕長史司馬篇第廿三"下三一二—二三一〇八"龐士元"引。其三云龐統爲郡功曹，性好人倫，每所稱述多過其中，見於《文選》卷三六《教·爲宋公修楚元王墓教》"素風道業作範後昆"李注引、卷三八《表·爲范尚書讓吏部封侯第一表》"拔十得五尚曰比肩"李注引；《紺珠集》卷九録一節。

一〇、黄穆。存文一節，見於《北堂書鈔》卷七五《設官部二十七·太守中一百六十六》"神爵降"、《稽瑞》"山陽白鳩京師青雀"、《太平御覽》卷二二《時序部七·夏中》、《海録碎事》卷七上

《聖賢人事部上・兄弟門》"二黃"等引。

一一、黃奐。存文一節，見於《北堂書鈔》卷七六《設官部二十八・太守下一百六十六》"黃奐貪穢無行"引。

一二、胡宜。存文一節，見於《北堂書鈔》卷三八《政術部十二・廉潔三十二》"妻子不衣帛"引。

一三、胡廣。存文一節，見於《後漢書》卷四四《胡廣傳》"廣少孤貧親執家苦"李注引。

一四、王昌。存文一節，見於《太平御覽》卷六八九《服章部六・衣》等引。

一五、習竺。存文一節，見於《北堂書鈔》卷一○四《藝文部十・硯四十七》"與同硯書"、《小名錄》卷上引。

一六、黃承彦。存文一節，見於《三國志》卷三五《蜀書・諸葛亮傳》"亮子瞻嗣爵"裴注、《初學記》卷一九《人部下・醜人第三》"誕女亮妻"、《太平御覽》卷三八二《人事部二十三・醜婦人》、卷四九六《人事部一百三十七・諺下》、《錦繡萬花谷續集》卷五《醜人》"孔明婦"等引；《紺珠集》卷九錄一節。

一七、諸葛亮。存文二節，其一記馬謖坐死罪，臨終與亮書，見於《太平御覽》卷六四三《刑法部九・獄》引。其二叙亮初亡，所在各求爲立廟，見於《三國志》卷三五《蜀書・諸葛亮傳》"六年春詔爲亮立廟於沔陽"裴注、《北堂書鈔》卷三五《政術部九・遺愛二十三》"周人懷召伯之德甘棠爲之不伐越王思范蠡之功鑄金以存其像"、"百姓巷祭戎夷野祀"、卷八八《禮儀部九・祭祀總上十八》"祭諸葛於道陌"、《太平御覽》卷五二六《禮儀部五・祭禮下》引。

一八、馬謖。存文二節，其一叙馬謖獻策定南中事，見於《三國志》卷三九《蜀書・馬良傳》"每引見談論自晝達夜"裴注引。其二記謖臨終與亮書，見於《三國志》卷三九《蜀書・馬良傳》"良死時年三十六謖年三十九"裴注引。

一九、董恢。存文一節，見於《三國志》卷三九《蜀書·董允傳》“其守正下士凡此類也”裴注引。又，《語林》卷一《德行第一上》引一節，作《襄陽記》，文與此略異。

二〇、羅憲。存文一節，見於《三國志》卷四一《蜀書·霍峻傳》“弋與巴東領軍襄陽羅憲各保全一方……寵待有加”裴注引。又，《初學記》卷一七《人部·忠第三》引一節，作習鑿齒《襄陽耆舊記》；《太平御覽》卷四一七《人事部五十八·忠勇》引一節，作《襄陽耆舊傳》；作羅獻，當即羅憲，文略異。

二一、向朗。存文二節，其一叙向朗少師事司馬德操，與徐元直、韓德高、龐士元皆親善，見於《三國志》卷四一《蜀書·向朗傳》“向朗字巨達襄陽宜城人也”裴注引。其二記向朗遺言戒子，見於《三國志》卷四一《蜀書·向朗傳》“延熙十年卒”裴注引。

二二、向條。存文一節，見於《三國志》卷四一《蜀書·向朗傳》“子條嗣景耀中爲御史中丞”裴注引。

二三、向充。存文一節，見於《三國志》卷四一《蜀書·向朗傳》“朗兄子寵……寵弟充歷射聲校尉尚書”裴注、《北堂書鈔》卷五八《設官部十·散騎常侍》“譙周博物洽聞”引。

二四、潘記。存文一節，見於《太平御覽》卷四四四《人事部八十五·知人下》引。

二五、習珣。存文一節，見於《太平御覽》卷四一七《人事部五十八·忠勇》引。

二六、李衡。存文一節，見於《三國志》卷四八《吳書·三嗣主傳·孫休傳》“遣衡還郡勿令自疑”裴注、《北堂書鈔》卷三六《政術部十·威嚴二十六》“口陳呂壺”、《藝文類聚》卷六四《居處部四·宅舍》、卷八六《菓部上·甘》、《初學記》卷二八《果木部·甘第八》、《太平御覽》卷一一八《偏霸部二·孫休》、卷四四四《人事部八十五·知人下》、卷六四五《刑法部十一·誅》、卷六八一《儀式部二·榮載》、卷九六六《果部三·甘》、《事類賦》卷二七

《果部·甘賦》"植武陵之木奴"、《古今事文類聚後集》卷二七《菓實部·橘》"千頭木奴"、《古今合璧事類備要别集》卷四六《菓門·柑子》"歲用足"等引；《類説》卷二、《紺珠集》卷九各錄一節。

二七、張悌。存文一節，見於《三國志》卷四八《吳書·三嗣主傳·孫晧傳》"渾復斬丞相張悌丹陽太守沈瑩等所在戰克"裴注、《文選》卷五三《論中·辯亡論上》"雖忠臣孤憤烈士死節將奚救哉"李注、《太平御覽》卷四一七《人事部五十八·忠勇》、《記纂淵海》卷一四三《叙述部·受知》引。

二八、楊顒。存文一節，見於《三國志》卷四五《蜀書·楊戲傳》"顒亦荆州人也……其見重如此"裴注、《北堂書鈔》卷六九《設官部二十一·主簿一百四十》"入諫諸葛"引。

二九、習禎。存文一節，見於《三國志》卷四五《蜀書·楊戲傳》"文祥名禎……子忠官至尚書郎"裴注、《北堂書鈔》卷九八《藝文部四·談講十三》"善談論"引。

三〇、習嘏。存文一節，見於《北堂書鈔》卷六八《設官部二十·功曹一百三十九》"止舉大綱不拘文法"、"山簡器習嘏"、《職官分紀》卷三三《功曹》"新婦"等引。

三一、潘祕。存文一節，見於《三國志》卷六一《吳書·潘濬傳》"濬卒子翥嗣濬女配建昌侯孫慮"裴注引。

三二、羅尚。存文二節，其一叙羅尚貪而不斷，付任失所，見於《太平御覽》卷四九二《人事部一百三十二·貪》引。其二叙羅尚爲右丞，因左丞罪牽連，受杖一百，見於《太平御覽》卷六五〇《刑法部十六·杖》引。

三三、秦頡。存文一節，見於《北堂書鈔》卷九四《禮儀部十五·冢墓四十二》"車不肯前"、《太平御覽》卷五五六《禮儀部三十五·葬送四》引。

三四、狠子。存文一節，見於《北堂書鈔》卷一六〇《地部四·石篇》引二條，《太平御覽》卷五五六《禮儀部三十五·葬送四》引。

三五、張他。存文一節，見於《職官分紀》卷四二《卒》"賜俸錢五千"引。

三六、張忠。存文一節，見於《海録碎事》卷八上《聖賢人事部中·老稚門》"八百錢馬"引。

三七、蔡瑁。存文一節，見於《同姓名録》卷四引。又，《天中記》卷一〇《洲》"蔡洲"引一條，作《襄陽耆舊》，文詳於《同姓名録》卷四引。

三八、王諶。存文一節，見於《北堂書鈔》卷五四《設官部六·少府二十五》"王諶有容止"引。

三九、胡烈。存文一節，見於《太平御覽》卷四六五《人事部一〇六·歌》引。

四〇、羊祜。存文一節，見於《藝文類聚》卷三五《人部十九·泣》、卷七九《靈異部下·魂魄》、《太平御覽》卷八八六《妖異部二·魂魄》、《古今事文類聚後集》卷二〇《肖貌部·魂魄》"魂魄登山"等引。

四一、杜預。存文一節，見於《文選》卷三八《表·爲范始興作求立太宰碑表》"儻驗杜預山頂之言庶存馬駿必拜之感"李注引。

四二、山簡。存文四節，其一見於《世説新語·任誕》第一九條劉注、《太平御覽》卷八四五《飲食部三·酒下》小注等引。其二見於《藝文類聚》卷一九《人部三·謳謡》、《太平御覽》卷四六五《人事部一〇六·歌》、卷四九七《人事部一百三十八·酣醉》、《琱玉集》卷一四《嗜酒篇第五》、《敦煌類書》録文篇《語對》〔十二〕"宴樂"下三一一——一二一〇八"倒載"引。其三見於《藝文類聚》卷九《水部下·池》、《太平御覽》卷六七《地部三十二·池》、卷五五六《禮儀部三十五·葬送四》、《方輿勝覽》卷三二《京西路·襄陽府·古跡》"習家池"引。其四見於《初學記》卷八《州郡部·山南道第七》"習池葛井"、《錦繡萬花谷後集》卷六《襄陽府》"習池"引。四節文字皆言及山簡與習池事,而叙述重心各不同。

四三、劉弘。存文一節,見於《北堂書鈔》卷一三五《服飾部四·香爐三十七》"上厠過爐"、《藝文類聚》卷七〇《服飾部下·香爐》、《初學記》卷二五《器用部·香鑪第八》、《白氏六帖事類集》卷三《厠十五》"香煙上過"、《太平御覽》卷二一〇《職官部八·尚書令》、卷七〇三《服用部五·香爐》、《職官分紀》卷八《尚書令》"坐處三日香"、《海録碎事》卷八上《聖賢人事部中·滑稽門》"三日香"、《古今事文類聚續集》卷一〇《居處部·厠》"厠置香爐"、卷一二《香茶部·香》"性愛薰香"、《古今合璧事類備要外集》卷四一《香》"愛熏香"等引。

此四十六人之外,諸書徵引出《襄陽耆舊記》者,又尚有十六事:

一、中正。存文一節,見於《太平御覽》卷二六五《職官部六十三·中正》、《職官分紀》卷四一《總郡佐·中正》引。

二、冠蓋山。存文一節,見於《海録碎事》卷三下《鄉里門》"冠蓋山"引,《類説》卷二、《紺珠集》卷九各録一節。

三、熨斗陂。存文一節,見於《編珠》卷一《天地部》"熨斗陂香爐石"、《藝文類聚》卷九《水部下·陂》引。

四、中廬山。存文一節,見於《後漢書·郡國志·郡國四》"中廬侯國"劉注、《北堂書鈔》卷一五八《地部二·穴篇十三》、《藝文類聚》卷九三《獸部上·馬》、《太平御覽》卷八九七《獸部九·馬五》引。

五、石梁山。存文一節,見於《太平御覽》卷四三《地部八·石梁山》引。

六、薤山。存文一節,見於《太平御覽》卷四三《地部八·薤山》引。

七、方山。存文一節,見於《後漢書·郡國志·郡國四》"襄陽有阿頭山"劉注引。

八、岑山。存文一節,見於《海録碎事》卷三上《地部上·總載山門》"三公"引,《類説》卷二、《紺珠集》卷九各録一節。

九、襄陽。存文一節,見於《初學記》卷八《州郡部·山南道第七》"南峴北津"、《太平御覽》卷一六八《州郡部十四·襄州》引。

一〇、柤中。存文一節,見於《三國志》卷五六《吳書·朱然傳》"赤烏五年征柤中"裴注引。

一一、牽羊壇。存文一節,見於《海録碎事》卷一二《臣職部下·刺史門》"牽羊壇"、《分門古今類事》卷一八《雜誌門》"南雍羊壇"引,《類説》卷二、《紺珠集》卷九各録一節。

一二、呼鷹臺。存文一節,見於《海録碎事》卷一二《臣職部下·刺史門》"呼鷹臺"引,《類説》卷二、《紺珠集》卷九各録一節。

一三、諸葛女郎墓。存文一節,見於《太平御覽》卷五五六《禮儀部三十五·葬送四》引。

一四、松子亭。存文二節,見於《後漢書·郡國志·郡國四》"蔡陽侯國"劉注、《文選》卷四《南都賦》"松子神陂赤靈解角"李注引。

一五、木蘭橋。存文一節,見於《初學記》卷二九《獸部·豕第九》"長垣澤木蘭橋"、《太平御覽》卷七三《地部三十八·橋》、卷九〇三《獸部十五·豕》引。

一六、諸葛孔明故宅。存文一節,見於《續談助》卷四《殷芸小説》引。

諸書徵引又有作《襄陽耆舊傳》或《襄陽耆舊記》者,考其文,頗有疑問,附録於此,以備檢討。又有明清類書引作《襄陽耆舊傳》或《襄陽耆舊記》者而不見他書徵引,亦録於此。

一、李密。《職官分紀》卷二八《司經局洗馬》"不空有名"引一節,作《襄陽耆舊傳》。《天中記》卷三〇《洗馬》"不空有名"引一節,作《襄陽耆舊》,文與《職官分紀》卷二八略同,惟末句下又有"後劉終復以洗馬徵"句。案:李密,《晉書》卷八八有傳,其云;"李密,字令伯,犍爲武陽人也,一名虔。"故此條或出《益部耆舊傳》而非《襄陽耆舊傳》。

二、辛宣仲。《類説》卷二引《襄陽耆舊傳》、《紺珠集》卷九習鑿齒《襄陽耆舊傳》各録一節;《廣博物志》卷四三《草木下》引一節,作《襄陽耆舊傳》。案:諸書引辛宣仲事,或稱"巴陵王脩若"、"宋邵陵王脩若"、"竟陵王"等,或當非《襄陽耆舊記》之文,黃惠賢亦以爲此條不當屬習鑿齒《襄陽耆舊記》之文①。

三、望楚山。《太平御覽》卷三二《時序部十七·九月九日》、卷四三《地部八·望楚山》、《事類賦》卷五《歲時部二·秋賦》"三陞則山簡登躋"、卷七《地部·山賦》"馬鞍牛脾"、四庫本《北堂書鈔》卷一五五《歲時部三·九月九日二十》"望楚山"、《天中記》卷五《九月九日》"望楚山"各引一節,作《襄陽記》。案:諸書引此條,有"宋元嘉中",或當非《襄陽耆舊記》之文,黃惠賢亦以爲此條不當屬習鑿齒《襄陽耆舊記》之文②。

四、玉鏡玉屐。《類説》卷二引《襄陽耆舊傳》、《紺珠集》卷九習鑿齒《襄陽耆舊傳》各録一節。案:《類説》卷二、《紺珠集》卷九引此節,文中有"齊建元中",或當非《襄陽耆舊記》之文,黃惠賢亦以爲此條不當屬習鑿齒《襄陽耆舊記》之文③。

五、槎頭縮項鯿。《類説》卷二《襄陽耆舊傳》、《紺珠集》卷九習鑿齒《襄陽耆舊傳》各録一節;《能改齋漫録》卷六《事實》"槎頭縮項鯿"、《錦繡萬花谷前集》卷三六《魚蟹》"槎頭鯿"、《天中記》

卷五六《魚》"槎頭鯿"各引一節,作《襄陽耆舊傳》;《緯略》卷五《蟹斷》引一節,作習鑿齒《襄陽耆舊傳》。案:此節文中有云"宋張敬兒"、"齊高帝",或當非《襄陽耆舊記》之文。

六、鄧遐。《天中記》卷五六《蛟》"斬蛟渚"、《淵鑑類函》卷四三八《鱗介部二·蛟》各引一節,作《襄陽耆舊傳》。案:又,四庫本《北堂書鈔》卷一五八《地理部二·漢二十一》"入水截蛟"引一節,作《荆州記》,其云:"沔水隈潭極深,先有蛟爲害。鄧遐爲襄陽太守,拔劍入水,蛟繞其足,遐自揮劍截蛟數段,流血丹水,勇冠當時。于後遂無蛟害。"諸書引鄧遐事多作《荆州記》。

七、鄧攸。《淵鑑類函》卷二六六《人部二十五·謳謡》引一節,作《襄陽耆舊記》。案:鄧攸,《晉書》卷九〇有傳,其云:"鄧攸,字伯道,平陽襄陵人也。"故此或非《襄陽耆舊記》之文。黃惠賢亦以爲此條不當屬習鑿齒《襄陽耆舊記》之文[①]。

八、馬良。《淵鑑類函》卷二六〇《人部十九·眉四》"白眉"引一節,作《襄陽耆舊傳》。案:馬良,《三國志》卷三九《蜀書》有傳,其云:"馬良字季常,襄陽宜城人也。兄弟五人,並有才名。"馬良爲襄陽人,且兄弟五人並有才名而馬良最著,似當入《襄陽耆舊記》,然惟見《淵鑑類函》稱引,似不足據,存疑。

《襄陽耆舊記》乃典型之"郡國之書"[②],即地方人物傳,多是爲了顯揚當地的地方文化傳統與誇耀當地人傑地靈,並以此教育子弟,肅正民風。劉知幾云:"汝、潁奇士,江、漢英靈,人物所生,載光郡國。"又云:"夫郡國之記,譜牒之書,務欲矜其州里,誇

① 黃惠賢:《校補襄陽耆舊記》,中州古籍出版社 1987 年,第 90 頁。
② 魏徵等:《隋書·經籍志》雜傳類序,中華書局 2011 年,第 982 頁。郡國之書主要指地方人物傳,如《益部耆舊傳》等。

其氏族。"又説:"郡書者,矜其鄉賢,美其邦族。"①故其傳人叙事,多以"矜"、"美"爲主。且善于使用民諺、民謠來凸顯人物、評判人物。如言黃穆、黃奐兄弟二人之不同,便引用了武陵人諺:"天有冬夏,人有二黃。"又如傳胡烈,即援引了百姓之歌:"美哉明后,儁哲惟嶷。陶廣乾坤,周孔是則。文武播暢,威振遐域。"不僅凸顯了人物個性品行,而民謠之獨特地方特色,也使《襄陽者舊記》具有了濃烈的荆楚風情。

逸民高士傳

輯存。習鑿齒撰。原八卷。

習鑿齒《逸民高士傳》,《隋書·經籍志》無著録,《舊唐書·經籍志》史部雜傳類、《新唐書·藝文志》史部雜傳記類著録習鑿齒《逸人高士傳》八卷。《北堂書鈔》、《太平御覽》徵引作《逸民高士傳》或《逸民傳》,《舊唐書·經籍志》、《新唐書·藝文志》作《逸人高士傳》,蓋因承襲唐人避諱所致,當作"民"爲是。

習鑿齒,生平事蹟已見前録。《晉書》卷八二有傳,其云:"習鑿齒,字彦威,襄陽人也。宗族富盛,世爲鄉豪。鑿齒少有志氣,博學洽聞,以文筆著稱。"官至滎陽太守。

習鑿齒《逸民高士傳》佚失殆盡,今存董威輦一人事蹟,《北堂書鈔》卷八七《禮儀部八·社稷十七》"威輦在白社"引一節,作習鑿齒《逸民傳》;《太平御覽》卷五三二《禮儀部十一·社稷》引一節,作習鑿齒《逸民高士傳》。《漢魏六朝雜傳集》據《北堂書鈔》卷八七、《太平御覽》卷五三二引輯録,題其名曰《逸民高士傳》。

---

① 劉知幾撰,浦起龍釋:《史通通釋》卷一〇《雜述》,上海古籍出版社 1978年,第 274、117、275 頁。

江表傳

輯存。虞溥撰。原五卷。

虞溥《江表傳》,《隋書・經籍志》無著録,《舊唐書・經籍志》史部雜史類、《新唐書・藝文志》史部雜史類著録虞溥《江表傳》五卷。《新唐書・藝文志》又於史部雜傳記類著録《江表傳》三卷,當爲別本。《江表傳》實爲三國東吴人物合傳,兩《唐志》歸入雜史類,不甚確妥,當入雜傳類。鄭樵《通志・藝文略》即將其著録於傳記類"耆舊"中,亦云"三卷"。《太平御覽經史圖書綱目》録虞溥《江表傳》,章宗源《隋書經籍志考證》卷一三史部雜傳類、姚振宗《隋書經籍志考證》卷二〇史部雜傳類、秦榮光《補晉書藝文志》卷二史部傳記類、吴士鑑《補晉書藝文志》卷二史録雜傳類也將其補在雜傳類中。

今見《北堂書鈔》卷一二六《武功部十四・馬鞭六十一》"以鞭藏刃"引一節,作《江表傳》;《太平御覽》卷三五九《兵部九十・鞭》引一節,作袁希之《漢表傳》;叙費褘爲刺客所刃事,文大同小異,不知何故《太平御覽》引作"袁希之《漢表傳》"。又,《太平御覽》卷三一七《兵部四十八・攻圍上》引一節,作《漢表傳》,四庫本《太平御覽》卷三一七作《江表傳》;《太平御覽》卷四九六《人事部一百三十七・諺下》引一節,作《江表傳》;叙郭典事。《北堂書鈔》卷一一八《武功部六・攻戰十一》"提雙戟"引一節,作《漢表傳》,四庫本《北堂書鈔》卷一一八引作《江表傳》;《太平御覽》卷四九六《人事部一百三十七・諺下》引一節,作《江表傳》。文亦皆大同小異。《漢表傳》當皆即《江表傳》。

虞溥,《晉書》卷八二有傳,其云:"虞溥,字允源,高平昌邑人也。"父祕,爲偏將軍,鎮隴西。溥從父之官,專心墳籍。時疆場閲武,人爭視之,溥未嘗寓目。郡察孝廉,除郎中,補尚書都令史。遷公車司馬令，除鄱陽内史。卒於洛，時年六十二。《晉書・虞溥傳》又云：“注《春秋》經、傳，撰《江表傳》及文章詩賦數十篇。”王應麟《玉海》卷五八《藝文》之《傳》類亦云：“虞溥……撰《江表傳》，子勃過江上《江表傳》於元帝，詔藏祕書。”《三國志》卷四《魏書・三少帝紀》裴松之按語云：“溥著《江表傳》，亦粗有條貫。”虞溥有集二卷，《隋書・經籍志》集部著錄，“一卷”，注云：“梁二卷，錄一卷。”《舊唐書・經籍志》集部、《新唐書・藝文志》集部著錄，“二卷”，佚，嚴可均據《晉書》採得其文四節，錄於《全晉文》卷七九中。

《江表傳》已佚，其佚文今主要見於《三國志》裴注等書引。今僅見王仁俊據《稽瑞》採得一條，錄於《玉函山房輯佚書補編》中，但未注明撰者。檢歷代史籍，撰《江表傳》者僅虞溥一人，則王仁俊所輯當出虞溥之書。《漢魏六朝雜傳集》據諸書徵引輯錄校勘，得五十七人事蹟，計有：孫堅、孫策、孫權、孫亮、孫休、孫晧、魯肅、太史慈、吳景、張梁、孫賁、祖郎、孫匡、孫秀、顧雍、諸葛瑾、張紘、張玄、張尚、周瑜、黃蓋、呂蒙、蔣欽、周泰、陳武、甘寧、朱治、朱然、呂範、虞翻、谷利、羊衜、孫奮、賀齊、全琮、潘濬、陸遜、陸凱、諸葛恪、諸葛融、全尚、王蕃、樓玄、鄭泉、何定、車浚、張俶、郭典、李嚴、典韋、柳琮、龐統、孔融、劉備、馬超、關羽、費褘。另有“黃石城”、“九闘山”、“江”三條佚文不知所屬何人。

今簡括諸書所引，以人名標目，先吳主而後江表英賢人物，次及其餘，條列如下。

一、孫堅。存文七節，見於《三國志》卷四六《吳書・孫堅傳》裴注引六節，又見於《方輿勝覽》卷四七《滁州・名宦》“孫堅”、《稽瑞》“印字真帝璽文受天”等引。

二、孫策。存文十二節，見於《三國志》卷四六《吳書・孫策傳》裴注引十二節，又見於《後漢書》卷三〇《襄楷傳》“其師于吉於曲陽泉水上所得神書百七十卷皆縹白素朱介青首朱目號太平

清領書”李注、《北堂書鈔》卷八五《禮儀部六·拜揖十二》“諸將
見于吉皆拜”、《太平御覽》卷三六七《人事部八·頰》、卷三七二
《人事部十三·髀股》、卷四八二《人事部一百二十三·仇讐下》、
卷八九四《獸部六·馬二》、《古今事文類聚前集》卷三四《仙佛
部·道士》“絳帕蒙頭”、《古今合璧事類備要前集》卷五一《道教
門·道士》“鼓琴燒香”等引。

　　三、孫權。存文二十五節，見於《三國志》卷四七《吳書·孫
權傳》裴注引十九節，又見於《北堂書鈔》卷一二七《衣冠部上·
簪六》“通天簪”、卷一三二《服飾部一·幰八》“張幰議之”、《藝文
類聚》卷一三《帝王部三·吳大帝》、卷六六《產業部·田獵》、卷
九一《鳥部中·雞》、卷九五《獸部下·象》、卷九五《獸部下·
貂》、《初學記》卷九《帝王部·總叙帝王》“大口方頤長上短下”、
《白氏六帖事類集》卷二九《象第五十三》“獻魏”、《太平御覽》卷
三七《地部二·土》、卷一一八《偏霸部二·孫權》、卷三四七《兵
部七十八·弓》、卷三六三《人事部四·形體》、卷三六七《人事部
八·口》、卷三六八《人事部九·頤頷》、卷五二七《禮儀部六·郊
丘》、卷六二七《治道部八·賦斂》、卷六八八《服章部五·簪導》、
卷七七〇《舟部三·舸》、卷八一九《布帛部六·絺綌》、卷八
九〇《獸部二·象》、卷九一二《獸部二十四·猭》、卷九一二《獸
部二十四·貂》、卷九一八《羽族部五·雞》、卷九一九《羽族部
六·鴨》、卷九二四《羽族部十一·孔雀》、卷九八一《香部一·雀
頭》、《事類賦》卷一八《禽部·雞賦》“花冠成露”、《古今事文類聚
後集》卷四二《羽蟲部·孔雀》“求孔雀”、《古今合璧事類備要別
集》卷六四《飛禽門·孔雀》“吳付使者”、《景定建康志》卷二一
《城闕志二·古宮殿》等引。

　　四、孫亮。存文二節，見於《三國志》卷四八《吳書·孫亮傳》
裴注引二節，又見於《藝文類聚》卷八五《百穀部·稻》、卷八七
《菓部下·甘蔗》、《太平御覽》卷八三九《百穀部三·稻》、卷九七

四《果部十一·甘蔗》等引。

五、孫休。存文二節,見於《三國志》卷四八《吳書·孫休傳》裴注引二節,又見於《太平御覽》卷一一八《偏霸部二·孫休》引。

六、孫晧。存文十一節,見於《三國志》卷四八《吳書·孫晧傳》裴注引七節,《三國志》卷五〇《吳書·妃嬪傳·孫和何姬》"故民謠言晧久死立者何氏子云"裴注、《三國志》卷五〇《吳書·妃嬪傳·孫晧滕夫人》"而晧內諸寵姬佩皇后璽綬者多矣"裴注各引一節,《建康實錄》卷四《吳·後主》"臨海太守奚熙以疑舉兵斷海路爲其部曲所殺傳首建業夷三族"案、卷二〇《陳·高宗孝宣皇帝》"孫晧末年已曾開通"案、《太平御覽》卷四六《地部十一·牛渚山》、卷一四五《皇親部十一·美人》、卷一五六《州郡部二·叙京都下》、卷三五七《兵部八十八·棓》、卷三九六《人事部三十七·偶像》、卷三九六《人事部三十七·相似》、卷六八三《儀式部四·印》、《太平寰宇記》卷一〇五《江南西道三·太平州·當塗縣》"牛渚山"、卷一〇七《江南西道五·饒州·鄱陽縣》"石印山"等引。

七、魯肅。存文一節,見於《三國志》卷三二《蜀書·先主傳》"先主遣諸葛亮自結於孫權"裴注引。

八、太史慈。存文三節,見於《三國志》卷四九《吳書·太史慈傳》裴注引三節。

九、吳景。存文一節,見於《三國志》卷五〇《吳書·妃嬪傳·吳主權徐夫人》"會吳景委廣陵來東復爲丹陽守"裴注引。

一〇、張梁。存文一節,見於《三國志》卷五一《吳書·宗室傳·孫兔傳》"吳碩張梁皆裨將軍賜爵關內侯"裴注引。

一一、孫賁。存文二節,見於《三國志》卷五一《吳書·宗室傳·孫賁傳》裴注引二節,又見於《建康實錄》卷一《吳·太祖上》"堅生四子策權翊匡"案引。

一二、祖郎。存文一節,見於《三國志》卷五一《吳書·宗室傳·孫輔傳》"又從策討陵陽生得祖郎等"裴注、《太平御覽》卷三五八《兵部八十九·鞍》引。

一三、孫匡。存文一節,《三國志》卷五一《吳書·宗室傳·孫匡傳》"孫匡字季佐翊弟也舉孝廉茂才未試用卒時年二十餘"裴注引。

一四、孫秀。存文一節,見於《三國志》卷五一《吳書·宗室傳·孫匡傳》"晉以秀爲驃騎將軍儀同三司封會稽公"裴注引。

一五、顧雍。存文五節,見於《三國志》卷五二《吳書·顧雍傳》裴注引四節,又見於《世説新語·雅量》第一條劉注、《藝文類聚》卷四四《樂部四·琴》、《太平御覽》卷三六二《人事部三·名》、卷五七四《樂部十二·舞》、卷五七七《樂部十五·琴上》、《事類賦》卷一一《樂部·琴賦》"伯喈之許顧雖"、卷一一《樂部·舞賦》"鄙顧譚之不止"等引。

一六、諸葛瑾。存文一節,見於《三國志》卷五二《吳書·諸葛瑾傳》"權曰孤與子瑜有死生不易之誓子瑜之不負孤猶孤之不負子瑜也"裴注引。

一七、張紘。存文三節,見於《三國志》卷五三《吳書·張紘傳》裴注引二節,又見於《建康實録》卷二《吳·太祖下》"舉邦憚之"案、"秋九月帝遷都於建業"案、《太平御覽》卷六一一《學部五·勤學》等引。

一八、張玄。存文一節,見於《三國志》卷五三《吳書·張紘傳》"子玄官至南郡太守尚書"裴注引。

一九、張尚。存文一節,見於《三國志》卷五三《吳書·張紘傳》"玄子尚"裴注引。

二〇、周瑜。存文八節,見於《三國志》卷五四《吳書·周瑜傳》裴注引五節,又見於《三國志》卷三二《蜀書·先主傳》"權遣周瑜程普等水軍數萬與先主并力"裴注、卷五二《吳書·張昭傳》"權既稱尊號昭以老病上還官位及所統領"裴注、卷五四《吳書·

魯肅傳》"魯肅智畧足任乞以代瑜瑜隕踣之日所懷盡矣"裴注、
《文選》卷四七《贊·三國名臣序贊》"公瑾卓爾逸志不群總角料
主則素契於伯符"李注、"然而杜門不用登壇受譏"李注、卷五三
《論三·辯亡論下》"悉委武衞以濟周瑜之師"李注、《北堂書鈔》
卷一二三《武功部十一·刀三十五》"拔刀斫案"、卷一二八《衣冠
部中·笏十八》"舉笏贊功"、卷一三三《服飾部二·案二十》"斫
前奏案"、卷一三八《舟部下·舸八》"單舸"、《藝文類聚》卷二一
《人部五·讓》、卷六八《儀飾部·鼓吹》、卷六九《服飾部·案》、
卷七一《舟車部·舟》、《初學記》卷一八《人部中·交友第二》、
《白氏六帖事類集》卷四《案三十九》"斫案"、《建康實錄》卷一
《吳·太祖上》"策納大者瑜納小者"案、"瑜有二男一女女配太子
登男循尚公主拜駙馬都尉"案、《太平御覽》卷三四五《兵部七十
六·刀上》、卷四〇九《人事部五十·交友四》、卷四九一《人事部
一百三十二·慚愧》、卷五六七《樂部五·鼓吹樂》、卷六九二《服
章部九·笏》、卷七一〇《服用部十二·案》、卷七七〇《舟部三·
舟下》、卷七七〇《舟部三·舸》、《事類賦》卷一六《服用部·舟
賦》"飛雲嘗見於吳國"、"燒赤壁而走曹公"、《記纂淵海》卷二九
《論議部·陰驅默化》、《古今合璧事類備要外集》卷五〇《几杖
門·几附案》"斫前奏案"、《古今合璧事類備要前集》卷三三《師
友門·朋友》"見侮不較"等引。

　　二一、黃蓋。存文二節,見於《三國志》卷五四《吳書·周瑜
傳》"先書報曹公欺以欲降"裴注、"軍遂敗退還保南郡"裴注引。

　　二二、呂蒙。存文二節,見於《三國志》卷五四《吳書·呂蒙
傳》裴注引二節,又見於《太平御覽》卷六〇七《學部一·叙
學》引。

　　二三、蔣欽。存文一節,見於《三國志》卷五五《吳書·蔣欽
傳》"而欽每稱其善盛既服德論者美焉"裴注引。

　　二四、周泰。存文二節,見於《三國志》卷五五《吳書·周泰

傳》"其明日遣使者授以御蓋"裴注、《藝文類聚》卷六八《儀飾部·鼓吹》、《太平御覽》卷七四二《疾病部五·瘡》引。

二五、陳武。存文一節,見於《三國志》卷五五《吳書·陳武傳》"奮命戰死權哀之自臨其葬"裴注引。

二六、甘寧。存文二節,見於《三國志》卷五五《吳書·甘寧傳》"寧益貴重增兵二千人"裴注、《北堂書鈔》卷一二六《武功部十四·鹿角五十三》"拔鹿角"、卷一三〇《儀飾部上·鼓吹六》"作鼓吹稱萬歲"、《蒙求集注》卷下"甘寧奢侈陸凱貴盛"、《太平御覽》卷三三七《兵部六十八·鹿角》、卷四三六《人事部七十七·勇四》、卷五八一《樂部十九·簫》引。

二七、朱治。存文一節,見於《三國志》卷五六《吳書·朱治傳》"治聞之求往見責爲陳安危"裴注引。

二八、朱然。存文一節,見於《三國志》卷五六《吳書·朱然傳》"逆掩忠戰不利質等皆退"裴注引。

二九、吕範。存文三節,見於《三國志》卷五六《吳書·吕範傳》裴注引三節,又見於《北堂書鈔》卷一二九《衣冠部下·袴褶二十七》"袴褶執鞭"、《建康實録》卷一《吳·太祖上》"王深委之"案、《太平御覽》卷六九五《服章部十二·袴褶》、卷七五三《工藝部十五·圍棋》引。

三〇、虞翻。存文三節,見於《三國志》卷五七《虞翻傳》裴注引三節,又見於《職官分紀》卷四一《司功參軍》"待以朋友之禮"等引。

三一、谷利。存文三節,見於《三國志》卷四七《吳書·孫權傳》裴注引二節,又見於《北堂書鈔》卷一二三《武功部十一·刀三十五》"谷利拔向柂工"、卷一三七《舟部上·舟總篇》"長安"、《藝文類聚》卷三五《人部十九·奴》、卷九三《獸部上·馬》、《初學記》卷九《帝王部·總叙帝王》"持鞍緩鞙受箭迴船"、卷一九《人部下·奴婢第六》"陳餘地吳谷利"、《太平御覽》卷三五九《兵部九十·鞭》、卷七七〇《舟部三·舟下》、卷八九四《獸部六·馬二》、《事類賦》卷二一《獸部·馬賦》"過津橋而超渡"、《古今合璧事類備要前集》卷五四《人品門·奴隸》"奴名谷利"引。

三二、羊衙。存文一節,見於《三國志》卷五九《吳書·吳主五子傳·孫登傳》"於是東宮號爲多士"裴注引。

三三、孫奮。存文二節,見於《三國志》卷五九《吳書·吳主五子傳·孫奮傳》裴注引二節。

三四、賀齊。存文一節,見於《三國志》卷六〇《吳書·賀齊傳》"齊引兵拒擊得盛所失"裴注引。

三五、全琮。存文二節,見於《三國志》卷六〇《吳書·全琮傳》裴注引二節,又見於《太平御覽》卷四七七《人事部一百十八·施惠下》引。

三六、潘濬。存文四節,見於《三國志》卷六一《吳書·潘濬傳》裴注引四節,又見於《文選》卷四六《序下·王文憲集序》"因便感咽若不自勝"李注、卷五三《論三·辯亡論下》"識潘濬於係虜"李注、《北堂書鈔》卷一三三《服飾部二·袜十五》"伏袜泣"、卷一四三《酒食部二·總篇一》"設饌十起"、《藝文類聚》卷九〇《鳥部一·雉》、《太平御覽》卷二六三《職官部六十一·治中》、卷八四七《飲食部五·食上》、卷九一七《羽族部四·射雉》、《職官分紀》卷四〇《治中》"以手巾拭其面"引。

三七、陸遜。存文一節,見於《太平御覽》卷三九四《人事部三十五·走》、卷八一五《布帛部二·錦》、《事類賦》卷一〇《寶貨部·錦賦》"挽車曾用於劉備"引。

三八、陸凱。存文二節,見於《三國志》卷六一《吳書·陸凱傳》裴注引二節。

三九、諸葛恪。存文五節,見於《三國志》卷六四《吳書·諸葛恪傳》裴注引四節,又見於《三國志》卷五三《吳書·薛綜傳》"其樞機敏捷皆此類也"裴注、《藝文類聚》卷八五《百穀部·穀》、

《太平御覽》卷三七九《人事部二十・美丈夫上》、卷八三七《百穀部一・穀》、卷九二四《羽族部十一・鸚鵡》、《古今合璧事類備要別集》卷五七《穀門・穀》"今使典"、《古今事文類聚後集》卷四三《羽蟲部・鸚鵡》"復求鸚父"等引。

四○、諸葛融。存文一節，見於《三國志》卷五二《吳書・諸葛瑾傳》"三子皆伏誅"裴注、《建康實録》卷二《吳・太祖下》"吏士親附彊無外事"案、《太平御覽》卷六八三《儀式部四・印》引。

四一、全尚。存文一節，見於《三國志》卷六四《吳書・孫綝傳》"綝率衆夜襲全尚遣弟恩殺劉承於蒼龍門外遂圍宫"裴注引。

四二、王蕃。存文一節，見於《三國志》卷六五《吳書・王蕃傳》"衞將軍滕牧征西將軍留平請不能得"裴注、《建康實録》卷四《吳・後主》"時年三十九"案、《太平御覽》卷四九二《人事部一百三十二・虐》引。

四三、樓玄。存文一節，見於《三國志》卷六五《吳書・樓玄傳》"玄殯斂奕於器中見敕書還便自殺"裴注引。

四四、鄭泉。存文一節，見於《藝文類聚》卷二五《人部九・嘲戲》引。

四五、何定。存文一節，見於《三國志》卷四八《吳書・孫晧傳》"何定奸穢發聞伏誅晧以其惡似張布追改定名爲布"裴注引。

四六、車浚。存文一節，見於《三國志》卷四八《吳書・孫晧傳》"會稽太守車浚湘東太守張詠不出算緡就在所斬之徇首諸郡"裴注引。

四七、張俶。存文一節，見於《三國志》卷四八《吳書・孫晧傳》"初騶子張俶多所譖白累遷爲司直中郎將封侯甚見寵愛是歲奸情發聞伏誅"裴注引。

四八、郭典。存文一節，見於《太平御覽》卷三一七《兵部四十八・攻圍上》引一節，作《漢表傳》，四庫本《太平御覽》卷三一七作《江表傳》，《太平御覽》卷四九六《人事部一百三十七・諺

下》引一節,作《江表傳》。文大同小異,《漢表傳》當是《江表傳》
之誤。

四九、李嚴。存文一節,見於《太平御覽》卷四九六《人事部
一百三十七·諺下》引。

五〇、典韋。存文一節,見於《北堂書鈔》卷一一八《武功部
六·攻戰十一》"提雙戟"引,作《漢表傳》,四庫本《北堂書鈔》卷
一一八引作《江表傳》;《太平御覽》卷四九六《人事部一百三十
七·諺下》引作《江表傳》。文大同小異,《漢表傳》當是《江表傳》
之誤。

五一、柳琮。存文一節,見於《太平御覽》卷四九六《人事部
一百三十七·諺下》引。

五二、龐統。存文一節,見於《三國志》卷三七《蜀書·龐統
傳》"大器之以爲治中從事"裴注引。

五三、孔融。存文一節,見於《三國志》卷一《魏書·武帝紀》
"天子使御史大夫郗慮持節策命公爲魏公"裴注、《後漢書》卷
七〇《孔融傳》"山陽郗慮"李注、《太平御覽》卷六九二《服章部
九·筕》等引。

五四、劉備。存文一節,見於《三國志》卷三二《蜀書·先主
傳》"曹公引歸"裴注引。

五五、馬超。存文一節,見於《太平御覽》卷三八六《人事部
二十七·健》、卷七〇四《服用部六·囊》引。

五六、關羽。存文二節,見於《三國志》卷三六《蜀書·關羽
傳》"追謚羽曰壯繆侯"裴注、《北堂書鈔》卷九七《藝文部三·好
學十一》"關羽愛春秋"、《太平御覽》卷三九六《人事部三十七·
偶像》、卷六一〇《學部四·春秋》引。

五七、費禕。存文一節,見於《北堂書鈔》卷一二六《武功部
十四·馬鞭六十一》"以鞭藏刃"引一節,作《江表傳》;《太平御
覽》卷三五九《兵部九十·鞭》引一節,作袁希之《漢表傳》。文大

同小異,不知《太平御覽》因何作"袁希之《漢表傳》"。朱東潤因疑特有袁希之撰《漢表傳》:"希之不知何時人,所記馬鞭小刀事,亦補《蜀志》所未詳,疑其書作於晉初。"①朱東潤誤。今見作《江表傳》之文,又引作《漢表傳》者,除此而外,尚有郭典、典韋。《漢表傳》當皆是《江表傳》之訛。

又,《漢魏六朝雜傳集》輯得三節,不知所屬,其一"黄石城",見於《太平御覽》卷四八《地部十三·西塞山》、《太平寰宇記》卷一一二《江南西道十·鄂州·武昌縣》"黄石城在州西北二百九十里"引。其二"九鬭山",見於《史記》卷七《項羽本紀》"項王謂其騎曰吾爲公取彼一將令四面騎馳下期山東爲三處"正義、《太平御覽》卷四三《地部八·九鬭山》、《太平寰宇記》卷一二八《淮南道六·滁州·全椒縣》引。其三"江",見於《北堂書鈔》卷一一七《武功部五·軍容九》"武騎千隊"、《藝文類聚》卷一三《帝王部三·魏文帝》、《初學記》卷六《地部中·江第四》"笑吴主欺魏帝"引。

江表是指長江以南地區,地處長江之外,魏晉以降,南方六朝泛稱江表。從今存佚文觀之,虞溥《江表傳》主要載録三國吴地人物事件或與吴地有關之人物事件。《三國志》卷四《魏書·三少帝紀》裴松之按語云:"溥著《江表傳》,亦粗有條貫。"多引以爲《三國志》之補充,可見其所載當多徵實。朱東潤云:"實可補史書所未及。"且通過《江表傳》與《三國志》的對比,體會到"史家互見之例",對陳壽的叙事手法有更深刻的理解:"讀《江表傳》便使我們對於陳壽底著作,有更大的瞭解。"②

《江表傳》叙事有條不紊,常能提挈事件之重心,清晰而條理地呈現事件之發生發展,並善於設置場景,運用人物對話等手段

①朱東潤:《八代傳叙文學述論》,復旦大學出版社2006年,第101頁。
②朱東潤:《八代傳叙文學述論》,復旦大學出版社2006年,第101—102頁。

展示人物性格。如其所載吕蒙好學有成之事，"吳下阿蒙"、"士別三日、刮目相看"，生動而形象，至乃成爲典實。

楚國先賢傳

輯存。張方撰。原十二卷。

《楚國先賢傳》，《隋書·經籍志》史部雜傳類著錄《楚國先賢傳贊》十二卷，題晉張方撰；《舊唐書·經籍志》史部雜傳類著錄《楚國先賢志》十二卷，題楊方撰；《新唐書·藝文志》史部雜傳記類著錄張方《楚國先賢傳》十二卷。丁國鈞等《補晉書藝文志》史部雜傳類補錄，其中秦榮光作《楚國先賢志》，丁國鈞、文廷式、秦榮光、吳士鑑、黃逢元《補晉書藝文志》皆作《楚國先賢傳贊》。

《北堂書鈔》卷一六〇《地部四·石篇十六》、《藝文類聚》卷三八《禮部上·宗廟》引《楚國先賢傳》，題張方撰，宛本《説郛》卷五八輯錄亦題張方撰。《太平御覽經史圖書綱目》錄《楚國先賢傳》，又有張方賢《楚國先賢傳》。《太平御覽》卷四九六《人事部一三七·諺下》、卷五一二《宗親部二·伯叔》引《楚國先賢傳》題張方賢撰。諸書徵引無題楊方者，晉有會稽人楊方，曾爲東安太守、高梁太守等官，《晉書》卷六八有傳，稱其"著《五經鈎沈》，更撰《吳越春秋》，並雜文筆，皆行於世"。然楊方既不爲楚地人，也不曾在楚地爲官，撰《楚國先賢傳》的可能性較小，楊方恐是誤題。至於題張方賢者，"賢"字恐是衍入。吳士鑑《補晉書藝文志》卷二史錄雜傳類"張方《楚國先賢傳贊》"條亦云："賢字誤衍。"姚振宗《隋書經籍志考證》卷二〇"《楚國先賢傳贊》"條案云："《文選·百一詩》注張方賢《楚國先賢傳》，則此脱賢字，《書錄解題》地理類唐吳從政删鄒閎甫《楚國先賢傳》爲《襄沔記》，三卷。案魏晉時有鄒湛，字潤甫，南陽新野人，見《晉書·文苑傳》，閎甫或其昆季行，其《先賢傳》隋、唐《志》皆不見，疑即在是書十

二卷中。"又,黄逢元《補晉書藝文志》卷二史録雜傳類"《楚國先
賢傳贊》"條云:"本書(《晉書》)有張方傳,河間人,爲河間王顒
將,是書疑非顒將張方所撰。"

張方,始末不詳,僅據《隋書·經籍志》著録所題,知其爲
晉人。

楚國,古國名。其興起於江漢之間,故或稱荆、荆楚。《史
記·楚世家》云"周文王之時,季連之苗裔曰鬻熊。鬻熊子事文
王。"至周成王(前 1042—前 1021),封楚人首領熊繹爲子爵,建
立楚國。至熊通始稱王,是爲楚武王。楚於春秋戰國時期,兩度
稱霸。其鼎盛時,疆域西起大巴山、巫山、武陵山,東至大海,南
起南嶺,北至今河南中部、安徽和江蘇北部、陝西東南部、山東西
南部。前 223 年,秦軍攻破楚都,楚國滅亡。後來稱楚國者,蓋
指以荆湘爲核心的楚國故地。

《楚國先賢傳》久佚,佚文今散見諸書徵引。章宗源《隋書經
籍志考證》晉張方"《楚國先賢傳贊》十二卷"條考録其所見該傳
佚文所在,云"據此所記,乃上及春秋戰國,裴松之、章懷注史所
引,則皆漢魏晉時事。"姚振宗《隋書經籍志考證》晉張方"《楚國
先賢傳贊》十二卷"轉録章氏所考。檢諸書所引,《楚國先賢傳》
所傳人物,當是包羅古今,上及春秋戰國,下及魏晉。

宛本《說郛》卷五八輯存《楚國先賢傳》文八節,述黄香、孟
宗、石偉、陰萵(當作陰崇)、孫攜(當作孫儁)、韓墜(當作韓暨)、
李善、應余八人事。《五朝小說》、《五朝小說大觀》、《舊小說甲
集》各選録宛本《說郛》若干。有黄奭、杜文瀾、王仁俊、陳運溶四
家輯本。黄奭所輯録於《漢學堂知足齋叢書》之《子史鉤沈》中,
杜文瀾所輯録於《曼陀羅華閣叢書》之《古謠諺》卷一九中,王仁
俊據《寰宇記》、《稽瑞》及李瀚《蒙求》自注採得四節,又轉録杜文
瀾所輯一節,未言撰人,文與諸書徵引《楚國先賢傳》文不同,王
仁俊所輯録於《玉函山房輯佚書補編》中,孫啟治等懷疑此四條

出鄒閎甫之書①。陳運溶所輯錄於《麓山精舍叢書》第一集《歷朝傳記九種》中，陳運溶共採得三十餘節，計二十六人事蹟，最詳。今又有劉緯毅、舒焚二家輯本。劉緯毅輯得佚文二十一節，計有孫敬、孟宗、樊英、孫儁、孔休、宋玉、應休璉、楊慮、郭攸之、陰興、韓暨、韓邦、石偉、董班、百里奚、宗承等十六人事，另據《初學記》輯得"古者先王日祭月享"事一節，題《楚國先賢傳》，云"一作《楚國先賢贊》"，晉張方撰，錄於《漢唐方志輯佚》中。舒焚以陳運溶輯本爲底本進行校勘、注釋、翻譯、補事，除了陳本所收的二十六人事和一個附錄外，亦把陳本所無而《説郛》本和《五朝小説大觀》本所有的黃香事收入，又新採龐德公事一節，共二十九篇，成《楚國先賢傳校注》一書，由湖北人民出版社 1986 年出版。

　　《漢魏六朝雜傳集》據諸書徵引，並參之黄奭、杜文瀾、王仁俊、陳運溶諸家所輯，新輯其文，題作《楚國先賢傳》，得伯里奚、熊宜僚、宋玉、孔休、陳宣、李善、胡紹、樊英、黃尚、左雄、孫儁、孫敬、董班、黃琬、陰嵩、陰興、陰循、宗承、韓暨、韓邦、韓鬷、韓洪、韓壽、應余、應璩、楊顒、郭攸之、楊慮、孟宗、石偉三十人事蹟，另有"時類歲祀"一條，不知所出何人，錄於最後。

　　今簡括諸書所引，以人名標目，條列其佚文如下。

　　一、伯里奚。存文一節，見於《世説新語‧德行》第二六條劉注引。

　　二、熊宜僚。存文一節，見於《初學記》卷二四《居處部‧市第十五》"信陵過宜僚隱"、《古今合璧事類備要別集》卷一〇《市井門‧市井》"宜僚居"引。

　　三、宋玉。存文一節，見於《初學記》卷三〇《鱗介部‧龍第九》"騰雲乘水"、《太平御覽》卷九三〇《鱗介部二‧龍下》引。

　　四、孔休。存文一節，見於《太平御覽》卷九九〇《藥部七‧

---

①孫啟治、陳建華編：《古佚書輯本目録》，中華書局 1997 年，第 173 頁。

附子》、《本草綱目》卷一七下《草之六》"白附子"引。

五、陳宣。存文一節，見於《北堂書鈔》卷五六《設官部八·諫議大夫四十四》"陳宣明洛水必不入"、《職官分紀》卷六《左諫議大夫》"言絶水退"引。

六、李善。存文一節，見於《太平御覽》卷五五八《禮儀部三十七·塚墓二》引。

七、胡紹。存文一節，見於《北堂書鈔》卷七六《設官部二十八·太守下一百六十六》"許荆蹔下黑子"、《太平御覽》卷二五九《職官部五十七·太守》、卷三八七《人事部二十八·黑子》引。

八、樊英。存文一節，見於《編珠》卷一《天地部》"樊英雨薊子雲"、《北堂書鈔》卷一五〇《天部二·雲七》"含水雲起"、《藝文類聚》卷二《天部下·雨》、《初學記》卷二《天部·雨第一》"含水嗽酒"引。

九、黄尚、左雄。存文三節，分別見於《北堂書鈔》卷六一《設官部十三·司隸校尉八十一》"姦慝自弭"、《職官分紀》卷八《尚書令》"在位肅清天下精選"、《太平御覽》卷四九六《人事部一百三十七·諺下》引。

一〇、孫儁。存文一節，見於《北堂書鈔》卷八四《禮儀部五·婚禮十一》"得壻如龍"、《藝文類聚》卷四〇《禮部下·婚》、《太平御覽》卷五四一《禮儀部二十·婚姻下》、《海録碎事》卷七上《聖賢人事部上·女婿門》"得壻如龍"、《錦繡萬花谷前集》卷一八《婚姻》"得壻如龍"、《古今事文類聚後集》卷一三《人倫部·婚姻》"兩女乘龍"、《記纂淵海》卷一〇八《人倫部七·婿》等引。

一一、孫敬。存文三節，其一見於《文選》卷三八《表·爲蕭楊州作薦士表》"至乃集螢映雪編蒲緝柳"李注、《北堂書鈔》卷九七《藝文部三·好學十一》"編柳爲簡"、卷一〇四《藝文部十·簡五十》"編柳寫經"、《蒙求集注》卷上"文寶緝柳温舒截蒲"、《太平御覽》卷六〇六《文部二十二·簡》、《續編珠》卷一《歲時部》"路蒲孫柳”引。其二見於《文選》卷三六《文·天監三年策秀才文三首》“閉户自精開卷獨得”李注、《太平御覽》卷一八四《居處部十二·户》引。其三見於《蒙求集注》卷上“匡衡鑿壁孫敬閉户”、《太平御覽》卷六一一《學部五·勤學》引。

一二、董班。存文一節，見於《後漢書》卷六三《李固傳》“董班亦往哭固而殉尸不肯去”李注引。

一三、黄琬。存文一節，見於《北堂書鈔》卷一六〇《地部四·石篇十六》引。

一四、陰嵩。存文一節，見於《太平御覽》卷五一二《宗親部二·伯叔》引。

一五、陰興。存文一節，見於《太平御覽》卷五一六《宗親部六·兄弟下》引。

一六、陰循。存文一節，見於《後漢書》卷七四上《袁紹傳》“卓乃遣大鴻臚韓融少府陰循……紹使王匡殺班璆吴循等”李注引。

一七、宗承。存文一節，見於《世説新語·方正》第二條劉注引。

一八、韓暨。存文二節，其一見於《三國志》卷二四《魏書·韓暨傳》“韓暨字公至南陽堵陽人也”裴注引。其二見於《三國志》卷二四《魏書·韓暨傳》“夏四月薨遺令斂以時服葬爲土藏謚曰恭侯”裴注、《北堂書鈔》卷九二《禮儀部十三·葬三十二》“葬以土藏”、《初學記》卷一四《禮部下·葬第九》“藉以黄壤葬以土藏”、《太平御覽》卷五五六《禮儀部三十五·葬送四》引。

一九、韓邦、韓繇、韓洪、韓壽。存文一節，見於《三國志》卷二四《魏書·韓暨傳》“子肇嗣肇薨子邦嗣”裴注引。

二〇、應余。存文一節，見於《三國志》卷四《魏書·高貴鄉公髦傳》“功曹應余獨身捍衞……其下司徒署余孫倫吏使蒙伏節之報”裴注、《太平御覽》卷四二一《人事部六十二·義中》引。

二一、應璩。存文一節,見於《文選》卷二一《詠史·百一》"百一詩一首"李注引。

二二、楊顒。存文一節,見於《太平御覽》卷四五七《人事部九十八·諫諍七》引。

二三、郭攸之。存文一節,見於《三國志》卷三九《蜀書·董允傳》"攸之性素和順備員而已"裴注、《文選》卷三七《表上·出師表》"侍中侍郎郭攸之費禕董允等"李注引。

二四、楊慮。存文一節,見於《三國志》卷四〇《蜀志·楊儀傳》"儀自殺其妻子還蜀"裴注引。

二五、孟宗。存文一節,見於《三國志》卷四八《吳書·三嗣主傳·孫晧傳》"司空孟仁卒"裴注、《文選》卷五三《論三·辯亡論上下二首》"孟宗丁固之徒爲公卿"李注、《藝文類聚》卷八九《木部中·竹》、《稽瑞》"枯木誰志冬笋誰哭"、《蒙求集注》卷上"文伯羞鼈孟宗寄鮓"、《太平御覽》卷九六三《竹部二·笋》、《事類賦》卷二四《草部·竹賦》"孟宗之泣亦方冬而復新"、《歲時廣記》卷四《冬》"號林笋"引。

二六、石偉。存文一節,見於《三國志》卷四八《吳書·三嗣主傳·孫休傳》"秋八月遣光祿大夫周奕石偉巡行風俗察將吏清濁民所疾苦爲黜陟之詔"裴注、《太平御覽》卷七三九《疾病部二·陽狂》引。

又,《藝文類聚》卷三八《禮部上·宗廟》引一節,作張方《楚國先賢傳》,云:"古者先王日祭月享,時類歲祀,諸侯舍日,卿大夫舍月,士庶人舍時。"不知所屬。《初學記》卷一三《禮部上·宗廟第四》"時類月祀"引一節,作張方賢《魯國先賢傳》,與此條文略同,則"魯國"或當作"楚國"。

《楚國先賢傳》今存文不多,片斷殘章,《三國志》裴注、《世說新語》劉注引數節文字較多,傳人敘事有可稱之處。如《世說新語·方正》第二條劉注引《宗承傳》,其中叙魏武曹操請交宗承之事，曹操"捉手請交"之細節十分形象生動，而後曹操爲司空時仍耿耿於懷之問話以及宗承不卑不亢之回答，於二人品性特點之表現，極爲精彩。

零陵先賢傳

輯存。佚名撰。

《零陵先賢傳》，《隋書·經籍志》史部雜傳類、《舊唐書·經籍志》史部雜傳類、《新唐書·藝文志》史部雜傳記類均著録《零陵先賢傳》一卷。《太平御覽經史圖書綱目》録《零陵先賢傳》。文廷式《補晉書藝文志》卷二史部雜傳類、秦榮光《補晉書藝文志》卷二史部傳記類、吳士鑑《補晉書藝文志》卷二史録雜傳類均補録。

《隋書·經籍志》史部雜傳類、《舊唐書·經籍志》史部雜傳類、《新唐書·藝文志》史部雜傳記類均著録皆無撰人，《三國志》裴注等徵引亦未言及撰者。唯宛本《説郛》卷五八輯得《零陵先賢傳》之文四節，題司馬彪撰，宛本《説郛》題司馬彪撰者，不知所本，或不可信，此存疑。考明徐應秋《玉芝堂談薈》卷三〇及顧起元《説略》卷一三著録司馬彪《戰略》，與《零陵先賢傳》前後相連，或因此至誤。

司馬彪，《晉書》卷八二有傳，其云："司馬彪，字紹統，高陽王睦之長子也，出後宣帝弟敏。少篤學不倦，然好色薄行，爲睦所責，故不得爲嗣。雖名出繼，實廢之也。彪由此不交人事，而專精學習，故得博覽群籍，終其綴集之務。"初拜騎都尉。泰始中，爲祕書郎，轉丞。後拜散騎侍郎。惠帝末年卒，時年六十餘。司馬彪曾注《莊子》，又作有《九州春秋》、《續漢書》等書。《隋書·經籍志》集部載其有集四卷，注云："梁三卷，録一卷。"又曾條理譙周《古史考》中凡百二十二事爲不當，多據《汲冢紀年》之義，亦行於世。

　　零陵之名與舜葬九疑有關。《史記·五帝本紀》云舜“南巡狩,崩於蒼梧之野,葬於江南九疑,是爲零陵”。秦始皇二十六年(前 221),設長沙郡,置零陵縣(縣治在今廣西全州)。西漢武帝元鼎六年(前 111)設零陵郡,零陵縣治亦爲郡治。至隋文帝開皇九年(589)零陵併入湘源(今廣西全州),改泉陵縣爲零陵縣(縣治今湖南永州)。《零陵先賢傳》所指零陵,當是隋開皇九年前之零陵。

　　《零陵先賢傳》久佚,佚文散見諸書徵引。宛本《説郛》卷五八輯得劉巴、鄭産、葉譚、蔡倫四人事蹟。《五朝小説》及《五朝小説大觀》選録宛本《説郛》所載。今又有黄奭、陳運溶二家輯本。黄奭所輯轉録宛本《説郛》四節,又據諸書徵引採得若干,録於《漢學堂知足齋叢書》之《子史鉤沈》中;陳運溶據諸書採摭,得李融、鄭産、楊懷、劉巴、劉先、周不疑六人事蹟,最爲近實,録於《麓山精舍叢書》第一集《歷朝傳記九種》中。《漢魏六朝雜傳集》據諸書徵引,并參之黄、陳二家所輯,新輯其文,得李融、鄭産、楊懷、劉先、周不疑、劉巴六人事蹟。

　　今簡括諸書所引,以人名標目,條列其佚文如下。

　　一、李融。存文一節,見於《太平御覽》卷九七八《菜茹部三·瓜》引一節,作《零陵仙賢傳》,四庫本《太平御覽》卷九七八則引作《零陵先賢傳》,當作《零陵先賢傳》。

　　二、鄭産。存文一節,見於《水經注》卷三八《湘水》“又東北過泉陵縣西”、《太平御覽》卷一五七《州郡部三·叙縣》、《職官分紀》卷四二《嗇夫》“代出口錢”引。

　　三、楊懷。存文一節,見於《太平御覽》卷三四六《兵部七十七·匕首》引。又,《北堂書鈔》卷一二三《武功部十一·匕首三十六》“佩匕首”引一節,作《傳》,陳、俞本、四庫本《北堂書鈔》卷一二三引作《零陵先賢傳》,文與《太平御覽》卷三四六略同,《傳》

當是《零陵先賢傳》。

　　四、劉先。存文一節，見於《三國志》卷六《魏書·劉表傳》"羲侍中先尚書令其餘多至大官"裴注、《後漢書》卷七四下《劉表傳》"別駕劉先説表"李注引。

　　五、周不疑。存文二節，其一見於《藝文類聚》卷九九《祥瑞部下·雀》、《太平御覽》卷三八五《人事部二十六·幼智下》、卷五八八《文部四·頌》引。其二見於《北堂書鈔》卷一一八《武功部六·攻戰十一》"不疑十攻"引。又，《三國志》卷六《魏書·劉表傳》"羲侍中先尚書令其餘多至大官"裴注引一節，作《先賢傳》，敍周不疑事，或《零陵先賢傳》之省稱，附錄於此。其云："不疑幼有異才，聰明敏達。太祖欲以女妻之，不疑不敢當。太祖愛子倉舒，夙有才智，謂可與不疑爲儔。及倉舒卒，太祖心忌不疑，欲除之。文帝諫以爲不可。太祖曰：'此人非汝所能駕御也。'乃遣刺客殺之。"

　　六、劉巴。存文八節，皆見於《三國志》卷三九《蜀書·劉巴傳》裴注引。又，《三國志》卷三五《蜀書·諸葛亮傳》"以亮爲軍師中郎將使督零陵桂陽長沙三郡調其賦税以充軍實"裴注、《太平御覽》卷四一〇《人事部五十一·請交不許》、卷四四六《人事部八十七·品藻中》、卷四六七《人事部·喜》亦引，不出《三國志》裴注所引。

　　《零陵先賢傳》今存佚文，敍劉巴事蹟者最多，可見其載事當頗詳贍。而如敍劉巴不交張飛，人物精神個性卓然可見，亦善傳人者。

長沙耆舊傳贊

　　輯存。劉彧撰。原三卷。

　　《長沙耆舊傳贊》，劉彧撰。《隋書·經籍志》史部雜傳類著

錄《長沙耆舊傳贊》三卷,題"晉臨川王郎中劉彧撰"。中華書局
《隋書》點校者注云:"原脱耆字,按《水經》一五《洛水》注、《初學
記》二、《藝文類聚》二並引《長沙耆舊傳》,《御覽》二四八也作《長
沙耆舊傳》,今據補。"《舊唐書·經籍志》史部雜傳類著錄《長沙
舊邦傳贊》三卷,題劉彧撰;《新唐書·藝文志》史部雜傳記類著
錄《長沙舊邦傳贊》四卷,題劉彧撰。《舊唐書·經籍志》原題"劉
成撰",中華書局點校《舊唐志》改作"劉彧"。章宗源《隋書經籍
志考證》卷一三史部雜傳類"《長沙舊傳贊》"條云:"《隋志》脱去
耆字,《新唐志》四卷,《舊唐志》三卷,並訛作《舊邦傳贊》,劉彧
《舊唐志》作劉成。"《太平御覽經史圖書綱目》錄《長沙耆舊傳》,
則宋初修《太平御覽》時,或見其傳本。丁國鈞《補晉書藝文志》
卷二史錄雜傳類、文廷式《補晉書藝文志》卷二史部雜傳類、秦榮
光《補晉書藝文志》卷二史部傳記類、吳士鑑《補晉書藝文志》卷
二史錄雜傳類補錄。

　　劉彧,始末不詳,僅據《隋書·經籍志》著錄時題署,知其曾
爲晉臨川王郎中。姚振宗《隋書經籍志考證》卷二〇史部雜傳類
"《長沙舊傳贊》"條云:"《晉書·簡文三子傳》,臨川獻王郁年十
七而薨,久之,追謚獻世子,孝武寧康初追封郡王,以武陵威王曾
孫寶爲嗣,寶入宋,降爲西豐侯,寶在晉爲臨川郡王凡四十有七
年,劉彧爲其國郎中在斯時也。"

　　《長沙耆舊傳贊》久佚,佚文今散見諸書徵引,多作《長沙耆
舊傳》,涵本《說郛》卷七《諸傳摘玄》摘引存一節,前叙八百錢馬
事,後叙劉壽事;宛本《說郛》卷五八輯存劉壽、文虔、徐偉(或作
徐韋)、虞芝四人事蹟,其中劉壽事文字與涵本《說郛》所載文字
略異。今又有黄奭、杜文瀾、陳運溶三家輯本。黄奭所輯錄於
《漢學堂知足齋叢書》之《子史鉤沈》中,杜文瀾採得一節,錄於
《曼陀羅華閣叢書》之《古謠諺》卷一九中。陳運溶所輯最詳,共
九人事蹟,即:祝良、劉壽、文虔、虞芝、桓階、夏隆、虞授、徐韋、桓

龍，録於《麓山精舍叢書》第一集《歷朝傳記九種》中。今劉緯毅
亦有輯録，得佚文十二節，包括祝良、桓楷、文虔、張忠、夏隆、劉
壽、徐韋、桓龍事。題《長沙耆舊傳》，云"又作《長沙舊傳贊》"，晉
劉彧撰，録於《漢唐方志輯佚》中。有脱誤，如所輯張忠事，實虞
芝事。《漢魏六朝雜傳集》據諸書徵引，參之黄奭、杜文瀾、陳運
溶等所輯，新輯其文，得祝良、劉壽、文虔、虞芝、桓階、夏隆、虞
授、徐韋、桓龍九人事蹟，題《長沙耆舊傳贊》。

　　今簡括諸書所引，以人名標目，條列其佚文如下。

　　一、祝良。存文一節，見於《水經注》卷一五《洛水》"又東過
洛陽縣南伊水從西來注之"、《北堂書鈔》卷九〇《禮儀部十一·
祈禱二十六》"祈雨暴身"、《太平御覽》卷八《天部八·雲》、卷一
一《天部十一·祈雨》、卷二六八《職官部六十六·良令長下》、
《職官分紀》卷四二《縣令》"暴身雨降"等引。又，《職官分紀》卷
四二《縣令》"貴戚斂手"、《古今事文類聚外集》卷一四《縣官部·
縣尹》"貴戚斂手"、《古今合璧事類備要後集》卷七九《縣官門·
知縣》"貴戚斂手"各引一節，注出《楚國先賢傳》，叙祝良事，其文
云："祝良爲洛陽令，貴戚斂手，枹鼓稀鳴。"故其作《楚國先賢傳》
誤，並當出《長沙耆舊傳贊》。

　　二、劉壽。存文四節，其一見於《北堂書鈔》卷一四一《車部
下·幰二十二》"劉壽夢乘通幰"引一節，作《長沙傳》，四庫本《北
堂書鈔》卷一四一引作《長沙耆舊傳》；《隋書》卷一〇《志第五·
禮儀五》"犢車"引一節，作《長沙耆舊傳》。其二見於《太平御覽》
卷三六四《人事部五·頭下》引。其三見於《太平御覽》卷三六六
《人事部七·耳》引。其四見於《白氏六帖事類集》卷九《鼻十六》
"鼻爲氣户"引。又，涵本《説郛》卷七《諸傳摘玄》引録一節，亦劉
壽此事。

　　三、文虔。存文一節，見於《藝文類聚》卷二《天部下·霽》、
《初學記》卷二《天部·霽晴第八》"禜門齋社"、《太平御覽》卷一

一《天部十一·霽》、《錦繡萬花谷前集》卷二《霽》"祈晴獲夢"、
《古今合璧事類備要前集》卷一一《氣候門·晴霽》"文虔獲夢"等
引。又,《太平廣記》卷一六一《感應一》"吕虔"引一節,云出《長
沙傳》,或當作《長沙耆舊傳》,"吕虔"當作"文虔"。其云:"魏長
沙郡久雨,太守吕虔令户曹掾齋戒,在社三日三夜,祈晴,夢見白
頭翁曰:'汝來遲,明日當霽。'果然。"

　　四、虞芝。存文三節,其一見於《藝文類聚》卷九三《獸部
上·馬》、《太平御覽》卷八九七《獸部九·馬五》、《事類賦》卷二
一《獸部·馬賦》"斯八百之下直"、《天中記》卷五五《馬》"八百錢
馬"引。又,《北堂書鈔》卷七三《設官部二十五·從事一百六十
五》"依法執案"引一節,作《長沙耆舊贊》,陳本、四庫本《北堂書
鈔》卷七三引作《長沙耆舊傳》。涵本《説郛》卷七《諸傳摘玄》引
一節,作《長沙耆舊傳》,文與《藝文類聚》卷九三引同。其二見於
《北堂書鈔》卷七三《設官部二十五·從事一百六十五》"威厲冰
霜"引。其三見於《北堂書鈔》卷七三《設官部二十五·從事一百
六十五》"萬里肅清"引。

　　五、桓階。存文二節,其一見於《北堂書鈔》卷六九《設官部
二十一·主簿一百四十》"每事諮焉"引。其二見於《水經注》卷
一〇《濁漳水》"又東過列人縣南"引。

　　六、夏隆。存文三節,其一見於《北堂書鈔》卷一〇四《藝文
部十·刺五十三》"積刺盈案"、《太平御覽》卷六〇六《文部二十
二·刺》引。其二見於《太平御覽》卷七四〇《疾病部三·偏枯》
引。其三見於《太平御覽》卷七七一《舟部四·帆》引。

　　七、虞授。存文一節,見於《北堂書鈔》卷九七《藝文部三·
好學十一》"説易不殆"引一節,作《長沙舊部傳》,陳、俞本、四庫
本《北堂書鈔》卷九七引作《長沙耆舊傳》。

　　八、徐幹。存文二節,其一見於《北堂書鈔》卷七八《設官部
三十·縣令一百七十六》"起田千頃"引。其二見於《太平御覽》

卷四二六《人事部六十七・清廉下》引。

九、桓龍。存文一節，見於《北堂書鈔》卷七八《設官部三十・縣令一百七十六》"清廉訓於百里"引。

又，《太平御覽》卷二四八《職官部四十六・王文學》、《職官分紀》卷三二《文學》"欲得奇士求之於文學"、《記纂淵海》卷一七《論議部之十七・物產有地》、四庫本《北堂書鈔》卷七一《設官部二十三・諸王文學一百五十三》"文學士之場"各引一節，云出《長沙耆舊傳》，叙李固下辟書事。李固，漢中南鄭人，非長沙籍，或諸書徵引有誤，亦或《長沙耆舊傳贊》叙長沙耆舊而牽涉李固，由於原書已佚，無法確認，存疑。

今所見《長沙耆舊傳贊》佚文，行文多雄放縱恣，駢儷有致而時雜民謠歌諺。採事似不計真偽，如祝良曝身求雨事、劉壽夢乘通幰車而至司徒事、文虔夜夢見白頭翁而止雨事，皆有傳聞虛妄之嫌。

魯國先賢傳

輯存。白褒撰。或作《魯國先賢志》。原二卷，或十四卷。

《魯國先賢傳》，白褒撰，《隋書・經籍志》史部雜傳類著録《魯國先賢傳》二卷，題"晉大司農白褒撰"；《舊唐書・經籍志》史部雜傳類著録作《魯國先賢志》十四卷，題白褒撰；《新唐書・藝文志》史部雜傳記類著録《魯國先賢傳》十四卷，題白褒撰。《隋書・經籍志》、《舊唐書・經籍志》、《新唐書・藝文志》均題白褒撰，則《魯國先賢傳》與《魯國先賢志》當爲一書，或在流傳中而形成不同傳本。今見《太平御覽經史圖書綱目》既録《魯國先賢傳》，亦録《魯國先賢志》。

白褒，生平不詳，《隋書・經籍志》史部雜傳類著録《魯國先賢傳》稱其爲"晉大司農"，又，《晉書・劉頌傳》稱："咸寧中，詔頌與散騎郎白褒巡撫荆揚。"《晉書・山濤傳》云:"咸寧初……固辭以老疾,上表陳情。章表數十上,久不攝職,爲左丞白褒所奏。"則知白褒又曾爲散騎郎、左丞。大約與山濤、劉頌等人同時。

魯國,本古國名。周初,以少昊之墟封周公,國號魯,且以長子伯禽赴封地,都曲阜,魯國始建。爲西周、東周重要諸侯。其鼎盛時,疆域北至泰山,南達徐淮,東至黄海,西抵山東定陶一帶。魯頃公十八年(前255年),魯國爲楚考烈王所滅,遷頃公於下邑,封魯君於莒。魯國滅亡。其後所謂魯國,蓋泛指其故地也。即以曲阜爲核心的今山東濟寧,亦包括泰安南部甯陽,菏澤東部單縣、郵城,臨沂平邑等地。

《魯國先賢傳》久佚,佚文今散見諸書徵引,多作《魯國先賢傳》,亦或作《魯國先賢志》。章宗源《隋書經籍志考證》晉大司農白褒"《魯國先賢傳》二卷"條考列其佚文所在,姚振宗《隋書經籍志考證》晉大司農白褒"《魯國先賢傳》二卷"轉録章氏所考。

王仁俊據《姓解》卷三採得一節,題作《魯國先賢傳》,又據《太平御覽》卷四九五採得一節,題作《魯國先賢志》,均録於《玉函山房輯佚書補編》中。今劉緯毅據諸書徵引,採得申公、陳子游、黄伯仁、鮑吉、魯恭士氾、孔翊、東門奐、叔孫通八人事蹟,題《魯國先賢傳》,晉白褒撰,録於《漢唐方志輯佚》中。《漢魏六朝雜傳集》據諸書徵引,新輯其文,得魯恭士氾、叔孫通、申公、黄伯仁、鮑吉、孔翊、東門奐、孔仲淵、鹽津九人事蹟,並據《隋書・經籍志》著録,題作《魯國先賢傳》。

今簡括諸書所引,以人名標目,條列其佚文如下。

一、魯恭士氾。存文一節,見於《初學記》卷一七《人部・恭敬第六》引,作《魯國先賢傳》。

二、叔孫通。存文二節,其一見於《太平御覽》卷二六九《職官部六十七・縣尉》、《職官分紀》卷四二《尉》"鼠竊狗盜"引,作《魯國先賢傳》。其二見於《太平御覽》卷八一一《珍寶部・金下》

引,作《魯國先賢志》。

三、申公。存文一節,見於《北堂書鈔》卷六七《設官部十九·博士一百三十二》"申公爲詩最精"、《藝文類聚》卷四六《職官部二·博士》、《太平御覽》卷二三六《職官部三十四·博士》、《職官分紀》卷二一《國子博士　太學博士　五經博士　四門博士》"爲詩最精"引,作《魯國先賢傳》,陳本、四庫本《北堂書鈔》卷六七引作《魯子先賢傳》,誤。

四、黄伯仁。存文二節,其一見於《北堂書鈔》卷一〇二《藝文部八·頌三十二》"爲龍馬頌其文甚麗"引,作《魯國先賢傳》。其二見於《太平御覽》卷三五八《兵部八十九·鑣》引,作《魯國先賢志》。

五、鮑吉。存文一節,《北堂書鈔》卷一九《帝王部·追舊六十五》"有龍潛之舊"引一節,作《魯國先賢傳》;《北堂書鈔》卷四八《封爵部下·恩澤封八》"鮑吉龍潛之舊"(四庫本《北堂書鈔》卷四八"吉"作"告")、《太平御覽》卷二〇一《封建部四·雜恩澤封》各引一節,作《魯國先賢志》。

六、孔翊。存文一節,見於《北堂書鈔》卷一〇三《藝文部九·書記四十二》"孔翊書皆投水"、《藝文類聚》卷五八《雜文部四·書》、《太平御覽》卷五九五《文部十一·書記》引,作《魯國先賢志》,四庫本《北堂書鈔》卷一〇三、四庫本《藝文類聚》卷五八、四庫本《太平御覽》卷五九五引,作《魯國先賢傳》。《北堂書鈔》卷三七《政術部十一·公正三十一》"得屬託書一無所發"、《藝文類聚》卷五〇《職官部六·令長》、《白氏六帖事類集》卷二一《縣令七十六》"置書投水"、《太平御覽》卷二六八《職官部六十六·良令長下》、《職官分紀》卷四二《縣令》"置水投書"、《古今事文類聚外集》卷一四《縣官部·庭水投書》、《古今合璧事類備要後集》卷七九《縣官門·知縣》"庭水投書"引,作《魯國先賢傳》。

七、東門尖。存文一節,見於《太平御覽》卷四九二《人事部一百三十二・貪》、《廣博物志》卷一七《職官下》引,作《魯國先賢志》。《天中記》卷二八《貪》"取吳半"引,作《魯國先賢傳》。

八、孔仲淵。存文一節,見於《北堂書鈔》卷五二《設官部四・司空九》"地震免之"引,作《魯國先賢傳》。又,《廣博物志》卷二〇《人倫三》引一節,作《魯國先賢傳》,叙孔長彦、季彦兄弟事,其云:"孔長彦、季彦兄弟聚徒數百,時人爲之語曰:'魯國孔氏好讀經,兄弟講誦皆可聽;學士來者有聲名,不過孔氏名不成。'"

九、鹽津。存文一節,見於《古今姓氏書辨證》卷二〇《二十四鹽》、《姓解》卷三《皿一百一十六》"鹽"引,作《魯國先賢傳》。

又,《古今事文類聚新集》卷三一《諸監部・以經著姓》、《古今合璧事類備要後集》卷四〇《三學門・國子博士》"京氏易"、四庫本《記纂淵海》卷三二《職官部・博士》引,作《魯國先賢傳》,叙京氏《易》學,亦當出《魯國先賢傳》,不知所屬。《古今事文類聚新集》卷三一引作:"京房受《易》梁人焦延壽,房授東海殷嘉、河東姚平、河南乘弘,皆爲郎,由是《易》有京氏之學。"《古今合璧事類備要後集》卷四〇、四庫本《記纂淵海》卷三二引"殷嘉"作"殷喜","乘弘"作"弘乘",餘同《古今事文類聚新集》卷三一。

又,《初學記》卷一三《禮部上・宗廟第四》"時類月祀"引,題張方賢《魯國先賢傳》,其云:"古者先王,日祭月享,時類歲祀。諸侯舍日,卿大夫舍月,庶人舍時。"張方有《楚國先賢傳》,此節文字,或是其《楚國先賢傳》之文,《藝文類聚》卷三八《禮部上・宗廟》引作張方《楚國先賢傳》。則《初學記》卷一三所引不僅書名有誤,"張方賢"或亦當衍"賢"字,作張方爲是。

《魯國先賢傳》今存文不多,觀所存之文,如叙魯恭士氾對魯君之問、叔孫通對二世之問,亦頗得人物性情。而採民謡言東門㑪貪濁,亦見民風。

先賢行狀

輯存。佚名撰。

《先賢行狀》,《隋書·經籍志》、《舊唐書·經籍志》、《新唐書·藝文志》無著錄,撰人亦不詳。章宗源、姚振宗以爲《隋書·經籍志》史部雜傳類所著錄"《先賢集》三卷"、《舊唐書·經籍志》史部雜傳類、《新唐書·藝文志》史部雜傳記類所著錄的題"李氏撰"之"《海内先賢行狀》三卷"者即此書。故章宗源在其《隋書經籍志考證》中徑題"《海内先賢行狀》",姚振宗《隋書經籍志考證》卷二〇"《先賢集》"條依《隋書·經籍志》題"《先賢集》",並案云:"此《先賢集》即《唐志》之《海内先賢行狀》,章氏依《唐志》之書名而無'不著錄'三字,蓋亦以爲即是此書。其不依本《志》作《先賢集》者,偶誤也。"又推測云:"《史通·正史篇》言《東觀漢記》殘缺無成,魏黄初中唯著《先賢表》,疑即此《先賢集》也。"朱東潤云:"兩《唐志》有《海内先賢行狀》三卷,李氏撰。《三國志注》、《後漢書注》屢引《先賢行狀》,疑即此書。"①章氏、姚氏及朱東潤均爲推測之言,可資參考。

《先賢行狀》已佚,考《先賢行狀》今存之文,實皆爲漢晉間人物,故此書大約出於晉世。《漢魏六朝雜傳集》據諸書徵引輯其文,得二十九人事蹟,計有:胡定、公沙穆、程堅、范邠、堂谿典、延篤、陳寔、陳紀、陳諶、裴瑜、鍾皓、荀淑、杜安、杜根、王烈、田豐、審配、韓玠、韓嵩、徐璆、陳登、田疇、崔琰、賈詡、毛玠、徐幹、繆斐、衛兹、袁曜卿姑,題《先賢行狀》。

今簡括諸書所引,以人名標目,條列其佚文如下。

一、胡定。存文一節,見於《北堂書鈔》卷一四四《酒食部·

---

① 朱東潤:《八代傳叙文學述論》,復旦大學出版社 2006 年,第 89 頁。

飯篇二》“乾飯廩胡定”、《藝文類聚》卷三五《人部十九·貧》、《初學記》卷一八《人部中·貧第六》“子桑殆病元安已絕”引。又，《太平御覽》卷四八五《人事部一百二十六·貧下》引一節，作《汝南先賢行狀》，文與《藝文類聚》卷三五引多同，恐出《先賢行狀》。

二、公沙穆。存文一節，見於《藝文類聚》卷一〇〇《災異部·蝗》引。

三、程堅。存文一節，見於《太平御覽》卷二六九《職官部六十七·縣尉》引。

四、范郃。存文一節，見於《太平御覽》卷八一七《布帛部四·絹》等引。

五、堂谿典。存文一節，見於《後漢書》卷六〇下《蔡邕傳》“乃與五官中郎將堂谿典……”李注、卷六四《延篤傳》“少從潁川唐溪典受《左氏傳》”李注引。案，《後漢書》卷六四“堂谿典”作“唐溪典”，《後漢書》卷六四李注引《風俗通》云：“吳夫槩王奔楚，封堂谿，因以爲氏。”又云：“典爲五官中郎將，‘唐’與‘堂’同也。”

六、延篤。存文一節，見於《後漢書》卷六四《延篤傳》“旬日能諷之典深敬焉”李注、《北堂書鈔》卷九八《藝文部四·誦書十五》“延篤借本”、卷一〇四《藝文部十·紙四十六》“牋記紙”、《初學記》卷二一《文部·紙第七》“蔡倫遺業唐季殘牋”、《册府元龜》卷七九九《總録部·彊記》“延篤少從潁川堂溪典受左傳旬日能諷之典深敬焉”、《説略》卷八《史別中》等引。

七、陳寔、陳紀、陳諶。存文二節，其一見於《三國志》卷二二《魏書·陳群傳》“陳群……祖父寔父紀叔父諶皆有盛名”裴注、《後漢書》卷六二《陳寔傳》“謚爲文範先生”李注、“（紀）弟諶字季方與紀齊德同行父子並著高名時號三君……”李注、《册府元龜》卷七八三《總録部·世德》“陳寔……當世者靡不榮之諶早終”、《古今事文類聚前集》卷五一《喪事部》“百姓圖像”、《古今合璧事類備要前集》卷六三《喪紀門》“百姓圖像”引。其二見於《世説新語·德行》第六條劉注、《玉海》卷五七《藝文》"漢禮殿圖文翁學堂圖"引。二節所敘大意略同，而角度不同，或其中一節有改動。

八、裴瑜。存文一節，見於《後漢書》卷六四《史弼傳》"裴瑜位至尚書"李注引。

九、鍾皓。存文一節，見於《三國志》卷一三《魏書·鍾繇傳》"鍾繇字元常潁川長社人也"裴注、《世說新語·德行》第五條劉注、《太平御覽》卷五一三《宗親部三·姑》、《天中記》卷一六《道路》"避泥"、卷一八《姑》引。

一〇、荀淑。存文一節，見於《世說新語·德行》第五條劉注引。

一一、杜安、杜根。存文一節，見於《三國志》卷二三《魏書·杜襲傳》"杜襲字子緒潁川定陵人也曾祖父安祖父根著名前世"裴注、《北堂書鈔》卷一〇三《藝文部九·書記四十二》"與書輒不發"、《藝文類聚》卷三一《人部十五·贈答》引。

一二、王烈。存文一節，見於《三國志》卷一一《魏書·管寧傳》附《王烈傳》"王烈者字彦方……卒於海表"裴注、《北堂書鈔》卷一二二《武功部十·劍三十四》"失劍於路至暮守之"、《藝文類聚》卷八五《布帛部·布》、《白氏六帖事類集》卷八《德第二十七》"王烈誘人"、《太平御覽》卷三四三《兵部七十四·劍中》、卷四九九《撰人事部一百四十·盜竊》、卷八二〇《布帛部七·布》、卷八二九《資產部九·擔》、卷九〇〇《獸部十二·牛下》、《事類賦》卷一三《服用部·劍賦》"守路德彌臧"引。

一三、田豐。存文一節，見於《三國志》卷六《魏書·袁紹傳》"紹還謂左右曰吾不用田豐言果爲所笑遂殺之"裴注、《後漢書》卷七〇《荀彧傳》"田豐許攸智計之士爲其謀"李注、卷七四上《袁紹傳》"紹還曰吾不用田豐言果爲所笑遂殺之"李注引。

一四、審配。存文一節，見於《三國志》卷六《魏書·袁紹傳》"配聲氣壯烈終無撓辭見者莫不歎息遂斬之"裴注、《後漢書》卷七四上《袁紹傳》"使監護諸將魏郡審配鉅鹿田豐"李注、卷七四下《袁紹傳》"配意氣壯烈終無撓辭見者莫不歎息遂斬之"李注、《北堂書鈔》卷七三《設官部二十五·別駕一百六十一》"委之腹心"引。

一五、韓珩。存文一節，見於《三國志》卷六《魏書·袁紹傳》"太祖高韓珩節屢辟不至卒於家"裴注、《後漢書》卷七四下《袁紹傳》"珩志以厲事君"李注引。

一六、韓嵩。存文一節，見於《三國志》卷六《魏書·劉表傳》"嵩大鴻臚"裴注、《後漢書》卷七四下《劉表傳》"從事中郎南陽韓嵩"李注、《職官分紀》卷五《從事中郎》"不應三公之命"引。

一七、徐璆。存文一節，見於《三國志》卷一《魏書·武帝紀》"夏六月以公爲丞相"裴注引。

一八、陳登。存文一節，見於《三國志》卷七《魏書·張遼傳附陳登傳》"……備因言曰若元龍文武膽志當求之於古耳造次難得比也"裴注、《資治通鑑》卷六三《漢紀五十五孝獻皇帝戊》"孫策西擊黃祖登誘嚴白虎餘黨圖爲後害策還擊登軍到丹徒"胡注、卷六五《漢紀五十七孝獻皇帝庚》"十二月孫權自將圍合肥"胡注引。

一九、田疇。存文三節，見於《三國志》卷一一《魏志·田疇傳》"虞自出祖而遣之"、"封疇亭侯邑五百户"、"乃復以前爵封疇"裴注引。

二〇、崔琰。存文一節，見於《三國志》卷一二《魏書·崔琰傳》"琰聲姿高暢眉目疏朗鬚長四尺甚有威重朝士瞻望而太祖亦敬憚焉"裴注、《北堂書鈔》卷六〇《設官部十二·諸曹尚書七十五》"文武群才多所明拔"、《太平御覽》卷二一四《職官部十二·吏部尚書》引。

二一、賈詡。存文一節，見於《北堂書鈔》卷五九《設官部十一·尚書僕射》"官之師長"引。

　　二二、毛玠。存文一節，見於《三國志》卷一二《魏書·毛玠傳》"魏國初建爲尚書僕射復典選舉"裴注、《北堂書鈔》卷三六《政術部十·稱職二十九》"拔真寔斥華僞"、卷五九《設官部十一·尚書僕射七十三》"毛玠在官清恪"、卷六〇《設官部十二·諸曹尚書七十五》"毛玠拔真斥僞"、《册府元龜》卷六三七《銓選部·公望》"毛玠……魏國初建拜尚書僕射復典選舉"、《職官分紀》卷九《吏部尚書》"吏潔於上俗移於下"等引。

　　二三、徐幹。存文一節，《三國志》卷二一《魏書·王粲傳附》)"幹爲司空軍謀祭酒掾屬五官將文學"裴注引。又，《北堂書鈔》卷九八《藝文部四·敏捷十六》"操翰成章"引一節，作《徐幹集序》，其云："幹聰識博洽，操翰成章。"四庫本《北堂書鈔》卷九八引作《先賢行狀》，文同《三國志》卷二一裴注引。又，宋曾鞏撰《元豐類藁》卷一一《序·徐幹中論目錄序》云："魏文帝稱：'幹懷文抱質，恬澹寡欲，有箕山之志。'而《先賢行狀》亦稱：'幹篤行體道，不耽世榮。魏太祖時旌命之，辭疾不就。後以爲上艾長，又以疾不行。'"

　　二四、繆斐。存文一節，見於《三國志》卷二一《魏書·劉劭傳》"劭同時東海繆襲亦有才學多所述叙官至尚書光禄勳"裴注引。

　　二五、衛兹。存文一節，見於《三國志》卷二二《魏書·衛臻傳》"衛臻字公振陳留襄邑人也父兹有大節……太祖每涉郡境輒遣使祠焉"裴注等引。

　　二六、袁曜卿姑。存文一節，見於《太平御覽》卷五一三《宗親部三·姑》引。

　　《先賢行狀》散佚嚴重，多隻言片語。但亦有一二存文略多者，如《王烈行狀》，觀其文，叙事安排頗見設計，如其叙事引入懸念之法。《王烈行狀》開篇並未從叙寫王烈入手，而是先叙述盜牛者被牛主人當場抓獲後求主人不要將此事告訴王烈，後有人告訴王烈，王烈即以布一端“遺之”。然後此事就此停頓轉入叙述一年後之事，這兩者之間似乎没有聯繫，叙事結構出現斷裂。繼而叙述有人代老父擔，不留姓名，留下懸念；後老父又失劍，有人爲其守劍於路，是前之代擔人，老父讓其留下姓名，但傳文卻未明言，乃又留一懸念；老父將此人之事告訴王烈，王烈亦不知此人，乃再一個懸念；使人“推之”，才知是盗牛人，至此，三個懸念才完全揭開，同時，盗牛之事與後文之間在讀者心中曾經造成之叙事結構上之斷裂狀態，也由此得以縫合與敷平，使人豁然開朗。懸念之設置，無疑使這段叙事更具故事性和可讀性。同時，這段叙事也相當生動形象，其中守劍一事中，還寫及人物作出守劍決定之心理過程，亦摹寫入微。

附：魏先賢行狀

輯存。佚名撰。

《北堂書鈔》卷六八《設官部二十·掾一百三十七》“奮手不顧皆投劾出”、《白氏六帖事類集》卷三《道路第五》“辱在泥塗　胡爲泥中　導從避泥”、《職官分紀》卷五《掾屬》“舉府掾屬皆投劾出”引鍾皓事，作《魏先賢行狀》，鍾皓事他書徵引多作《先賢行狀》，此或《先賢行狀》之異稱。《漢魏六朝雜傳集》即據《北堂書鈔》等引輯録其文，題《魏先賢行狀》，附於《先賢行狀》之後。

附：海内先賢行狀

輯存。李氏撰。

《海内先賢行狀》，《隋書·經籍志》無著録。《舊唐書·經籍志》史部雜傳類著録《海内先賢行狀》三卷，李氏撰；《新唐書·藝文志》史部雜傳記類著録李氏《海内先賢行狀》三卷；《通志·藝文略》史類傳記類著録同《舊唐書·經籍志》。朱東潤以爲此《海内先賢行狀》即《先賢行狀》，云：“《三國志》、《後漢書注》屢引《先賢行狀》，疑即此書。"①

　　作者李氏，不詳其名，不知何許人也。朱東潤云："李氏不知何時人，以《行狀》所載皆漢魏間事，疑爲魏時人。"②

　　《太平御覽》卷四〇三《人事部四十四·道德》引四條，叙王烈、戴良、徐孺子、仇覽事，作《海内先賢行狀》，王烈事諸書多引作《先賢行狀》，而戴良、徐孺子、仇覽三人事不見他書徵引作《先賢行狀》，在今存《先賢行狀》佚文之外。《漢魏六朝雜傳集》即據《太平御覽》等引輯録其文，附於《先賢行狀》之後。

附：漢魏先賢行狀

　　輯存。佚名撰。

　　《北堂書鈔》卷七五《設官部二十七·太守中一百六十六》"民佩其德"、《太平御覽》卷二五三《職官部五十一·督郵》各引一節，作《漢魏先賢行狀》，叙劉伯、陳登事，陳登事諸書多引作《先賢行狀》，而劉伯事不見他書引作《先賢行狀》，且《太平御覽經史圖書綱目》録《漢魏先賢行狀》。《漢魏六朝雜傳集》據《太平御覽》等引輯得其文，附於《先賢行狀》之後。

附：先賢集

　　佚。佚名撰。三卷。

　　《隋書·經籍志》史部雜傳類著録《先賢集》三卷，不題撰人。章宗源、姚振宗皆以爲此《先賢集》即是《舊唐書·經籍志》史部雜傳類、《新唐書·藝文志》史部雜傳記類著録《海内先賢行狀》三卷。姚振宗《隋書經籍志考證》"《先賢集》三卷"條案云："此《先賢集》即《唐志》之《海内先賢行狀》。章氏依《唐志》之書名，

---

①朱東潤：《八代傳叙文學述論》，復旦大學出版社 2006 年，第 89 頁。
②朱東潤：《八代傳叙文學述論》，復旦大學出版社 2006 年，第 89 頁。

而無‘不著録’三字，蓋亦以爲即是此書。其不依本《志》作《先賢集》者，偶誤也。”小注云：“《史通·正史》篇言《東觀漢記》殘缺無成，魏黄初中唯著《先賢表》，疑即此《先賢集》也。”

章、姚二人之推測，可爲一説，然無確證，姑存疑。因叙録《先賢集》，附於《先賢行狀》後。

魏末傳

輯存。佚名撰。原二卷。

《魏末傳》，《隋書·經籍志》史部雜史類著録《魏末傳》二卷，注云：“梁又有《魏末傳》並《魏氏大事》三卷，亡。”撰人不詳，姚振宗《隋書經籍志考證》卷一三“《魏末傳》”條案云：“諸書所引又有《漢末傳》，亦無撰人，疑與此同出一家。”又説：“梁又有《魏末傳》並《魏氏大事》六卷，亡（一本作三卷），不著撰人。按此蓋梁代所有與《魏大事》併合爲帙者。”從今所存佚文看，俱傳魏末人事，當作於晉世。

《隋書·經籍志》將《魏末傳》著録於史部雜史類，不甚確妥，《魏末傳》撰録魏末人士，屬人物類傳，當入雜傳類，秦榮光即將其補録入《補晉書藝文志》史部傳記類。

《魏末傳》久佚，《隋書·經籍志》著録時云梁代已散佚，其佚文今主要見於《三國志》裴注等徵引，《漢魏六朝雜傳集》據諸書徵引，輯録其文，得魏明帝叡、齊王芳、高貴鄉公髦、司馬懿、曹爽、夏侯玄、何晏、諸葛誕、王淩子明山、尹大目十人事蹟。

今簡括諸書所引，以人名標目，條列其佚文如下。

一、魏明帝叡。存文三節，皆叙明帝與文帝射鹿而立爲太子事，而文字多異。其一見於《世説新語·言語》第一三條劉注引。其二見於《藝文類聚》卷九五《獸部下·鹿》、《太平御覽》卷九四《皇王部十九·魏烈祖明皇帝》、卷九〇六《獸部十八·鹿》引。

其三見於《三國志》卷三《魏書·明帝紀》"三年爲平原王以其母誄故未建爲嗣"裴注、《太平御覽》卷一四八《皇親部十四·太子三》引。

二、齊王芳。存文一節，見於《太平御覽》卷七一二《服用部十四·熨斗》引。

三、高貴鄉公髦。存文一節，見於《三國志》卷四《魏書·高貴鄉公紀》"五月己丑高貴鄉公卒年二十"裴注引。

四、司馬懿。存文二節，其一見於《三國志》卷九《魏書·曹爽傳》"謂之信然"裴注、《北堂書鈔》卷一四四《酒食部三·粥篇十》"流出沾胸"、《太平御覽》卷七四三《疾病部六·陽病》等引。其二見於《三國志》卷九《魏書·曹爽傳》"爽得宣王奏事不通迫窘不知所爲"裴注引。

五、曹爽。存文一節，見於《三國志》卷九《魏書·曹爽傳》"遂免爽兄弟以侯還第"裴注引。

六、夏侯玄。存文一節，見於《北堂書鈔》卷一〇四《藝文部十·硯四十七》"筆硯"、《藝文類聚》卷五八《雜文部四·筆》、《事類賦》卷一五《什物部上·筆賦》"太初有不畜之愼"引。

七、何晏。存文二節，其一見於《三國志》卷九《魏書·曹爽傳》"晏何進孫也……作道德論及諸文賦著述凡數十篇"裴注、《初學記》卷一〇《帝戚部·公主第六》"金鄉蘭陵"、《太平御覽》卷一五二《皇親部十八·公主上》引。其二見於《北堂書鈔》卷一〇四《藝文部十·筆四十五》"何晏作奏失筆於地"、《太平御覽》卷六〇五《文部二十一·筆》、《事類賦》卷一五《什物部上·筆賦》"驚何晏而遽失"引。

八、諸葛誕。存文三節，其一見於《三國志》卷二八《魏書·諸葛誕傳》"自出攻揚州刺史樂綝殺之"裴注引，其二見於《太平御覽》卷三六七《人事部八·舌》等引，其三見於《太平御覽》卷三七六《人事部一十七·肝》引。

　　九、王淩子明山。存文一節，見於《三國志》卷二八《魏書·王淩傳》"廣有志尚學行死時年四十餘"裴注引。

　　十、尹大目。存文一節，見於《三國志》卷二八《魏書·毌丘儉傳》"會明見大軍兵馬盛乃引還"裴注引。

　　觀《魏末傳》今存佚文，所傳人物，上至帝王，下及家奴，多爲魏末風雲際會中之特出者。觀其叙事，委曲細緻，條理清晰，頗見人物性情，如傳尹大目，叙其與文欽語，不僅可見情狀聲口，亦及於其心理。

晉諸公贊

　　輯存。傅暢撰。原二十二卷。

　　傅暢《晉諸公贊》，《隋書·經籍志》史部雜史類著録《晉諸公贊》二十一卷，題"晉祕書監傅暢撰"；《舊唐書·經籍志》史部雜史類、《新唐書·藝文志》史部雜史類著録《晉諸公贊》二十二卷，題傅暢撰。作"二十一卷"或"二十二卷"者，或"一"、"二"誤訛，《晉書·傅暢傳》作"二十二卷"，故或當是二十二卷，《隋書·經籍志》有誤。《晉書·傅暢傳》稱其作"《晉諸公叙贊》二十二卷"，則傅暢此書，先爲傳，傳末附贊，正如姚振宗《隋書經籍志考證》卷一三史部雜史類"《晉諸公贊》"條云："按本傳稱叙贊者，各爲叙傳於前，而繫以贊，猶劉中壘《列女傳贊》之體，《世説》諸篇注引之甚多。"實爲人物傳，非雜史，《隋書·經籍志》等繫之於雜史，不甚確妥。秦榮光《補晉書藝文志》即將其補録入史部傳記類。

　　傅暢，字世道，北地泥陽人，傅祗次子。《晉書》卷四七《傅玄傳》附其傳。其云："暢字世道。年五歲，父友見而戲之，解暢衣，取其金環與侍者，暢不之惜，以此賞之。年未弱冠，甚有重名。"咸和五年(330)卒。《晉書·傅暢傳》稱其作"《晉諸公叙贊》二十二卷，又爲《公卿故事》九卷"。《三國志》卷二一《魏書·傅嘏傳》裴注引《世語》稱："（傅）宣弟暢，字世道，祕書丞，没在胡中。著《晉諸公贊》及《晉公卿禮秩故事》。"傅暢撰《晉諸公贊》之外，又有《晉公卿禮秩故事》。《隋書·經籍志》、《舊唐書·經籍志》、《新唐書·藝文志》史部職官類均著録《晉公卿禮秩故事》九卷，佚。傅暢有集五卷，《隋書·經籍志》、《舊唐書·經籍志》、《新唐書·藝文志》集部著録，《隋書·經籍志》又云："梁有録一卷。"亦佚①。

　　《晉諸公贊》，《晉書·傅暢傳》稱《晉諸公叙贊》，如姚振宗云"各爲叙傳於前，而繫以贊"，當是《晉書》據體例而稱。《春秋左傳注疏》卷九"使鍼季酖之"正義、《春秋左傳要義》卷一二"莊二十五年至三十二年"、"成季酖僖叔鴆或爲酖"引又稱《晉語諸公贊》，云："鴆鳥食蝮，以羽翮櫟酒水中，飲之則殺人。舊制：鴆不得渡江，有重法。石崇爲南中郎，得鴆，以與王愷養之，大如鵝，喙長尺餘，純食蛇虺。司隸傅祇於愷家得此鳥，奏之，宣示百官，燒於都街。"《太平御覽》卷二四四引又稱《晉贊》，章宗源《隋書經籍志考證》"《晉諸公贊》二十一卷"條以爲："語字誤增，他書徵引或稱傅暢《晉贊》，省諸公二字。"

　　又，《水經注》卷一六《穀水》案云："傅暢《晉書》云都水使者陳狼鑿運渠，從洛口入注九曲，至東陽門。"《職官分紀》卷一四《侍御史》"用心屬正"引傅暢《晉書》："劉毅子瞫，亦遵其家業，用

---

①《晉公卿禮秩故事》，佚，今有黄奭、傅以禮、勞格、王仁俊四家輯本，黄奭所輯録於《漢學堂叢書》和《黄氏逸書考》之《子史鉤沉》；傅氏所輯録於《傅氏家書》；勞格所輯録於《月河精舍叢書》之《讀書雜識》卷六；王仁俊所輯録於《玉函山房輯佚書續編》之史編總類。《傅暢集》，佚，嚴可均據《太平御覽》卷二六五、卷六九一採得《傅暢自叙》文二節。録於《全晉文》卷五二中。

心厲正,爲侍御史。"《記纂淵海》卷二九《職官部》:"晉荀勗領秘書監,汲郡冢中得竹書,勗自撰次,時缺文多所證明。"注出傅暢《晉書》。傅暢無《晉書》,此稱傅暢《晉書》者,或亦是傅暢《晉諸公贊》,亦或《晉公卿禮秩故事》)。

傅暢《晉諸公贊》久佚,佚文今散見諸書徵引,傅以禮認爲宋代尚引此書,"則其湮散或在元代未可知也"[1]。今有黄奭、傅以禮二家輯本,二家均據諸書採摭,黄奭所輯見録於《漢學堂叢書》和《黄氏逸書考》之《子史鉤沉》;傅氏所輯見録於《傅氏家書》。二家中以傅以禮所輯較詳,凡百餘人事蹟,三百餘節。《漢魏六朝雜傳集》據諸書徵引,參之黄奭、傅以禮二家所輯,新輯其文,得一百五十三人事蹟,計有:王經、甄憙、甄温、甄喜、郭建、郭煆、許允、許奇、許猛、許遐、許式、袁粲、何曾、何邵、何蕤、何遵、何綏、邢喬、李順、華廙、華嶠、華澹、王恂、王虔、王愷、王康、王隆、劉弘、司馬望、賈充、杜預、杜錫、杜斌、杜乂、阮武、鄭默、鄭球、鄭豫、李重、李尚、李矩、李式、潘滔、傅咸、傅祇、傅宣、張華、盧浮、盧班、盧皓、盧志、盧諶、和嶠、和郁、裴秀、裴康、裴綽、裴楷、裴憲、裴瓚、裴遐、裴頠、裴邈、韓壽、崔隨、崔瑋、高儁、高誕、高光、滿奮、郭配、郭豫、郭鎮、郭展、郭奕、文俶、胡遵、胡奮、胡廣、胡烈、胡岐、胡喜、胡淵、劉邠、劉粹、劉宏、劉漢、劉咸、劉耽、劉恢、劉禪、孫秀、孫儉、孫楷、王祥、王烈、王覽、王戎、王綏、王衍、王玄、王浚、王濟、王澄、司馬駿、李喜、諸葛靚、羊琇、衛瓘、衛宣、衛玠、羊祜、陸亮、山濤、山該、嵇紹、劉淮、梅頤、向純、向悌、温幾、祖約、王堪、荀顗、楊喬、楊髦、杜育、郝隆、孫秀、任愷、鄒湛、鄭詡、蔡克、石崇、李胤、劉曒、武陔、庾峻、司馬珪、劉維、司馬滕、陳準、荀勖、阮咸、陳勰、繆播、司馬模、庾峻、劉毅、司馬倫、劉希彭、任城王陵、齊王攸。另有"嬪妃"、"盧水胡、蘭羌爲亂"、"馴象"、

<hr>

[1] 傅以禮《晉諸公贊·序》,見《傅氏家書》,清光緒二年手稿本。

“三足烏”四條不知所屬何人。

《晉書·傅暢傳》稱傅暢作“《晉諸公叙贊》”，今所見諸書徵引，俱作“《晉諸公贊》”，《漢魏六朝雜傳集》亦題“晉諸公贊”。今簡括諸書所引，以人名標目，條列其佚文如下。

一、王經。存文一節，見於《三國志》卷四《魏書·三少帝紀·高貴鄉公髦》“五月己丑高貴鄉公卒年二十”裴注、《世説新語·賢媛》第一〇條劉注引。

二、甄悳、甄温、甄喜。存文一節，見於《三國志》卷五《魏書·后妃傳》“封悳爲平原侯襲公主爵”裴注引。

三、郭建、郭毅。存文一節，見於《三國志》卷五《魏書·后妃傳》“五年二月葬高平陵西”裴注引。

四、許允、許奇、許猛、許遐、許式。存文四節，其一見於《世説新語·賢媛》第八條劉注引。其二見於《世説新語·賢媛》第八條劉注引。其三見於《北堂書鈔》卷六〇《設官部十二·諸尚書左右丞七十六》“許奇有準繩節操”引，作傅暢《晉贊》，四庫本《北堂書鈔》卷六〇引作《晉諸公贊》；《太平御覽》卷二一三《職官部十一·左丞》引，作《晉諸公贊》。其四見於《三國志》卷九《魏書·夏侯尚傳》“後豐等事覺徙允爲鎮北將軍……徙樂浪道死”裴注引。

五、袁粲。存文一節，見於《三國志》卷一一《魏書·袁涣傳》“亮貞固有學行……位至河南尹尚書”裴注引。

六、何曾、何邵、何蕤、何遵、何綏。存文二節，其一見於《世説新語·任誕》第二條劉注、《語林》卷一二《方正第六上》“司馬公既進爵爲王”引。其二見於《三國志》卷一二《魏書·何夔傳》“子曾嗣咸熙中爲司徒”裴注引。

七、邢喬。存文二節，其一見於《三國志》卷一二《魏書·邢顒傳》“黄初四年薨子友嗣”裴注引，其二見於《世説新語·賞譽》第二二條劉注引。

八、李順。存文一節,見於《世說新語·賞譽》第二二條劉注引。

九、華廙、華嶠、華澹。存文二節,其一見於《三國志》卷一三《魏書·華歆傳》"子表嗣初文帝分歆户邑封歆弟緝列侯表咸熙中爲尚書"裴注引,其二見於《太平御覽》卷二二○《職官部十八·中書監》引。

一○、王恂、王虔、王愷、王康、王隆。存文二節,其一見於《三國志》卷一三《魏書·王肅傳》"咸熙中開建五等以肅著勳前朝改封恂爲丞子"裴注引,其二見於《世說新語·汰侈》第四條劉注引。

一一、劉弘。存文一節,見於《三國志》卷一五《魏書·劉馥傳》"嘉平六年薨追贈征北將軍進封建成鄉侯諡曰景侯子熙嗣"裴注引。

一二、司馬望。存文二節,其一見於《三國志》卷四《魏書·三少帝紀·高貴鄉公髦》"照對曰誠由時有樸文故化有薄厚也"裴注引,其二見於《三國志》卷一五《魏書·司馬朗傳》"朗弟孚又以子望繼朗後遺薨望子洪嗣"裴注、《太平御覽》卷二○九《職官部七·大司馬》、《職官分紀》卷二《三公·大司馬》"父子居上"引。

一三、賈充。存文七節,其一見於《世說新語·政事》第六條劉注引,其二見於《三國志》卷一五《魏書·賈逵傳》"充咸熙中爲中護軍"裴注引,其三見於《世說新語·賢媛》第一四條劉注引,其四見於《世說新語·賢媛》第一三條劉注引,其五見於《世說新語·賢媛》第一三條劉注引,其六見於《世說新語·惑溺》第三條劉注引,其七見於《北堂書鈔》卷六五《設官部十七·太子太保一百十七》"賈充以太尉領"引。

一四、杜預。存文一節,見於《白氏六帖事類集》卷二四《春十七》"連機"引。

一五、杜錫、杜斌、杜乂、阮武。存文一節,見於《三國志》卷一六《魏書·杜恕傳》"恕奏議論駮皆可觀撥其切世大事著於篇"裴注引。

一六、鄭默、鄭球、鄭豫。存文一節,見於《三國志》卷一六《魏書·鄭渾傳》"及卒以子崇爲郎中"裴注引。

一七、李重、李尚、李矩、李式。存文二節,其一見於《世說新語·品藻》第四六條劉注引,其二見於《三國志》卷一八《魏書·李通傳》"文帝踐阼謚曰剛侯詔曰……緒平虜中郎將以寵異焉"裴注、《世說新語·品藻》第四六條劉注引。

一八、潘滔。存文一節,見於《三國志》卷二一《魏書·衛覬傳》"建安末尚書右丞河南潘勖"裴注引。

一九、傅咸。存文一節,見於《太平御覽》卷二一三《職官部十一·左丞》、《職官分紀》卷八《尚書省·左右丞》"臺閣大小望風自肅"引。

二〇、傅祗、傅宣。存文三節,其一見於《三國志》卷二一《魏書·傅嘏傳》"子祗嗣咸熙中開建五等以嘏著勳前朝改封祗涇原子"裴注引,其二見於《文選》卷一六《志下·閒居賦》"太夫人乃御版輿升輕軒"李注、《太平御覽》卷二四三《職官部四十一·光禄大夫》、《職官分紀》卷二《三公·司徒》"板輿上殿"、卷四八《特進·光禄大夫》"以風疾遜位"引,其三見於《文選》卷四六《序下·王文憲集序》"夫奔競之塗有自來矣"李注、卷四九《史論上·晉紀總論》"悠悠風塵皆奔競之士"李注引。

二一、張華、盧浮、盧班、盧皓、盧志、盧諶。存文一節,見於《三國志》卷二二《魏書·盧毓傳》"毓子欽珽咸熙中欽爲尚書珽泰山太守"裴注、《北堂書鈔》卷六六《設官部十八·太子舍人一百二十八》"盧浮起家"、卷六六《設官部十八·太子舍人一百二十八》"博識多聞"、《藝文類聚》卷四九《職官部五·太子舍人》引。

　　二二、和嶠、和郁。存文二節，其一見於《三國志》卷二三《魏書·和洽傳》"子离嗣离弟迺才爽開濟官至廷尉吏部尚書"裴注、《世説新語·賞譽》第一五條劉注、《世説新語·儉嗇》第一條劉注、《太平御覽》卷二四四《職官部四十二·太子少保》、卷四七一《人事部一百一十二·富上》、卷五一六《宗親部六·兄弟下》引。其二見於《世説新語·方正》第九條劉注引。

　　二三、裴秀。存文一節，見於《北堂書鈔》卷九六《藝文部二·圖九》"方丈圖"引。

　　二四、裴康、裴綽、裴楷。存文五節，其一見於《三國志》卷二三《魏書·裴潛傳》"子秀嗣遺令儉葬墓中惟置一坐瓦器數枚其餘一無所設秀咸熙中爲尚書僕射"裴注引，其二見於《世説新語·品藻》第六條劉注引，其三見於《世説新語·德行》第一八條劉注引，其四見於《北堂書鈔》卷五七《設官部九·中書令五十二》"俱處機密"引，其五見於《世説新語·雅量》第七條劉注引。

　　二五、裴憲。存文一節，見於《三國志》卷二三《魏書·裴潛傳》"子秀嗣遺令儉葬……秀咸熙中爲尚書僕射"裴注引。

　　二六、裴瓚。存文一節，見於《世説新語·品藻》第六條劉注引。

　　二七、裴遐。存文一節，見於《世説新語·文學》第一九條劉注引。

　　二八、裴頠。存文三節，其一見於《世説新語·文學》第一一條劉注引，其二見於《世説新語·文學》第一二條劉注引，其三見於《北堂書鈔》卷六七《設官部十九·國子祭酒一百三十一》"刻石寫經"、《藝文類聚》卷三八《禮部上·學校》引。

　　二九、裴邈。存文一節，見於《世説新語·雅量》第一一條劉注引。

　　三〇、韓壽。存文二節，其一見於《世説新語·惑溺》第五條劉注引，其二見於《三國志》卷二四《魏書·韓暨傳》"子肇嗣肇薨子邦嗣”裴注引。

　　三一、崔隨、崔瑋。存文一節,見於《三國志》卷二四《魏書·崔林傳》“明帝又分林邑封一子列侯正始五年薨謚曰孝侯子述嗣”裴注引。

　　三二、高儁、高誕、高光。存文一節,見於《三國志》卷二四《魏書·高柔傳》“景元四年年九十薨……改封渾昌陸子”裴注、《太平御覽》卷五一六《宗親部六·兄弟下》引。

　　三三、滿奮。存文一節,見於《世說新語·言語》第二〇條劉注、《三國志》卷二六《魏書·滿寵傳》“正始三年薨謚曰景侯子偉嗣偉以格度知名官至衛尉”裴注引。

　　三四、郭配、郭豫、郭鎮、郭展、郭奕。存文四節,其一見於《三國志》卷二六《魏書·郭淮傳》“咸熙中開建五等以淮著勳前朝改封汾陽子”裴注引,其二見於《北堂書鈔》卷三六《政術部十·稱職二十九》“郭展爲太僕厩馬充丁”、《藝文類聚》卷四九《職官部五·太僕》、《太平御覽》卷二三〇《職官部二十八·太僕卿》、《天中記》卷三三《太僕寺》“牧馬充牣”引,其三見於《世說新語·規箴》第八條劉注引,其四見於《世說新語·賞譽》第九條劉注引。

　　三五、文俶。存文一節,見於《三國志》卷二八《魏書·諸葛誕傳》“聽舊虎收斂欽喪給其車牛致葬舊墓”裴注引。

　　三六、胡遵、胡奮、胡廣、胡烈、胡岐、胡喜、胡淵。存文一節,見於《三國志》卷二八《魏書·鍾會傳》“會時年四十將士死者數百人”裴注引。

　　三七、劉邠、劉粹、劉宏、劉漢、劉咸、劉耽、劉恢。存文二節,其一見於《三國志》卷二九《魏書·管輅傳》“平原太守劉邠……輅曰或因漢末之亂……明府道德高妙自天祐之願安百禄以光休寵”裴注引,其二見於《世說新語·賞譽》第二二條劉注引。

　　三八、劉禪。存文一節,見於《三國志》卷三三《蜀書·後主傳》“後主輿櫬自縛詣軍壘門艾解縛焚櫬延請相見”裴注、《太平御覽》卷九〇一《獸部十三·騾》、四庫本《北堂書鈔》卷四二《政術部十六·亡國四十六》“輿櫬自縛詣壘門”引。

三九、孫秀、孫儉。存文一節，見於《三國志》卷五一《吴書·宗室傳》“晉以秀爲驃騎將軍儀同三司封會稽公”裴注引。

四〇、孫楷。存文一節，見於《三國志》卷五一《吴書·宗室傳》“晉以爲車騎將軍封丹楊侯”裴注引。

四一、王祥。存文一節，見於《世説新語·德行》第一四條劉注引。

四二、王烈。存文一節，見於《世説新語·賞譽》第一三九條劉注引。

四三、王覽。存文一節，見於《三國志》卷一八《魏書·吕虔傳》“請琅邪王祥爲别駕民事一以委之世多其能任賢”裴注引。

四四、王戎。存文四節，其一見於《世説新語·德行》第一七條劉注引，其二見於《世説新語·儉嗇》第三條劉注引，其三見於《文選》卷四六《序下·王文憲集序》“昔毛玠之公清李重之識會兼之者公也”句李注引，其四見於《太平御覽》卷二四二《職官部四十·南蠻校尉》引。

四五、王綏。存文一節，見於《世説新語·賞譽》第二九條劉注引。

四六、王衍。存文二節，其一見於《世説新語·言語》第二三條劉注引，其二見於《世説新語·品藻》第二〇條劉注引。

四七、王玄。存文二節，其一見於《世説新語·識鑒》第一二條劉注引，其二見於《世説新語·賞譽》第三五條劉注引。

四八、王浚。存文一節，見於《藝文類聚》卷三八《禮部上·宗廟》、《初學記》卷一三《禮部上·宗廟第四》“五廟七室”、《錦繡萬花谷後集》卷一七《宗廟》引。

四九、王濟。存文三節，其一見於《世説新語·言語》第二四

條劉注引,其二見於《世說新語·汰侈》第九條劉注引,其三見於
《世說新語·方正》第一一條劉注、《文選》卷二五《贈答三·贈何
劭王濟一首》"何公既登侍中武子俄而亦作"李注等引。

五〇、王澄。存文一節,見於《世說新語·德行》第二三條劉
注引。

五一、司馬駿。存文五節,其一見於《北堂書鈔》卷五八《設
官部十·散騎常侍六十四》"司馬駿侍講"、《太平御覽》卷二二四
《職官部二十二·散騎常侍》引。其二見於《職官分紀》卷三二
《諸王府僚屬·文學》"八歲聰明善詩賦"、《古今事文類聚外集》
卷四《王府官部·總王府官》"善賦詩"等引。其三見於《世說新
語·德行》第二二條劉注引。其四見於《北堂書鈔》卷五六《設官
部八·左右光禄大夫四十二》"入朝不趨"引。其五見於《北堂書
鈔》卷一〇二《藝文部·碑三十五》"西戎拜之"(四庫本作"西戎
涕泣")引。

五二、李喜。存文一節,見於《世說新語·言語》第一六條劉
注引。

五三、諸葛靚。存文二節,其一見於《世說新語·言語》第二
一條劉注引,其二見於《世說新語·方正》第一〇條劉注引。

五四、羊琇。存文一節,見於《世說新語·方正》第一三條劉
注、《文選》卷五九《碑文下·齊故安陸昭王碑文》"東西兩晉茲選
特難羊琇願言而匪獲謝琰功高而後至"李注引。

五五、衛瓘。存文一節,見於《世說新語·識鑒》第八條劉
注引。

五六、衛宣。存文一節,見於《記纂淵海》卷一九〇《閨儀部
二·婦道》引。

五七、衛玠。存文二節,其一見於《世說新語·言語》第三二
條劉注引,其二見於《敦煌類書》錄文篇《語對》廿九"婚姻"下三
一一一二九一二七"璧潤"引。

五八、羊祜。存文二節，其一見於《世説新語·言語》第八六條劉注引，其二見於《文選》卷五九《碑文下·齊故安陸昭王碑文》“雖鄧訓致劈面之哀羊公深罷市之慕”李注引。

五九、陸亮。存文一節，見於《世説新語·政事》第七條劉注引。

六〇、山濤。存文一節，見於《北堂書鈔》卷三六《政術部十·稱職二十九》“官人稱允”、卷六〇《設官部十二·吏部尚書七十四》“官人稱允”引。

六一、山該。存文一節，見於《世説新語·方正》第一五條劉注引。

六二、嵇紹。存文二節，其一見於《世説新語·政事》第八條劉注引，其二見於《三國志》卷二一《魏書·王粲傳》“時又有譙郡嵇康文辭壯麗好言老莊而尚奇任俠至景元中坐事誅”裴注引。

六三、劉淮。存文一節，見於《世説新語·方正》第一六條劉注引。

六四、梅頤。存文一節，見於《世説新語·方正》第三九條劉注引。

六五、向純、向悌。存文一節，見於《世説新語·賞譽》第二九條劉注引。

六六、温幾。存文一節，見於《世説新語·賞譽》第三八條劉注引。

六七、祖約。存文一節，見於《世説新語·賞譽》第一三二條劉注引。

六八、王堪。存文二節，其一見於《世説新語·賞譽》第一三九條劉注引，其二見於《北堂書鈔》卷六四《設官部十六·車騎將軍一百五》“王堪不能禦難”、《初學記》卷一七《人部·忠第三》“王堪杖節周處奮劍”引。

六九、荀顗。存文一節，見於《世説新語·品藻》第六條劉注引。

七〇、楊喬、楊髦。存文一節,見於《世説新語‧品藻》第七條劉注引。

七一、杜育。存文一節,見於《世説新語‧品藻》第八條劉注引。

七二、郝隆。存文一節,見於《世説新語‧品藻》第九條劉注引。

七三、孫秀。存文一節,見於《世説新語‧賢媛》第一七條劉注引。

七四、任愷。存文一節,見於《世説新語‧任誕》第一六條劉注引。

七五、鄒湛、鄭詡。存文一節,見於《世説新語‧排調》第七條劉注引。

七六、蔡克。存文一節,見於《世説新語‧輕詆》第六條劉注引。

七七、石崇。存文一節,見於《世説新語‧汰侈》第五條劉注引。

七八、李胤。存文一節,見於《北堂書鈔》卷三七《政術部十一‧公正三十一》“正身率下”、卷六〇《設官部十二‧吏部尚書七十四》“正身率職”、《藝文類聚》卷四八《職官部四‧吏部尚書》、《白氏六帖事類集》卷二一《吏部十四》“刊令”引。

七九、劉暾。存文一節,見於《北堂書鈔》卷三七《政術部十一‧公正三十一》“劉暾索紙”引。

八〇、武陔。存文一節,見於《北堂書鈔》卷五六《設官部八‧左右光禄大夫四十二》“武陔朝論歸美”引。

八一、庾峻。存文一節,見於《北堂書鈔》卷五七《設官部九‧祕書監五十六》“幽贊符命因有述焉”、《初學記》卷一二《職官部下‧祕書監九》“幽贊符命宣明史籍”引。

八二、司馬珪。存文一節，見於《北堂書鈔》卷五九《設官部十一·尚書僕射七十三》“少時多令望衆論爲美”、《藝文類聚》卷四八《職官部四·僕射》、《太平御覽》卷二一一《職官部九·左右僕射》、《職官分紀》卷八《左右僕射》“年三十七衆論爲美”引。

八三、劉維。存文一節，見於《北堂書鈔》卷六〇《設官部十二·吏部尚書七十四》“執心平當”引。

八四、司馬滕。存文二節，其一見於《北堂書鈔》卷六三《設官部十五·冗從僕射九十九》“索官以自顯”、《太平御覽》卷二四二《職官部四十·冗從僕射》引，其二見於《藝文類聚》卷二《天部下·雪》引。

八五、陳準。存文二節，其一見於《藝文類聚》卷四八《職官部四·中書令》、《太平御覽》卷二二〇《職官部十八·中書令》引。其二見於《北堂書鈔》卷六六《設官部十八·太子舍人一百二十八》“陳唯有德器”引。

八六、荀勖。存文一節，見於《初學記》卷一二《職官部下·祕書監第九》“撰皇覽次竹書”、《太平御覽》卷二三三《職官部三十一·祕書監》、《錦繡萬花谷後集》卷一一《館閣》“汲冢竹書”引。又，《記纂淵海》卷二九《職官部》引一節，所叙事同《初學記》卷一二等引，文字小異，注出傅暢《晉書》。傅暢無《晉書》，此或出傅暢《晉諸公贊》。

八七、阮咸。存文二節，其一見於《世説新語·術解》第一條劉注引，其二見於《文選》卷二一《詠史·五君詠·阮始平》“達音何用深識微在金奏”李注引。

八八、陳勰。存文一節，見於《太平御覽》卷七五二《工藝部九·巧》、《職官分紀》卷二三《都水使者》“有巧思”、《古今事文類聚新集》卷三四《諸監部·都水監》“陳勰巧思”引。

八九、繆播。存文一節，見於《藝文類聚》卷四八《職官部四·中書令》、《太平御覽》卷二二〇《職官部十八·中書令》引。

　　九〇、司馬模。存文一節，見於《藝文類聚》卷八四《寶玉部下・銅》引。

　　九一、庾峻。存文一節，見於《太平御覽》卷二三三《職官部三十一・祕書監》引。

　　九二、劉毅。存文一節，見於《太平御覽》卷二五〇《職官部四十八・司隸校尉》引。又，《職官分紀》卷一四《侍御史》"用心屬正"引一節，作傅暢《晉書》，言劉毅子曒事，傅暢無《晉書》，此條或出傅暢《晉諸公贊》。

　　九三、司馬倫。存文一節，見於《文選》卷二〇《獻詩・關中詩一首》"翹翹趙王請徒三萬朝議惟疑未遑斯願"李注引。

　　九四、劉希彭。存文一節，見於《文選》卷三一《雜擬下・傚曹子建樂府白馬篇一首》"俠烈良有聞古來共知然"李注引。

　　九五、任城王陵、齊王攸。存文一節，見於《北堂書鈔》卷五八《設官部十・員外散騎常侍六十六》"公族閑任"、《職官分紀》卷六《門下省・員外散騎常侍》"閑任外位"引。

　　另有《太平御覽》卷一四五《皇親部十一・嬪》引一節，叙嬪妃制度；《文選》卷二〇《獻詩・關中詩一首》"蠢爾戎狄狡焉思肆"李注、卷五七《誄下・馬汧督誄》"初雍部之内屬羌反未弭而編户之氐又肆逆焉"李注引一節，叙盧水胡、蘭羌爲亂；《初學記》卷二九《獸部・象第二》、《太平御覽》卷八九〇《獸部二・象》、《事物紀原》卷二《輿駕羽衛部十二》、《古今事文類聚後集》卷三六《毛蟲部・象》"馴象擊人"、《天中記》卷六〇《象》"傷人伏罪"引一節，叙馴象；《藝文類聚》卷九九《祥瑞部下・烏》、《太平御覽》卷九二〇《羽族部七・烏》引一節，叙三足烏：四節所叙事，不知所屬。

　　《晉諸公贊》叙事平實簡略，多粗陳梗概，近于史傳，且叙一人而往往及於其父祖兄弟子孫，一如譜牒。然亦有細緻生動者，如叙王堪臨危之慷慨赴義，頗見情致。

濟北先賢傳

　　輯存。佚名撰。原一卷。

　　《濟北先賢傳》,《隋書·經籍志》史部雜傳類、《舊唐書·經籍志》史部雜傳類、《新唐書·藝文志》史部雜傳記類著録,均作《濟北先賢傳》一卷,不題撰人。此書當出晉世,陶潛《群輔録》有引《濟北英賢傳》者,當即此書,其云:“膠東令盧汜昭字興先,樂城令剛戴祈字子陵,潁陰令剛徐晏字孟平,涇令盧夏隱字叔世,州别駕蛇丘劉彬字文曜(一云世州),右濟北五龍,少並有異才,皆稱神童,當桓靈之世,時人號爲五龍。見《濟北英賢傳》。”此當爲《群輔録》概述,非其原文。

　　《濟北先賢傳》久佚,今存戴宏、戴封事。戴宏事見於《後漢書》卷六四《吳祐傳》“時濟北戴宏父爲縣丞……官至酒泉太守”李注引,戴封事見於《北堂書鈔》卷三五《政術部九·德感二十二》“積薪自焚火起而雨”、“蝗飛盡去”各引一節。劉緯毅採得此二條,又採姚振宗《隋書經籍志考證》引《群輔録》文,題《濟北先賢傳》,録於《漢唐方志輯佚》中。《漢魏六朝雜傳集》亦據《後漢書》卷六四李注、《北堂書鈔》卷三五採得戴宏、戴封事蹟,題《濟北先賢傳》。

荆州先賢傳

　　輯存。高範撰。原三卷。

　　高範《荆州先賢傳》,《隋書·經籍志》史部雜傳類無録,《舊唐書·經籍志》史部雜傳類、《新唐書·藝文志》史部雜傳記類著録,均作《荆州先賢傳》三卷,題高範撰。高範,生平始末不詳。《太平御覽經史圖書綱目》録《荆州先德傳》,今存佚文有馬良事、羅獻事，僅見《太平御覽》引，宋初或尚見其本。章宗源《隋書經籍志考證》卷一三雜傳類補録，作《荆州先賢傳》。

《荆州先賢傳》久佚，諸書徵引其文，或作《荆州先德傳》。今劉緯毅據《北堂書鈔》、《藝文類聚》、《太平御覽》諸書徵引，採得其佚文七節，叙龐統、吕乂、羅獻、馬良事蹟，題《荆州先賢傳》，云又名《荆州先德傳》，晉高範撰，録於《漢唐方志輯佚》中。《漢魏六朝雜傳集》據諸書徵引，新輯其文，得董正、吕乂、龐統、費禕、馬良、羅獻六人事蹟，並從《舊唐書·經籍志》及《新唐書·藝文志》著録，題其名曰《荆州先賢傳》。

今簡括諸書所引，以人名標目，條列其佚文如下。

一、董正。存文一節，見於《北堂書鈔》卷三二《政術部六·去官十七》"上還舉板"引。

二、吕乂。存文一節，見於《北堂書鈔》卷三八《政術部十二·廉潔三十二》"清白廉素"、卷五九《設官部十一·尚書令七十二》"吕乂節儉自守"引。

三、龐統。存文二節，其一見於《北堂書鈔》卷九八《藝文部四·談講十三》"因與共談移日忘飡"、《太平御覽》卷九五五《木部四·桑》、《事類賦》卷二五《木部·桑賦》"採之接龐統之言"、《天中記》卷五一《桑》引，作《荆州先賢傳》；《太平御覽》卷六一七《學部十一·談論》引，作《荆州先德傳》。其二見於《北堂書鈔》卷三四《政術部八·任賢十九》"龐統州里所信召爲公曹"、《太平御覽》卷二六四《職官部六十二·功曹參軍》各引，作《荆州先德傳》；《職官分紀》卷四一《司功參軍》"任以大事"引，作《荆州先賢傳》。

四、費禕。存文一節，見於《北堂書鈔》卷四〇《政術部十四·奉使四十》"費禕使吳舉坐稱之"、《太平御覽》卷七七八《奉使部二·奉使中》引。

五、馬良。存文一節，見於《太平御覽》卷三六五《人事部六・眉》引。

六、羅獻。存文三節，其一見於《藝文類聚》卷六八《儀飾部・鼓吹》、《太平御覽》卷六八一《儀式部二・榮戟》引，其二見於《太平御覽》卷三七《地部二・土》引，其三見於《北堂書鈔》卷一〇六《樂部二・歌篇二》"羅獻固守"引。

豫章舊志　豫章舊志後撰

輯存。《豫章舊志》，熊默撰，原三卷。《豫章舊志後撰》，熊欣撰，原一卷。

《豫章舊志》，《隋書・經籍志》史部雜傳類著録《豫章舊志》三卷，題"晉會稽太守熊默撰"。《豫章舊志後撰》，《隋書・經籍志》史部雜傳類著録《豫章舊志後撰》一卷，題"熊欣撰"。

熊默，生平不詳，僅據《隋書・經籍志》著録《豫章舊志》所題署，知其是晉人，曾爲會稽太守。熊欣，生平不詳，從其續作《豫章舊志後撰》推測，或爲熊默之後。

熊默《豫章舊志》及熊欣《豫章舊志後撰》已佚，其文散見諸書徵引，或作《豫章舊志》，或作《豫章耆舊傳》、《豫章耆舊志》，而《太平御覽經史圖書綱目》録《豫章舊志》，又録《豫章耆舊傳》。檢各書志，除熊默、熊欣撰《豫章舊志》外，唐前無他人撰《豫章耆舊傳》者，則《豫章耆舊傳》、《豫章耆舊志》或當是熊氏二人書之別稱。然今所見諸書徵引未有稱引《豫章舊志後撰》者，或與《豫章舊志》合卷並行，而諸書徵引統稱之。

今劉緯毅據諸書采摭，輯《豫章舊志》，得廬俗、周生豐、李儀、孔竺四人事蹟，題吳徐整撰，録於《漢唐方志輯佚》中。《漢魏六朝雜傳集》據諸書徵引，合輯《豫章舊志》、《豫章舊志後撰》，題熊默、熊欣撰，得廬俗、李儀、孔竺、周生豐、陳蕃、施陽、龍碩七人事蹟。

今簡括諸書所引，以人名標目，條列其佚文如下。

一、廬俗。存文一節，見於《水經注》卷三九《廬江水》"廬江水出三天子都北過彭澤縣西北入於江"、《世説新語‧規箴》第二四條劉注、《後漢書‧郡國志‧郡國四》"廬江郡"劉昭注、《廬山記》卷一《總叙山篇第一》等引作《豫章舊志》。

二、李儀。存文一節，見於《藝文類聚》卷九二《鳥部下‧烏》引作《豫章舊志》。

三、孔竺。存文一節，見於《藝文類聚》卷九九《祥瑞部下‧雀》、《太平御覽》卷九二二《羽族部九‧赤雀》引作《豫章舊志》。

四、周生豐。存文一節，見於《後漢書》卷二八上《馮衍傳》"尚書周生豐曰衍所以求見者欲毀君也"李注引作《豫章舊志》。

五、陳蕃。存文一節，見於《太平御覽》卷一二《天部十二‧露》引作《豫章耆舊傳》。

六、施陽。存文一節，見於《太平御覽》卷四○三《人事部四十四‧陰德》引作《豫章耆舊志》。

七、龍碩。存文一節，見於《北堂書鈔》卷一五六《歲時部四‧寒篇二十五》"血流成冰"引作《豫章耆舊志》。

今所見諸書徵引《豫章舊志》、《豫章耆舊傳》、《豫章耆舊志》者，文皆簡略。唯《世説新語‧規箴》第二四條劉注等引廬俗事，叙事略見首尾，且叙及孝武時封神。或可見其叙事之品格。

會稽典録

輯存。虞預撰。原二十四卷。

虞預《會稽典録》，《隋書‧經籍志》史部雜傳類、《舊唐書‧經籍志》史部雜傳類、《新唐書‧藝文志》史部雜傳記類均著録《會稽典録》二十四卷，《隋書‧經籍志》題虞豫撰，《舊唐書‧經籍志》、《新唐書‧藝文志》題虞預撰。《晉書‧虞預傳》言虞豫

《會稽典録》爲二十篇，其云：“著《晉書》四十餘卷、《會稽典録》二十篇、《諸虞傳》十二篇。”則恐至唐代，此書就已有散亡。丁國鈞《補晉書藝文志》卷二史録雜傳類、文廷式《補晉書藝文志》卷二史部雜傳類、秦榮光《補晉書藝文志》卷二史部傳記類、吴士鑑《補晉書藝文志》卷二史録雜傳類補録。

　　劉知幾於《史通》中多次提及《會稽典録》，《史通》卷五《採撰》第十五云：“夫郡國之記，譜牒之書，務欲矜其州里，誇其氏族。讀之者安可不練其得失，明其真僞者乎！至如江東‘五儁’，始自《會稽典録》……”《史通》卷一〇《雜述》第三十四云：“汝、潁奇士，江、漢英靈，人物所生，載光郡國。故鄉人學者，編而記之，若圈稱《陳留耆舊》、周斐《汝南先賢》、陳壽《益部耆舊》、虞預《會稽典録》，此之謂郡書者也。”則在唐代此書當易見，劉知幾當得寓目，故在《史通》中屢加標舉。《宋史·藝文志》無著録，但在宋人著述中還屢見稱引，至宋代以後則幾乎全部散佚，魯迅先生推測：“而宋人撰述，時見稱引，又非出於轉録，疑民間尚有其書，後遂湮昧。”①章宗源《隋書經籍志考證》虞豫“《會稽典録》二十四卷”條按云：“《吴志·虞翻傳注》引山陰朱育對太守濮陽興，述初平末年王府君問士於虞仲翔，仲翔具答其言。會稽人士最詳，至江東五俊，逸篇中未見徵引。”章宗源所言“至江東五俊，逸篇中未見徵引”，乃是對劉知幾《史通》所言“至如江東‘五儁’，始自《會稽典録》”。今不見諸書徵引其文，蓋《會稽典録》中“江東五俊”文字已散佚不見。姚振宗《隋書經籍志考證》虞預“《會稽典録》二十四卷”條轉録章氏所考。

　　虞預，《晉書》卷八二有傳，其云：“虞預，字叔寧，徵士喜之弟也。本名茂，犯明穆皇后母諱，故改焉。預十二而孤，少好學，有

①魯迅：《會稽典録·序》，《魯迅輯録古籍叢編》第三卷，人民文學出版社1999年，第243頁。

文章。"宗人共薦預爲縣功曹，未半年而被斥退。太守庾琛命爲主簿，復爲太守紀瞻主簿，轉功曹史。安東從事中郎諸葛恢、參軍庾亮等薦預，召爲丞相行參軍兼記室。遭母憂，服竟，除佐著作郎。轉琅邪國常侍，遷祕書丞、著作郎。從平王含，賜爵西鄉侯。蘇峻作亂，太守王舒請爲諮議參軍。峻平，進爵平康縣侯，遷散騎侍郎，著作如故。除散騎常侍，仍領著作。以年老歸，卒于家。《晉書》、《會稽典録》、《諸虞傳》之外，尚有"詩賦碑誄論難數十篇"。

晉武帝泰始六年（270），封孫吳降將孫秀爲會稽公。太康元年（280），滅吳，改會稽郡爲會稽國。西晉時，會稽國僅轄山陰、上虞、餘姚、句章、鄞、鄮、始寧、剡、永興、諸暨十縣。轄境即今紹興市、寧波市除寧海、象山之其餘地區及杭州市蕭山一帶。

《會稽典録》佚文今散見諸書徵引，多作《會稽典録》，涵本《説郛》卷三摘録夏方、夏香二人事蹟，宛本《説郛》卷五九輯有十人事蹟，即夏方、夏香、曹娥、盛吉、嚴遵、卓恕、鄭弘、謝承、陳瑞、徐弘十人。其中夏方、夏香二人事蹟與涵本《説郛》同，傅增湘取宛本《説郛》所録加以校勘。今又有勞格、黃奭、王仁俊、魯迅諸家輯本，勞格採得陳囂事蹟三節，録於《讀書雜識》卷六中。王仁俊得二人事，一爲陳囂，乃轉録勞格所輯，另一叙盛吉事，采自《蒙求》自注，録於《玉函山房輯佚書續編》之史編總類。黃奭和魯迅均據諸書徵引採輯，黃奭成一卷，録於《漢學堂知足齋叢書》之《子史鈎沈》中。魯迅所採較黃奭爲詳備，共七十二人事蹟，"略依時代次第，析爲二卷。有慮非本書者，別爲《存疑》一篇，附於末"[1]。魯迅所輯録於《會稽郡故書雜集》中。又，《太平御覽》卷四六九《人事部一百一十·憂下》、卷四七四《人事部一百一十

---

① 魯迅：《會稽典録·序》，《魯迅輯録古籍叢編》第三卷，人民文學出版社1999年，第243頁。

五・禮賢》、《淵鑑類函》卷三七四《服飾部五・裘二》各引一節作
《會稽典略》，《會稽典略》當爲《會稽典録》之異稱。

　　《漢魏六朝雜傳集》據諸書徵引，並參之黃奭、魯迅等所輯，
重加輯録，得八十四人事蹟：范蠡、計倪、宋昌、鄭吉、陳囂、嚴遵、
鍾離意、鄭弘、盛吉、孟英、孟嘗、梁宏、鄭雲、謝夷吾、董昆、王充、
趙曄、董黯、高豐、任光、黃昌、王俒、楊矯、戴就、周規、陳脩、沈
勳、淳于翼、魏朗、陳業、駱俊、陳宮、虞國、虞歆、盛憲、徐弘、陳
瑞、魏徵、皮延、伍賤、張京、周昕、周暀、虞翻、虞氾、虞忠、虞聳、
虞昺、丁覽、丁固、丁彌、丁潭、徐陵、徐平、賀齊、賀景、賀達、闞
澤、吳範、魏滕、謝承、任弈、虞俊、邵員、謝淵、鍾離牧、鍾離盛、卓
恕、朱育、賀邵、夏方、夏香、張立、朱朗、唐庠、張諛、虞倫、張濟、
徐洪、曹娥、孟淑、葛仙翁、張意、孔愉。又另有諸書所引“太守出
行”、“吞舟之魚”、“隱居之城”三節文字，不詳其所屬之人。

　　今簡括諸書所引，以人名標目，條列其佚文如下。

　　一、范蠡。存文二節，其一見於《史記》卷四一《越王勾踐世
家》“越王謂范蠡曰”正義、《北堂書鈔》卷三四《政術部八・禮賢
二十》“駕車而往”、《太平御覽》卷四七四《人事部一百一十五・
禮賢》、《廣博物志》卷二〇《人倫三》引。其二見於《太平御覽》卷
四九二《人事部一百三十二・虐》引。

　　二、計倪。存文一節，見於《太平御覽》卷四六九《人事部一
百一十・憂下》引。

　　三、宋昌。存文一節，見於《史記》卷四《孝文本紀第十》“中
尉宋昌進曰”索隱引。

　　四、鄭吉。存文一節，見於《太平御覽》卷二〇〇《封建部
三・功臣封》引。

　　五、陳囂。存文三節，其一見於《太平御覽》卷四一九《人事
部六十・仁德》引。其二見於《太平御覽》卷一五七《州郡部三・
叙縣・里》、卷四九一《人事部一百三十二・慚愧》、《古今事文類

聚續集》卷七《居處部》"益地與鄰"、《古今合璧事類備要別集》卷
一二《鄉里門·比鄰》"一丈益隣"引。其三見於《太平御覽》卷四
七四《人事部一百一十五·禮賢》引。

六、嚴遵。存文二節，其一見於《北堂書鈔》卷一五〇《天部
二·星五》"嚴遵客星"、《藝文類聚》卷一《天部上·星》、《太平御
覽》卷九〇《皇王部十五·光武皇帝》、卷四九八《人事部一百三
十九·簡傲》、《天中記》卷一三《殿》"陽明"引。其二見於《太平
御覽》卷四七四《人事部一百一十五·禮賢》引。

七、鍾離意。存文三節，其一見於《太平御覽》卷六三九《撰
刑法部五·聽訟》引。其二見於《初學記》卷二〇《政理部·囚第
十》"解史慈出房廣"、《太平御覽》卷六四三《刑法部九·獄》引。
其三見於《太平御覽》卷六四九《刑法部十五·鞭》引。

八、鄭弘。存文七節，其一見於《太平御覽》卷四〇三《人事
部四十四·道德》引。其二見於《北堂書鈔》卷七九《設官部三十
一·嗇夫一百八十》"問民得失"、《太平御覽》卷四〇三《人事部
四十四·陰德》、卷六九一《服章部八·中衣》、《職官分紀》卷四
二《嗇夫》"爲叔還錢"等引。其三見於《太平御覽》卷四九一《人
事部一百三十二·慚愧》等引。其四見於《藝文類聚》卷一
〇〇《災異部·蝗》、《職官分紀》卷四二《縣令》"殞霜殺穀鄒獨無
災"引。其五見於《藝文類聚》卷九二《鳥部下·鳩》、《太平御覽》
卷九二一《羽族部八·鳩》、《海錄碎事》卷八下《孝門》"白鳩郎"、
《古今合璧事類備要別集》卷七一《飛禽門》"巢戶側"引。其六見
於《藝文類聚》卷四八《職官部四·尚書》、《太平御覽》卷二一二
《職官部十·總叙尚書》引。其七見於《職官分紀》卷二一《都講》
"留車與語"引。

九、盛吉。存文四節，其一見於《太平御覽》卷六四三《刑法
部九·獄》引。其二見於《北堂書鈔》卷三九《政術部十三·施惠
三十三》"冬月斷囚夫妻垂泣"、卷五三《設官部五·廷尉二十一》

“務在哀矜”、《藝文類聚》卷四九《職官部五·廷尉》、《初學記》卷一二《職官部下·大理卿第二十一》“有恩無冤”、《蒙求集注》卷下“虞延刻期盛吉垂泣”、《太平御覽》卷二七《時序部十二·冬下》、卷二三一《職官部二十九·大理卿》、卷四一九《人事部六十·仁惻》、卷六四二《刑法部八·囚》、卷八七〇《火部三·燭》、《事類賦》卷五《歲時部第二·冬》“盛吉書法以垂泣”、卷一五《什物部·筆賦》“傷盛吉而流涕”、《古今合璧事類備要後集》卷三四《九卿門·大理卿》“高門”等引。其三見於《北堂書鈔》卷六二《設官部十四·侍御史八十七》“盛吉一月而遷”引。其四見於《職官分紀》卷四二《幹》“挂冠府門”引。

一〇、孟英。存文一節，見於《太平御覽》卷四二一《人事部六十二·義中》引。

一一、孟嘗。存文一節，見於《太平御覽》卷六四五《刑法部十一·誅》引。

一二、梁宏。存文一節，見於《太平御覽》卷六四九《刑法部十五·拷掠》引。

一三、鄭雲。存文一節，見於《寶慶四明志》卷八《郡志八·叙人上》、《乾道四明圖經》卷五《慈溪縣·人物》引。

一四、謝夷吾。存文三節，其一見於《太平御覽》卷二五八《職官部五十六·良刺史下》、卷六三九《撰刑法部五·聽訟》引。其二見於《太平御覽》卷六四九《刑法部十五·論肉刑》引。其三見於《太平御覽》卷五五六《禮儀部三十五·葬送四》引。

一五、董昆。存文二節，其一見於《太平御覽》卷六三八《刑法部四·律令下》引。其二見於《北堂書鈔》卷五三《設官部五·廷尉二十一》“持法清峻”、《太平御覽》卷二三一《職官部二十九·大理卿》引。案，《北堂書鈔》卷五三引文略，且董昆作黃昆，其云：“黃昆遷廷尉，持法清峻。”誤，當作“董昆”。

一六、王充。存文二節，其一見《太平御覽》卷三八五《人事部二十六·幼智下》引。其二見於《太平御覽》卷七二〇《方術部一·養生》引。

一七、趙曄。存文一節，見於《太平御覽》卷五五六《禮儀部三十五·葬送四》引。

一八、董黯。存文一節，見於《藝文類聚》卷三三《人部十七·報讎》、《太平御覽》卷三七八《人事部十九·肥》、卷四八二《人事部一百二十三·仇讐下》、《敦煌類書》錄文篇《語對》廿三"孝養"下三一一—二三一〇三"獻果"引。又，《敦煌類書》錄文篇《事森》"孝友"二二三一〇三一一三引一節，作"董黡"，據其文中"董黡"字號、爵里及孝事，當作"董黯"。其文較《藝文類聚》、《太平御覽》等引詳而多異。

一九、高豐。存文一節，見於《太平御覽》卷六四三《刑法部九·獄》引。

二〇、任光。存文一節，見於《寶慶四明志》八卷《郡志八·叙人上》、《乾道四明圖經》卷五《慈溪縣·人物》引。

二一、黃昌。存文二節，其一見於《太平御覽》卷六四三《刑法部九·獄》引。其二見於《太平御覽》卷三七二《人事部十三·足》引。

二二、王脩。存文一節，見於《寶慶四明志》卷八《郡志八·叙人上》、《乾道四明圖經》卷五《慈溪縣·人物》引。

二三、楊矯。存文一節，見於《太平御覽》卷六五一《刑法部十七·收贖》引。

二四、戴就。存文一節，見於《太平御覽》卷六四九《刑法部十五·拷掠》引。

二五、周規。存文二節，其一見於《太平御覽》卷四九二《人事部一百三十二·貪》引。其二見於《北堂書鈔》卷三二《政術部六·去官十七》"周規去官"、卷三七《政術部十一·公正三十一》"太守敕除道周規拒而不受"引。

二六、陳脩。存文三節，其一見於《北堂書鈔》卷三八《政術部十二·廉潔三十二》"家貧爲吏步檐上下"、卷一四七《酒食部六·糗四十》"恒食乾糒"、卷一五五《歲時部三·蜡臘十三》"陳脩正臘僵卧不起"、《藝文類聚》卷五《歲時下·臘》、《太平御覽》卷三三《時序部十八·臘》、卷三九三《人事部三十四·卧》等引。其二見於《北堂書鈔》卷三八《政術部十二·廉潔三十二》"不燃官薪"、卷七五《設官部二十七·太守中一百六十六》"十日一炊"、《太平御覽》卷四三一《人事部七十二·儉約》、卷八七〇《火部三·燭》、《天中記》卷二七《儉》"不然官薪"引。其三見於《北堂書鈔》卷三八《政術部十二·廉潔三十二》"受俸米不受錢"、卷七五《設官部二十七·太守中一百六十六》"計月受俸"引。

二七、沈勳。存文一節，見於《太平御覽》卷四九一《人事部一百三十二·慚愧》、卷八三九《百穀部三·禾》、《天中記》卷四五《禾》"盜禾"引。

二八、淳于翼。存文一節，見於《開元占經》卷一二〇《龍魚蟲蛇占·龍龜魚蟲恠》"蛇入都邑宫廟"引。

二九、魏朗。存文三節，其一見於《北堂書鈔》卷三七《政術部十一·公正三十一》"當朝正色"、卷七七《設官部二十九·功曹一百七十二》"當朝正色"、《太平御覽》卷二六四《職官部六十二·功曹參軍》引作《會稽典録》，《太平御覽》卷六九四《服章部十一·裘》引作《會稽典略》。其二見於《太平御覽》卷四八二《人事部一百二十三·仇讐下》引。其三見於《太平御覽》卷四三八《人事部七十九·烈士》引。

三〇、陳業。存文一節，見於《藝文類聚》卷三一《人部十五·贈答》引。

三一、駱俊。存文一節，見於《北堂書鈔》卷三五《政術部九·德化二十一》"生男名駱"、卷三九《政術部十三·賑卹三十四》"出米贍貧民"、《太平御覽》卷二四八《職官部四十六·郡國相》、卷四七七《人事部一百十八・施惠下》引。

三二、陳宫。存文一節，見於《北堂書鈔》卷五六《設官部八・左右光禄大夫四十二》"陳宫文武擢拜"引。

三三、虞國。存文一節，見於《藝文類聚》卷九一《鳥部中・雁》、《太平御覽》卷四一一《人事部五十二・孝感》、卷九一七《羽族部四・雁》、《事類賦》卷一九《禽部・雁賦》"悲虞固而隨喪"引。

三四、虞歆。存文一節，見於《北堂書鈔》卷一〇二《藝文部八・碑三十五》"文肅不虚"引。

三五、盛憲。存文二節，其一見於《北堂書鈔》卷八五《禮儀部六・賀十三》"家國所賴以是賀"、《太平御覽》卷四〇九《人事部五十・交友四》、卷四四四《人事部八十五・知人下》、卷五四三《禮儀部二十二・賀》、《職官分紀》卷八《尚書郎》"出逢童子結爲兄弟"引。其二見於《三國志》卷五一《吴書・宗室傳・孫韶傳》"初孫權殺吴郡太守盛憲"裴注、《文選》卷四一《書上・論盛孝章書》"孔文舉"李注、卷四四《檄・檄吴將校部曲》"事上之謂義親親之謂仁盛孝章君也而權誅之"李注、卷四一《書上・論盛孝章書》李周翰注引。

三六、徐弘。存文二節，其一見於《北堂書鈔》卷三八《政術部十二・廉潔三十二》"衣弊履空"引。其二見於《藝文類聚》卷一九《人部三・謳謡》、《太平御覽》卷二六八《職官部六十六・良令長下》等引。

三七、陳瑞。存文一節，見於《初學記》卷一七《人部・恭敬第六》"正服去冠"、《太平御覽》卷四二三《人事部六十四・謙》引。

三八、魏徽。存文一節，見於《北堂書鈔》卷七七《設官部二十九・功曹一百七十二》"府君貴其名"、《太平御覽》卷二六四《職官部六十二・功曹參軍》引。

三九、皮延。存文一節，見於《藝文類聚》卷九二《鳥部下·鳩》、《太平御覽》卷九二一《羽族部八·鳩》等引。

四〇、伍賤。存文一節，見於《太平御覽》卷三八五《人事部二十六·幼智下》引。

四一、張京。存文一節，見於《太平御覽》卷四二一《人事部六十二·義中》引。

四二、周昕。存文一節，見於《三國志》卷五一《吳書·宗室傳·孫静傳》"策破昕等斬之遂定會稽"裴注引。

四三、周喁。存文一節，見於《三國志》卷四六《吳書·孫破虜討逆傳》"引軍還住魯陽"裴注引。

四四、虞翻。存文一節，見於《三國志》卷五七《吳書·虞翻傳》"諸縣皆效之咸以安寧"裴注引。

四五、虞汜。存文一節，見於《三國志》卷五七《吳書·虞翻傳》"第四子汜最知名……病卒"裴注引。

四六、虞忠。存文一節，見於《三國志》卷五七《吳書·虞翻傳》"汜弟忠宜都太守"裴注引。

四七、虞聳。存文一節，見於《三國志》卷五七《吳書·虞翻傳》"聳越騎校尉累遷廷尉湘東河間太守"裴注引。

四八、虞昺。存文一節，見於《三國志》卷五七《吳書·虞翻傳》"昺廷尉尚書濟陰太守"裴注引。

四九、丁覽、丁固、丁彌、丁潭。存文一節，見於《三國志》卷五七《吳書·虞翻傳》"初山陰丁覽太末徐陵……終成顯名"裴注引。

五〇、徐陵、徐平。存文一節，見於《三國志》卷五七《吳書·虞翻傳》"初山陰丁覽太末徐陵……終成顯名"裴注引。

五一、賀齊。存文一節，見於晉戴凱之《竹譜》引。

五二、賀景、賀達。存文一節，見於《三國志》卷六〇《吳書·賀齊傳》"子達及弟景皆有令名爲佳將"裴注引。

五三、闞澤。存文一節,見於《太平御覽》卷六三六《刑法部二·叙刑下》引。

五四、吳範。存文一節,見於《太平御覽》卷六四九《刑法部十五·髡》引。

五五、魏滕。存文二節,其一見於《三國志》卷六三《吳書·吳範傳》"乃免滕……何用多爲"裴注引。其二見於《三國志》卷五〇《吳書·妃嬪傳·吳夫人傳》"夫人助治軍國甚有補益"裴注、《太平御覽》卷二六四《職官部六十二·功曹參軍》、《事類賦》卷八《地部·井賦》"或以救魏騰之譴"、《職官分紀》卷四一《司功參軍》"在公盡規"引。

五六、謝承。存文二節,其一見於《三國志》卷五〇《吳書·妃嬪傳·謝夫人傳》"弟承拜五官郎中……撰後漢書百餘卷"裴注引。其二見於《初學記》卷二七《寶器部附草部·五穀第十》"六穄三苗"引。

五七、任奕。存文二節,其一見於《太平御覽》卷三八二《人事部二十三·醜丈夫》引。其二見於《寶慶四明志》卷八《郡志八·叙人上》引,云出《會稽典録》及王阮所修《昌國志》。

五八、虞俊。存文一節,見於《三國志》卷五七《吳書·張溫傳》"後六年溫病卒二弟祗白亦有才名與溫俱廢"裴注引。

五九、邵員。存文一節,見於《太平御覽》卷四九一《人事部一百三十二·慚愧》引。

六〇、謝淵。存文二節,其一見於《太平御覽》卷五一六《宗親部六·兄弟下》引。其二見於《三國志》卷五八《吳書·陸遜傳》"時謝淵謝厷等各陳便宜欲興利改作"裴注、《北堂書鈔》卷六四《設官部十六·伏波將軍一百十四》"休德垂意人物"引。

六一、鍾離牧。存文三節,其一見於《三國志》卷六〇《吳書·鍾離牧傳》"鍾離牧字子幹……意七世孫也"裴注、《太平御覽》卷五一六《宗親部六·兄弟下》引。其二見於《三國志》卷六〇《吳書·鍾離牧傳》“遷南海太守”裴注、《職官分紀》卷四一《郡太守》“操行清純有古人之風”引。其三見於《三國志》卷六〇《吳書·鍾離牧傳》“徙濡須督”裴注引。其四見於《藝文類聚》卷六〇《軍器部·弩》、《太平御覽》卷三〇〇《兵部三十一·騎》、卷三四八《兵部七十九·弩》引。

六二、鍾離盛。存文一節，見於《三國志》卷六〇《吳書·鍾離牧傳》“子禕嗣代領兵”裴注引。

六三、卓恕。存文一節，見於《太平御覽》卷四〇九《人事部五十·交友四》、卷四三〇《人事部七十一·信》等引。

六四、朱育。存文一節，見於《三國志》卷五七《吳書·虞翻傳》“歸葬舊墓妻子得還”裴注、《會稽掇英總集》卷二〇《雜文》“朱育對”、《會稽三賦》卷上《會稽風俗賦》“虞翻之言有所不能盡朱育之對有所不能既”周世則注、“其物則有魚鹽之饒”史鑄注、《會稽續志》卷七《雜記》“黃公嚴遵”、《新安志》卷一〇《叙雜説》“人事”、《延祐四明志》卷一“有大里黃公之高標其人恬靜而自珍”、卷四“黃公”引。

六五、賀邵。存文二節，其一見於《太平御覽》卷四〇九《人事部五十·交友四》引。其二見於《北堂書鈔》卷一三六《服飾部五·韤八十四》“賀劭常着”、《藝文類聚》卷七〇《服飾部下·襪》、《太平御覽》卷三八九《人事部三十·容止》、六九七《服章部十四·韤》等引。

六六、夏方。存文一節，見於《太平御覽》卷九一四《羽族部一·鳥》引一節，涵本《説郛》卷三《諸傳摘玄》録《會稽典録》一節言夏方事，文字大同而小異。

六七、夏香。存文四節，其一見於《藝文類聚》卷一〇〇《災異部·旱》等引。又，涵本《説郛》卷三《諸傳摘玄》録《會稽典録》一節，同《藝文類聚》卷一〇〇引。其二見於《太平御覽》卷四〇三《人事部四十四·陰德》、卷四九六《人事部一百三十七·鬪争》引。其三見於《藝文類聚》卷八五《百穀部·稻》、《太平御覽》卷八三九《百穀部三·稻》等引。其四見於《會稽三賦》卷上《會稽風俗賦》"夏香著歷任之績"史鑄注引。

六八、張立。存文一節,見於《太平御覽》卷二七六《撰兵部七·良將下》引。

六九、朱朗。存文一節,見於《太平御覽》卷四八二《人事部一百二十三·仇讐下》引。

七〇、唐庠。存文一節,見於《太平御覽》卷七五四《工藝部十一·蹴鞠》引。

七一、張諫。存文一節,見於《太平御覽》卷五五六《禮儀部三十五·葬送四》引。

七二、虞倫。存文一節,見於《太平御覽》卷四〇九《人事部五十·交友四》引。

七三、張濟。存文一節,見於《職官分紀》卷三二《相》"還書不發"引。

七四、徐洪。存文一節,見於《職官分紀》卷三八《右扶風》"父老攀車以千數"引。

七五、曹娥。存文二節,其一見於《世說新語·捷悟》第三條劉注、《藝文類聚》卷四《歲時部中·五月五日》、《太平御覽》卷三一《時序部十六·五月五日》、卷四一五《人事部五十六·孝女》、《事類賦》卷四《歲時部·夏賦》"世偉曹娥之節"等引。其二見於《後漢書》卷八四《列女傳·孝女曹娥》"至元嘉元年縣長度尚改葬娥於江南道傍爲立碑焉"李注、《古今姓氏書辨證》卷八"邯鄲"引。

七六、孟淑。存文一節,見於《太平御覽》卷四四一《人事部八十二·貞女下》引。

七七、葛仙翁。存文一節,見於《太平御覽》卷七一〇《服用部十二·几》、《事類賦》卷一四《服用部·几賦》"爾其虎附兩頭"引。

七八、張意。存文二節,其一見於《寶慶四明志》卷一七《慈溪縣志第二·叙祠·神廟》"驃騎將軍廟在縣東南二十五里"、《延祐四明志》卷一五《祠祀考·慈溪縣》"驃騎將軍廟在縣東南二十五里"下引。其二見於《寶慶四明志》卷一六《慈溪縣志第一·叙山》"驃騎山縣東三十里"、《延祐四明志》卷七《山川考·慈谿縣》"驃騎山在縣東三十里"引。

七九、孔愉。存文一節,見於《北堂書鈔》卷六九《設官部二十一·公府舍人一百四十七》"孔愉不求聞達"引作《會稽孔録》,陳、俞本、四庫本《北堂書鈔》卷六九引作《會稽典録》,"孔録"當作"典録"。

另有三節文字,不知所屬何人,其一叙太守出行云云,見於《北堂書鈔》卷三八《政術部十二·廉潔三十二》"不止亭傳露宿樹下"引。其二叙吞舟之魚云云,見於宋傅肱《蟹譜》卷上"不唊"引。其三云彭祖所隱居之城,見於宋王十朋《會稽三賦》卷上《會稽風俗賦》"彭鮑名存"條周世則注引。

魯迅輯《會稽典録》又録存疑四條,即陳囂、沈豐、賀純、沈震事。又,魯迅輯本散句録"江東五俊"和"李陵"二條,無文。蓋據劉知幾《史通·採撰》云"至如江東'五儁',始自《會稽典録》……"而録,然今不見有稱引《會稽典録》"江東五俊"文字者。蓋其已亡佚矣。

考《會稽典録》今存之文,多載先賢、耆舊之嘉行懿言,然叙事少波瀾,人物形象也缺乏個性特色。

會稽後賢傳記

輯存。鍾離岫撰。原二卷,或作三卷。

鍾離岫《會稽後賢傳記》,《隋書·經籍志》史部雜傳類、《舊唐書·經籍志》史部雜傳類、《新唐書·藝文志》史部雜傳記類著錄，均題鍾離岫撰，唯書名、卷數略異，《隋書·經籍志》著錄作"《會稽後賢傳記》二卷"，《舊唐書·經籍志》、《新唐書·藝文志》作"《會稽後賢傳》三卷"。

鍾離岫，僅知其爲東晉時人，餘皆不詳。《元和姓纂》"鍾離"姓下云："鍾離岫撰《會稽後賢傳》。"漢有鍾離意，會稽山陰人，《後漢書》卷四一有傳。吳時又有鍾離牧，意七世孫，鍾離岫或意、牧之後。

《會稽後賢傳記》從篇名看，有承續謝承《會稽先賢傳》之意。此書已佚，其佚文今散見諸書徵引，或作《會稽後賢記》，或作《會稽後賢傳》，或作《會稽後賢錄》。魯迅先生據諸書採摭，得五人事蹟，即：孔愉、孔群、孔坦、丁潭、謝仙女，定爲一卷，錄於其《會稽郡故書雜集》中，魯迅所輯有脱漏。今劉緯毅採得丁潭、孔坦、謝仙女事，題《會稽後賢傳》，晉鍾離岫撰，錄於《漢唐方志輯佚》中。《漢魏六朝雜傳集》據諸書徵引，得孔愉、孔坦、孔群、丁潭、謝仙女五人事蹟，參之魯迅等所輯，重加輯校，并從《隋書·經籍志》著錄，題其名曰《會稽後賢傳記》。

今簡括諸書所引，以人名標目，條列其佚文如下。

一、孔愉。存文一節，見於《藝文類聚》卷九六《鱗介部上·龜》、《太平御覽》卷九三一《鱗介部三·龜》、《事類賦》卷二八《鱗介部·龜賦》"孔愉曾悟於回首"、《天中記》卷五七《龜》"龜顧"引作《會稽後賢傳》。又，《太平廣記》卷一一八《報應十七·異類》引一節，注出《會稽先賢傳》，誤，當作《會稽後賢傳》；《白氏六帖事類集》卷四《印綬第十三》"龜顧"引一節，作《會稽傳》，叙孔愉鑄印而龜左顧事，亦當出鍾離岫書。

二、孔坦。存文二節，其一見於《初學記》卷一二《職官部下·大理卿第二十一》"耳剽面決"引作鍾離岫《會稽後賢記》，《太平御覽》卷二三一《職官部二九·大理卿》引作《會稽後賢記》,《職官分紀》卷一九《廷尉》"面決當時之事"引作《會稽後賢》,叙孔坦遷廷尉卿。其二見於《職官分紀》卷四一《郡太守》"運家米贍給吏人"引作《會稽後賢録》,叙孔坦爲吳興太守事。

三、孔群。存文一節,見於《世説新語·方正》第三六條劉注引作《會稽後賢記》。

四、丁潭。存文二節,其一見於《世説新語·品藻》第一三條劉注引作《會稽後賢記》,叙丁潭姓字父祖及生平歷官所至,當是節略。其二見於《太平御覽》卷七〇八《服用部一〇·褥》引作《會稽後賢傳》,云丁潭以光禄大夫還第,詔賜床帳席褥。

五、謝仙女。存文一節,見於《太平御覽》卷三六五《人事部六·面》、《天中記》卷二二《面》"炙面真女"各引作《會稽後賢記》。

鍾離岫《會稽後賢傳記》傳人叙事,除孔愉事外,其他幾人事蹟都平易無奇,與《會稽先賢傳》相比,取録叙述當更爲近實。

陳留志

輯存。江敞撰。原十五卷。

江敞《陳留志》,《隋書·經籍志》史部雜傳類著録《陳留志》十五卷,題"東晉剡令江敞撰";《舊唐書·經籍志》史部雜傳類著録《陳留志》十五卷,題江徵撰;《新唐書·藝文志》史部雜傳記類著録江敞《陳留人物志》十五卷。《通志·藝文略》史類傳記類著録《陳留人物志》十五卷,東晉剡令江敞撰。

《陳留志》作者,《隋書·經籍志》、《新唐書·藝文志》、《通志·藝文略》作東晉剡令江敞撰,《舊唐書·經籍志》作江徵撰。諸書徵引亦有作"江徽"或"江微"者,如《初學記》卷一七《人部·友悌第五》引李銓事,作江徽《陳留志》,《初學記》卷一七《人部·恭敬第六》所引韓卓事即作"江微《陳留志》",《初學記》卷一八

《人部中·師第一》所引婁望事，即題"江微《陳留志》"，《太平御覽經史圖書綱目》亦作"江微《陳留志》"，徵、徽、微恐因形近而訛。今從《隋書·經籍志》著録所題，作江敞。

江敞，生平不詳，僅據《隋書·經籍志》著録知其爲東晉人，曾爲剡令。

章宗源《隋書經籍志考證》卷一三雜傳類"《陳留志》十五卷"條云："《續漢郡國志》注所引皆記地理，《世説·賞譽》篇注清河太守阮武、《賢媛》篇注衛尉卿阮共、《水經·渠》注開封令阮簡、《文選·求立太宰碑》注齊國內史阮略、《史記·留侯世家》、《商山四皓》並引《陳留志》，多記人物。《初學記》人部引雍邱婁望、平邱李銓事，皆注江微名。"小注云："《太平御覽》人事部同引之。"注意到《陳留志》佚文，包含記地理與記人物兩大類內容。姚振宗《隋書經籍志考證》轉録章氏所考。

《陳留志》久佚，其文今散見諸書徵引，涵本《説郛》卷六録《陳留志》文陵樹鄉、萬人聚二節。《漢魏六朝雜傳集》據諸書徵引輯録，得園公、夏黃公、角里先生、韓卓、范喬、婁望、李銓、阮武、阮略、阮簡十人事蹟，另有桐陵亭、陵樹鄉、神井、陳平祠、黃亭、鞠亭、韓王宮、孔子圍、子路祠、蘧伯玉墓、古蔔、箕子祠、萬人聚十三事，皆因不知所屬何人而單列。并據《隋書·經籍志》及《舊唐書·經籍志》著録，題其名曰《陳留志》，且繫之於江敞。

今簡括諸書所引，以人名標目，條列其佚文如下。

一、園公、夏黃公、角里先生。存文一節，見於《史記》卷五五《留侯世家》"顧上有不能致者天下有四人"索隱、《初學記》卷二四《居處部·園圃第十三》"襄邑始居山陽餘利"、《白氏六帖事類集》卷三《園圃二十五》"園公"、《太平御覽》卷四〇九《人事部五十·交友四》、《隸釋》卷一六《四老神坐神祚机》"圈公神坐角里先生神坐圈公神祚机"、《古今合璧事類備要別集》卷二一《苑囿門·園圃》"園庾居"、《廣博物志》卷二一《高逸》引。

二、韓卓。存文二節，其一見於《初學記》卷一七《人部·恭敬第六》"蘧瑗下門韓卓趨社"引。其二見於《太平御覽》卷四八二《人事部一百二十三·仇讐下》引。

三、范喬。存文二節，其一見於《藝文類聚》卷五八《雜文部四·硯》、《太平御覽》卷五一一《宗親部一·祖父母》、卷五一九《宗親部九·孫》、卷六〇五《文部二十一·硯》、《事類賦》卷一五《什物部·硯賦》"或爲祖先而增感"等引。其二見於《藝文類聚》卷五《歲時下·臘》、《白氏六帖事類集》卷一《臘五十三》"盗樹"、《海録碎事》卷二《天部下·臘日門》"盗樹"引。

四、婁望。存文一節，見於《初學記》卷一八《人部中·師第一》"聘玉帛加金紫"、《太平御覽》卷四〇四《人事部四十五·師》引。

五、李銓。存文一節，見於《初學記》卷一七《人部·友悌第五》"分甘美同衣食"引作江徽《陳留志》；《太平御覽》卷四一六《人事部五十七·友悌》、卷五一六《宗親部六·兄弟下》、《天中記》卷一七《兄弟》"服食不偏"引作江微《陳留志》。

六、阮武。存文一節，見於《世説新語·賞譽上》第一三條劉注、《太平御覽》卷五一三《宗親部三·族父》引。

七、阮略。存文一節，見於《文選》卷三八《表下·爲范始興作求立太宰碑表》"致之者反蒙嘉歎"李注引。

八、阮簡。存文一節，見於《水經注》卷二二《渠》"渠水又東南流逕開封縣睢涣二水出焉"、《太平御覽》卷七五三《工藝部十五·圍碁》引。

另，以下十三節，皆不知所屬何人：

一、桐陵亭。見於《後漢書·郡國三·兖州·陳留郡》"陳留有鳴雁亭"劉昭注引。

二、陵樹鄉。見於《後漢書·郡國三·兖州·陳留郡》"尉氏"劉昭注引，此節亦見録於涵本《説郛》卷六。

三、神井。見於《後漢書·郡國三·兗州·陳留郡》"雍丘本杞國"劉昭注引。

四、陳平祠。見於《後漢書·郡國三·兗州·陳留郡》"東昏"劉昭注引。

五、黄亭。見於《後漢書·郡國三·兗州·陳留郡》"有黄池亭"劉昭注引。

六、鞠亭。見於《後漢書·郡國三·兗州·陳留郡》"有桐牢亭或曰古蟲牢"劉昭注引。

七、韓王宫。見於《後漢書·郡國三·兗州·陳留郡》"酸棗"劉昭注引。

八、孔子圍。見於《後漢書·郡國三·兗州·陳留郡》"長垣侯國有匡城"劉昭注引。

九、子路祠。見於《後漢書·郡國三·兗州·陳留郡》"有蒲城"劉昭注引。

一〇、蘧伯玉墓。見於《後漢書·郡國三·兗州·陳留郡》"有祭城"劉昭注引。

一一、古葘。見於《後漢書·郡國三·兗州·陳留郡》"考城故葘"劉昭注引。

一二、箕子祠。見於《後漢書·郡國三·兗州·陳留郡》"章帝更名故屬梁"劉昭注引。

一三、萬人聚。見於《後漢書·郡國三·兗州·陳留郡》"圉故屬淮陽有高陽亭"劉昭注引。此節又見録于涵本《説郛》卷六。

又，《世説新語·賢媛》第六條劉注引一節，作《陳留志名》，書名頗怪，疑"名"爲衍入，其或即《陳留志》，章宗源《隋書經籍志考證》卷一三雜傳類"《陳留志》十五卷"條即以爲出《陳留志》，姑附於此。其云："阮共，字伯彦，尉氏人。清真守道，動以禮讓。仕魏，至衛尉卿。少子侃，字德如。有俊才，而飾以名理。風儀雅潤，與嵇康爲友，仕至河内太守。"文廷式《補晉書藝文志》卷二史部雜傳類補錄“江敞《陳留人物志》十五卷”，云“《元和姓纂》卷五曰《陳留耆舊》有王孫滑治三禮爲博士，亦當出此書”。案，文廷式所云“王孫滑”，當作“王孫骨”，所謂“出《陳留耆舊》”者，當是《陳留耆舊傳》。《漢魏六朝雜傳集》輯此節入《陳留耆舊傳》。

　　觀《陳留志》今存佚文，雖多簡省，然亦往往於數筆勾勒之中而見人物神髓者，如叙阮簡圍棋而有吏白“劫急”事，阮簡之耽於棋躍然紙上。

逸民傳

　　輯存。張顯撰。原七卷。

　　張顯《逸民傳》，《隋書·經籍志》史部雜傳類著錄《逸民傳》七卷，題張顯撰；《舊唐書·經籍志》史部雜傳類、《新唐書·藝文志》史部雜傳記類著錄稍異，作張顯《逸人傳》三卷。原名當爲《逸民傳》，兩《唐志》當承唐人避唐太宗諱所改而作《逸人傳》，張顯《逸民傳》、《隋書·經籍志》著錄尚有七卷，至五代及宋，僅存三卷。《太平御覽經史圖書綱目》錄張顯《逸民傳》，即宋初李昉等修《太平御覽》時，尚得見之。

　　張顯，晉人，“泰始初爲議郎”[1]，《隋書·經籍志》子部雜家類著錄其有《析言論》一部，“梁有二十卷”，並注云“晉議郎張顯撰”。魏晉南北朝時期，張顯有多人，梁有洪州刺史張顯，西涼有酒泉太守張顯，《晉書》亦有張顯（當爲張凱），文廷式《補晉書藝文志》卷二史部雜傳類“張顯《逸民傳》”條以爲作《逸民傳》之張顯者，“涼後主《李歆傳》有從事中郎張顯，當即此人”，誤。

　　張顯《逸民傳》久佚，其文散見諸書徵引，章宗源《隋書經籍

---

[1] 嚴可均輯：《全上古三代秦漢三國六朝文·全晉文》卷七三“張顯”條，中華書局 1995 年，第 1879 頁。

志考證》卷一三史部雜傳類張顯"《逸民傳》"條云："《水經·潁水注》卞隨投洞水而死,《太平御覽·逸民部》曹子臧以國致成公爲君、周黨徵議郎以病辭,並引張顯《逸民傳》。"《漢魏六朝雜傳集》據諸書徵引輯錄,得曹子臧、周黨、高鳳、卞隨四人事蹟,題其名曰《逸民傳》,並題張顯撰。

今簡括諸書所引,以人名標目,條列其佚文如下。

一、曹子臧。存文一節,見於《太平御覽》卷五一〇《逸民部十·逸民十》引。

二、周黨。存文一節,見於《太平御覽》卷五一〇《逸民部十·逸民十》引。

三、高鳳。存文一節,見於《白氏六帖事類集》卷六《嫂叔第二十六》"爭田"引。此條《白氏六帖事類集》卷六等引僅題"《逸民傳》曰",未言張顯撰,而其文頗不同《後漢書·高鳳傳》,當出張顯《逸民傳》之文。

四、卞隨。存文一節,見於《水經注》卷二二《潁水》"潁水出潁川陽城縣西北少室山"下引。《水經注》卷二二《潁水》原作:"《吕氏春秋》曰:卞隨恥受湯讓,自投此水而死。張顯《逸民傳》、嵇叔夜《高士傳》並言投洞水而死。未知其孰是也。"

姚振宗《隋書經籍志考證》張顯"《逸民傳》七卷"條案云:"後漢梁鴻始爲《逸民傳》,此殆續梁氏書歟。"張顯《逸民傳》確爲梁鴻之後,專傳逸民者。觀張顯《逸民傳》所遺四節佚文,所記古來隱逸不仕者行跡,當在於彰其出世之品格。

高士傳

輯存。虞槃佐撰。原二卷。

虞槃佐《高士傳》,《隋書·經籍志》史部雜傳類著錄《高士傳》二卷,題虞槃佐撰;《舊唐書·經籍志》史部雜傳類、《新唐

書·藝文志》史部雜傳記類並著録《高士傳》二卷，題虞盤佐撰，
與《隋志》同，唯"虞槃佐"作"虞盤佐"；《通志·藝文略》史類傳記
類著録"《高士傳》二卷"，題"虞盤佐撰"。《太平御覽經史圖書綱
目》録盧盤估《高士傳》。《太平御覽》正文引則作虞般佑。丁國
鈞《補晉書藝文志》卷二史録雜傳類虞槃佐"《高士傳》條"等補録
作虞槃佐，并云"《御覽》前列引書目作盧槃佑，形近而誤"。虞槃
佐，陸德明《經典釋文》作虞槃佑，《經典釋文》卷一《序録》"《孝
經》"條下云："虞槃佑，字弘猷，高平人，東晉處士。"黄焯校云：
"盧云：《隋志》作虞槃佐，吳云：佐字是。"《隋書·經籍志》著録題
署爲是，當作虞槃佐。《太平御覽經史圖書綱目》録盧盤估《高士
傳》，正文引則作虞般佑《高士傳》，當即虞槃佐《高士傳》。"般
佑"、"盤估"當皆是"槃佐"之譌。

　　虞槃佐，僅據《經典釋文》卷一《序録》"《孝經》"條，知其字弘
猷，高平人，東晉處士。餘皆不詳。今存稱虞槃佐《高士傳》佚
文，有皇甫謐事，推之虞槃佐當慕皇甫謐爲人，皇甫謐有《高士
傳》，亦效皇甫謐作《高士傳》。

　　虞槃佐《高士傳》久佚，舊無輯本，《漢魏六朝雜傳集》主要據
《太平御覽》卷五一〇《逸民部一〇》引，新輯其文，得皇甫謐、朱
沖、劉兆、伍朝、郭文舉五人事蹟，題《高士傳》，虞槃佐撰。

　　觀虞槃佐《高士傳》今存之文，多叙退隱者之言行，以見心
性，頗得直呈心懷之意。朱東潤對其評價頗高，其云："虞盤祐
（虞槃佐）《高士傳》在同類的著作中，是一部無名的書籍，但是在
讀到的時候，能給我們一些新鮮的意味。這不是叙述的新鮮，而
是材料的新鮮。嵇康、皇甫謐底著作，常是古書的摘録，因此容
易成爲陳腐。虞盤祐（虞槃佐）底記載便不同。《御覽》卷五一〇
引盤祐《高士傳》共五則：皇甫士安、朱沖、劉兆、伍朝、郭文舉五

人都是眼前的人物,所以在叙述的時候,不會受到古書底壓
迫……"①

附:高士傳

輯存。虞老叔、虞孝敬撰。

《太平御覽》卷四七四《人事部一一五·禮賢》有引"虞老叔
《高士傳》"宗少文事者、《文選》卷六〇李善注有引"虞孝敬《高士
傳》"何點事者各一節。

《太平御覽》卷四七四所引"虞老叔《高士傳》"之"虞老叔",
四庫本《御覽》卷四七四作"虞孝叔",章宗源、姚振宗《隋書經籍
志考證》作"虞敬叔",而《太平御覽經史圖書綱目》録"虞考叔《高
人士傳》","老"、"孝"、"考"或當因形近而訛,而章、姚二人作"虞
敬叔",或其所見又異焉。

章宗源以爲此虞敬叔、虞孝敬與虞槃佐爲同一人。章宗源
《隋書經籍志考證》卷一三《雜傳》虞槃佐撰"《高士傳》二卷"條以
爲虞槃佐當作有《高士傳》、《孝子傳》兩書,並認爲諸書所引虞孝
敬《高士傳》亦即虞槃佐《高士傳》:"《太平御覽·逸民部》皇甫士
安、朱沖、劉兆、伍朝、郭文舉共五事(伍朝事原注曰王隱《晉書》
同)引虞槃佐《高士傳》,《人事部》宗少文清心簡務,宋高祖聽其
高談,曰不知體倦,乃覺心明。此稱虞敬叔《高士傳》。《文選·
蕭公行狀》注何點當躡草屩,時乘柴車。此作虞孝敬《高士傳》。"
而姚振宗以爲不然,其《隋書經籍志考證》卷二〇《史部·雜傳
類》"虞槃佐《高士傳》二卷"條引章氏考證下案云:"虞槃佐,東晉
人,宗少文名炳,卒於宋文帝元嘉二十年,見《宋書·隱逸傳》。
何點卒於梁天監三年,見《梁書·處士傳》。皆虞所不及,虞敬

---

① 朱東潤:《八代傳叙文學述論》,復旦大學出版社 2006 年,第 114 頁。案:
　此書叙虞槃佐作虞盤祐。

叔、虞孝敬蓋在槃佐之後，別有其人，非一人也，虞孝敬又別有
《高僧傳》，亦稱《高士傳》，見後，其非此書尤信。”姚氏所言“虞敬
叔、虞孝敬蓋在槃佐之後，別有其人”，甚是。《法苑珠林》卷
一〇〇傳記篇著錄《内典博要》一部四十卷，題“右湘東王記室虞
孝敬撰”。又小注云：“頗同《皇覽》、《類苑》之流，後得出家，改名
惠命。”又道宣《續高僧傳》卷五《釋法申傳》附傳云：“時復有道
達、慧命並以勤學顯名……慧命，廣陵人，住安樂寺，開濟篤素，
專以成實見知。”

　　虞孝敬又或別有《高僧傳》，《隋書·經籍志》史部雜傳類、
子部雜家類著錄有虞孝敬《高僧傳》六卷，《舊唐書·經籍志》
史部雜傳類、《新唐書·藝文志》子部釋家類亦著錄，同《隋
書·經籍志》。晁公武《郡齋讀書志》卷六釋家類著錄《高僧
傳》六卷，題“蕭梁僧惠敏撰”。姚振宗《隋書經籍志考證》卷
二〇虞孝敬《高僧傳》條云“惠敏”當是“惠命”之誤。案云：
“此云惠敏，音聲相似，轉寫偶異若此者類多，非兩人也。”又案
云：“《文選·竟陵王行狀》注引虞孝敬《高士傳》曰，何點常躡
草屩，乘柴車。則此之所謂高僧，大抵如何點、何胤、周顒之流
之善於佛理者，爲多周氏立空假義爲釋家稱重是義解類中之
尤善者，故亦稱《高士傳》。而本志叙次於此，不與後《名僧
傳》、《高僧傳》相類從。”

　　《漢魏六朝雜傳集》輯《太平御覽》卷四七四《人事部一一
五·禮賢》引“虞老叔《高士傳》”宗少文事、《文選》卷六〇李善注
引“虞孝敬《高士傳》”何點事，題《高士傳》，虞老叔、虞孝敬撰，附
於虞槃佐《高士傳》後。

孝子傳

　　輯存。虞槃佐撰。原一卷。

　　虞槃佐《孝子傳》,《隋書·經籍志》無著録,《舊唐書·藝文志》史部雜傳類、《新唐書·藝文志》史部雜傳記類著録《孝子傳》一卷,題虞盤佐撰。《太平御覽經史圖書綱目》列盧盤估《孝子傳》,《太平御覽》正文引則或作虞盤佑《孝子傳》,一作盧盤估《孝子傳》,誤,當作虞槃佐。

　　虞槃佐,生平事蹟已見前録。撰《高士傳》之外,又作《孝子傳》。《通志·校讎略》"不類書而類人論三篇"在談及《新唐書·藝文志》著録體例時,言及虞槃佐《孝子傳》與《高士傳》,其云:"又如盧槃佐作《孝子傳》三卷,又作《高士傳》二卷,'高士'與'孝子'自殊,如何因所作之人而合爲一。"①虞槃佐見於史志書目著録或諸書徵引的著作還有《集議孝經》一卷。

　　虞槃佐《孝子傳》久佚,今存佚文二節,其一叙曾子事,見於《太平御覽》卷九九八《百卉部五·藜》引作虞盤佑《孝子傳》;其二叙華光事,見於《太平御覽》卷四一三《人事部五十四·孝中》引作盧盤估《孝子傳》。茆泮林輯《古孝子傳》,據以採摭,題虞盤佑《孝子傳》,録於《十種古逸書》中。許克勤曾取而校録。《龍谿精舍叢書》、《叢書集成初編》轉録茆氏所輯。今《漢魏六朝雜傳集》亦據《太平御覽》所引,新輯其文,題《孝子傳》,虞槃佐撰。

至人高士傳贊

　　輯存。孫綽撰。原二卷。

　　孫綽《至人高士傳贊》,《隋書·經籍志》史部雜傳類著録《至人高士傳贊》二卷,題"晉廷尉卿孫綽撰"。《通志·藝文略》史類

①鄭樵撰,王樹民點校:《通志·校讎略》"編次之訛論十五篇",中華書局1995年,第1812頁。

傳記著録《至人高士傳贊》二卷，題“晉孫綽撰”。王應麟《玉海》卷五八《藝文·傳》“晉高士傳”條列“孫綽《至人高士傳贊》二卷”。章宗源《隋書經籍志考證》“《至人高士傳贊》二卷”條云：“《水經·潁水注》稱孫綽之叙《高士傳》，《文選》太沖《詠史詩》注引孫綽《嵇中散傳》。”章氏以爲《文選》李注所引孫綽《嵇中散傳》出《至人高士傳贊》，姚振宗《隋書經籍志考證》“《至人高士傳贊》二卷”條轉録章氏語，即以爲《文選》卷二一《詠史》李注所引孫綽《嵇中散傳》者亦出《至人高士傳贊》，恐非。此傳或爲孫綽爲嵇康單獨撰傳。

孫綽，太原中都人，祖楚，父纂。《晉書》卷五六《孫楚傳》附其傳，其云：“綽，字興公。博學善屬文，少與高陽許詢俱有高尚之志。居於會稽，遊放山水，十有餘年，乃作《遂初賦》以致其意。”生平行事已見前録。太和六年（371）卒，時年五十八。孫綽少以文才垂稱，于時文士，綽爲其冠。温、王、郗、庾諸公之薨，必須綽爲碑文，然後刊石焉。

孫綽此傳名《至人高士傳贊》。至人者，道家指超凡脱俗，達無我境界之人，老子即稱至人。至人高士，當是指道家典範人物。宋熊禾《勿軒集》卷三《昇真觀記》云：“竊謂玄樸既散，大化運行，其至精至粹至靈至異之氣，浮于天者爲太清三光，凝于地者爲名山大洞，鍾其靈于人者爲至人高士。人之一身與天地相似，無極太極吾其性，二氣五行吾其體，而其中一點靈明炯然不昧，則合性與知覺而謂之心也，彼其然悾侗感于情，役于氣，肆欲戕真、與物俱腐者，固不足筭。已而所謂至人高士則氣完理具，而此心真體妙用與造化者遊，不爲命世之聖賢以兼善天下，則必爲遺世之神仙以獨善其身。”明王禕《王忠文集》卷一六《馬蹟山紫府觀碑并序》云：“夫宇宙間名區奥壤，大抵扶輿清淑之氣之所鍾，然必得至人高士爲之增重，而後益有以顯其靈，所謂地以境而勝，境因人而著也。”都是在爲道觀作碑記時言及至人高士，推其意,則指道家之高真無疑。明倪謙撰《倪文僖集》卷三二《翠松記》云:"而斯觀相傳爲展上翁開基,歷周秦漢晉,至人高士往往於此登真。"則更無疑焉。孫綽又撰《名德沙門題目》及《名德沙門贊》,所謂名德沙門指佛教高僧。孫綽蒐羅佛教人物而爲《名德沙門題目》與《名德沙門贊》,《至人高士傳贊》則傳録道家人物,此在情理之中。孫綽"至人高士"之傳名,當受嵇康《聖賢高士傳贊》命名之影響。

　　孫綽《至人高士傳贊》已佚,其文散見諸書徵引,嚴可均據《初學記》卷一七《人部上·賢第二》采得"原憲贊"事一節,録於其《全晉文》卷六一中。檢《初學記》,題孫綽所作人物贊不止原憲一人事,如《初學記》卷二三《道釋部·道第一》有孫綽"老子贊"一節,亦當爲其《至人高士傳贊》之文。《漢魏六朝雜傳集》據諸書徵引新輯其文,得老子、原憲、商丘子三人贊語。

　　今簡括諸書所引,以人名標目,條列其佚文如下。

　　一、老子。存文一節,見於《初學記》卷二三《道釋部·道第一》"東晉孫綽《老子贊》"引作孫綽《老子贊》。

　　二、原憲。存文一節,見於《初學記》卷一七《人部·賢第二》"玉粹金貞"、《天中記》卷二五《德譽》"冰清"引作孫綽《原憲贊》。

　　三、商丘子。存文一節,見於《世説新語·輕詆》第十五條引一節云"孫綽作列仙商丘子贊",劉注引一節云"孫綽爲贊曰"。

　　今存孫綽《至人高士傳贊》佚文皆爲贊語,惜不見傳文。

名德沙門題目

輯存。孫綽撰。

梁僧祐《出三藏記集》卷一五録法和《道安法師傳》云:"孫興

公爲《名德沙門論目》云：'釋道安博物多才，通經明理。'"①唐釋道世撰《法苑珠林》卷一六《敬佛篇之四彌勒部第五·感應緣·晉沙門釋道安》云："孫綽爲《名德沙門論目》云：'釋道安博物多通，才經名理。'又爲之贊曰……"②可知孫綽又曾撰《名德沙門論目》。姚振宗《隋書經籍志考證》案云："法進所撰疑別有其書，非此《江東名德傳》也。孫綽有《名德沙門論》、《名德沙門贊》，嚴氏《全晉文》編并輯存其文。此三卷疑即孫氏書。本《志》此處傳寫似有脱誤。"以爲《隋書·經籍志》所録釋法進《江東名德傳》三卷即孫綽《名德沙門論》、《名德沙門贊》。

　　孫綽《名德沙門論目》久佚，僧祐《出三藏記集》、釋道世《法苑珠林》所言孫綽《名德沙門論目》，今見《世説新語》劉注引則作《名德沙門題目》，又，嚴可均據《全晉文》卷六二孫綽文，作《名德沙門論目》，輯得釋道安、竺道壹二節。釋道安條，據《高僧傳》、《法苑珠林》、《出三藏記集》輯得，竺道壹條據《世説新語》注輯得。《漢魏六朝雜傳集》據《世説新語》劉注等引輯録，得竺道壹、于法開、竺法汰、支愍度、釋道安五人題目片段，並據《世説新語》劉注，題其名《名德沙門題目》。

　　今簡括《世説新語》劉注等引，以人名標目，條列其佚文如下。

　　一、竺道壹。存文一節，見於《世説新語·言語》第九三條劉注引。

　　二、于法開。存文一節，見於《世説新語·文學》第四五條劉注引。又，《高僧傳》卷四《于法開傳》引一節云"孫綽爲之目曰"，

----

① 釋僧祐撰，蘇晉仁、蕭鍊子點校：《出三藏記集》卷一五《道安法師傳》，中華書局 1995 年，第 565 頁。

② 道世編纂：《法苑珠林》卷一六《敬佛篇之四彌勒部第五·感應緣·晉沙門釋道安》，上海古籍出版社 1995 年，第 131 頁。

當出孫綽《名德沙門題目》。

　　三、竺法汰。存文一節，見於《世說新語·賞譽》第一一四條劉注引。

　　四、支愍度。存文一節，見於《世說新語·假譎》第一一條劉注引。

　　五、釋道安。存文一節，見於《法苑珠林》卷一六《敬佛篇之四彌勒部第五·感應緣·晉沙門釋道安》引。

　　孫綽《名德沙門論目》是魏晉時人物品評風氣之體現，而其專注於品評佛門人物，可見當時佛門人物與士人交往之情狀，是士人眼中佛門人物之呈現。

名德沙門贊

　　輯存。孫綽撰。

　　唐釋道世撰《法苑珠林》卷一六《敬佛篇之四彌勒部第五·感應緣·晉沙門釋道安》云："孫綽爲《名德沙門論目》云：'釋道安博物多通，才經名理。'又爲之贊曰……"①《世說新語·言語》第九三條劉注引《沙門題目》曰"道壹文鋒富贍"；又云："孫綽爲之贊曰"，可見《世說新語》劉孝標注，《名德沙門題目》與《名德沙門贊》乃分別引録，非爲一體。則可知孫綽所爲各僧贊，非在各僧題目後，則《名德沙門贊》與《名德沙門題目》當爲二書。嚴可均輯孫綽文，亦分別録《名德沙門贊》與《名德沙門論目》。

　　孫綽《名德沙門贊》久佚，明梅鼎祚《釋文紀》卷四孫綽文録僧贊九條，包括：康僧會像贊、支孝龍贊、康法朗贊、劉元真贊、于法威贊、竺道壹贊、釋道安贊、竺法汰贊、支愍度贊。嚴可均《全

---

① 道世編纂：《法苑珠林》卷一六《敬佛篇之四彌勒部第五·感應緣·晉沙門釋道安》，上海古籍出版社 1995 年，第 131 頁。

晉文》卷六一孫綽文《名德沙門贊》九條，包括：康僧會、支孝龍、康法朗、劉元真、于法威、釋道安、竺法（汰）、竺道壹、支愍度。《漢魏六朝雜傳集》據諸書徵引輯録，題其名曰《名德沙門贊》。

今簡括諸書所引，以人名標目，條列其佚文如下。

一、康僧會。存文一節，見於《高僧傳》卷一《康僧會傳》、《開元釋教録》卷二上《總括群經録上之二》“沙門康僧會”、《天中記》卷三五《僧》“自稱沙門康僧會”各引一節，云“孫綽爲之贊”。

二、支孝龍。存文一節，見於《高僧傳》卷四《支孝龍傳》、《法苑珠林》卷五三《機辨篇第五十八》“晉沙門有支孝龍”各引一節，文同，云“孫綽爲之贊”。

三、劉元真。存文一節，見於《高僧傳》卷四《竺法潛傳》引一節，云“孫綽爲之贊”。

四、于法威。存文一節，見於《高僧傳》卷四《于法開傳》引一節，云“孫綽爲之贊”。

五、康法朗。存文一節，見於《高僧傳》卷四《康法朗傳》引一節，云“孫綽爲之贊”。

六、釋道安。存文一節，見於《高僧傳》卷五《釋道安傳》、《法苑珠林》卷一六《敬佛篇之四彌勒部第五·感應緣·晉沙門釋道安》各引一節，云“孫綽爲之贊”。

七、支愍度。存文一節，見於《世説新語·假譎》第一一條“度果講義積年”劉注引一節，云“孫綽愍度贊”。

八、竺道壹。存文一節，見於《世説新語·言語》第九三條劉注、《高僧傳》卷五《竺道壹傳》、《天中記》卷三五《僧》“都維那竺道壹”各引一節，云“孫綽爲之贊”。

九、竺法汰。存文一節，見於《世説新語·賞譽》第一一四條劉注引一條，作“孫綽爲汰贊”；《高僧傳》卷五《竺法汰傳》引一節，云“孫綽爲之贊”。

觀孫綽《名德沙門贊》所存佚文，皆四言韻語，文采斐然，對所贊人物之標格,亦見心得。然無法確定贊前是否存在傳文,傳後綴以此類贊語。

逸人傳

輯存。孫盛撰。

孫盛《逸人傳》,《隋書·經籍志》、《舊唐書·經籍志》、《新唐書·藝文志》均無著録。《太平御覽經史圖書綱目》録孫盛《逸人傳》。章宗源《隋書經籍志考證》補録孫盛《逸人傳》。

孫盛,《晉書》卷八二有傳,其云:"孫盛,字安國,太原中都人。祖楚,馮翊太守。父恂,潁川太守。恂在郡遇賊,被害。盛年十歲,避難渡江。及長,博學,善言名理。"案:孫盛父,此作"恂",潁川太守。《晉書·孫楚傳》云:"三子:衆、洵、纂。衆及洵俱未仕而早終,惟纂子統、綽並知名。"作"洵",未仕而早終。《三國志·魏書·劉放傳》裴注引《晉陽秋》曰:"楚子洵,潁川太守。洵子盛,字安國,給事中,秘書監。"作"洵",潁川太守。中華書局點校本《晉書·孫盛傳》"校勘記"云:"孫洵,《孫盛傳》及《魏志·劉放傳》注引《晉陽秋》俱云爲潁川太守,非未仕。"則《晉書·孫楚傳》稱孫盛父孫恂"未仕而早終"當有誤。據《三國志·魏書·劉放傳》裴注,其父名作孫洵爲是。

孫盛起家佐著作郎,以家貧親老,求爲小邑,出補瀏陽令。太守陶侃請爲參軍。庾亮代侃,引爲征西主簿,轉參軍。庾翼以爲安西諮議參軍,尋遷廷尉正。會桓溫代翼,留盛爲參軍。蜀平,賜爵安懷縣侯,累遷温從事中郎。從入關平洛,以功進封吳昌縣侯,出補長沙太守。爲桓溫所案,得贓私狼籍,檻車收到州,捨而不罪。累遷祕書監,加給事中。年七十二卒。盛篤學不倦,自少至老,手不釋卷。《晉書》本傳又言其"著《魏氏春秋》、《晉陽秋》,並造詩賦論難復數十篇"。

　　孫盛《逸人傳》久佚，今存丁蘭一人事蹟，《初學記》卷一七
《人部上·孝第四》"陳紀畫像丁蘭圖形"、《太平御覽》卷四一四
《人事部五十五·孝下》各引一節，作孫盛《逸人傳》；《錦繡萬花
谷前集》卷一六《母子》"刻母形"、《古今合璧事類備要前集》卷二
五《親屬門·母子》"刻木爲養"及四庫本《初學記》卷一七《人部
上·孝第四》"陳紀畫像丁蘭圖形"各引一節，作孫盛《逸士傳》。
《漢魏六朝雜傳集》據以輯錄，題其名曰《逸人傳》。

真隱傳

　　輯存。袁淑撰。原二卷。

　　袁淑《真隱傳》，《隋書·經籍志》無著錄，《舊唐書·經籍志》
史部雜傳類、《新唐書·藝文志》史部雜傳記類著錄袁淑《真隱
傳》二卷。《宋書·隱逸傳》序又云："陳郡袁淑集古來無名高士，
以爲《真隱傳》。"

　　袁淑，《宋書》卷七〇、《南史》卷三四有傳。《宋書·袁淑傳》
云："袁淑，字陽源，陳郡陽夏人，丹陽尹豹少子也。少有風氣，年
數歲，伯父湛謂家人曰：'此非凡兒。'至十餘歲，爲姑夫王弘所
賞。不爲章句之學，而博涉多通，好屬文，辭采遒豔，縱橫有
才辯。"

　　袁淑《真隱傳》久佚，其佚文今散見諸書徵引，明張溥採得
"鬼谷先生"一條，錄於《漢魏六朝百三家集》卷七〇《宋袁淑集》
傳類中，清嚴可均採得"鬼谷先生"一條，錄於《全宋文》卷四四
中。《漢魏六朝雜傳集》據諸書徵引，新輯其文，得採薪者、鬼谷
先生、鶡冠子、鄭長者、南公、野老、楚漁者、河上丈人、狐丘先生、
候孔子客十人事蹟。

　　今簡括諸書徵引，以人名標目，條列其佚文如下。

　　一、採薪者。存文一節，見於《太平御覽》卷五一〇《逸民部

十·逸民十》、《天中記》卷四〇《隱逸》“蘇門”引。

　　二、鬼谷先生。存文一節,見於《藝文類聚》卷三六《人部二十·隱逸上》、《太平御覽》卷五一〇《逸民部十·逸民十》引。

　　三、鶡冠子。存文一節,見於《藝文類聚》卷三六《人部二十·隱逸上》、《太平御覽》卷四一〇《人事部五十一·絕交》、卷五一〇《逸民部十·逸民十》、《天中記》卷四〇《隱逸》“鶡冠”引。

　　四、鄭長者。存文一節,見於《太平御覽》卷五一〇《逸民部十·逸民十》、《天中記》卷四〇《隱逸》“鄭長者”、《廣博物志》卷二一《高逸》引。

　　五、南公。存文一節,見於《太平御覽》卷五一〇《逸民部十·逸民十》引。

　　六、野老。存文一節,見於《太平御覽》卷五一〇《逸民部十·逸民十》引。

　　七、楚漁者。存文一節,見於《太平御覽》卷五一〇《逸民部十·逸民十》引。

　　八、河上丈人。存文一節,見於《太平御覽》卷五一〇《逸民部十·逸民十》引。

　　九、狐丘先生。存文一節,見於《太平御覽》卷五一〇《逸民部十·逸民十》引。

　　一〇、候孔子客。存文一節,見於《太平御覽》卷五一〇《逸民部十·逸民十》引。

　　觀袁淑《真隱傳》所存佚文,多以人物語言袒露心跡,表現人物真隱士之身份。從中亦可窺見袁淑“真隱”之觀念與思想。

高隱傳

輯存。阮孝緒撰。原十卷,序例一卷。

　　阮孝緒《高隱傳》,孝緒《七錄》序目附記云:“《高隱傳》一帙十卷,序例一卷。"《隋書·經籍志》史部雜傳類著録《高隱傳》十卷,《舊唐書·經籍志》史部雜傳類著録《高隱傳》二卷,《新唐書·藝文志》史部雜傳記類著録《高隱傳》十卷,均題阮孝緒撰。

阮孝緒,《梁書》卷五一《處士傳》、《南史》卷七六有傳。《梁書·阮孝緒傳》云:"阮孝緒,字士宗,陳留尉氏人也。父彦之,宋太尉從事中郎。孝緒七歲,出後從伯胤之。"梁大同二年(536)卒,時年五十八。門徒諡其德行,諡曰"文貞處士"。所著《七録》等書二百五十卷,行於世。孝緒終身不仕,爲著名的目録學家。

《梁書·阮孝緒傳》又云:"乃著《高隱傳》,上自炎黄,終於天監之末,斟酌分爲三品,凡若干卷。"《南史·阮孝緒傳》亦云:"乃著《高隱傳》,上自炎皇,終於天監末,斟酌分爲三品:言行超逸,名氏弗傳,爲上篇;始終不耗,姓名可録,爲中篇;挂冠人世,栖心塵表,爲下篇。"又云:"初,孝緒所撰《高隱傳》中篇所載一百三十七人,劉歊、劉訏覽其書曰:'昔嵇康所贊,缺一自擬,今四十之數,將待吾等成耶?'對曰:'所謂荀君雖少,後事當付鍾君,若素車白馬之日,輒獲麟於二子。'歊、訏果卒,乃益二傳。及孝緒亡,訏兄絜録其所遺行次篇末,成絶筆之意云。"可見,《高隱傳》分爲上中下三篇,中篇有《阮孝緒傳》,爲劉絜補作。

阮孝緒《高隱傳》久佚,唯《梁書·阮孝緒傳》載其《傳論》一節,嚴可均《全梁文》卷六六據《梁書·阮孝緒傳》輯録此條,《漢魏六朝雜傳集》亦據以新輯其文。又,阮孝緒《高隱傳》其文不見南北朝以來諸古注及唐宋諸類書徵引,唯清陳維崧《陳檢討四六》引梅福、龐德公事,云出《高隱傳》,《佩文韻府》、《御選唐詩》引戴顒事,云出《高隱傳》,不知所據。

附:高隱傳

《隋書·經籍志》史部雜傳類著録阮孝緒《高隱傳》十卷後,又著録《高隱傳》十卷,不題撰人。《舊唐書·經籍志》及《新唐書·藝文志》著録阮孝緒《高隱傳》後,則無別一種《高隱傳》十卷。姚振宗《隋書經籍志考證》録二“《高隱傳》十卷”,其一爲《高隱傳》十卷,題阮孝緒撰;其二爲《高隱傳》十卷,不題撰人。案云:“兩《唐志》有習鑿齒《逸人高士傳》八卷,袁淑《真隱傳》二卷,本志皆不著,疑此即兩家之書誤合爲一,而失注撰人者。”姚氏所言由習鑿齒《逸人高士傳》與袁淑《真隱傳》“誤合爲一”可能性極小。章宗源《隋書經籍志考證》僅考證阮孝緒《高隱傳》十卷,未列別一種《高隱傳》十卷。《隋書·經籍志》所著録阮孝緒書之外別一種“《高隱傳》十卷”,或即阮孝緒書之誤寫重出。此存疑,故附於阮孝緒書後。

高逸沙門傳

輯存。竺法濟撰。一作釋法濟撰。

《高逸沙門傳》,百卷本《法苑珠林》卷一〇〇《傳記篇第一百·雜集部》列《高逸沙門傳》一卷,題“右晉孝武帝時剡東仰山沙門釋法濟撰”,《高僧傳》卷四《竺法潛傳》附《竺法濟傳》云:“竺法濟幼有才藻,作《高逸沙門傳》。”《高僧傳》卷一四《高僧傳序録》亦云:“沙門法濟,偏叙高逸一跡。”梁王曼穎《與皎法師書》亦言及,其云:“間有諸傳,又非隱括。景興偶採居山之人,僧寶偏綴遊方之士,法濟惟張高逸之例,法安止命志節之科,康泓專紀單開,王季但稱高座,僧瑜卓爾獨載,玄暢超然孤録。惟釋法進所造,王巾有著。意存該綜,可擅一家。”[1]《宋高僧傳·序》亦稱釋法濟撰《高逸沙門傳》。文廷式《補晉書藝文志》卷三史部雜傳

---

[1] 釋道宣:《廣弘明集》卷二四梁王曼穎《與皎法師書》,《四部叢刊》本。今湯用彤校注《高僧傳》附。見:釋慧皎撰,湯用彤校注,湯一玄整理:《高僧傳》卷第十四《高僧傳序録》,中華書局 1992 年,第 552 頁。

類補録"竺治濟《高逸沙門傳》一卷",作"竺治濟","治"當誤。丁
國鈞《補晉書藝文志》卷二史録雜傳類、吳士鑑《補晉書藝文志》
卷二史録雜傳類、黄逢元《補晉書藝文志》卷二史録雜傳類補録
竺法濟《高逸沙門傳》一卷;文廷式《補晉書藝文志》卷五子部釋
家類又補録孫綽《高逸沙門傳》。

　　竺法濟,或作釋法濟,作"釋"或"竺",同。《高僧傳》卷四《竺
法潛傳》附其傳,然簡略,僅云:"竺法濟幼有才藻,作《高逸沙門
傳》。"又云:"凡此諸人,皆潛之神足,孫綽並爲之贊,不復具抄。"
《高僧傳》卷五《釋道安傳》言及釋道安曾從之受業:"後避難潛於
濩澤。太陽竺法濟、并州支曇講《陰持入經》,安後從之受業。"①
知法濟祖籍乃大陽(太陽),曾師事竺法潛。《高僧傳·釋道安
傳》言道安避難,當爲避冉閔之亂,故在永和五年(349)之後。今
據《高僧傳》,題"竺法濟"撰。

　　竺法濟《高逸沙門傳》久佚,《漢魏六朝雜傳集》據《世説新
語》劉注等徵引新輯其文,得竺道潛、支遁、于法開三人事蹟,題
《高逸沙門傳》。

　　今簡括諸書所引,以人名標目,條列其佚文如下。

　　一、竺道潛。存文三節,其一見於《世説新語·言語》第四八
條劉注引。其二見於《世説新語·方正》第四五條劉注引。其三
見於《世説新語·排調》第二八條劉注。

　　二、支遁。存文六節,其一見於《世説新語·言語》第六三條
劉注、《剡録》卷三《高僧》引。其二見於《世説新語·文學》第四
二條劉注引。其三見於《世説新語·文學》第四〇條劉注引。其
四見於《世説新語·賞譽》第一一〇條劉注引。其五見於《世説
新語·文學》第四三條劉注引。其六見於《世説新語·雅量》第

①　釋慧皎撰,湯用彤校注,湯一玄整理:《高僧傳》卷第十四《高僧傳序録》,
　　中華書局 1992 年,第 158 頁,第 178 頁。

三一條劉注引。

　　三、于法開。存文一節,見於《世説新語·文學》第四五條劉注引。

　　以今存佚文觀之,釋法濟《高逸沙門傳》專録佛門人物之"高逸"者,如竺道潛、支遁、于法開,皆當時與士人遊而著名者。當多記此間逸聞軼事。

南北朝雜傳叙録

卷　上

陶淵明傳

存。蕭統撰。

《陶淵明傳》,昭明太子蕭統撰,《通志·藝文略》史類傳記類著録《陶潛傳》一卷,梁昭明太子撰。《崇文總目》史部傳記類著録《陶潛傳》一卷,不題撰人,即昭明太子所作無疑。《陶淵明傳》當爲蕭統輯《陶淵明集》時所作,《昭明太子集》卷四載録此傳。嚴可均據宋本《陶淵明集》採得此傳,録於《全梁文》卷二〇中,逯欽立所校注《陶淵明集》無此傳。今人朱東潤據宋本《陶淵明集》,輯蕭統《陶淵明傳》,附於《八代傳叙文學述論》後。

蕭統,梁武帝蕭衍長子,《梁書》卷八、《南史》卷五三有傳,《梁書·蕭統傳》云:"昭明太子統字德施,高祖長子也。母曰丁貴嬪。"以齊中興元年(501)九月生于襄陽。梁國建,天監元年(502)十一月,立爲皇太子。中大通三年(531)四月乙巳薨,時年三十一。蕭統美姿貌,善舉止。讀書數行並下,過目皆憶。每遊宴祖道,賦詩至十數韻。或命作劇韻賦之,皆屬思便成,無所點易。性寬和容衆,喜愠不形於色。引納才學之士,賞愛無倦。恒自討論篇籍,或與學士商榷古今;閒則繼以文章著述,率以爲常。于時東宮有書幾三萬卷,名才並集,文學之盛,晉、宋以來未之有也。《梁書·蕭統傳》云:"所著《文集》二十卷;又撰古今典誥文言,爲《正序》十卷;五言詩之善者,爲《文章英華》二十卷;《文選》三十卷。"

蕭統《陶淵明傳》,今所見各傳本《昭明太子集》收録有異①。今存最早的淳熙八年(1181)袁説友和尤袤在池州(今屬安徽)刻五卷本《梁昭明太子文集》,清末盛宣懷據清怡府藏影宋抄本、劉世珩據昭仁殿藏宋淳熙本的影刻本,皆未收録《陶淵明傳》。明嘉靖三十四年(1555)周滿刻五卷本《梁昭明太子文集》,篇目及正文基本因襲宋淳熙本,明遼國寶訓堂刻本乃重刻周滿本,未收録《陶淵明傳》。明閻光世編《文選逸集》本和明末刻《蕭梁文苑》本(即《四庫全書》所收葉紹泰本),二本皆以周滿本爲底本再行輯録蕭統著述而成,收録《陶淵明傳》。另有張燮輯本(明天啟崇禎間刻《七十二家集》本)、張溥輯本(明婁東張氏刻《漢魏六朝百三名家集》本),亦皆收録《陶淵明傳》。另外,《四部叢刊》收録"上海涵芬樓藏宋刊巾箱本"宋李公焕《箋注陶淵明集》十卷,第一〇卷末載《陶淵明傳》。《漢魏六朝雜傳集》據《昭明太子集》(俞紹初校注《昭明太子集校注》,中州古籍出版社二〇〇一年版)卷四《傳》類所載,參之《四部叢刊》本《箋注陶淵明集》等所録,新輯其文。

《陶淵明傳》當是蕭統編輯《陶淵明集》時所作。蕭統編《陶淵明集》,俞紹初先生考定其作《陶淵明集序》,在公元527年②,即大通元年。此説較爲可信。而蕭統編《陶淵明集》,又當在《文

---

①《昭明太子集》今所存版本,彭婷婷《〈昭明太子集〉版本源流考》(《中華文化論壇》2014年第8期,第87—92頁)、劉明《蕭統集編撰及版本考論》(《山東圖書館學刊》2018年第1期,第80—86頁),考述蕭統集之宋本、明清本基本情況,可參看。

②蕭統撰,俞紹初校注:《昭明太子集校注》,中州古籍出版社2001年,第200頁,第317頁。

選》成書之後。《文選》選録陶詩八首、陶文一篇,其時蕭統或始讀陶淵明詩文,對其價值尚未參透,故而選録較少。及其經歷埋鵝事件之後,再讀陶淵明詩文,始有心得,這當是其編輯《陶淵明集》原因之一。

蕭統作《陶淵明傳》,當在作此序前後。此時蕭統,通過編輯《陶淵明集》對陶淵明詩文已有較深了解,在此基礎上撰寫《陶淵明傳》,故而叙述、評判多能隱括衆家而又多灼見。朱東潤以爲,"就所見的南朝單行傳叙論,當然要推蕭統《陶淵明傳》爲第一"。原因在於:"這只是一篇不足千字的小品,但是就在區區千言之中,把陶淵明底個性,寫得極明顯……所記諸人,自淵明外,如檀道濟、王弘、顔延之、淵明妻翟氏,皆神態完若,即龐通之、檀韶,乃至郡將縣吏諸人,亦約略可見。古人所稱尺幅千里之勢,正可以評此傳。""蕭統作傳的本領,就在把握住陶淵明'任真自得'的心理……完全得到陶淵明底本性,所以在南朝文士傳叙中,這是第一篇。"①

陶淵明身後,始以"徵士"、"靖節"稱,錢鍾書先生曾論及南北朝人對陶淵明詩文之漠然,而蕭統、蕭綱始識其真②。自蕭統編《陶淵明集》並序並傳,淵明詩文之文學價值始得彰顯,故或稱蕭統爲"陶淵明之先知先覺者"③。

附:淵明別傳

輯存。佚名撰。

唐馮贄《雲仙雜記》卷二"田水聲過吾師丈人"引一節,作《淵明別傳》,不見他書稱引。其云:"淵明嘗聞田水聲,倚杖久聽。

---

① 朱東潤:《八代傳叙文學述論》,復旦大學出版社 2006 年,第 141 頁。
② 錢鍾書:《談藝録》(補訂本),中華書局 1984 年,第 90—91 頁。
③ 陳延嘉:《蕭統:陶淵明之先知先覺者》,《長春師範大學學報》2018 年第 5 期。

嘆曰：‘秔稻已秀，翠色染人。時剖胸襟，一洗荆棘，此水過吾師
丈人矣。’”清代韻書《御定佩文齋廣群芳譜》卷八《穀譜・稻》、
《御定佩文韻府》卷一一之二《上平聲・十一真韻二人》“染人”、
《御定韻府拾遺》卷四九《上聲・十九晧韻》“秔稻”亦引，當是據
《雲仙雜記》。《雲仙雜記》卷三“少延清歡”、卷六“淵明拜火”又
各引一節，作《淵明別傳》。

　　《淵明別傳》今存三節，《漢魏六朝雜傳集》據以輯錄，附於蕭
統《陶淵明傳》後。

袁友人傳

　　存。江淹撰。

　　《袁友人傳》，江淹撰，《江文通集》卷五載，張溥《漢魏六朝百
三家集》卷八五《梁江淹集》錄，題《袁叔明傳》，梅鼎祚《南齊文
紀》卷九亦載，嚴可均《全梁文》卷三九亦見錄，題《袁友人傳》。

　　江淹，歷仕宋、齊、梁三朝。《梁書》卷一四、《南史》卷五九有
傳。《梁書・江淹傳》云：“江淹字文通，濟陽考城人也。少孤貧
好學，沉靖少交遊。”於宋，起家南徐州從事，轉奉朝請。舉南徐
州秀才，對策上第，轉巴陵王國左常侍。後爲宋建平王劉景素鎮
軍參軍事，領南東海郡丞，黜爲建安吳興令，蕭道成召爲尚書駕
部郎、驃騎參軍事，補相國府記室參軍事。於齊，爲驃騎豫章王
記室，帶東武令，參掌詔册，並典國史。尋遷中書侍郎。永明初
（483），遷驍騎將軍，掌國史。出爲建武將軍、廬陵内史，還爲驍
騎將軍，兼尚書左丞，尋復以本官領國子博士。少帝初，以本官
兼御史中丞。明帝即位，爲車騎臨海王長史，除廷尉卿，加給事
中，遷冠軍長史，加輔國將軍。出爲宣城太守，將軍如故。還爲
黃門侍郎、領步兵校尉，尋爲祕書監。東昏末，爲祕書監兼衛尉。
蕭衍爲相國，爲冠軍將軍，祕書監如故，尋兼司徒左長史。中興

元年(501)，遷吏部尚書。中興二年(502)，轉相國右長史，冠軍將軍如故。於梁，爲散騎常侍、左衛將軍，封臨沮縣開國伯，遷金紫光禄大夫，改封醴陵侯。天監四年(505)卒，時年六十二。《梁書·江淹傳》又云：“淹少以文章顯，晚節才思微退，時人皆謂之才盡。凡所著述百餘篇，自撰爲前、後集，并《齊史》十志，並行於世。”

江淹《袁友人傳》是其爲故友袁炳逝後所作傳，據其傳，袁炳，字叔明，陳郡陽夏人。尚撰《晉史》，未遂，年二十八卒。

《漢魏六朝雜傳集》據《江文通集》(《四部叢刊》景烏程蔣氏密韻樓翻宋刊本，參胡之驥注《江文通集彙注》，中華書局 1984年版)卷五《傳》輯録，題《袁友人傳》。

江淹自序傳

存。江淹撰。

江淹又有《自序傳》，《江文通集》卷一〇《自序》載録，《藝文類聚》卷五五亦有節録。

江淹，生平行事已見前録。據此《自序傳》，江淹云“遷正員散騎侍郎、中書侍郎”，而後自舒平生志向“人生當適性爲樂”，不及永明以後事。《四庫全書總目》“《江文通集》”云：“淹《自序傳》稱自少及長，未嘗著書，惟集十卷，考傳中所序官階止于中書侍郎，核以史傳，正當建元之初，則永明以後所作，尚不在其内。”[1]則此傳當作於永明前(483 年以前)。《四庫全書總目》以爲在建元(479—482)中，近實。

《漢魏六朝雜傳集》據《江文通集》(《四部叢刊》景烏程蔣氏

---

[1] 永瑢等：《四庫全書總目》卷一四八集部別集一“《江文通集》”條，中華書局 1995 年，第 1275 頁中。

密韻樓翻宋刊本,參胡之驥注《江文通集彙注》,中華書局 1984年版)卷一〇所録《自序》輯録,題《江淹自序傳》。

附:周氏行狀

輯存。江淹撰。

江淹又撰《建平王太妃周氏行狀》,《江文通集》卷六《行狀》録,《漢魏六朝百三家集》卷八五《梁江淹集》、嚴可均《全梁文》卷三九亦輯録。《藝文類聚》卷一五《后妃部・后妃》引一條,作梁江淹《宋建平王太妃周氏行狀》,文略,當是節録。

太常敬子任府君傳

輯存。王僧孺撰。

《太常敬子任府君傳》,王僧孺撰,《隋書・經籍志》等史志書目無著録,張溥《漢魏六朝百三家集》卷九二《梁王僧孺集》、梅鼎祚《梁文紀》卷一一、嚴可均《全梁文》卷五二採録。

太常敬子任府君即任昉,任昉死,追贈太常卿,諡號敬子,故稱。任昉,《梁書》卷一四、《南史》卷五九有傳。《梁書・任昉傳》云:"字彦昇,樂安博昌人,漢御史大夫敖之後也。父遥,齊中散大夫。"歷宋、齊、梁三代,梁天監六年(507)春,出爲寧朔將軍、新安太守。卒於官舍,時年四十九。昉墳籍無所不見,家雖貧,聚書至萬餘卷,率多異本。《梁書・任昉傳》又云:"昉所著文章數十萬言,盛行於世。""昉撰《雜傳》二百四十七卷,《地記》二百五十二卷,文章三十三卷。"

王僧孺,《梁書》卷三三、《南史》卷五九有傳,《梁書・王僧孺傳》云:"王僧孺,字僧孺,東海郯人。魏衛將軍肅八世孫。曾祖雅,晉左光禄大夫、儀同三司。祖准,宋司徒左長史。"仕齊,起家王國左常侍、太學博士。尚書僕射王晏爲丹陽尹,召補郡功曹,使僧孺撰《東宮新記》。遷大司馬豫章王行參軍，又兼太學博士，後補郡丞，除候官令。仕梁，天監初，除臨川王後軍記室參軍，待詔文德省，尋出爲南海太守。徵還，拜中書郎、領著作，復直文德省，撰《中表簿》及《起居注》。遷尚書左丞，領著作如故。俄除游擊將軍，兼御史中丞。遷少府卿，出監吴郡。還除尚書吏部郎，出爲仁威南康王長史，行府、州、國事，坐免官。久之，起爲安西安成王參軍，累遷鎮右始興王中記室，北中郎南康王諮議參軍，入直西省，知撰譜事。普通三年(522)卒，時年五十八。《梁書·王僧孺傳》又云："僧孺好墳籍，聚書至萬餘卷，率多異本，與沈約、任昉家書相埒。少篤志精力，於書無所不睹。其文麗逸，多用新事，人所未見者，世重其富。僧孺集《十八州譜》七百一十卷，《百家譜集》十五卷，《東南譜集抄》十卷，文集三十卷，《兩臺彈事》不入集内爲五卷，及《東宮新記》，並行於世。"

王僧孺《太常敬子任府君傳》，今主要見於《藝文類聚》卷四九《職官部五·太常》等徵引，當非完帙。《漢魏六朝雜傳集》據以輯錄。

《梁書·任昉傳》云："初，昉立於士大夫間，多所汲引，有善己者則厚其聲名。及卒，諸子皆幼，人罕贍卹之。平原劉孝標爲著論。"然如劉孝標者，亦當夥，王僧孺此傳，亦在於頌其文章道德。

訶梨跋摩傳

存。釋玄暢撰。

《訶梨跋摩傳》，釋玄暢撰。《出三藏記集》卷一一録，題《訶梨跋摩傳》，僧祐於傳前云："余尋訶梨跋摩述論明經，樞機義奧。後進所馳，荆州暢公制傳，頗徵事蹟。故復兼録，附之序末。雖於類爲乖，而顯證是同焉。"傳末又云："造諸數論大師傳，並集在薩婆多部。此師既不入彼傳，故附於此。"梁王曼穎《與皎法師書》云："間有諸傳，又非隱括。景興偶採居山之人，僧寶偏綴遊方之士，法濟惟張高逸之例，法安止命志節之科，康泓專紀單開，王季但稱高座，僧瑜卓爾獨載，玄暢超然孤録。惟釋法進所造，王巾有著。意存該綜，可擅一家。"①其所謂"玄暢超然孤録"，當指玄暢作《訶梨跋摩傳》傳。

訶梨跋摩，據釋玄暢此傳，宋稱師子鎧，佛泥洹後九百年，出在中天竺，婆羅門子也。造《成實論》二十卷。

《出三藏記集》卷一一録題"江陵玄暢作"，釋玄暢，釋慧皎《高僧傳》卷八有傳，其云："釋玄暢，姓趙，河西金城人。"涼州出家，宋元嘉中達揚州，齊永明二年（484）終京師，年六十九。

《訶梨跋摩傳》，梅鼎祚《釋文紀》卷一九、嚴可均《全齊文》卷二六有輯録。梅鼎祚《釋文紀》題《訶梨跋摩傳序》，嚴可均《全齊文》題《訶梨跋摩傳》。《漢魏六朝雜傳集》據《出三藏記集》新輯其文，題其名曰《訶梨跋摩傳》。

裴君傳

輯存。佚名撰。一卷。舊題鄭子雲撰，或鄭雲千撰，或鄧子雲撰。

《裴君傳》，《隋書·經籍志》史部雜傳類著録《清虛真人裴君内傳》一卷，《舊唐書·經籍志》史部雜傳類著録《清虛真君内傳》一卷，題鄭子雲撰，《新唐書·藝文志》道家類著録《清虛真人裴君内傳》，題鄭雲千撰。《崇文總目》道書類著録《裴元人傳》一

---

① 釋道宣：《廣弘明集》卷二四梁王曼穎《與皎法師書》，《四部叢刊》本。今湯用彤校注《高僧傳》附。見：釋慧皎撰，湯用彤校注，湯一玄整理：《高僧傳》卷第十四《高僧傳序録》，中華書局 1992 年，第 552 頁。

卷,不題撰人。《通志·藝文略》道家類著録《清虛真人裴君内傳》,題鄭雲千撰;《裴元人傳》一卷,題鄧子雲撰。姚振宗以爲"清虛"當爲"清靈",其《隋書經籍志考證》卷二〇史部雜傳類"《清虛真人裴君内傳》"條云:"案《雲笈七籤》云《清靈真人裴君傳》,弟子鄧雲子撰,考《真靈位業圖》諸真稱號絶少重複相同者,此清虛真人因前一條寫誤,鄭子雲、鄭雲千似皆鄧雲子之誤,是傳《雲笈七籤》亦載之。"姚氏所言是。《雲笈七籤》卷一〇五載録《清靈真人裴君傳》,當即《隋書·經籍志》等所言《裴君内傳》。《崇文總目》道書類著録《裴元人傳》亦當此書。

裴君即指裴玄仁,《真誥》云其爲右扶風夏陽人,漢文帝二年(前 178)始生,並云其將入室弟子鄧雲一起登仙,仙號清靈真人。故題弟子鄭子雲、鄭雲千、鄧雲子撰者,當皆是其弟子鄧雲之訛。

《裴君内傳》已引《三九素語》、《太上隱書》,陳國符以爲此二書"皆出楊君",即楊羲。即此書當出《三九素語》、《太上隱書》成書之後。並進一步推斷,"故此書出世,在梁代以後,隋代之前"[1]。由此,題鄭子雲、鄭雲千或鄧雲子撰者,乃出於僞託。《裴君傳》多載服食之法及經籙符訣,其傳末特列出裴君所受及所傳經籙符訣,傳裴君事蹟之外,又當專意於此,其出必在道教經籙符訣盛行和大規模造作之時。

《裴君傳》,《太平御覽經史圖書綱目》録《裴君傳》,《太平御覽》及《雲笈七籤》等俱有引録。《雲笈七籤》卷一〇五所録,題《清靈真人裴君傳》,篇幅漫長,似即完帙。《漢魏六朝雜傳集》即據《雲笈七籤》卷一〇五所録新輯其文,題其名曰《裴君傳》。

---

① 陳國符:《道藏源流考》(新修訂版),中華書局 2016 年,第 10 頁。

馬明生別傳三種　陰長生別傳一種

　　今見於諸書著錄馬明生、陰長生合傳一種,即《仙人馬鈞陰君內傳》,諸書徵引馬明生之別傳者有三,即《馬明生別傳》、《馬明生內傳》與《馬明生真人傳》,陰長生別傳一種,即《陰真君傳》。

　　馬明生,一作鳴生,齊國臨淄人也。本姓和,字君實(一作賢,一作寶)。少爲縣吏捕賊,爲賊所傷,遇太真夫人救之,乃隨夫人修道,後又隨安期生周遊,於華陰山煉丹服食成仙,光和三年(180),白日升天。

　　陰長生,新野人。漢和帝永元八年(96)三月己丑,立皇后陰氏,即長生之曾孫也。少處富貴之門而不好榮位,潛居隱身,專務道術。師事馬明生得道成仙。

馬明生別傳

輯存。佚名撰。

　　《馬明生別傳》,《隋書·經籍志》等史志書目無著錄。《太平御覽經史圖書綱目》錄《馬明生別傳》,李昉等修《太平御覽》,或見有題《馬明生別傳》者。《漢魏六朝雜傳集》據諸書徵引新輯其文,得佚文三節,題《馬明生別傳》。

　　其一叙明生爲賊所傷,得神女救,因而隨之學仙。見於《太平御覽》卷九三〇《鱗介部二·蛟》引。其二叙明生少逢神女還岱宗,安期生仙人見神女,設厨膳。見於《藝文類聚》卷八七《菓部下·棗》、《事類賦》卷二六《果部·棗》“三千歲神女之期”引。其三叙明生隨神女入石室所見仙物。見於《北堂書鈔》卷一三三《服飾部二·牀十五》“金牀”、《初學記》卷二五《器用部·牀第五》“神女金仙人石”、《太平御覽》卷五七七《樂部十五·琴上》、《錦繡萬花谷續集》卷六《牀》“神女金”、《事物紀原》卷二《樂舞聲歌部十一·琴》引。

　　就今所見《馬明生別傳》佚文觀之，後二節皆在炫燿仙物，既爲馬明生立傳，又借此弘道。

馬明生内傳

　　輯存。佚名撰。

　　《隋書·經籍志》等史志書目無著録。《太平御覽經史圖書綱目》既録《馬明生別傳》，又列《馬明生内傳》。李昉等修《太平御覽》，或見此二本，因而同時取二本之文。今所見《馬明生内傳》佚文，主要見於《太平御覽》稱引，一叙靈寶天書封於九天之上，見於《太平御覽》卷六七二《道部十四·仙經上》引。一叙龔仲陽受嵩高小童步紀之法，見於《太平御覽》卷六七九《道部二十·傳授下》引。《漢魏六朝雜傳集》據以輯得其文，題《馬明生内傳》。

馬明生真人傳

　　輯存。佚名撰。

　　《雲笈七籤》卷一〇六《傳》録《馬明生真人傳》，叙馬明生爲賊所傷而隨仙人修道，至得道成仙，留詩三首，以示將來。首尾完整，似即全篇。觀其文，又不與諸書所引《馬明生別傳》、《馬明生内傳》同，當非《別傳》或《内傳》之文。趙道一《歷世真仙體道通鑑》卷一三《馬明生傳》，當多據此本。《漢魏六朝雜傳集》據以輯録其文，題《馬明生真人傳》。

陰真君傳

　　輯存。佚名撰。

　　諸史志書目如《隋書·經籍志》、《舊唐書·經籍志》、《新唐書·藝文志》著録趙昇《仙人馬君陰君内傳》一卷，然不見古籍舊注稱引。《雲笈七籤》卷一〇六《傳》録《馬明生真人傳》之外，又録《陰真君傳》，叙陰長生師事馬明生真人，二十年不懈怠，終得馬明生傳授太清金液神丹，後入武當山石室中合丹，白日升天。臨去，著書九篇。觀其文，亦似完帙。

附：仙人馬君陰君内傳

佚。佚名撰。舊題趙昇撰。一卷。

諸史志書目多著録馬明生、陰長生合傳。《隋書·經籍志》史部雜傳類著録《仙人馬君陰君内傳》一卷，不題撰人。《舊唐書·經籍志》史部雜傳類著録《仙人馬君陰君内傳》一卷，題趙昇撰；《新唐書·藝文志》子部神仙家類著録趙昇等《仙人馬君陰君内傳》一卷，又著録孫思邈《馬陰二君内傳》一卷，或是《仙人馬君陰君内傳》之重出，孫思邈則爲誤題。《宋史·藝文志》子部道家類附神仙著録《馬陰二君内傳》一卷，不題撰人。

趙昇，《真靈位業圖》載其名。據《漢天師世家》云，趙昇爲張陵弟子①。姚振宗《隋書經籍志考證》"《仙人馬君陰君内傳》一卷"條案云："《真靈位業圖》有三天都護王長、趙昇。王長即撰《張天師傳》者，見前。趙昇，即是人也。亦未詳何時。"趙昇爲張陵弟子，則其大約與張陵同時，當主要在漢末三國時。其時，道教初創，神仙體系尚不完善，故《仙人馬君陰君内傳》當不是出自張陵弟子趙昇之手，據卿希泰《中國道教史》，真人傳記的大量造作，始於上清派興起之時，即約始於託名華存等作《王君内傳》等②。此傳又與天師道相關，天師道在漢末及魏晉時期往往與結社及農民武裝起義相聯繫，恐無暇造傳，故此傳當出於寇謙之、陸修靜等對天師道之改造之後，亦即或爲南北朝道衆造作，

①《漢天師世家》卷二，《正統道藏》第三四册，第821頁。
②卿希泰主編：《中國道教史》，四川人民出版社1988年，第336—346頁。

託名趙昇。

《仙人馬君陰君内傳》今不見古籍舊典稱引其文。

關令内傳

輯存。佚名撰。舊題鬼谷先生撰，四皓注。一卷。

《關令内傳》，《隋書·經籍志》史部雜傳類著録《關令内傳》一卷，題鬼谷先生撰；《舊唐書·經籍志》史部雜傳類、《新唐書·藝文志》子部神仙家類著録《關令尹喜傳》一卷，題鬼谷先生撰，四皓注。

關令，即尹喜。《漢書·藝文志》載道家關尹子"名喜，爲關吏，老子過關，喜去吏而從之"。可知尹喜大約與老子同時。陶弘景《真靈位業圖》列尹喜於第三左位，題"無上真人文始先生尹喜"。宋馬永易撰《實賓録》卷一一"文始先生"云："周函谷關令尹喜，受道于老子，三年神異感通，老子知其道成德備，因授號曰'文始先生無上真人'。"知尹喜仙號爲"無上真人文始先生"。

《關令内傳》之全稱當是《文始先生無上真人關令内傳》，見於《三洞珠囊》卷九《老子化胡品》引一節，文頗長，題"鬼谷先生撰《文始先生無上真人關令内傳》"，《關令内傳》當是省稱①。諸書稱引，其又或作《文始傳》、《文始内傳》、《無上真人内傳》、《真人關令尹喜傳》、《真人關令尹喜内傳》、《尹喜傳》、《尹喜内傳》。《廣弘明集》卷九録北周甄鸞《笑道論》引《文始傳》，計有十七節；《三洞珠囊》卷四《神丹仙藥名品》、卷八《諸天年號月月品》、《太

---

① 卿希泰先生以爲諸書徵引之《文始内傳》與《關令内傳》非一傳，然相似，屬樓觀道派之人所作，當出於南北朝時期。卿希泰主編：《中國道教史》第一卷第四章《道教在南北朝的改造和充實》，四川人民出版社1988年，第438頁。

平御覽》卷六七九《道部二十·傳授下》等又引作《文始内傳》；《太平御覽經史圖書綱目》錄《無上真人内傳》，《太平御覽》卷六七五《道部十七·岥》、卷六七七《道部十九·房》即引作《無上真人内傳》；又或作《尹喜内傳》、《真人關令尹喜傳》、《真人關令尹喜内傳》、《尹喜傳》，章宗源《隋書經籍志考證》"《關令内傳》一卷"條云："《唐志》題鬼谷先生撰，四皓注，《藝文類聚》、《太平御覽》多引之，或稱《尹喜内傳》。"

　　鬼谷先生，即鬼谷子，縱橫家，著《鬼谷子》三卷。《史記·蘇秦列傳》"東事師於齊而習之於鬼谷先生"裴駰案引《風俗通義》曰："鬼谷先生，六國時縱橫家。"爲蘇秦、張儀師。《隋書·經籍志》子部縱橫家著錄《鬼谷子》三卷。注云："皇甫謐注。鬼谷子，周世隱於鬼谷。梁有《補闕子》十卷，《湘東鴻烈》十卷，並元帝撰。亡。"又著錄《鬼谷子》三卷，注云："樂一注。"《通志·藝文略》縱橫家著錄《鬼谷子》三卷，注云："皇甫謐注。鬼谷先生，楚人也，生於周世，隱居鬼谷。"

　　姚振宗《隋書經籍志考證》"《關令内傳》一卷"條案云："四皓見《漢書·張良傳》，此與鬼谷先生皆無識道流託以爲重，尤誕妄可笑者。"姚氏所言誠是。《隋書·經籍志》等著錄題鬼谷先生，當據傳本，然其作者實非鬼谷先生。此傳最遲在北周時已流行，北周僧勔《十八條難道章》自敍、北周甄鸞《笑道論》已稱引，隋費長房《歷代三寶記》著錄。尹喜被樓觀道派尊爲祖師，而樓觀道興起於北魏，至北周開始興盛，故此傳當是樓觀道派所造，託名鬼谷子和四皓。

　　《關令内傳》散見諸書徵引，《三洞珠囊》(《正統道藏》第二五册，第 355 中—357 中頁)卷九《老子化胡品》引一節，作鬼谷先生撰《文始先生無上真人關令内傳》，文甚長，當存關令尹事蹟泰半。此外，舊注類書亦多見引錄，或詳或略，各有異同。

　　今簡括諸書稱引《文始先生無上真人關令内傳》、《關令内傳》、《文始傳》、《文始内傳》、《無上真人内傳》、《真人關令尹喜傳》、《真人關令尹喜内傳》、《尹喜傳》、《尹喜内傳》者,條列其佚文如下。

一、關令尹喜出生至遇老子事略。見於《藝文類聚》卷七八《靈異部上·仙道》、《太平御覽》卷五六《地部二十一·陸》、《記纂淵海》卷一七五《生理部之五·生辰》、《古今事文類聚前集卷》四四《樂生部·生辰》"陸地生蓮"、《古今合璧事類備要前集》卷五八《壽典門·生辰》"陸地生花"、《天中記》卷五三《蓮》"陸地生蓮"、《廣博物志》卷一二《靈異一》引,作《關令内傳》;《太平御覽》卷八《天部八·霄》、《天中記》卷三九《生辰》"絳霄繞身"引,作《關令尹喜内傳》。

二、關令尹喜見老子生死徐甲事。見於《太平御覽》卷八三六《資産部十六·錢下》引,作《關令内傳》。

三、關令尹喜異相事。見於《三洞珠囊》卷八《相好品》引,作《無上真人内傳》。

四、尹喜嘗登樓四望,見東極有紫氣西邁,喜曰應有聖人經過京邑,果見老君乘青牛車來過。見於《編珠》卷一《天地部》"真人氣處士星"、四庫本《北堂書鈔》卷一三九《車部·總載篇》"青牛車"、《初學記》卷二五《器用部·車第十二》"青牛白鹿"、《太平御覽》卷七七三《車部二·叙車下》、《事類賦》卷一六《服用部·車賦》"尹喜之占老君"引,作《關令内傳》。

五、老子爲周師、授《道德經》、度關時間及在罽賓檀特山中事。計八節,文字互有同異詳略。分別見於《笑道論》"年號差舛二"引一節,作《文始傳》;《三洞珠囊》卷八《諸天年號月月品》引三節,作《文始内傳》;《初學記》卷七《地部下·關第八》"白馬青牛"引一節,作《關令内傳》;《笑道論》"五佛並出五"引五節,作《文始傳》;《太平御覽》卷九○二《獸部十四·羊》引一節,作《尹喜内傳》;《笑道論》"偷佛因果三十"引一節,作《文始傳》。

六、真人遊時，各各坐蓮花之上，一花輒徑十丈。見於《藝文類聚》卷八二《草部下·芙蕖》、《天中記》卷五三《蓮》"花徑十丈"引，作《真人關令尹喜傳》。

七、老子與尹喜登崑崙上事。計二節。分別見於《初學記》卷六《地部中·總載水第一》"九河八海"引，作《關令内傳》；《初學記》卷二七《寶器部·金第一》"蓬萊觀崑崙臺"、《太平御覽》卷八一一《珍寶部十·金下》、《天中記》卷五〇《金》"崑崙金臺"引，作《關令内傳》。

八、老子與關令尹喜東遊事。計一節，見於《三洞珠囊》卷四《神丹仙藥名品》引，作《文始内傳》。

九、老子與關令尹喜西遊事。計二節，分別見於《藝文類聚》卷八六《菓部上·桃》、卷八六《菓部上·梨》、《初學記》卷二八《果木部·梨第七》引，作《尹喜内傳》；《白氏六帖事類集》卷三〇《梨十一》"紫梨"引，作《尹喜傳》；《太平御覽》卷九六七《果部四·桃》、卷九六九《果部六·梨》引，作《關令尹喜内傳》。《藝文類聚》卷八七《菓部下·棗》、《太平御覽》卷九六五《果部二·棗》引，作《真人關令尹喜内傳》；《初學記》卷二八《果木部·棗第五》引，作《尹喜内傳》。

一〇、老子與關令尹喜遊天上事。計七節，分別見於《笑道論》"太上尊貴十六"引，作《文始傳》；《笑道論》"北方禮始二十三"引，作《文始傳》；《太平御覽》卷六七九《道部二十·傳授下》引，作《文始内傳》；《笑道論》"服丹金色二十八"引，作《文始傳》；《笑道論》"五億重天三十二"引，作《文始傳》；《太平御覽》卷六七五《道部十七·帔》引，作《無上真人内傳》；《上清道類事相》卷二《仙房品》引，作《文始内傳》；《太平御覽》卷六七七《道部十九·房》、《廣博物志》卷三六《居處·室》引，作《無上真人内傳》。

一一、天地四方距離。計六節，見於《初學記》卷一《天部·星第四》"遵七紀行四時"、《太平御覽》卷六《天部下·星中》引，

作《關令内傳》;《唐開元占經》卷三《天占·天數》、《太平御覽》卷
二《天部二·天部下》、《緯略》卷三《天里》"天地"引,作《關令内
傳》;《笑道論》"日徑不同九"引,作《文始傳》;《笑道論》"五億重
天三十二"引,作《文始傳》;《初學記》卷六《地部中·海第二》"地
脉天池"、《太平御覽》卷二《天部二·天部下》、卷六〇《地部二十
五·海》、《古今合璧事類備要前集》卷八《地理門·海》"海脉"、
《天中記》卷九《海》"地脉"引,作《關令内傳》;《初學記》卷五《地
理上·總載地第一》"銅儀金柱"、《太平御覽》卷三七《地部二·地
下》、《事類賦》卷六《地部·地賦》"若乃關令説自然之柱"、《天中
記》卷七《地》"太空"、《廣博物志》卷五《地形》引,作《關令内傳》。

一二、五百歲天下名山一開,開時金玉之精涌出事。見於
《太平御覽》卷三八《地部三·叙山》引,作《關令尹喜内傳》。

一三、萬萬億萬萬歲一大水事,見於《笑道論》"崑崙飛浮十"
引,作《文始傳》。萬萬億億歲一大水事,見於《笑道論》"延生年
符二十五"引,作《文始傳》。

一四、天堂對地獄,善者升天,惡者入地事。見於《笑道論》
"氣爲天人三"引,作《文始傳》。

一五、若婬盗不孝,死入地獄,受五苦八難,後生六畜邊夷之
中事。見於《笑道論》"結土爲人四"引,作《文始傳》。

一六、道生東,木男也;佛生西,金女也。見於《笑道論》"佛
生西陰八"引,作《文始傳》。

華陽陶隱居傳

輯存。謝瀹撰。

《隋書·經籍志》等史志書目無著録。唐賈嵩撰《華陽陶隱
居内傳·序》云:"齊永明十年,謝詹事瀹自吴興聞先生棄官隱華
陽,乃於道中作《傳》。謝詹事作《傳》云……"知謝瀹嘗爲陶弘景

作傳，賈嵩序且引錄其文。謝瀹爲陶弘景作傳不虛也。宋張君房編《雲笈七籤》卷一〇七《傳錄》錄《陶先生小傳》，題"吳興謝瀹永明十年作"。

謝瀹，瀹或作蕭、瀟，《南齊書》卷四三有傳，其云："謝瀟字義潔，陳郡陽夏人也。祖弘微，宋太常。父莊，金紫光禄大夫。"解褐車騎行參軍，遷祕書郎，司徒祭酒，丹陽丞，撫軍功曹。齊初，爲世祖記室，遷太子中舍人。建元初，轉桂陽王友。出爲安成内史，還爲中書郎。衛軍王儉引爲長史，除黄門郎，兼掌吏部。尋轉太子中庶子，領驍騎將軍，轉長史兼侍中。遷司徒左長史，出爲吳興太守。母喪去官，服闋，爲吏部尚書。轉侍中，領太子中庶子，豫州中正。永泰元年（498），轉散騎常侍，太子詹事，其年卒，年四十五。

《華陽陶隱居内傳·序》引此傳下又云："謝《傳》訖此。此《傳》並《梁書》彌爲脱略。吾不解謝瀹既聞先生隱山，甚懷嗟賞！乃忻然道中作《傳》，所宜詳究功行，而卒然如此也。陶翊乃云：'王右軍作許先生傳者，正如此也。'"則知《華陽陶隱居内傳·序》所錄當即謝瀹所作傳全文。

《華陽陶隱居内傳·序》未題傳名，《雲笈七籤》卷一〇七題《陶先生小傳》，漢魏六朝罕有以"小傳"名傳者，此傳名或當爲張君房自擬。《華陽陶隱居内傳·序》又云："陶翊乃云：'王右軍作許先生傳者，正如此也。'"故其傳名之擬，或類於王羲之《仙人許遠遊傳》，因題其名曰《華陽隱居傳》。

附:華陽隱居先生本起錄

存。陶翊撰。

《雲笈七籤》卷一〇七《傳錄》引《華陽隱居先生本起錄》，題"從子翊字木羽撰"。

《雲笈七籤》卷一〇七似即全文。錄前陶翊云："永明十年太歲己卯,謝詹事瀹先從吳興還,聞先生已辭世入山,甚懷嗟賞,於路中仍爲前傳,雖未能究洽而粗舉大綱,有似王右軍作許先生傳。"

賈嵩《華陽隱居内傳·序》引謝瀹《華陽陶隱居傳》後又云:"《傳》疏略不用,陶翊乃作《本起錄》至齊末遂已,亦事多遺闕。翊,先生猶子也。《本起錄》乃粗似詳究,而患文氣太卑,叙述繁雜。自云今此未便爲傳,且撰行業以備遺失耳。不知何緣至永元元年遂絶也。"則陶翊之《本起錄》,叙及齊末,入梁後事不錄也。檢《雲笈七籤》卷一〇七所錄,誠是。

陶翊,據《雲笈七籤》卷一〇七《傳錄》引所題署,字木羽,陶弘景從子。其亦當是齊梁時人。

《雲笈七籤》卷一〇七錄《華陽隱居先生本起錄》全文之外,賈嵩作《華陽隱居内傳》多引之,然往往節取片語隻言。

成公興内傳

輯存。佚名撰。

《隋書·經籍志》等史志書目未見著錄,撰者、卷數不詳。

成公興,《魏書》卷九一《術藝·殷紹傳》、《北史》卷八九《藝術上·殷紹傳》言及其人,《魏書》卷九一《術藝·殷紹傳》云:"殷紹,長樂人也。少聰敏,好陰陽術數,游學諸方,達《九章》、《七曜》。世祖時爲算生博士,給事東宫西曹,以藝術爲恭宗所知。太安四年夏,上《四序堪輿》,表曰:'臣以姚氏之世,行學伊川,時遇游遁大儒成公興,從求《九章》要術。興字廣明,自云膠東人也,山居隱跡,希在人間。興時將臣南到陽翟九崖巖沙門釋曇影間。興即北還,臣獨留住,依止影所。'"《魏書》卷一一四《釋老志》叙寇謙之事言及,其云:"世祖時道士寇謙之,字輔真,南雍州刺史讚之弟,自云寇恂之十三世孫。早好仙道,有絶俗之心。少修張魯之術,服食餌藥,歷年無效,幽誠上達,有仙人成公興,不知何許人,至謙之從母家傭賃。謙之常覬其姨,見興形貌甚彊,力作不倦,請回賃興代己使役。乃將還,令其開舍南辣田……興事謙之七年,而謂之曰:‘興不得久留,明日中應去。興亡後,先生幸爲沐浴,自當有人見迎。’興乃入第三重石室而卒。謙之躬自沐浴,明日中,有叩石室者,謙之出視,見兩童子,一持法服,一持鉢及錫杖。謙之引入,至興尸所。興欻然而起,著衣持鉢、執杖而去……胡兒怪而問之,其叔父曰:‘此是仙人成公興舘,坐失火,燒七間屋,被謫爲寇謙之作弟子七年。’始知謙之精誠遠通,興乃仙者,謫滿而去。”

《成公興内傳》今見《太平御覽》卷七〇九《服用部十一·薦蓆》等引《成公興内傳》,云“登白鹿山,延成君入爲敷魚鬐之席”。

齊竟陵王内傳

輯存。佚名撰。

《隋書·經籍志》等史志書目無著錄,撰人、卷數不詳。

蕭子良,齊武帝第二子,穆皇后所生。字雲英。《南齊書》卷四〇有傳,其云:“竟陵文宣王子良,字雲英,世祖第二子也。”建元四年(482年)封竟陵王。隆昌元年(494)薨,《南齊書·蕭子良傳》云:“隆昌元年,加殊禮,劍履上殿,入朝不趨,贊拜不名,進督南徐州。其年疾篤,謂左右曰:‘門外應有異。’遣人視,見淮中魚萬數皆浮出水上向城門。尋薨,時年三十五。”蕭子良好釋氏,《南齊書·蕭子良傳》云:“又與文惠太子同好釋氏,甚相友悌。子良敬信尤篤,數於邸園營齋戒,大集朝臣衆僧,至於賦食行水,或躬親其事,世頗以爲失宰相體。勸人爲善,未嘗厭倦,以此終致盛名。”或以此,人爲其作此傳,據其題名,此傳當於齊後。

今見唐法琳撰《辯正論》卷七"文宣降靈而病愈"引一條，作《齊竟陵王内傳》，云"王得熱病，夜中再死，夢見金像手灌神湯，因遂平復也"。

卷　中

孝德傳

輯存。蕭繹撰。原三十卷。

《孝德傳》,《隋書·經籍志》史部雜傳類、《舊唐書·經籍志》史部雜傳類、《新唐書·藝文志》史部雜傳記類著録《孝德傳》三十卷,題梁元帝撰。《梁書·元帝紀》亦稱梁元帝著《孝德傳》三十卷。《金樓子》卷五《著書篇》亦云"《孝德傳》三袟三十卷",注云:"金樓合衆家孝子傳成此。"可見,此書乃鈔綴諸家孝傳彙編而成。《太平御覽經史圖書綱目》録梁元帝《孝德傳》。

梁元帝蕭繹,《梁書》卷五、《南史》卷八《梁本紀》下有本紀。字世誠,小字七符,梁武帝蕭衍第七子。天監七年(508)生,母親本爲采女,後賜姓,拜爲修容。蕭繹聰悟俊朗,天才英發,天監十三年(514),蕭繹被封爲湘東王,在藩時別號金樓子,普通七年(526)至大同五年(539)任荆州刺史,後任江州刺史,不久又改任荆州刺史。侯景之亂,蕭繹按兵坐觀,在大勢已定後,發兵平亂,承聖元年(552)冬十一月丙子,即皇帝位於江陵。承聖三年(554),西魏攻陷江陵後,蕭繹被俘,不久被殺,時年四十七歲。明年,追尊爲孝元皇帝,廟號曰世祖。

蕭繹勤於著述,由他自撰或主持編寫、整理之書頗富,《梁書·元帝紀》云:"所著《孝德傳》三十卷,《忠臣傳》三十卷,《丹陽尹傳》十卷。《注漢書》一百一十五卷,《周易講疏》十卷,《内典博要》一百卷,《連山》三十卷,《洞林》三卷,《玉韜》十卷,《補闕子》十卷,《老子講疏》四卷,《全德志》、《懷舊志》、《荆南志》、《江州記》、《貢職圖》、《古今同姓名錄》一卷,《筮經》十二卷,《式贊》三卷,文集五十卷。"所著《金樓子》卷五《著書篇》有錄存,今所知有三十九部、六百七十七卷之多。就雜傳類著作而言,蕭繹自撰或主持編寫、整理的就有《孝德傳》、《忠臣傳》、《丹陽尹傳》、《全德志》、《懷舊志》等幾部作品。

《孝德傳》久佚,其佚文今散見諸書徵引,張溥《漢魏六朝百三家集》卷八四《梁元帝集》、嚴可均《全梁文》卷一七、王仁俊《玉函山房輯佚書續編》之史編總類有輯存。《漢魏六朝雜傳集》據諸書徵引,參之張溥、嚴可均、王仁俊所輯,新輯其文,得序文一節,皇王篇贊、天性篇贊二節,繆斐、張楷、劉虯、陽雍四人孝事各一節。

《孝德傳》今所見四人孝事,其中繆斐孝事,見於《太平御覽》卷五一〇《逸民部十·逸民十》引;張楷孝事,見於《太平御覽》卷六一六《學部十·讀誦》引;劉虯孝事,見於《職官分紀》卷四二《縣令》"苟任明察人不能欺"引;陽雍孝事,見於《太平廣記》卷二九二《神二·陽雍》引。《太平廣記》卷二九二所引陽雍孝事最詳,陽雍因孝爲天神所助,種菜得白璧取徐氏女,生十男,"皆令德俊異,位至卿相。今右北平諸陽,其後也"。這是典型的孝感模式故事類型。

忠臣傳

輯存。蕭繹撰。原三十卷。

《忠臣傳》,《隋書·經籍志》史部雜傳類、《舊唐書·經籍志》史部雜傳類、《新唐書·藝文志》史部雜傳記類均著錄《忠臣傳》

三十卷,題梁元帝撰。《梁書·元帝紀》、《南史·梁本紀》亦稱蕭繹著有《忠臣傳》三十卷,《金樓子》卷五《著書篇》亦云"《忠臣傳》三袟三十卷"。《南史》卷七六《隱逸傳·阮孝緒傳》云:"湘東王著《忠臣傳》,集釋氏碑銘、《丹陽尹錄》、《研神記》,並先簡孝緒而後施行。"王應麟《玉海》卷五八《藝文》之《傳》類"梁《孝德》、《忠臣傳》、《全德志》"條云:"元帝爲湘東王時,常記録忠臣義士及文章之美者,筆有三品,忠孝全者用金管書之,德行精粹者用銀管書之,文章贍逸者以斑竹管書之。"《藝文類聚》卷二〇引《忠臣傳·總序》云:"且孝子烈女逸民,咸有别傳,至於忠臣,曾無述製,今將發篋陳書,備加討論。"忠臣傳記"曾無述製",故此傳當出蕭繹撰製。

《忠臣傳》久佚,張溥《漢魏六朝百三家集》卷八四《梁元帝集》、梅鼎祚《梁文紀》卷四有輯録。《漢魏六朝雜傳集》據諸書徵引,參之張溥、梅鼎祚所輯,新輯其文,得總序一節,見於《藝文類聚》卷二〇《人部四·忠第三》、《初學記》卷一七《人部·忠第三》各引;死節篇序一節,見於《藝文類聚》卷二〇《人部四·忠》引;諫争篇序一節,見於《藝文類聚》卷二四《人部八·諫》引;受託篇贊一節,見於《藝文類聚》卷二〇《人部四·忠》、《初學記》卷一七《人部·忠第三》引;諫争篇贊一節,見於《藝文類聚》卷二〇《人部四·忠》、《初學記》卷一七《人部·忠第三》引;執法篇贊一節,見於《藝文類聚》卷二〇《人部四·忠》引。另存劉弘忠孝事一節,見於《初學記》卷二一《文部·硯第八》"魏后數用晉帝少同"引。

丹陽尹傳

輯存。蕭繹撰。原十卷。

《丹陽尹傳》,《隋書·經籍志》史部雜傳類、《舊唐書·經籍志》史部雜傳類、《新唐書·藝文志》史部雜傳記類均著録《丹陽尹傳》十卷,題梁元帝撰。《梁書·元帝紀》亦稱元帝撰《丹陽尹傳》十卷。《南史》卷七六《隱逸傳·阮孝緒傳》云:"湘東王著《忠臣傳》,集釋氏碑銘、《丹陽尹録》、《研神記》,並先簡孝緒而後施行。"《金樓子》卷五《著書篇》亦録有蕭繹《丹陽尹傳》一袟十卷,注云:"金樓爲尹京時自撰。"其序云:"……若夫位以德叙,德以位成。每念忝蒞京河,茲焉四載。以入安石之門,思勤王之政;坐真長之室,想清談之風。求瘼餘晨,頗多夏景。今綴采英賢,爲《丹陽尹傳》。"由此知,《丹陽尹傳》蕭繹採摭群書爲丹陽尹者事蹟撰成。

《丹陽尹傳》久佚,今存序文一節,見於《藝文類聚》卷五〇《職官部六·尹》、《職官分紀》卷三八《諸府尹》"孫寶行嚴霜之誅袁安留冬日之愛"引。梅鼎祚《梁文紀》卷四、張溥《漢魏六朝百三家集》卷八四《梁元帝集》、嚴可均《全梁文》卷一七、王仁俊《玉函山房輯佚書續編》之史編總類皆據以輯録,《漢魏六朝雜傳集》亦據之新輯其文,並參之梅氏、張氏、嚴氏、王氏所輯,加以校勘。

全德志

輯存。蕭繹撰。原一卷。

《全德志》,《隋書·經籍志》史部雜傳類、《舊唐書·經籍志》史部雜傳類、《新唐書·藝文志》史部雜傳記類均著録《全德志》一卷,題梁元帝撰。《梁書·元帝紀》亦稱蕭繹有《全德志》一卷,《金樓子》卷五《著書篇》録有"《全德志》一袟一卷",注云:"金樓自撰。"

《全德志》久佚,今存序文一節、論贊一節,皆見於《藝文類聚》卷二一《人部五·德》引。梅鼎祚《梁文紀》卷四、張溥《漢魏

六朝百三家集》卷八四《梁元帝集》、嚴可均《全梁文》卷一七、王
仁俊《玉函山房輯佚書續編》之史編總類據以輯得其文,《漢魏六
朝雜傳集》新輯其文,並參之梅氏、張氏、嚴氏、王氏所輯,加以
校勘。

懷舊志

輯存。蕭繹撰。原九卷。

《懷舊志》,《隋書·經籍志》史部雜傳類、《新唐書·藝文志》
史部雜傳記類均著錄《懷舊志》九卷,題梁元帝撰。《日本國見在
書目錄》亦著錄有梁元帝《懷舊志》九卷,《梁書·元帝紀》亦稱梁
元帝有《懷舊志》一卷,《南史·梁本紀》稱《懷舊傳》二卷。《金樓
子》卷五著書篇則稱"《懷舊志》一袟一卷",注云:"金樓撰。"《周
書》卷四〇《顏之儀傳》云之儀父協:"梁元帝爲湘東王,引協爲其
府記室參軍。協不得已,乃應命。梁元帝後著《懷舊志》及詩,並
稱贊其美。"顏之推《顏氏家訓》卷四《文章篇》云:"吾家世文章,
甚爲典正,不從流俗,梁孝元在蕃邸時,撰《西府新文紀》,無一篇
見錄者,亦以不偶於世,無鄭、衛之音故也。有詩賦銘誄書表啟
疏二十卷,吾兄弟始在草土,並未得編次,便遭火蕩盡,竟不傳於
世。銜酷茹恨,徹於心髓! 操行見於《梁史·文士傳》及孝元《懷
舊志》。"又曰:"王籍《入若耶溪》詩云:蟬噪林逾静,鳥鳴山更幽。
江南以爲文外斷絶,物無異議,簡文吟詠不能忘之,孝元諷味以
爲不可復得,至《懷舊志》載於籍傳。"[1]

《懷舊志》久佚,今存序文一節,見於《藝文類聚》卷三四《人
部十八·懷舊》引。梅鼎祚《梁文紀》卷四、張溥《漢魏六朝百三

---

[1] 顏之推:《顏氏家訓》卷四,《龍谿精舍叢書》第四册,中國書店 1991 年,第
46 頁,第 49 頁。

家集》卷八四《梁元帝集》、嚴可均《全梁文》卷一七、王仁俊《玉函山房輯佚書續編》之史編總類據以輯得其文,《漢魏六朝雜傳集》新輯其文,並參之梅氏、張氏、嚴氏、王氏所輯,加以校勘。

孝子傳

輯存。王韶之撰。原三卷。

王韶之《孝子傳》,《隋書·經籍志》史部雜傳類著録王昭之《孝子傳贊》三卷,"王昭之"當作"王韶之"。《舊唐書·經籍志》史部雜傳類著録王韶之《孝子傳贊》十五卷,《新唐書·藝文志》史部雜傳記類著録王韶之《孝子傳》十五卷,又著録《贊》三卷。《南史》卷二四《王韶之傳》云:"撰《孝傳》三卷,文集行於世。宋廟歌辭,韶之所制也。"《隋書·經籍志》著録稱"三卷",《南史》本傳亦稱"三卷",其本當原爲三卷。《舊唐書·經籍志》及《新唐書·藝文志》所録"十五卷"者,不知所出。而《新唐書·藝文志》又録《贊》三卷,此三卷《贊》,或是《隋書·經籍志》所録之三卷本。

王韶之,《宋書》卷六〇、《南史》卷二四有傳。《宋書·王韶之傳》云:"王韶之,字休泰,琅邪臨沂人也。曾祖廙,晉驃騎將軍。祖羨之,鎮軍掾。父偉之,本國郎中令。韶之家貧,父爲烏程令,因居縣境,好史籍,博涉多聞。"王韶之歷仕晉、宋。仕晉,初爲衞將軍謝琰行參軍,因撰《晉安帝陽秋》,除著作佐郎,遷尚書祠部郎,領西省事,轉中書侍郎。恭帝即位,遷黃門侍郎,領著作郎,西省如故。仕宋,爲驍騎將軍,本郡中正,黃門如故,西省職解,復掌宋書。坐璽封謬誤,免黃門。少帝即位,遷侍中,驍騎如故。景平元年(423),出爲吳興太守。元嘉十年(433),徵爲祠部尚書,加給事中。坐去郡長取送故,免官。元嘉十二年(435),又出爲吳興太守。其年卒,年五十六。著有《晉安帝陽秋》、《晉宋雜詔》，並有集一部。

今見諸書徵引，或稱王韶之《孝子傳》，或稱王韶《孝子傳》，或稱王歆《孝子傳》，作者或作王韶之、王韶、王歆。《太平御覽經史圖書綱目》録王歆《孝子傳》。題王歆《孝子傳》的有竺彌事，題王韶之《孝子傳》的有周青事，題王韶《孝子傳》者有周青、竺彌、李陶事。《太平御覽》卷四一五《人事部五六·孝女》引一節，述周青事，題王韶之；卷六四六引一節，述周青事，題王韶；二者所述，文字大同，故王韶當即王韶之。呼王韶之爲王韶者，不獨此處，劉勰《文心雕龍·史傳》云：“至於晉代之書，繁乎著作，陸機肇始而未備，王韶續末而不終。”劉勰此處所指是陸機、王韶作《晉紀》之事，而王韶顯然是指王韶之。《藝文類聚》卷二《天部下·雷》引一節，述竺彌事，題王韶；《初學記》卷一《天部上·雷第七》、《太平御覽》卷一三《天部一三·雷》引一節，述竺襧事，題王歆；彌與襧當是形近而訛，兩者所述竺襧事同，文字亦大同小異，故王韶、王歆爲同一人，韶、歆當爲形近而訛。章宗源《隋書經籍志考證》卷一三王韶之“《孝子傳贊》”條、姚振宗《隋書經籍志考證》卷二〇王韶之“《孝子傳贊》”條亦有相似看法。茆泮林輯《孝子傳》則以王歆、王韶之爲二人，分別輯其《孝子傳》①。

王韶之《孝子傳》已佚，其文今散見諸書徵引，茆泮林輯録《古孝子傳》，輯有王歆《孝子傳》、王韶之《孝子傳》。王歆《孝子傳》得竺彌一人事蹟，王韶之《孝子傳》得周青、李陶、竺彌三人事蹟，録於《十種古佚書》中；許克勤曾取而校録。《龍谿精舍叢書》、《叢書集成初編》轉録茆本。《漢魏六朝雜傳集》據諸書徵引，新輯其文，得竺彌、周青、李陶三人孝事。

今簡括諸書所引王韶之《孝子傳》，以人名標目，條列其佚文如下。

―――――――――

① 茆泮林輯：《古孝子傳》，《叢書集成初編》本，中華書局 1985 年。

一、竺彌。存文二節，其一叙其父母亡而瘠毀，冬不服襦袴，見於《北堂書鈔》卷一二九《衣冠部下·襦二十四》"道倫冬不服襦"引作王韶《孝子傳》。其二叙其父生時畏雷，每至天陰，輒馳至墓，見於《初學記》卷一《天部·雷第七》"蔡環塚竺伏墳"、《藝文類聚》卷二《天部下·雷》、《白氏六帖事類集》卷一《雷十六》"伏墳"、《太平御覽》卷一三《天部十三·雷》引作王歆《孝子傳》。

二、周青。存文一節，見於《太平御覽》卷四一五《人事部五十六·孝女》引作王韶之《孝子傳》，《太平御覽》卷六四六《刑部十二·斬》引作王韶《孝子傳》。

三、李陶。存文一節，見於《藝文類聚》卷九二《鳥部下·烏》、《廣博物志》卷四五《鳥獸二》各引作王韶《孝子傳》。

以王韶之《孝子傳》今所存三人孝事觀之，其記事平實條暢，孝事後多録異跡，以彰其孝。而周青事尤可憐，其臨刑乞樹長竿，繫白幡，云"青若殺公姑，血入泉；不殺者，血上天"。繼而被殺，"血乃緣幡竿上天"。當是後世如元關漢卿《竇娥冤》等冤情動天情節之濫觴。

孝子傳

輯存。蕭廣濟撰。原十五卷。

蕭廣濟《孝子傳》，《隋書·經籍志》史部雜傳類著録《孝子傳》十五卷，題"晉輔國將軍蕭廣濟撰"；《舊唐書·經籍志》史部雜傳類、《新唐書·藝文志》史部雜傳記類著録《孝子傳》十五卷，題蕭廣濟撰。《太平御覽經史圖書綱目》録蕭廣濟《孝子傳》。

蕭廣濟，生平始末不詳，《隋書·經籍志》著録其書時稱"晉輔國將軍"，知其在晉時曾爲輔國將軍。《太平御覽》卷四一三《人事部五十四·孝中》引蕭廣濟《孝子傳》叙何子平事，言及"宋大明末饑荒”，則其至劉宋大明年間(457—464)或尚在世。而此時其《孝子傳》或尚未完成，其書之完成亦當在此後。

　　蕭廣濟《孝子傳》今佚，其文散見諸書徵引，今有茆泮林、黃奭、陶方琦三家輯本，茆氏和陶氏均據諸書徵引採摭，各得數十人事蹟，互有詳略。如茆本伍襲、郭世道、展勤三人，陶輯本闕；陶本“獺，水獸也”一節，茆輯本闕。茆氏輯《古孝子傳》，題蕭廣濟《孝子傳》，錄於《十種古逸書》，許克勤曾取而校錄。《龍谿精舍叢書》、黃奭《黃氏逸書考》及《叢書集成初編》均轉錄茆本。陶氏所輯，題蕭廣濟《孝子傳輯本》，錄於《漢摯室遺著》中。《漢魏六朝雜傳集》據諸書徵引，新輯其文，並參之茆氏及陶氏所輯，得閔損、曾參、杜孝、王祥、隗通、文讓、辛繢、杜牙、王鷔、宿倉舒、嫣皓、伏恭、朱百年、郭世道、桑虞、何子平、施延、陳玄、王脩、郭原平、伍襲、蕭國、蕭芝、申屠勳、鄧展、展勤、殷揮、邢渠、三洲人(三人)、魏陽、五郡孝子(五人)、李陶、許武、何炯四十人事蹟。

　　今簡括諸書所引蕭廣濟《孝子傳》，以人名標目，條列其佚文如下。

　　一、閔損、曾參。存文一節，見於《初學記》卷一七《人部·孝第四》“曾閔苟何”引。

　　二、杜孝。存文一節，見於《藝文類聚》卷九六《鱗介部上·魚》、《初學記》卷一七《人部·孝第四》“杜孝投魚羅威進果”、《太平御覽》卷四一一《人事部五十二·孝感》、卷九三五《鱗介部七·魚上》、《錦繡萬花谷後集》卷一五《母子》“投魚寄母”、《古今合璧事類備要前集》卷二五《親屬門·母子》“投魚遺母”引。又，《事類賦》卷二九《鱗介部·魚賦》“復聞杜孝置筒而寄歸”引一節，作蕭廣《孝子傳》，“廣”下當脫“濟”字。

　　三、王祥。存文二節，其一叙祥後母忽欲黃雀炙，而黃雀自來。見於《世説新語·德行》第一四條劉注、《藝文類聚》卷九二《鳥部下·雀》引。其二叙祥後母庭中有李，始結子，使祥晝視鳥雀，夜則趨鼠。見於《世説新語·德行》第一四條劉注、《藝文類聚》卷八六《菓部上·柰》、《太平御覽》卷九七〇《果部七·㮅》、《天中記》卷五二《柰》"抱樹"引。

四、隗通。存文一節，見於《太平御覽》卷四一一《人事部五十二·孝感》引。

五、文讓。存文二節，其一叙文讓母亡，兄弟二人不用僮僕之力葬。見於《白氏六帖事類集》卷八《孝感第七》"烏助成墳"、《太平御覽》卷四一一《人事部五十二·孝感》、《廣博物志》卷四五《鳥獸二》引。其二叙文讓母死，墳土未足，耕一畝地爲壞。見於《太平御覽》卷三七《地部二·壞》引。

六、辛繕。存文一節，見於《太平御覽》卷四一一《人事部五十二·孝感》引。

七、杜牙。存文一節，見於《白氏六帖事類集》卷二九《鹿第六十》"哺孝子"等引。

八、王鷔。存文一節，見於《太平御覽》卷四一三《人事部五十四·孝中》引。

九、宿倉舒。存文一節，見於《太平御覽》卷四一三《人事部五十四·孝中》引。

一〇、嫣皓。存文一節，見於《藝文類聚》卷二〇《人部四·孝》、《太平御覽》卷四一三《人事部五十四·孝中》引。

一一、伏恭。存文一節，見於《太平御覽》卷四一三《人事部五十四·孝中》引。

一二、朱百年。存文一節，見於《太平御覽》卷四一三《人事部五十四·孝中》引。

一三、郭世道。存文一節，見於《太平御覽》卷四一三《人事部五十四·孝中》引。

一四、桑虞。存文一節，見於《太平御覽》卷四一三《人事部五十四·孝中》引。

一五、何子平。存文一節,見於《太平御覽》卷四一三《人事部五十四·孝中》引。

一六、施延。存文一節,見於《太平御覽》卷四一四《人事部五十五·孝下》引。

一七、陳玄。存文一節,見於《藝文類聚》卷九六《鱗介部上·魚》、《太平御覽》卷四一六《人事部五十七·友悌》、卷九三五《鱗介部七·魚上》等引。

一八、王脩。存文一節,見於《太平御覽》卷五六二《禮儀部四一·忌日》、《記纂淵海》卷一七九《喪記部之四·諱日》引。

一九、郭原平。存文一節,見於《藝文類聚》卷六五《產業部·田》、《太平御覽》卷八二一《產資部一·田》引。

二〇、伍襲。存文一節,見於《太平御覽》卷九〇六《獸部十八·鹿》等引。

二一、蕭國。存文一節,見於《藝文類聚》卷九五《獸部下·麋》、《太平御覽》卷九〇七《獸部十九·麋》引。

二二、蕭芝。存文一節,見於《藝文類聚》卷九〇《鳥部一·雉》、《蒙求集注》卷上"朱博烏集蕭芝雉隨"、《太平御覽》卷九一七《羽族部四·雉》引。

二三、申屠勳。存文二節,其一敘夏天多蚊,申屠勳臥母床下,以身遮之。見於《太平御覽》卷四一三《人事部五十四·孝中》引。其二敘申屠勳作壽器,用漆五六斛,十年乃成。見於《太平御覽》卷七六六《雜物部一·漆》引。

二四、鄧展。存文一節,見於《太平御覽》卷九四五《蟲豸部二·蚊》引。

二五、展勤。存文一節,見於《藝文類聚》卷九七《蟲豸部·蚊》引。

二六、殷揮。存文一節,見於《初學記》卷一七《人部·孝第四》"陸績懷橘殷揮持瓜"引。

二七、邢渠。存文一節，見於《太平御覽》卷四一一《人事部五十二·孝感》等引。

二八、三洲人。存文一節，見於《太平御覽》卷六一《地部二十六·河》引。

二九、魏陽。存文一節，見於《太平御覽》卷三五二《兵部八十三·戟上》引。

三〇、五郡孝子。存文一節，見於《太平御覽》卷三七二《人事部十三·足》引。

三一、李陶。存文一節，見於《白氏六帖事類集》卷八《孝感第七》“烏助成墳”引。

三二、許武。存文一節，見於《職官分紀》卷四二《縣令》“大蝗經界飛去”引。

三三、何炯。存文一節，見於《職官分紀》卷四九《解官》“父疾陳辭”引。

蕭廣濟《孝子傳》今存佚文較多，觀其所叙孝子孝事，叙述平實，間雜虛誕。如叙杜孝、王祥、隗通、文讓、辛繕、杜牙孝事，不離孝感模式。而如叙陳玄、宿倉舒、嬀皓、何子平、郭原平、三洲人、五郡孝子等孝事，則婉轉細膩，歸於事實之叙述，頗得人物及事理情狀，而脱孝感模式之牢籠。

孝子傳

輯存。師覺授撰。原八卷。

師覺授《孝子傳》，《隋書·經籍志》史部雜傳類、《舊唐書·經籍志》史部雜傳類、《新唐書·藝文志》史部雜傳記類均著録師覺授《孝子傳》八卷，《南史·師覺授傳》亦云：“後撰《孝子傳》八卷”。《太平御覽經史圖書綱目》録師覺授《孝子傳》。

師覺授，字覺授，以字行，《宋書》卷九三《隱逸傳·宗炳傳》

附其事,《南史》卷七三《孝義上》有傳。《宋書·隱逸·宗炳傳》云:"炳外弟師覺授亦有素業,以琴書自娛。臨川王義慶辟爲祭酒、主簿,並不就,乃表薦之,會病卒。"《南史·孝義上·師覺授傳》云:"師覺授,字覺授,南陽涅陽人也。與外兄宗少文並有素業,以琴書自娛。于路忽見一人持書一函,題曰'至孝師君苫前'。俄而不見。捨車奔歸,聞家哭聲,一叫而絶,良久乃蘇。後撰《孝子傳》八卷,宋臨川王義慶辟爲州祭酒、主簿,並不就。乃表薦之,會卒。"

　　《宋書·隱逸·宗炳傳》云"炳外弟師覺授",《南史·師覺授傳》云:"師覺授,字覺授,南陽涅陽人也。與外兄宗少文並有素業,以琴書自娛。"《宋書》卷五一《宗室·劉義慶傳》載其元嘉十二年(435)上表亦提及師覺授:"處士南郡師覺……"此事《南史》卷十三《宗室及諸王十二·劉義慶傳》亦載。唐林寶《元和姓纂》"帥"姓:"狀云,本姓師氏,避晉景王諱,改爲帥氏。"南陽涅陽籍下云:"宋有帥覺授,一云名朂,著《孝子傳》,臨川王義慶辟爲州祭酒,不就,入《宋書·孝義傳》。"章宗源《隋書經籍志考證》卷一三史部雜傳類師覺授"《孝子傳》"條云:"則師乃帥字之誤,然諸書皆作師。"故仍作師。師覺授與外兄宗少文(炳)並有素業,以琴書自娛,有孝行。

　　師覺授《孝子傳》久佚,其文散見諸書徵引,茆泮林輯《古孝子傳》,據《太平御覽》等采摭,得閔損、老萊子、仲子崔、北宮氏女、魏連、趙狗、程曾、吳叔和、王祥九人事蹟,題師覺授《孝子傳》,錄於《十種古逸書》中;許克勤曾取而校錄。《龍谿精舍叢書》、《黃氏逸書考》、《叢書集成初編》等轉錄茆氏所輯。《漢魏六朝雜傳集》據諸書徵引,並參之茆氏所輯,新輯其文,得王祥、趙狗、仲子崔、老萊子、閔損、程曾、北宮氏女、吳叔和、魏連九人孝事。

　　今簡括諸書所引師覺授《孝子傳》,以人名標目,條列其佚文如下。

一、王祥。存文一節,見於《初學記》卷三《歲時部·冬第四》"温席叩冰"、《太平御覽》卷二六《時序部十一·冬上》引作師覺《孝子傳》,"覺"下當脱"授"字。

二、趙狗。存文一節,見於《初學記》卷一七《人部·孝第四》"陟岵倚門"、《太平御覽》卷四一四《人事部五十五·孝下》引。

三、仲子崔。存文一節,見於《太平御覽》卷三五二《兵部八十三·戟上》、卷四八二《人事部一百二十三·仇讐下》等引。

四、老萊子。存文一節,見於《太平御覽》卷四一三《人事部五十四·孝中》引。

五、閔損。存文一節,見於《太平御覽》卷四一三《人事部五十四·孝中》引。

六、程曾。存文一節,見於《藝文類聚》卷二〇《人部四·孝》、《太平御覽》卷四一三《人事部五十四·孝中》等引。

七、北宮氏女。存文一節,見於《太平御覽》卷四一五《人事部五十六·孝女》引。

八、吴叔和。存文一節,見於《藝文類聚》卷九二《鳥部下·烏》引。

九、魏連。存文一節,見於《藝文類聚》卷一〇〇《災異部·蝗》引。

師覺授《孝子傳》存文不多,如王祥孝事,乃典型孝感模式。而如趙狗、老萊子孝事,或有誇飾,而事當實。至如仲子崔爲復父仇,孝則孝矣,衛人于屬持蒲弓木戟,與子崔戰而死,則頗有豪傑氣概,形象宛然。閔損隱忍不言後母過,勸父勿遣妻,以切身體驗言之,讓人動容。

孝子傳

輯存。周景式撰。

周景式《孝子傳》,《隋書·經籍志》史部雜傳類、《舊唐書·經籍志》史部雜傳類、《新唐書·藝文志》史部雜傳記類並無著録。《太平御覽經史圖書綱目》録周景式《孝子傳》,章宗源《隋書經籍志考證》補録。

今見於諸書徵引周景式《孝子傳》者三節,述古有兄弟、管寧、猴母子事。章宗源《隋書經籍志考證》補録周景式《孝子傳》,搜得《藝文類聚》水部引管寧事、木部引古有兄弟事、《太平御覽》獸部引綏安縣逢途逐猴事,云"三事並引周景式《孝子傳》"。又,《初學記》卷二九《猴第十五》有引周索氏《孝子傳》者,其文云:"猨,寓屬也,或黄黑通臂,輕巢善緣,能於空輪轉,好吟,雌爲人所得,終不徒生。"此節《太平御覽》卷九一〇《獸部二二·猨》引僅作《孝子傳》,不題撰人。從周景式《孝子傳》中有"猴母子"叙動物事看,此條或亦出其書,周索氏或爲周景式之誤。章宗源《隋書經籍志考證》亦云:"《初學記》獸部:蝯寓屬也,或黄或黑,通臂好吟,雌爲人所得,終不徒生。此稱周索氏《孝子傳》。"小注云:"《御覽》獸部亦引此事,祇稱《孝子傳》,不著撰名。"似亦以爲周索氏《孝子傳》即周景式《孝子傳》。

周景式,生平不詳,《齊民要術》卷四《安石榴第四十一》有引周景式《廬山記》者,則其又著有《廬山記》一書。

周景式《孝子傳》久佚,其佚文今散見諸書徵引,茆泮林輯《古孝子傳》,得管寧、筋樹連陰、猴母負子三事,題周景式《孝子傳》,録於《十種古逸書》中;許克勤曾取而校録。《龍谿精舍叢書》、《叢書集成初編》轉録茆氏所輯。《漢魏六朝雜傳集》據諸書徵引,參之茆氏輯本,新輯其文,得古有兄弟、管寧、猴母子、蝯四事。

今簡括諸書所引周景式《孝子傳》，以人名標目，條列其佚文如下。

一、古有兄弟。存文一節，見於《藝文類聚》卷八九《木部中·荆》、《初學記》卷一七《人部·友悌第五》"棣華荆葉"、《白孔六帖》卷一九《兄弟一》"連枝同氣同胞三荆"、《太平御覽》卷四一六《人事部五十七·友悌》、卷九五九《木部八·荆》、《記纂淵海》卷一〇四《人倫部之三·兄弟》引作周景式《孝子傳》。

二、管寧。存文一節，見於《藝文類聚》卷八《水部上·海水》、《白氏六帖事類集》卷二《海三十九》"自悔首"、《太平御覽》卷六〇《地部二十五·海》、卷一八六《居處部十四·厠》、《事類賦》卷六《地部·海賦》"管寧危殆而思愆"等引作周景式《孝子傳》。

三、猴母子。存文一節，見於《太平御覽》卷九一〇《獸部二二·猴》引作周景式《孝子傳》。

四、猨。存文一節，見於《初學記》卷二九《獸部·猴第十五》、《天中記》卷六〇《猿》"善緣"引作周索氏《孝子傳》；《太平御覽》卷九一〇《獸部二十二·猨》引作《孝子傳》，四庫本《太平御覽》卷九一〇引作周索氏《孝子傳》。周索氏當即周景式之訛。

周景式《孝子傳》今存佚文四節，二節記人之孝，二節記動物之孝，則其孝之義由人而及物。此即周景式《孝子傳》之不同於其他《孝子傳》之新意也。

孝子傳

輯存。鄭緝之撰。原十卷。

鄭緝之《孝子傳》，《隋書·經籍志》史部雜傳類著録鄭緝之《孝子傳》十卷，題"宋員外郎鄭緝之撰"；《舊唐書·經籍志》史部雜傳類、《新唐書·藝文志》史部雜傳記類著録鄭緝之《孝子傳贊》十卷。

鄭緝之,生平不詳,《隋書·經籍志》著録題署,知其仕宋曾爲員外郎。《舊唐書·經籍志》史部地理類著録《東陽記》一卷,題鄭緝之撰,則其除《孝子傳》外,又或撰《東陽記》。

鄭緝之《孝子傳》久佚,其佚文今主要見於《世説新語》劉注、《法苑珠林》等引。章宗源《隋書經籍志考證》檢得吳隱之、丁蘭、吳逵、蕭固四人事。姚振宗《隋書經籍志考證》引章宗源所考,又案云:"《法苑珠林》忠孝篇引鄭緝之《孝感通傳》,則其書有篇目。"推測鄭緝之《孝子傳》或分類纂集,其中有"孝感通傳"一類。今見《法苑珠林》卷四九《忠孝篇·感應緣》引董永事,作鄭緝之《孝子感通傳》。姚氏推測或是。

茆泮林輯《古孝子傳》,據《世説新語》劉注採得吳隱之事,録於《十種古逸書》中;許克勤曾取而校録。《龍谿精舍叢書》、《叢書集成初編》轉録茆氏所輯。王仁俊據《法苑珠林》採得丁蘭、吳逵、蕭固三人事蹟,録於《玉函山房輯佚書續編》之史編總類中。《漢魏六朝雜傳集》據諸書徵引,參之茆氏、王氏所輯,新輯其文,得吳隱之、丁蘭、董永、吳逵、蕭固、蕭芝六人孝事。

今簡括諸書所引鄭緝之《孝子傳》,以人名標目,條列其佚文如下。

一、吳隱之。存文一節,見於《世説新語·德行》第四七條劉注引作鄭緝《孝子傳》,"緝"下或脱"之"字。

二、丁蘭。存文一節,見於《法苑珠林》卷四九《忠孝篇·感應緣》引作鄭緝之《孝子傳》。

三、董永。存文一節,見於《法苑珠林》卷四九《忠孝篇·感應緣》引作鄭緝之《孝子感通傳》。

四、吳逵。存文一節,見於《法苑珠林》卷四九《忠孝篇·感應緣》引。

五、蕭固、蕭芝。存文一節，見於《法苑珠林》卷四九《忠孝篇·感應緣》引。與"吳逵"條並云"右此二驗出鄭緝之傳"。

今所見鄭緝之《孝子傳》佚文，如丁蘭木母，"蘭妻誤燒母面，即夢見母痛"，鄰人"遂用刀斫木母，流血"，頗涉虛妄，近於小說。而蕭固"雉鵲遊狎其庭，麋鹿入其門牆"，蕭芝"有雉數十餘喙宿其上。嘗上直，送至路，雉飛鳴車側"，則又慣常之孝感故事。至若吳隱之、吳逵孝事，則是實寫事實人情，親切感人。

孝子傳

輯存。宋躬撰。原二十卷，或十卷。

宋躬《孝子傳》，《隋書·經籍志》史部雜傳類著録宋躬《孝子傳》二十卷，《舊唐書·經籍志》史部雜傳類著録宗躬《孝子傳》十卷，《新唐書·藝文志》史部雜傳記類著録宗躬《孝子傳》二十卷。《太平御覽經史圖書綱目》録宋躬《孝子傳》。

宋躬，諸書徵引其《孝子傳》，題署或作宋躬，或作宗躬。《隋書·經籍志》集部著録《宗躬集》十三卷，其姓作"宗"作"宋"，或形近而誤。《南齊書》卷四八《孔稚珪傳》載孔稚珪《上武帝論刑律表》（據明梅鼎祚《南齊文紀》卷六題）中亦提到宋躬："使兼監臣宋躬，兼平臣王植等抄撰同異，定其去取。"此事《南史》卷四九《孔珪傳》亦言及，但未列人名。而《南史》卷二六《袁象傳》中言及宗躬，其云："江陵令宗躬啟州，荆州刺史廬江王求博議。"知其曾爲江陵令。《南齊書》爲梁蕭子顯撰，其所録或較爲可靠，則或當作宋躬爲是。且據《南齊書·孔稚珪傳》，則宋躬當大略與孔稚珪同時。《隋書·經籍志》集部著録其集時注云"齊平西諮議"，可知其仕齊，又曾官平西諮議。

宋躬《孝子傳》已佚，其文散見諸書徵引，茆泮林、王仁俊輯其佚文。茆泮林輯《古孝子傳》，據諸書徵引採得十八人事蹟，即郭巨、夏侯訢、韋俊、伍襲、繆斐、紀邁、張景胤、宗承、吳坦之、桑虞、賈恩、丘傑、陳遺、孫棘、何子平、王靈之、華寶、韓靈珍,録於《十種古逸書》中;許克勤曾取而校録。《龍谿精舍叢書》、《叢書集成初編》轉録茆氏所輯。王氏據《法苑珠林》采得陳遺、王虛子(王靈之)二人事蹟,録於《玉函山房輯佚書續編》之史編總類中。《漢魏六朝雜傳集》據諸書徵引,參之茆氏、王氏所輯,新輯其文,得陳遺、郭巨、何子平、宗承、丘傑、韓靈珍、夏侯訢、韋俊、伍襲、繆斐、吳坦之、張景胤、華寶、桑虞、王虛之、紀邁、賈恩、孫棘十八人孝事。

今簡括諸書所引宋躬《孝子傳》,以人名標目,條列其佚文如下。

一、陳遺。存文一節,見於《初學記》卷二六《服食部·飯第十二》、《職官分紀》卷四二《吏》“母好食鐺底燋飯”、《法苑珠林》卷四九《忠孝篇·感應緣》引作宗躬《孝子傳》;《太平御覽》卷四一一《人事部五十二·孝感》引作宋躬《孝子傳》。

二、郭巨。存文一節,見於《初學記》卷二七《寶器部·金第一》“賜郭聘莊”、《太平御覽》卷八一一《珍寶部十·金下》、《天中記》卷五〇《金》“賜孝”引作宗躬《孝子傳》,四庫本《太平御覽》卷八一一作宋躬《孝子傳》;《事類賦》卷九《寶貨部·金賦》“郭巨則地中得釜”引作宋躬《孝子傳》。

三、何子平。存文一節,見於《藝文類聚》卷二〇《人部四·孝》、《太平御覽》卷二六《時序部十一·冬上》引作宗躬《孝子傳》;《太平御覽》卷二二《時序部七·夏中》、《事類賦》卷四《歲時部·夏賦》“子平每避於清凉”引作宋躬《孝子傳》。

四、宗承。存文一節,見於《白氏六帖事類集》卷一九《墳墓四十三》“土壤自高”引作宗竆《孝子傳》,“竆”當作“躬”;《太平御覽》卷三七《地部二·土》、卷四一一《人事部五十二·孝感》引作宋躬《孝子傳》。

五、丘傑。存文一節,見於《太平御覽》卷四一一《人事部五十二·孝感》引作宋躬《孝子傳》。

六、韓靈珍。存文一節,見於《太平御覽》卷四一一《人事部五十二·孝感》引作宋躬《孝子傳》。

七、夏侯訴。存文一節,見於《太平御覽》卷四一一《人事部五十二·孝感》引作宋躬《孝子傳》。

八、韋俊。存文一節,見於《太平御覽》卷四一一《人事部五十二·孝感》引作宋躬《孝子傳》。

九、伍襲。存文一節,見於《太平御覽》卷四一一《人事部五十二·孝感》引作宋躬《孝子傳》。

一〇、繆斐。存文一節,見於《太平御覽》卷四一一《人事部五十二·孝感》、卷六四四《刑法部十·鑽》引作宋躬《孝子傳》。

一一、吴坦之。存文一節,見於《藝文類聚》卷二〇《人部四·孝》引作宗躬《孝子傳》。

一二、張景胤。存文一節,見於《藝文類聚》卷二〇《人部四·孝》引作宗躬《孝子傳》。

一三、華寶。存文一節,見於《藝文類聚》卷二〇《人部四·孝》引作宗躬《孝子傳》。

一四、桑虞。存文一節,見於《藝文類聚》卷二〇《人部四·孝》、《太平御覽》卷八五九《飲食部十七·糁》引作宗躬《孝子傳》。

一五、王虚之。存文一節,見於《藝文類聚》卷八六《菓部上·橘》、《太平御覽》卷四一一《人事部五十二·孝感》、卷九六六《果部三·橘》、《事類賦》卷二七《果部·橘賦》“純孝之感更見於王靈”引作宋躬《孝子傳》。案,《太平御覽》卷四一一、卷九六六、《事類賦》卷二七引“王虚之”作“王靈之”,事同。

一六、紀邁。存文一節,見於《太平御覽》卷四一一《人事部五十二·孝感》引作宋躬《孝子傳》。

一七、賈恩。存文一節,見於《太平御覽》卷四一五《人事部五十六・孝女》引作宋躬《孝子傳》。

一八、孫棘。存文一節,見於《太平御覽》卷四一六《人事部五十七・友悌》引作宋躬《孝子傳》。

宋躬《孝子傳》存文尚夥,有十八人之多。陳遺、郭巨、宗承、丘傑、韓靈珍、夏侯訢、韋俊、繆斐等孝事,是爲典型之孝感模式,虛妄至不近情理。如郭巨事,魯迅先生《二十四孝圖》云:"我最初實在替這孩子捏一把汗,待到掘出黃金一釜,這才覺得輕鬆。然而我已經不但自己不敢再想做孝子,並且怕我父親去做孝子了。"[1]郭巨事當傳揚甚廣,干寶《搜神記》已見載。然宋躬《孝子傳》亦有平實者,如張景胤、華寶事。

孝子傳三種

《隋書・經籍志》史部雜傳類又著錄《孝子傳略》二卷、《孝友傳》八卷。《舊唐書・經籍志》史部雜傳類、《新唐書・藝文志》史部雜傳記類著錄《雜孝子傳》二卷、《孝友傳》八卷。

孝子傳略　　雜孝子傳

輯存。佚名撰。原二卷。

《隋書・經籍志》史部雜傳類又著錄《孝子傳略》二卷。《舊唐書・經籍志》史部雜傳類、《新唐書・藝文志》史部雜傳記類著錄《雜孝子傳》二卷。章宗源《隋書經籍志考證》錄《孝子傳略》二卷,題無撰者之名。姚振宗《隋書經籍志考證》史部雜傳類"《孝子傳略》二卷"條引章宗源考證,無案語。

---

[1]魯迅:《朝花夕拾・二十四孝圖》,《魯迅全集》第二卷,人民文學出版社2005年,第263頁。

《隋書‧經籍志》所著録的《孝子傳略》與《舊唐書‧經籍志》、《新唐書‧藝文志》所著録的《雜孝子傳》或即一書,二者均爲二卷,作者無考,諸書徵引《孝子傳》者,其中多有不題撰人者,或出此書。然章宗源《隋書經籍志考證》卷一三史部雜傳類“《孝子傳略》”條案云:“《初學記》諸書所引《孝子傳》,有不著名者,疑是省文,未必即此二卷之句。”不以爲此二種爲一書。

孝友傳

輯存。佚名撰。原八卷。

《隋書‧經籍志》史部雜傳類、《舊唐書‧經籍志》史部雜傳類、《新唐書‧藝文志》史部雜傳記類又著録《孝友傳》八卷。章宗源《隋書經籍志考證》録《孝友傳》八卷,題無撰名,云:“《唐志》題申秀《孝友傳》八卷,《後魏書‧韓顯宗傳》顯宗撰《孝友傳》十卷。”姚振宗《隋書經籍志考證》史部雜傳類“《孝友傳》八卷”條案云:“《魏書‧韓麒麟傳》麒麟子顯宗撰《馮氏燕志》、《孝友傳》各十卷,章氏疑此爲韓氏書,或近似之。《舊唐志》題梁元帝是因上下文牽涉寫誤,《新志》作申秀,未詳。”

《孝友傳》,《隋書‧經籍志》著録無撰人,《舊唐書‧經籍志》著録題“梁元帝撰”,《新唐書‧藝文志》著録題“申秀”撰。《舊唐書‧經籍志》題“梁元帝撰”,當是因上下文而寫誤,在《舊唐書‧經籍志》著録此書時,前後都是梁元帝作品,考史志及梁元帝《金樓子》,梁元帝無此書。至於《新唐書‧藝文志》題申秀者,不知所出。《晉書》卷一二五《載記‧馮跋》言及申秀者,爲北燕之散騎常侍,其云:“魏使耿貳至其國,跋遣其黃門郎常陋迎之於道。跋爲不稱臣,怒而不見。及至,跋又遣陋勞之。貳忿而不謝。跋散騎常侍申秀言於跋曰:‘陛下接貳以禮,而敢驕蹇若斯,不可容也。’中給事馮懿以傾佞有幸,又盛稱貳之陵慠以激跋。跋曰:‘亦各其志也。匹夫尚不可屈,況一方之主乎!’請幽而降之,跋乃留貳不遣。”又《資治通鑑》卷一百二十一《宋紀三》云：“燕太祖寢疾，召中書監申秀、侍中陽哲於内殿，屬以後事。九月，病甚，輦而臨軒，命太子翼攝國事，勒兵聽政，以備非常。”知申秀曾仕北燕文成帝馮跋，爲散騎常侍、中書監，餘皆不詳。《魏書·韓麒麟傳》又云麒麟子“顯宗撰《馮氏燕志》、《孝友傳》各十卷”。章宗源《隋書經籍志考證》卷一三史部雜傳類“《孝友傳》”條、姚振宗《隋書經籍志考證》卷二〇史部雜傳類“《孝友傳》”條疑《隋書·經籍志》、《舊唐書·經籍志》、《新唐書·藝文志》著錄的《孝友傳》即韓顯宗此書。章氏、姚氏也僅是推測而已，此存疑。

今見諸書徵引，又多有僅云“《孝子傳》”而不著撰者姓名者，或出《孝子傳略》、《雜孝子傳》等書。《漢魏六朝雜傳集》輯錄諸書稱引《孝子傳》而不著撰者姓名者，題《孝子傳》，得古有兄弟、眉間赤、曾參、樂正、老萊子、閔子騫、郭巨、丁蘭、董永、蔡邕、鮑昂、伍襲、王琳、魏達、蔡順、楊香、應樞、緱玉、王循、陽公、霍子、竺彌、紀邁、王祥、三州人、郭文舉、華光、隗通、陳遺、魏湯、原穀、陸仲元、李陶、吳叔和、吳猛、焦華、宗承、噲參、養奮、王虛之、李善、程曾、文讓、劉殷、吳坦之、孟宗、張行、夏侯許、謝方儲四十九人事蹟。

今簡括諸書所稱引《孝子傳》而不著撰者姓名者，以人名標目，條列佚文如下。

一、古有兄弟。存文一節，見於《事類賦》卷二四《木部·木賦》“三荆滋田氏之家”引作《孝子傳》。今見周景式《孝子傳》有兄弟三人事。

二、眉間赤。存文一節，見於《太平御覽》卷三四三《兵部七四·劍中》引一條，作《孝子傳》。李劍國先生以爲此條或出劉向《孝子傳》：“《御覽》卷三四三引《孝子傳》亦有這個故事。按劉向首作《孝子傳》，繼武者甚多，這處《孝子傳》似是劉向書。”注云：“金王鵬受《增廣分門類林雜説》卷一《孝行篇》引《孝子傳》眉間尺事,又引蕭廣濟(晉人)《孝子傳》,疑眉間尺事當出蕭書。"①又疑蕭廣濟《孝子傳》亦有眉間尺事。今見劉向《列士傳》有眉間赤事。

三、曾參。存文二節,其一見於《太平御覽》卷八六二《飲食部二○·膾》引作《孝子傳》。其二見於《敦煌類書》録文篇《不知名類書甲》"三二補孝"下二三一一一三二一○八"不擇禄而仕"引作《孝子傳》。今所見蕭廣濟《孝子傳》有曾參事。

四、樂正。存文一節,見於《太平御覽》卷三七○《人事部一一·指》引作《孝子傳》。

五、老萊子。存文三節,其一叙老萊子年七十,著五彩褊襴衣,弄鶵鳥於親側,見於《初學記》卷一七《人部上·孝第四》引作《孝子傳》。其二叙老萊子常服班襴衣,爲嬰兒戲,見於《北堂書鈔》卷一二九《衣冠部下·衣二十》"老萊常服斑斕"、《太平御覽》卷六八九《服章部六·衣》、《事類賦》卷一二《服用部一·衣賦》"喜斕班於萊子"引作《孝子傳》。其三合上二條之事,又云楚王聞其賢,用爲令尹,不就,見於《敦煌類書》録文篇《事森》"孝友"二二三一○三一○四引,云出《孝子傳》。今見師覺授《孝子傳》有老萊子事。

六、閔子騫。存文一節,見於《太平御覽》卷三四《時序部一九·寒》、卷八一九《布帛部六·絮》各引作《孝子傳》。今見宛本《說郛》卷五八輯存稱徐廣《孝子傳》有閔子騫事。

七、郭巨。存文二節,事同而文多異。其一見於《白氏六帖事類集》卷二《金五十九》"孝感"、《蒙求集注》卷上"郭巨將坑董永自賣"引作《孝子傳》。其二見於《敦煌類書》録文篇《事森》"孝友"二二三一○三一一五引一條,作《子傳》,當脱"孝"字。今見劉向《孝子傳》、宋躬《孝子傳》及宛本《說郛》卷五八輯存稱徐廣

①李劍國:《唐前志怪小説史》,人民文學出版社2011年版,第292頁。

《孝子傳》有郭巨事。

八、丁蘭。存文二節，其一叙丁蘭早孤，刻木作母而事之，見於《太平御覽》卷三九六《人事部三七・偶像》引作《孝子傳》。其二叙丁蘭刻木爲母，出入諮陳，見於《敦煌類書》錄文篇《新集文詞九經鈔》二四五―〇一―一三二一引作《孝子傳》。今見劉向《孝子傳》、鄭緝之《孝子傳》及孫盛《逸人傳》皆有丁蘭事。

九、董永。存文四節，事同而文詳略各異。其一見於《太平御覽》卷八一七《布帛部四・絹》、卷八二六《資産部六・織》引作《孝子傳》。其二見於《敦煌類書》錄文篇《事森》“孝友”二二三―〇三―一二引，云出《孝子傳》。其三見於《敦煌類書》錄文篇《語對》〔廿六〕“孝感”下三―一―二六―〇八“感妻”引，作《孝子傳》。其四見於《敦煌類書》錄文篇《北堂書鈔體甲》“〔孝〕”三二―一〇一―〇二引，作《孝子傳》。今見劉向《孝子傳》、鄭緝之《孝子傳》有董永事。

一〇、蔡邕。存文一節，見於《太平御覽》卷四一四《人事部五五・孝下》引作《孝子傳》。

一一、鮑昂。存文一節，見於《太平御覽》卷四一四《人事部五五・孝下》引作《孝子傳》。

一二、伍襲。存文一節，見於《事類賦》卷二三《獸部四・鹿賦》“助伍襲之哀悲”引作《孝子傳》。今見宋躬《孝子傳》、蕭廣濟《孝子傳》皆有伍襲事。

一三、王琳。存文一節，見於《太平御覽》卷五四八《禮儀部二七・廬》引作《孝子傳》。

一四、魏達。存文一節，見於《太平御覽》卷七四二《疾病部五・癃疽》引作《孝子傳》。

一五、蔡順。存文一節，見於《太平御覽》卷八四五《飲食部三・酒下》引作《孝子傳》。今見周斐《汝南先賢傳》有蔡順事。

一六、楊香。存文一節，見於《太平御覽》卷八九二《獸部四·虎下》引作《孝子傳》。

一七、應樞。存文一節，見於《太平廣記》卷一三七《徵應三·應樞》引作《孝子傳》。

一八、緱玉。存文一節，見於《姓解》卷二《糸七十四》"緱"引作《孝子傳》。

一九、王循。存文一節，見於《敦煌類書》録文篇《事森》"孝友"二二三一〇三一〇五引，云出《孝子傳》。

二〇、陽公。存文一節，見於《北堂書鈔》卷一四四《酒食部三·漿篇七》"作漿給過者"、《藝文類聚》卷八二《草部下·菜蔬》、《太平御覽》卷八六一《飲食部一九·漿》、卷九七六《菜茹部一·菜》引作《孝子傳》。今見宛本《説郛》輯徐廣《孝子傳》有陽公事。

二一、霍子。存文一節，見於《北堂書鈔》卷一六〇《地部四·石篇十六》引作《孝子傳》。

二二、竺彌。存文一節，見於《事類賦》卷三《天部三·雷賦》"嘉竺彌之伏墳"引作《孝子傳》。今見王韶之《孝子傳》有竺彌事。

二三、紀邁。存文一節，見於《太平御覽》卷三一《時序部一六·五月五日》、《事類賦》卷四《歲時部一·夏賦》"彼鎮惡之與紀邁"引作《孝子傳》。今見宋躬《孝子傳》有紀邁事。

二四、王祥。存文四節，其一叙王祥後母欲黄雀炙，乃有黄雀數枚飛入其幕，見於《太平御覽》卷八六三《飲食部二一·炙》引作《孝子傳》。其二叙王祥後母欲得生魚，冰開，有雙魚出遊，見於《事類賦》卷五《歲時部二·冬賦》"偉王祥之得魚"引作《孝子傳》。其三叙王祥守柰樹，見於《事類賦》卷二六《果部·柰賦》"王祥守之乃成其孝子"引作《孝子傳》。其四王祥後母好魚，祥泣於冰上求魚而得之，見於《敦煌類書》録文篇《籯金一部·并序》"仁孝篇第廿九"三一二一二九一〇一引作《孝子傳》。文簡而事略同第二條。今見蕭廣濟《孝子傳》、師覺授《孝子傳》並有王祥事。

二五、三州人。存文一節，見於《太平廣記》卷一六一《感應一·三州人》、《事類賦》卷六《地部一·河賦》"識三州之負土"引作《孝子傳》。今見蕭廣濟《孝子傳》有三洲人，事同。

二六、郭文舉。存文一節，見於《太平御覽》卷八九二《獸部四·虎下》、《事類賦》卷二〇《獸部一·虎賦》"若乃郭文探鯁"引作《孝子傳》。今見虞槃佐《高士傳》、《道學傳》有郭文舉事。

二七、華光。存文一節，見於《太平御覽》卷三八五《人事部二六·幼智下》引作《孝子傳》。今見虞槃佐《孝子傳》有華光事。

二八、隗通。存文一節，見於《太平御覽》卷三八九《人事部三〇·嗜好》引作《孝子傳》。今見蕭廣濟《孝子傳》有隗通事。

二九、陳遺。存文一節，見於《太平廣記》卷一六二《感應二·陳遺》、《太平御覽》卷三八九《人事部三〇·嗜好》、卷七五七《器物部二·鐺》引作《孝子傳》。

三〇、魏湯。存文一節，見於《太平御覽》卷四八二《人事部一二三·仇讎下》引作《孝子傳》。

三一、原穀。存文一節，見於《太平御覽》卷五一九《宗親部九·孫》引作《孝子傳》。

三二、陸仲元。存文一節，見於《太平御覽》卷五一九《宗親部九·孫》引作《孝子傳》。

三三、李陶。存文一節，見於《太平御覽》卷九二〇《羽族部七·烏》引作《孝子傳》。

三四、吳叔和。存文一節，見於《太平御覽》卷九二〇《羽族部七·烏》引作《孝子傳》。今見師覺授《孝子傳》有吳叔和事。

三五、吳猛。存文三節，其一見於《太平御覽》卷九四五《蟲豸部二·蚊》引作《孝子傳》。其二見於《敦煌類書》錄文篇《事森》"孝友"二二三—〇三—〇六引，云出《孝子傳》。其三見於

《敦煌類書》録文篇《事森》“孝友”二二三─○三─○六引，云出《孝子傳》。三節文字，《太平御覽》卷九四五引云吳猛夏日伏於母床下，恐蚊虻及父母。後二條皆見於《敦煌類書》録文篇《事森》“孝友”二二三─○三─○六引，一叙夏日伏於父母床下事，一爲總叙諸事。《吳猛別傳》、《吳猛真人傳》之外，今見宛本《説郛》卷五八輯存稱徐廣《孝子傳》及《道學傳》有吳猛事。

三三、焦華。存文一節，見於《事類賦》卷二七《果部二·瓜賦》“焦華感黃冠之異”引作《孝子傳》。

三五、宗承。存文一節，見於《白氏六帖事類集》卷八《孝感第七》“墳自成生松竹”引作《孝子傳》。今見宋躬《孝子傳》及《楚國先賢傳》有宗承事。

三六、噲參。存文一節，見於《姓解》卷一《口二》“噲”引作《孝子傳》。

三八、養奮。存名無文。見於《姓解》卷三《羊一百七》“養”云《孝子傳》有養奮。今見陸胤《廣州先賢傳》有養奮事。

三九、王虛之。存文一節，見於《太平廣記》卷一六二《感應二·王虛之》引作《孝子傳》。今見宋躬《孝子傳》有王虛之事。

四一、李善。存文一節，見於《珧玉集》卷一二《感應篇第四》引作《孝子傳》。今見張方《楚國先賢傳》有李善事。

四二、程曾。存文一節，見於《敦煌類書》録文篇《不知名類書甲》“三”二三一─○三─○三引，作《孝子》，當脱“傳”字。

四三、文讓。存文一節，見於《敦煌類書》録文篇《語對》〔廿六〕“孝感”下三一一─二六─○一“瑞禽”引作《孝子傳》。

四四、劉殷。存文一節，見於《敦煌類書》録文篇《語對》〔廿六〕“孝感”下三一一─二六─○四“靈堇”引作《孝子傳》。

四五、吳坦之。存文一節，見於《初學記》卷一七《人部上·孝第四》引作《孝子傳》。今見宋躬《孝子傳》有吳坦之事。

四六、孟宗。存文一節，見於《敦煌類書》録文篇《語對》〔廿六〕“孝感”下三一一一二六一〇五“冬筍”引作《孝子傳》。

四七、張行。存文一節，見於《敦煌類書》錄文篇《纂金一部·并序》“仁孝篇第廿九”下三一二一二九一〇九“泣庭松竹”引，云出《孝子傳》。

四八、夏侯許。存文一節，見於《敦煌類書》錄文篇《纂金一部·并序》“仁孝篇第廿九”下三一二一二九一一〇“夢藥食棘”引，作《孝子傳》。

四九、謝方儲。存文一節，見於《敦煌類書》錄文篇《李嶠詩詠·張庭芳注》九“兔”下三四一一〇九一〇四“方知感純孝，郅郭引兵威”引作《孝子傳》。

又，《敦煌類書》錄文篇《新集文詞九經鈔》二四五一〇一一〇四八引一條，作《孝子傳》，叙及董永、曾參、郭巨、孟宗、王祥、陽公（或當作陽公）。其云：“董永賣身葬父母，天女蹈機。曾參曰一於親，枯井涌其甘醴。郭巨埋兒養母，天賜黄金。孟宗志恭，冬竹抽筍。王祥盡孝，魚躍冰池。楊公感通，田收白璧。”當是概括而非轉錄。

附：孝子傳

輯存。佚名撰。

涵本《説郛》卷七《諸傳摘玄》錄《孝子傳》，不題撰人，叙原平、華寶、展勤三人事蹟。《漢魏六朝雜傳集》據以輯錄，附於佚名《孝子傳》後。

附：孝子傳

輯存。宛本《説郛》題徐廣撰。

徐廣《孝子傳》，《隋書·經籍志》無著錄，《舊唐書·經籍志》史部雜傳類、《新唐書·藝文志》史部雜傳記類並著錄徐廣撰《孝子傳》三卷。《通志·藝文略》史類傳記類著錄徐廣《孝子傳》

三卷。

徐廣，字野民，東莞姑幕人，《晉書》卷八二、《宋書》卷五五、《南史》卷三三皆有傳。歷仕晉、宋，仕晉爲謝玄從事西曹、司馬恬鎮北參軍、祕書郎、祠部郎以及司馬元顯中軍參軍、領軍長史、桓玄大將軍文學祭酒等職；仕宋爲鎮軍諮議參軍、記室、著作郎祕書監、中散大夫，並被封爲樂成縣五等侯，卒於元嘉二年（425）。《宋書·徐廣傳》稱他“家世好學，至廣尤精，百家數術，無不研覽”，一生著述甚富。計有《毛詩背隱義》、《禮論答問》、《禮議答問》、《禮答問》、《史記音義》、《晉紀》、《車服雜注》、《孝子傳》、《彈棋譜》、《晉尚書曹新定儀注》、《徐廣集》。

遍搜群籍，諸書徵引不見有稱徐廣《孝子傳》者，唐劉知幾《史通·雜述》云：“若劉向《列女》、梁鴻《逸民》，趙采《忠臣》、徐廣《孝子》，此之謂別傳者也。”則徐廣確實撰有《孝子傳》一書，唐時劉知幾撰述《史通》時當仍存，其亡當在此後。今唯宛本《説郛》卷五八輯存稱徐廣《孝子傳》者十六節，叙老萊子、吳恒之、羅威、杜孝、陳遺、郭巨、閔子騫、管寧、文壤、陽公、王靈之、吳猛、鄧展、陳玄、蕭芝、猴母子事。宛本《説郛》所輯傳文，又多見於其它《孝子傳》，疑是宛本雜鈔諸書而成。傅增湘曾取宛本《説郛》所錄校勘。黃奭輯徐廣《孝子傳》一卷，錄於《漢學堂知足齋叢書》之《子史鉤沉》中，當亦據宛本《説郛》所錄。《漢魏六朝雜傳集》據宛本《説郛》五八所載輯錄，附於佚名《孝子傳》後。

今略考宛本《説郛》所錄十六節來源如下：

［老萊子］老萊子至孝，奉二親，行年七十，著五彩褊襴衣，弄鸚鳥於親側。

宛本《説郛》所錄此條，或當出《初學記》。《初學記》卷一七《人部上·孝第四》引一節，作《孝子傳》，其云：“老萊子至孝，奉二親，行年七十，著五彩褊襴衣，弄鸚鳥於親側。”《初學記》所引與宛本《説郛》所錄文字同。

今見諸書徵引老萊子事，有稱出師覺授《孝子傳》者。《太平御覽》卷四一三《人事部五十四‧孝中》引一節，即作師覺授《孝子傳》，其云：“老萊子者，楚人。行年七十，父母俱存，至孝蒸蒸。嘗著斑斕之衣，爲親取飲上堂，腳胅，恐傷父母之心，因僵仆爲嬰兒啼。孔子曰：‘父母老，常言不稱老，爲其傷老也。若老萊子，可謂不失孺子之心矣。’”則宛本《説郛》所録老萊子事或當出師覺授《孝子傳》。又，《北堂書鈔》卷一二九《衣冠部下‧衣二十》引一節，作《孝子傳》，其云：“老萊子年七十，父母猶在，常服班襴之衣，爲嬰兒戲。”《太平御覽》卷六八九《服章部六‧衣》、《事類賦》卷一二《服用部一‧衣賦》亦各引一節，作《孝子傳》，文與《北堂書鈔》所引大略相同。

〔吴恒之〕吴恒之性至孝，母葬之夕，設九飯茶，每臨一祭，輒號慟斷絶，至七祭，吐血而死。

宛本《説郛》所録此節，或當出《初學記》，且“吴恒之”當作“吴坦之”。《初學記》卷一七《人部上‧孝第四》引一節，作《孝子傳》：“吴坦之性至孝。母葬之夕，設九飯祭，每臨一祭，輒號慟斷絶，至七祭，吐血而死。”《初學記》所引與宛本《説郛》所録文字幾同，唯“恒”作“坦”，“茶”作“祭”，當皆因形近而訛，當作“坦”、“祭”爲是。

吴坦之事，《藝文類聚》卷二〇《人部四‧孝》引一節，作宗躬《孝子傳》，其云：“吴坦之，隱之兄也。母葬夕，設九飯祭。坦之每臨一祭，輒號慟斷絶，至七祭，吐血而死。”《藝文類聚》所引，與《初學記》所引大略相同，則吴坦之事或當出宋躬《孝子傳》。“宗躬”當作“宋躬”。

〔羅威〕羅威母年七十，天寒，常以身温席，而後授其處。

宛本《説郛》所録此節，或當出干寶《搜神記》。《初學記》卷三、《太平御覽》卷七〇九、《歲時廣記》卷四、《天中記》卷四八並引，云出《搜神記》，其云：“羅威，字德行，少喪父，事母至孝。母年七十,天大寒,常以身自温席,而後授其處。"李劍國《新輯搜神記》將此條輯入卷八①。宛本《説郛》所録此條較《搜神記》文略簡,或當據《搜神記》羅威事裁省而成。茆泮林所輯《古孝子傳》後有《孝子傳補遺》,據陳檢討《送汪考功鍾如給假省親序注》采得羅威事一節,其云:"羅威,番禺人,夏日撤帳而卧曰:'吾供蚊蚋,恐蚋齧吾母。'"

　　羅威事又見皇甫謐《逸士傳》、陸胤《廣州先賢傳》,並皆言及其至孝事。《白氏六帖事類集》卷二九《鹿六十》"擾墓"引一節,作皇甫山《逸士傳》,"山"當作"謐",其云:"羅威,字德仁,南海番禺人也。母没,盡哀墓側,白鹿乃馴擾其墓也。"《古今合璧事類備要別集》卷七八《走獸門·鹿》"馴擾墓側"引一節,作皇甫《逸士傳》,"皇甫"當脱下"謐"字,其文與《白氏六帖事類集》大略相同。《初學記》卷一七《孝第四》"杜孝投魚羅威進果"引一節,作陸徹《廣州先賢傳》,陸徹當作陸胤,其云:"羅威,字德仁。八歲喪父,事母至孝,耕耘爲業,勤身苦體,以奉供養。令召署門下吏,不就,將母遁避,隱居增城縣界。令還復故居,朝暮供侍,異果珍味隨時進前也。"《太平御覽》卷四〇三《人事部四十四·陰德》引一節,作《廣州先賢傳》,其云:"羅威,字德仁,南海番禺人也。有鄰家牛數食其田禾,既不可止,遂爲斷蒭,多著牛家門中,不令人知。數如此,牛主驚怪,不知爲誰,陰察求之,乃覺是威,自後更相約率收拾牛犢,不敢復踐傷于威田。"《太平御覽》卷九〇〇《獸部十二·牛下》、《事類賦》卷二二《獸部·牛賦》"置蒭亦見於羅威"各引一節,作《廣州先賢傳》,其文與《太平御覽》卷四〇三引大略相同。

　　[杜孝]杜孝,巴郡人也,少失父,與母居,至孝稱。後在成都,母喜食生魚,孝於蜀截大竹筒,盛魚二頭,塞之以草,祝曰:

①李劍國《新輯搜神記　新輯搜神後記》,中華書局 2007 年,第 143 頁。

"我母必得此!"因投中流。婦出汲,乃見筒橫來觸岸,異而取視,有二魚,含笑曰:"必我壻所寄。"熟而進之,聞者歎駭。

　　宛本《説郛》所録此節,或當出《初學記》。《初學記》卷一七《人部·孝第四》"杜孝投魚羅威進果"引一條,作蕭廣濟《孝子傳》,其文云:"杜孝,巴郡人也。少失父,與母居,至孝稱。役在成都,母喜食生魚,孝於蜀截大竹筒,盛魚二頭,塞之以草,祝曰:'我母必得此。'因投中流。婦出汲,乃見筒橫來觸岸,異而取視,有二魚,含笑曰:'必我壻所寄。'熟而進之,聞者歎駭。"《初學記》所引與宛本《説郛》所録文字大致相同,唯"後"作"役",當因形近而誤,且《初學記》卷一七引明確稱出蕭廣濟《孝子傳》,故宛本《説郛》所録杜孝事或當出蕭廣濟《孝子傳》。

　　諸書所稱杜孝事,亦多稱蕭廣濟《孝子傳》。《藝文類聚》卷九六《鱗介部上·魚》、《太平御覽》卷四一一《人事部五十二·孝感》、卷九三五《鱗介部七·魚上》、《錦繡萬花谷後集》卷一五《母子》"投魚寄母"、《古今合璧事類備要前集》卷二五《親屬門·母子》"投魚遺母"各引一節,亦作蕭廣濟《孝子傳》;《事類賦》卷二九《鱗介部·魚賦》"復聞杜孝置筒而寄歸"引一節,作蕭廣《孝子傳》,"廣"下當脱"濟"字,文與《初學記》卷一七所引大略相同。

　　[陳遺]吳人陳遺爲郡吏,母好鍋底焦飯,遺在役,恒帶一囊,每煮食,取焦者以貽母。

　　宛本説郛所録此節,或當出《初學記》。《初學記》卷二六《服食部·飯第十二》引一節,作宗躬《孝子傳》,"宗躬"當作"宋躬",其云:"吳人陳遺爲郡吏,母好食鍋底焦飯,遺在役,恒帶一囊,每煮食,取焦者以貽母。"《初學記》所引與宛本《説郛》所録文字全同,故宛本《説郛》所録陳遺事或當出宋躬《孝子傳》。

　　諸書徵引陳遺事,亦多作宋躬或宗躬《孝子傳》。《太平御覽》卷四一一《人事部五十二·孝感》引一節,作宋躬《孝子傳》,其云:"陳遺,吳郡人。少爲郡吏,母好鐺底燋飯,遺在役,常帶一囊，每煮食，輒録其燋以貽母。後孫恩亂，聚得數升，常帶自隨，及逃竄，多有餓死，遺食此得活。母晝夜涕泣，目爲失明，耳無所聞。遺還入户，再拜號咽，母豁然有聞見。”《法苑珠林》卷四九《忠孝篇·感應緣》、《職官分紀》卷四二《吏》“母好食鐺底燋飯”各引一條，作宗躬《孝子傳》，文與《太平御覽》卷四一一引多同。

又，《太平廣記》卷一六二《感應二·陳遺》引一節，作《孝子傳》，其云：“吴人陳遺少爲郡吏，母好食燋飯。遺在役，恒帶囊，每煮食，漉其燋以獻母。孫恩作亂，遺隨例奔逃。母憶遺，晝夜哭泣，遂失明。遺脱難還家，入門見母，再拜號泣，母目忽然開朗。”《太平御覽》卷三八九《人事部三〇·嗜好》、卷七五七《器物部二·鐺》各引一節，作《孝子傳》。《太平御覽》卷三八九引作：“陳遺爲郡主簿，母好食鐺底焦飯，常持一囊，盛之，懸案下。”《太平御覽》卷七五七引作：“陳遵母好食鐺底焦飯。”

［郭巨］郭巨，河内温人也，妻生男，謀曰：“養子則不得營業，妨於供養，當殺而埋焉。”錘入地，有黄金一釜，上有鐵券，曰：“黄金一釜，賜孝子郭巨。”

宛本《説郛》所録此節，或當出《初學記》。《初學記》卷二七《寶器部·金第一》“賜郭聘莊”引一節，作宗躬《孝子傳》，宗躬當作宋躬，其云：“郭巨，河内温人也。妻生男，謀曰：‘養子則不得營業，妨於供養，當殺而埋焉。’錘入地，有黄金一釜，上有鐵券曰：‘黄金一釜，賜孝子郭巨。’”《初學記》所引與宛本《説郛》所録文字全同，而《初學記》引稱出宋躬《孝子傳》，則宛本《説郛》所録郭巨事或當出宋躬《孝子傳》。

郭巨事諸書徵引亦多稱出宋躬《孝子傳》。《太平御覽》卷八一一《珍寶部十·金下》引一節，作宗躬《孝子傳》，《事類賦》卷九《寶貨部·金賦》“郭巨則地中得釜”引一節，作宋躬《孝子傳》，文與《初學記》卷二七所引亦多同。

　　諸書徵引郭巨事又有作劉向《孝子傳》者。《太平御覽》卷四一一《人事部五十二·孝感》引一節，作劉向《孝子圖》，其云："郭巨，河內溫人。甚富，父没，分財二千萬爲兩分與兩弟，已獨取母供養，寄住，鄰有凶宅無人居者，共推與之，居無禍患。妻產男，慮養之則妨供養，乃令妻抱兒，欲掘地埋之。于土中得金一釜，上有鐵券云：'賜孝子郭巨。'巨還宅主，宅主不敢受，遂以聞官，官依券題還巨，遂得兼養兒。"《法苑珠林》卷四九《忠孝篇第四十九·業因部》引一節，作劉向《孝子傳》，文與《太平御覽》卷四一一引稍異。《敦煌類書》録文篇《北堂書鈔體甲》"〔孝〕"下三二一一〇一一〇三"郭巨埋子，地出黄金"引一條，作劉向《孝子〔傳〕》，文多闕略。《太平御覽》卷四一一、《法苑珠林》卷四九所引劉向《孝子傳》叙郭巨事與《初學記》卷二七引宋躬《孝子傳》叙郭巨事文字差異較大，可見兩家《孝子傳》當均載郭巨事。

　　又，《白氏六帖事類集》卷二《金五十九》"孝感"引一節，作《孝子傳》，其云："郭巨至孝，妻生男，巨曰：'養子則妨於供養。'將殺而埋之，掘得鐵券，曰：'黄金一釜，賜孝子郭巨。'"《蒙求集注》卷上"郭巨將坑董永自賣"引一節，作《孝子傳》，其云："後漢郭巨，家貧養老母，妻生一子，三歲，母嘗減食與之。巨謂妻曰：'貧乏，不能供給，共汝埋子，子可再有，母不可再得。'妻不敢違。巨遂掘地三尺餘，忽見黄金一釜，釜上云：'天賜孝子郭巨，官不得奪，人不得取。'"

　　[閔子騫]閔子騫事後母極孝，騫衣以蘆花，御車失靷，父怒，笞之。撫背之衣單，父欲去後妻，騫啟父曰："母在一子寒，母去三子單。"

　　宛本《説郛》所録此節，或當出《太平御覽》。《太平御覽》卷三四《時序部一九·寒》引一節，作《孝子傳》，其云："閔子騫事後母，絮騫衣以蘆花。御車，寒失紖，父怒，笞之。後撫背之衣單。父乃去其妻，騫啟父曰：'母在一子寒，母去三子單。'"《太平御覽》所引與宛本《說郛》所錄文字大略相同。《太平御覽》卷八一九《布帛部六‧絮》引一節，亦作《孝子傳》，所叙同一事而文字略異，其云：“閔子騫幼時爲後母所苦，冬月以蘆花衣之以代絮。其父後知之，欲出後母，子騫跪曰：‘母在一子單，母去三子寒。’父遂止。”

閔子騫事諸書徵引，有作師覺授《孝子傳》者。《太平御覽》卷四一三《人事部五十四‧孝中》引一節，作師覺授《孝子傳》，其云：“閔損，字子騫，魯人，孔子弟子也。以德行稱。早失母，後母遇之甚酷，損事之彌謹。損衣皆藁枲爲絮，其子則綿纊重厚。父使損御，冬寒失䡩；後母子御，則不然。父怒詰之，損默然而已。後視二子衣，乃知其故。將欲遣妻，諫曰：‘大人有一寒子，猶尚垂心，若遣母，有二寒子也。’父感其言，乃止。”故宛本《說郛》所錄閔子騫事或出師覺授《孝子傳》。

又或有作蕭廣濟《孝子傳》者。《初學記》卷一七《人部‧孝第四》“曾閔荀何”引一條，作蕭廣濟《孝子傳》，其云：“閔損與曾參，門徒之中，最有孝稱，今言者莫不本之曾閔。”

［管寧］管寧避地遼東，遇風，船人危懼，皆叩頭悔過，寧惟譽言咎，念常如廁不冠而已，向天叩頭，風亦尋静。

宛本《說郛》所錄此節，或當出《太平御覽》。《太平御覽》卷六〇《地部二十五‧海》引一節，作周景式《孝子傳》，其云：“管寧避地遼東，遇風，船人危懼，皆叩頭悔過。寧息惟譽咎，念嘗如廁不冠而已，向天叩頭，風亦尋静。”《太平御覽》所引與宛本《說郛》所錄文字大略相同，而《太平御覽》卷六〇引稱出周景式《孝子傳》，則宛本《說郛》所錄管寧事或當出周景式《孝子傳》。

諸書引管寧此事亦多稱出周景式《孝子傳》。《藝文類聚》卷八《水部上‧海水》引一條，即作周景式《孝子傳》，其云：“管寧避地遼東，經海遇風，船人危懼，皆叩頭悔過。寧思譽，念向曾如廁不冠，即便稽首，風亦尋静。”《白氏六帖事類集》卷二《海三十九》

“自悔首”、《太平御覽》卷一八六《居處部十四·廁》、《事類賦》卷
六《地部·海賦》“管寧危殆而思愆”各引一節，亦作周景式《孝子
傳》，文字與《藝文類聚》卷八所引大略相同。

[文壤]巴郡文壤，母死，墳土未足，耕一畝地爲壤，群鳥數千
銜所作壤，以著墳上。

宛本《説郛》所録此節，或當出《太平御覽》。《太平御覽》卷
三七《地部二·壤》引一節，作蕭廣濟《孝子傳》，其云：“巴郡文
讓，母死，墳土未足，耕一畮地爲壤，群鳥數千銜所作壤，以著墳
上。”《太平御覽》所引與宛本《説郛》所録文字幾同，唯“壤”作
“讓”，“壤”、“讓”當因形近而誤，作“讓”爲是。《太平御覽》卷三
七引明確稱出蕭廣濟《孝子傳》，則宛本《説郛》所録文讓事或當
出蕭廣濟《孝子傳》。

諸書徵引文讓事亦多稱出蕭廣濟《孝子傳》。《白氏六帖事
類集》卷八《孝感第七》“鳥助成墳”引一節，即作蕭廣濟《孝子
傳》，其云：“文讓養母至孝，母亡，兄弟二人役力葬，不用僮僕之
力葬。葬日，群鳥數千銜土壤，助而成墳也。”《太平御覽》卷四一
一《人事部五十二·孝感》引一節，亦作蕭廣濟《孝子傳》，其云：
“文讓養母至孝。及喪，不用僮僕之力，兄弟二人營築其墳，暫歸
取糧，群鳥數千銜壤，俄而成墳。”

[陽公]北平陽公，輦水作漿，以給過者，兼補履屬，不取其
直，天神化爲書生，問云：“何不種菜？”曰：“無菜種。”即與數升，
公種之，化爲白璧，餘皆爲錢，公得以娶婦。

宛本《説郛》此節，或當出《太平御覽》。《太平御覽》卷九七
六《菜茹部一·菜》引一節，作《孝子傳》，其云：“北平陽公，輦水
作漿，兼以給過者。公補履屬，不取其直。天神化爲書生，問云：
‘何不種菜？’曰：‘無菜種。’即與數升。公種之，化爲白璧，餘皆
爲錢，公得以娶婦。”《太平御覽》所引與宛本《説郛》所録此條文
字幾同，唯“以”上多“兼”字，“兼補”作“公補”。則宛本《説郛》所

録陽公事或當據此。

　　諸書徵引陽公事亦多稱出《孝子傳》，而不言撰者。《藝文類聚》卷八二《草部下·菜蔬》引一節，作《孝子傳》，其云：“洛陽公輦水作漿，兼以給過者。公補屨，不取其直。天神化爲書生，問公：‘何不種菜？’曰：‘無種。’即遺數升。公種之，化爲白璧，餘皆爲錢，公得以娶婦。”文與宛本《説郛》所録亦大略相同。又，《北堂書鈔》卷一四四《酒食部三·漿篇六》引一節，作《孝子傳》：“洛陽公輦水作漿，以給過者。”《太平御覽》卷八六一《飲食部一九·漿》各引一節，作《孝子傳》：“洛陽陽公輦義漿，以給過客。”

　　［王靈之］王靈之，廬陵西昌人，喪父母，二十年鹽酢不入其口，所住屋夜有光，庭中橘樹，隆冬二實。

　　宛本《説郛》所録此節，或當出《太平御覽》。《太平御覽》卷九六六《果部三·橘》引一節，作宋躬《孝子傳》，其云：“王靈之，廬陵西昌人。喪父母，二十年鹽酢不入其口，所住屋夜有光，庭中橘樹，隆冬三實。”《太平御覽》所引與宛本《説郛》所録文字幾同，唯“二”作“三”。《太平御覽》卷九六六引明確稱出宋躬《孝子傳》，則宛本《説郛》所録王靈之事或當出宋躬《孝子傳》。

　　《事類賦》卷二七《果部·橘賦》“純孝之感更見於王靈”引一節，亦作宋躬《孝子傳》，其云：“王靈之，廬陵西昌人。喪父母，二十年鹽酢不入其口，庭中橘樹，隆冬三實。”

　　諸書徵引王靈之事，又或作王虛之，“靈”、“虛”當因形近而訛，亦多稱出宋躬《孝子傳》。《藝文類聚》卷八六《菓部上·橘》引一節，作宋躬《孝子傳》，即作王虛之，其云：“王虛之，十三喪母，三十三喪父，二十年鹽醋不入口，病著床，或有一人來問疾，謂之曰：‘君尋差。’俄而不見。庭中橘樹隆冬而實，病果尋愈，咸以至孝所感。”王虛之，《南史》卷七三《孝義上》有傳，作“王虛之”，當作王虛之爲是。《太平御覽》卷四一一《人事部五十二·孝感》引一節，亦作宋躬《孝子傳》，其云：“王靈之，年十三喪父，二十年鹽醋不入口，被病著床，忽有一人來問疾，謂之曰：'湌橘當差。'俄而不見。之庭中，橘樹隆冬乃有三實，食之，病尋愈，咸以至孝所感。"

又，《太平廣記》卷一六二《感應二·王虛之》引一節，作《孝子傳》，亦叙王虛之事，其云："王虛之，廬陵西昌人。年十三，喪父母，二十年鹽酢不入口。後得重病，忽有一人來詣，謂之曰：'君病尋瘥。'俄而不見。又所住屋室，夜有異光，庭中橘樹，隆冬三實。病果尋愈，咸以至孝所感。"

［吳猛］吳猛年七歲時，夏日伏於親床下，恐蚊蟲及父母。

宛本《説郛》此節，或當出《太平御覽》。《太平御覽》卷九四五《蟲豸部二·蚊》引一條，作《孝子傳》，其云："吳猛年七歲時，夏日伏於母床下，恐蚊蟲及父母。"《太平御覽》所引與宛本所録文字幾同，唯"親"作"母"。則宛本《説郛》所録吳猛事或當據此。

［鄧展］鄧展父母在牖下臥，多蚊，展伏床下，以膚飼之。

宛本《説郛》所録此節，或當出《太平御覽》。《太平御覽》卷九四五《蟲豸部二·蚊》引一節，作蕭廣濟《孝子傳》，其云："鄧展父母在牖下臥，多蚊，展伏床下，以自當之。"《太平御覽》所引與宛本《説郛》所録文字幾同，唯"膚飼"作"自當"。《太平御覽》卷九四五引明確稱出蕭廣濟《孝子傳》，故宛本《説郛》所録鄧展事或當出蕭廣濟《孝子傳》。

［陳玄］陳玄，陳太子也。後母譖之，陳侯令自投遼水，魚負之以出，玄曰："我罪人也，故求死耳。"魚乃去。

宛本《説郛》所録此節，或當出《太平御覽》。《太平御覽》卷九三五《鱗介部七·魚上》引一節，作蕭廣濟《孝子傳》，其云："陳玄，陳太子也。後母譖之，陳侯令自投遼水，魚負之以出。玄曰：'我罪人也，故求死耳。'魚乃去。"《太平御覽》卷九三五所引與宛本《説郛》所録文字全同，或當據此而録，而《太平御覽》卷九三五引明確稱出蕭廣濟《孝子傳》，故宛本《説郛》所録陳玄事或當出蕭廣濟《孝子傳》。

　　諸書徵引陳玄事，亦多稱出蕭廣濟《孝子傳》。《藝文類聚》卷九六《鱗介部上·魚》引一節，即作蕭廣濟《孝子傳》，其云：“陳玄，太子也。後母謗之，陳侯令玄自殺，玄投遼水，魚負之以出。玄曰：‘我罪人也，故求死耳。’魚乃去。”《太平御覽》卷四一六《人事部五十七·友悌》引一節，亦作蕭廣濟《孝子傳》，其云：“陳玄，字子元，陳侯太子。七歲喪母，父更娶周氏，有子曰昭。周氏讒玄，侯將殺玄，昭欲先死，玄不聽，引白羊誓曰：‘孝者，羊血逆上一丈三尺。’一如誓。後又讒之，侯怒，令玄自殺，玄投遼水，有大魚負之。玄曰：‘我罪人也。’魚乃去。昭從後來，問漁者，云：‘投水死矣。’昭氣絶良久，曰：‘吾兄也。’又投水而死。”

　　［蕭芝］蕭芝忠孝，除尚書郎，有雉數十頭，飲啄宿止，當上直，送至歧路，下直及門，飛鳴車側。

　　宛本《說郛》所録此節，或當出《太平御覽》。《太平御覽》卷九一七《羽族部四·雉》引一節，作蕭廣濟《孝子傳》，其云：“蕭芝忠孝，除尚書郎，有雉數十頭，飲啄宿止。當上直，送至歧路；下直及門，飛鳴車側。”《太平御覽》卷九一七所引與宛本《說郛》所録文字全同，宛本《說郛》所録當出此無疑。《太平御覽》卷九一七引明確稱出蕭廣濟《孝子傳》，則宛本《說郛》所録蕭芝事或當出蕭廣濟《孝子傳》。

　　諸書徵引陳玄事亦多稱出蕭廣濟《孝子傳》。《藝文類聚》卷九〇《鳥部一·雉》引一節，即作蕭廣濟《孝子傳》，其云：“蕭芝至孝，除尚書郎，有雉數十頭，飲啄宿止。當上直，送至歧路；下直入門，飛鳴車側。”《蒙求集注》卷上“朱博烏集蕭芝雉隨”引一節，亦作蕭廣濟《孝子傳》，其云：“蕭芝至孝，除尚書郎，有雉數千頭，飲啄宿止。當上直，送至歧路；及下直入門，飛鳴車前。”

　　又，《法苑珠林》卷四九《忠孝篇·感應緣》引一節，云“右此二驗出鄭緝之傳”，言及蕭芝，其云：“蕭固，字秀異，東海蘭陵人，何十四世孫。舊居沛，何倍長陵，因家關中。少有孝謹，遭喪六年，雉鵲遊狎其庭，麞鹿入其門牆。徵聘不就。固子芝，字英髦，孝心醇至，除尚書郎。有雉數十餘喙宿其上。嘗上直，送至路，雉飛鳴車側。"

［猴母子］余嘗至綏安縣，逢途逐猴，猴母負子没水，水雖深而清，乃以戟刺之，自脅以下中斷，脊尚連，抄著船中，子隨其傍，以手捫子而死。

宛本《説郛》所錄此節，或當出《太平御覽》。《太平御覽》卷九一〇《獸部二二·猴》引一節，作周景式《孝子傳》，其云："余嘗至綏安縣，逢徒逐猴。猴母負子没水，水雖深而清，乃以戟刺之，自愶以下中斷，脊尚連。抄著舡中，子隨其傍，以手捫子而死。"《太平御覽》卷九一〇所引與宛本《説郛》所錄文字完全相同，而《太平御覽》卷九一〇引稱出周景式《孝子傳》，則宛本《説郛》所錄猴母子事或當出周景式《孝子傳》。

附：孝子傳補遺

輯存。茆泮林輯。

茆泮林所輯《古孝子傳》後附《孝子傳補遺》，錄於《十種古佚書》中，許克勤曾取而校錄。《龍谿精舍叢書》、《叢書集成初編》轉錄茆氏所輯。今《漢魏六朝雜傳集》轉錄，附於佚名《孝子傳》後。計有黃香、姜詩、蔡順、孟宗、王裒、殷憚、羅威、滕曇恭、杜羔、尹伯奇十人孝事。

聖賢群輔錄

輯存。佚名撰。舊題陶潛撰。一名《四八目》。

舊題陶潛《聖賢群輔錄》者，史志書目無著錄，蕭統所編《陶淵明集》亦未收錄，北齊陽休之所編《陶淵明集》始收錄。《四庫

全書總目》卷一百三十七子部四十七類書類存目一著録山東巡
撫採進本《聖賢群輔録》二卷。

　　後人對《聖賢群輔録》是否爲陶潛所撰看法不一。宋人宋
庠、晁公武、清《四庫全書總目》、今人逯欽立等就懷疑其非陶淵
明所作，《四庫全書總目》集部別集類“陶淵明集”條云：“然昭
明太子去潛世近，已不見《五孝傳》、《四八目》，不以入集，陽休之
何由續得？且《五孝傳》及《四八目》所引《尚書》，自相矛盾，決不
出於一手，當必依託之文。休之誤信而增之。今《四八目》已經
睿鑒指示，灼知其贋，別著録於子部類書而詳辨之。”《四庫全書
總目》子部類書類存目著録《聖賢群輔録》斷其爲僞託，且詳論
之：“蕭統所撰八卷，又少《五孝傳》及《四八目》，今録統所闕併序
目等合爲十卷。是《五孝傳》及《四八目》實休之所增，蕭統舊本
無是也。”列出三條理由：其一，“統序稱，深愛其文，故加搜校，則
八卷以外不應更有佚篇，其爲晚出僞書已無疑義”；其二，“且集
中與子儼等疏稱子夏爲孔子四友，而此録四友乃爲顏回、子貢、
子路、子張”；其三，“又《五孝傳》引‘孝乎惟孝，友于兄弟’之文句
讀尚從包咸注，知未見《古文尚書》，而此録四岳一條，乃引孔安
國傳”；由此三條，斷定“其出兩手尤自顯然”[1]。《四庫全書總
目》卷一三九“廣群輔録”條又云：“案《群輔録》託名陶潛，實爲
僞本，原書既不足據，續編亦病繁蕪。”[2]今人逯欽立整理《陶淵
明集》，亦以爲此書非陶潛所作。其云：“梁蕭統所編《陶集》，合
序、目、誄、傳而爲八卷，詩文實只七卷，是最早最可靠的本子。
北齊陽休之加進了《五孝傳》、《四八目》（《聖賢群輔録》）足成十

----

[1] 永瑢等：《四庫全書總目》卷一三七子部四十七類書類存目一“《聖賢群
　　輔録》”，中華書局 1995 年，第 1160 頁上。
[2] 永瑢等：《四庫全書總目》卷一三九子部四十九類書類存目三“《廣群輔
　　録》”，中華書局 1995 年，第 1177 頁下。

卷。《陶集》屢進僞作自此始……四友、四皓均與《陶集》大相徑
庭，所以宋人定《八儒》、《三墨》二條爲‘後人妄加’（宋庠語）是
對的。”①

　　而明何允中《廣漢魏叢書》、清王謨《增訂漢魏叢書》別史類
輯錄此傳，題《群輔錄》，晉陶潛撰。王謨以爲此傳當是陶潛所
撰，其云：“以其所敍述者皆古聖賢人也，而晁氏獨以篇末《八
儒》、《三墨》二條，疑爲後人妄加，非謂其與全書次第若無倫貫，
而《八儒》、《三墨》名稱又出《韓非子》，未可據耶。謨竊以爲先生
生平讀書，不求甚解，間著文章自娛，亦豈有心結撰，則兹錄不過
如飲酒時暇，泛覽周王傳，流觀山海圖而已。或時適讀《韓非
子》，因即採此二條，附於篇末，止不必有倫次也，但其所臚列儒
墨名目，亦有不必盡同者，如仲梁之爲仲良，孫氏之爲公孫，又有
宋鈃尹文五侯子之墨而無相夫氏，疑不必本韓非子，此則先生之
學甚博，又未易究也。”②王氏所言有一定道理。

　　《聖賢群輔錄》自北齊陽休之編入《陶淵明集》，是否爲陶淵
明之作，聚訟紛紜。然其必出陽休之編訂《陶淵明集》之前，亦或
陽休之僞託，其出亦在南北朝。

　　《聖賢群輔錄》，《四庫全書總目》將其與《燕丹子》並舉，而斥
其一無可取，云：“至於其書雖歷代著錄，而實一無可取，如《燕丹
子》、陶潛《聖賢群輔錄》之類，經聖鑒洞燭其妄者，則亦斥而存
目，不使濫登。”③《群輔錄》敍事簡略，多據他書所傳羅列，其意
恐僅在於存錄古聖賢人之姓名而已。且其往往多以數字包舉數
人，而又尤以“四”、“八”居多，清重刻二十一史本《史記》卷五五
考證，“天下有四人索隱四人四皓也云云”張照考證言及《四八

①逯欽立校注：《陶淵明集·例言》，中華書局1995年，第7頁。
②王謨輯：《群輔錄·序》，《增訂漢魏叢書》本，乾隆五十六年金谿王氏刻本。
③永瑢等：《四庫全書總目》卷首三凡例，中華書局1995年，第19頁上。

目》之因：“陶潛《四八目》即《聖賢群輔錄》別名，《四八目》蓋所載如四佐、四凶、八元、八愷之類，四與八居多，後人遂呼之爲《四八目》耳。”

王謨《增訂漢魏叢書》本《群輔錄》錄七十三種名號，迻錄如下：

燧人四佐、伏羲六佐、黃帝七輔、少昊四叔、羲和四子、八伯、四凶、八凱、八元、九官、舜七友、舜五臣、八師、三后、三仁、二老、文王四友、周八士、太姒十子、周十亂、五王、晉文公五臣、三良、鄭七穆、魯三桓、晉六族、作者七人、四科、孔子四友、孔子六侍、齊威王四臣、戰國四豪、漢三傑、商山四皓、二疎、周氏五龍、楚二龔、沛二唐、五侯、四子、二仲、河北二十八將、河西五守、三達、八使、韋氏三君、楊氏四公、袁氏五公、五處士、汝南六孝廉、三君、八俊、八顧、八及、八廚、陳氏三君、二十四賢、涼州三明、韋三義、荀氏八龍、公沙五龍、濟北五龍、京兆三休、魏文帝四友、竹林七賢、吳八絶、中朝八達、河東八裴、琅琊八王、太元王氏五世、京兆杜氏五世、八儒、三墨。

《聖賢群輔錄》專取歷代人物之並稱者，以名號包舉人物，略具姓名而已，譜錄之體。然亦是創製。

五孝傳

輯存。佚名撰。舊題陶潛撰。

前《聖賢群輔錄》已論及。

舊題陶潛《五孝傳》及《聖賢群輔錄》（又名《四八目》），最早見於北齊陽休之所編《陶淵明集》，蕭統所編《陶淵明集》無。《郡齋讀書志》著錄《陶潛集》十卷，云：

右晉陶潛淵明也。……今集有數本，七卷者，梁蕭統編，以序、傳、顔延之誄載卷首。十卷者，北齊陽休之編，以

《五孝傳》、《聖賢群輔錄》、序、傳、誄分三卷,益之詩,篇次差
異。按《隋·經籍志》潛集九卷,又云“梁有五卷,錄一卷”。
《唐·藝文志》潛集五卷。今本皆不與二志同,獨吳氏《西齋
書目》有潛集十卷,疑即休之本也。休之本出宋庠家云,江
左舊書,其次第最有倫貫,獨《四八目》後八儒、三墨二條,似
後人妄加。

故後世多以爲《五孝傳》及《聖賢群輔錄》非陶潛所作。

《四庫全書總目》集部別集類“《陶淵明集》”條云:“然昭明太
子去潛世近,已不見《五孝傳》、《四八目》,不以入集,陽休之何由
續得? 且《五孝傳》及《四八目》所引《尚書》,自相矛盾,決不出於
一手,當必依託之文。休之誤信而增之。以後諸本,雖卷帙多
少、次第先後各有不同,其竄入僞作,則同一轍,實自休之所編
始。庠私記但疑八儒、三墨二條之誤,亦考之不審矣。今《四八
目》已經睿鑒指示,灼知其贋,別著錄於子部類書而詳辨之。其
《五孝傳》文義庸淺,決非潛作,既與《四八目》一時同出,其贋亦
不待言,今並刪除。”

《四庫全書總目》子部類書類存目著錄《聖賢群輔錄》二卷,
斷其爲僞託,且詳論之:“蕭統所撰八卷,又少《五孝傳》及《四八
目》,今錄統所闕併序目等合爲十卷。是《五孝傳》及《四八目》實
休之所增,蕭統舊本無是也。”列出三條理由:其一,“統序稱,深愛
其文,故加搜校。則八卷以外不應更有佚篇,其爲晚出僞書已無
疑義”;其二,“且集中與子儼等疏稱子夏爲孔子四友,而此錄四友
乃爲顏回、子貢、子路、子張”;其三,“又《五孝傳》引‘孝乎惟孝,友
于兄弟’之文,句讀尚從包咸注,知未見《古文尚書》,而此錄四岳
一條,乃引孔安國傳”;由此三條,斷定“其出兩手尤自顯然”[1]。

---

[1] 永瑢等:《四庫全書總目》卷一三七子部四十七類書類存目一“《聖賢群
輔錄》”,中華書局 1995 年,第 1160 頁上。

《四庫全書總目》卷一三九"《廣群輔録》"條又云："案《群輔録》託名陶潛，實爲僞本，原書既不足據，續編亦病繁蕪。"①

今人逯欽立整理《陶淵明集》，亦以爲此書非陶潛所作。其云："梁蕭統所編《陶集》，合序、目、誄、傳而爲八卷，詩文實只七卷，是最早最可靠的本子。北齊陽休之加進了《五孝傳》、《四八目》(《聖賢群輔録》)，足成十卷。《陶集》屢進僞作自此始……四友、四皓均與《陶集》大相徑庭，所以宋人定《八儒》、《三墨》二條爲'後人妄加'(宋庠語)是對的。"②

清王謨以爲陶潛作，其《增訂漢魏叢書》經翼類輯録，題《孝傳》，晉陶潛撰。《叢書集成初編》轉録。王謨於傳後識云："右陶潛《孝傳》一卷，北齊陽休之本作《五孝傳》，蓋依《孝經》中天子、諸侯、卿大夫、士、庶人章次，分爲五篇，故謂之《五孝傳》。晁氏云……隋唐以來，二書俱附入陶集，故不另列二志書目。予又竊怪二志所收，王韶之、蕭廣濟、鄭緝之、師覺授、宋躬、虞槃、徐廣、周景式諸家《孝子傳》俱不傳，而《五孝傳》寥寥數篇，以附本集獨存。何氏因之攈入叢書。書之存亡，烏論卷帙多寡乎哉。"③

《五孝傳》自北齊陽休之編入《陶淵明集》，是否爲陶潛之作，聚訟紛紜。然其必出陽休之編訂《陶淵明集》之前，亦或陽休之僞託，其出亦在南北朝。

《五孝傳》以孝子身份不同，區分孝子爲五類，天子、諸侯、卿大夫、士、庶人。其中天子四人：虞舜、夏禹、殷高宗、周文王；諸侯三人：周公旦、魯孝公、河間惠王；卿大夫三人：孔子、孟莊子、穎考叔；士四人：高柴、樂正子春、孔奮、黄香；庶人四人：江革、廉

---

① 永瑢等：《四庫全書總目》卷一三九子部四十九類書類存目三"《廣群輔録》"，中華書局 1995 年，第 1177 頁下。

② 逯欽立校注：《陶淵明集·例言》，中華書局 1995 年，第 7 頁。

③ 王謨：《孝傳》識語，《增訂漢魏叢書》本，乾隆五十六年金谿王氏刻本。

範、汝郁、殷陶。分類爲孝子立傳,與其他《孝子傳》不同,可謂
《孝子傳》之别體。

幼童傳

輯存。劉昭撰。原十卷。

劉昭《幼童傳》,《隋書·經籍志》史部雜傳類、《舊唐書·經
籍志》史部雜傳類、《新唐書·藝文志》史部雜傳記類均著録劉昭
《幼童傳》十卷,《梁書》卷四九《文學傳·劉昭傳》亦云其著有《幼
童傳》十卷。《太平御覽經史圖書綱目》録劉昭《幼童傳》,徐崇
《補南北史藝文志》卷一史部雜傳類補録。

劉昭,《梁書》卷四九《文學傳上》、《南史》卷七二有傳。《梁
書·劉昭傳》云:"劉昭,字宣卿,平原高唐人。晉太尉寔九世孫
也。祖伯龍,居父憂,以孝聞,宋武帝敕皇太子諸王並往弔慰,官
至少府卿。父彪,齊征虜晉安王記室。昭幼清警,七歲通《老》、
《莊》義。既長,勤學善屬文,外兄江淹早相稱賞。"梁天監初,起
家奉朝請,累遷征北行參軍,尚書倉部郎,尋除無錫令。歷爲宣
惠豫章王、中軍臨川王記室,遷通直郎,出爲剡令,卒官。《梁
書·劉昭傳》又云其有"《集注後漢》一百八十卷、《幼童傳》十卷、
文集十卷"。

劉昭《幼童傳》久佚,其文今散見諸書徵引,或作劉昭《幼童
傳》,或作《幼童傳》,亦或有作劉劭《幼童傳》者,"劉劭"當爲"劉
昭"之誤。宛本《説郛》卷五八輯存任瑕、楊氏(子)、夏侯榮、祖
瑩、孫士潛五人事蹟。黄奭亦有輯本,録於《漢學堂知足齋叢書》
之《子史鉤沈》中。《漢魏六朝雜傳集》據諸書徵引,參之黄奭所
輯新輯其文,得秦舞陽、劉弗陵、蔡琰、楊氏子、曹操、夏侯榮、司
馬紹、庾天祐三歲兒、張玄、謝瞻、孫士潛十一人事蹟。

今簡括諸書引作《幼童傳》者,以人名標目,條列其佚文

如下。

一、秦舞陽。存文一節，見於《太平御覽》卷四三六《人事部七十七·勇四》、《天中記》卷二七《勇敢》"神勇"引。

二、劉弗陵。存文一節，見於《太平御覽》卷三九六《人事部三十七·相似》引。

三、蔡琰。存文一節，見於《後漢書》卷八四《列女傳·董祀妻》"又妙於音律"李注引。

四、楊氏子。存文一節，見於《初學記》卷一七《人部·聰敏第七》"答果題酪"引。

五、曹操。存文一節，見於《初學記》卷九《帝王部·總叙帝王》"擊蛟射雉"、《太平御覽》卷四三六《人事部七十七·勇四》、卷九三〇《鱗介部二·蛟》引。

六、夏侯榮。存文一節，見於《初學記》卷一七《人部·聰敏第七》"誦千言賦一物"引。

七、司馬紹。存文一節，見於《初學記》卷一《天部·日第二》"長安近車輪遠"、《太平御覽》卷三《天部三·日上》、《事類賦》卷一《天部·日賦》"偉晉明之幼慧"、《天中記》卷一《日》"對日遠近"引。

八、庾天祐三歲兒。存文一節，見於《北堂書鈔》卷一五二《天部四·霹靂二十五》"霹靂棗樹"引。

九、張玄。存文一節，見於《太平御覽》卷四六六《人事部·嘲戲》、《記纂淵海》卷四一《性行部之五·穎悟》、卷一六五《名譽部之六·納侮》、《古今合璧事類備要續集》卷三九《性行門·嘲謔》"君口狗竇"引。

一〇、謝瞻。存文一節，見於《太平御覽》卷六〇二《文部十八·幼屬文》引。

一一、孫士潛。存文一節，見於《太平御覽》卷六〇二《文部十八·幼屬文》引。

以今存之文觀之，劉昭《幼童傳》多記孩童早慧、穎悟等事，各有不同，如秦舞陽，記其勇氣；劉弗陵，記其壯大；蔡琰，記其琴藝；曹操，記其智勇；夏侯榮，記其識記之能；司馬紹，記其問對隨機應變；庾天祐三歲兒，記其膽略；張玄，記其辯對機敏；謝瞻、孫士潛，記其幼能屬文。《幼童傳》專門爲兒童立傳，亦爲開先河之作。

良吏傳

輯存。鍾岏撰。原十卷。

鍾岏《良吏傳》，《隋書·經籍志》史部雜傳類、《舊唐書·經籍志》史部雜傳類、《新唐書·藝文志》史部雜傳記類均著録鍾岏《良吏傳》十卷。《太平御覽經史圖書綱目》録鍾岏《良吏傳》，徐崇《補南北史藝文志》卷一史部雜傳類亦補録。

鍾岏，鍾嶸之兄，《梁書》卷四九《文學傳上·鍾嶸傳》附其事，其云：“嶸與兄岏、弟嶼並好學，有思理。”又云：“岏字長岳，官至府參軍、建康平，著《良吏傳》十卷。”又，《元和姓纂》“鍾”姓潁川籍亦云“岏撰《良吏傳》十卷”。《南齊書·周顒傳》言及何胤言斷食生，猶欲食白魚、䱺脯、糖蟹，以爲非見生物。疑食蚶蠣，使學生議之。鍾岏有論，其云：“䱺之就脯，驟于屈伸；蟹之將糖，躁擾彌甚。仁人用意，深懷如怛。至于車螯蚶蠣，眉目内闕，慚渾沌之奇，礦殼外緘，非金人之慎。不悴不榮，曾草木其何算。故宜長充庖厨，永爲口實。”

《良吏傳》久佚，其佚文今散見諸書徵引，“鍾岏”或作“鍾玩”、“鍾岐”，蓋因形近而訛。《漢魏六朝雜傳集》據諸書徵引輯其文，得趙廣漢、譚儒、秦彭、邵信臣、李孟元、張綱、寇恂、姚英、沈豐、侯霸、鄭弘、董宣、朱穆、苗蔿、王堂、桓虞、司馬儁、袁彭、鄭純、趙喜、宋均、顏裴、高玩、陳登、倉慈、顏雍、羊祜、吳隱之二十八人事蹟。

今簡括諸書稱引《良吏傳》者，以人名標目，條列其佚文如下。

一、趙廣漢。存文一節，見於《敦煌類書》錄文篇《不知名類書甲》〔一〕"〔良吏〕"二三一—〇一—〇一條引。

二、譚儒。存文一節，見於《敦煌類書》錄文篇《不知名類書甲》〔一〕"〔良吏〕"二三一—〇一—二二條引。

三、秦彭。存文一節，見於《敦煌類書》錄文篇《不知名類書甲》〔一〕"〔良吏〕"二三一—〇一—一九條引。

四、邵信臣。存文一節，見於《敦煌類書》錄文篇《不知名類書甲》〔一〕"〔良吏〕"二三一—〇一—一六條引。

五、李孟元。存文一節，見於《敦煌類書》錄文篇《不知名類書甲》〔一〕"〔良吏〕"二三一—〇一—〇三條引。

六、張綱。存文一節，見於《敦煌類書》錄文篇《不知名類書甲》〔一〕"〔良吏〕"二三一—〇一—〇二條引。

七、寇恂。存文一節，見於《敦煌類書》錄文篇《不知名類書甲》〔一〕"〔良吏〕"二三一—〇一—一五條引。

八、姚英。存文二節，其一見於《職官分紀》卷四九《解官》"姊疾去官"引。其二見於《敦煌類書》錄文篇《不知名類書甲》〔一〕"〔良吏〕"二三一—〇一—〇七條引。

九、沈豐。存文一節，見於《敦煌類書》錄文篇《不知名類書甲》〔一〕"〔良吏〕"二三一—〇一—二〇條引。

一〇、侯霸。存文一節，見於《敦煌類書》錄文篇《不知名類書甲》〔一〕"〔良吏〕"二三一—〇一—一四引。

一一、鄭弘。存文一節，見於《敦煌類書》錄文篇《不知名類書甲》〔一〕"〔良吏〕"二三一—〇一—二一條引。

一二、董宣。存文一節，見於《敦煌類書》錄文篇《不知名類書乙》二三二—〇〇一—〇一條引。

一三、朱穆。存文一節,見於《敦煌類書》録文篇《不知名類書乙》二三二—〇〇—〇二條引。

一四、苗蒵。存文一節,見於《敦煌類書》録文篇《纂金一部・并序》"刺史篇第廿二"下三一二—二二—〇九"棄犢"引。

一五、王堂。存文一節,見於《太平御覽》卷二六二《職官部六十・良太守下》引。

一六、桓虞。存文一節,見於《太平御覽》卷二六四《職官部六十二・功曹參軍》引。

一七、司馬儁。存文一節,見於《太平御覽》卷二六八《職官部六十六・良令長下》、《職官分紀》卷四二《縣令》"豪右挫氣"、《古今事文類聚外集》卷一四《縣官部・縣尹》"豪右挫氣"、《古今合璧事類備要後集》卷七九《縣官門・知縣》"豪右挫氣"引。

一八、袁彭。存文一節,見於《太平御覽》卷六九三《服章部十・袍》等引。

一九、鄭純。存文一節,見於《太平御覽》卷七五〇《工藝部七・畫上》引。

二〇、趙喜。存文一節,見於《職官分紀》卷三二《諸王府僚屬・相》"大蝗侵境一尺皆死"引。

二一、宋均。存文一節,見於《職官分紀》卷三二《諸王府僚屬・相》"詣闕請留者數千人"引。

二二、顏裴。存文一節,見於《職官分紀》卷三八《三輔・京兆尹》"吏民號泣遮道"、《天中記》卷三四《觀察使・京兆尹》"吏民遮道"引。

二三、高玩。存文一節,見於《太平御覽》卷二六八《職官部六十六・良令長下》引。

二四、陳登。存文一節,見於《太平御覽》卷二六八《職官部六十六・良令長下》引。

二五、倉慈。存文一節,見於《敦煌類書》録文篇《不知名類書甲》〔一〕"〔良吏〕"二三一一〇一一一三條引。

二六、顏雍。存文一節，見於《職官分紀》卷四一《郡太守·郡丞》"斷獄和顏色"引。

二七、羊祜。存文二節，其一見於《職官分紀》卷四〇《總州牧·刺史》"聞喪罷市傳泣數千里"引。其二見於《敦煌類書》録文篇《不知名類書甲》〔一〕"〔良吏〕"二三一一〇一一〇五條引。《職官分紀》卷四〇所引簡略，僅叙羊祜爲荆州刺史，恩惠均給，祜卒，荆州爲之罷市。《敦煌類書》録文篇《不知名類書甲》〔一〕"〔良吏〕"二三一一〇一一〇五條引文詳，又叙祜在荆州日，常愛登峴山，後百姓行過之者，無不悲感，杜預聞之墮淚，至今江漢之人猶呼户爲門，以避羊祜之諱。

二八、吳隱之。存文一節，見於《太平御覽》卷七〇九《服用部十一·薦蓆》引。

觀鍾岏《良吏傳》今存之文，大抵爲漢晉間吏之秀出者，治理一方，頗得百姓稱揚。其叙多簡略，往往記百姓之態度，則其良吏之標準，重在百姓評價之好壞。而專爲良吏作傳，亦開先河。

江左名士傳

輯存。劉義慶撰。原一卷。

《江左名士傳》，《隋書·經籍志》史部雜傳類著録《江左名士傳》一卷，題"劉義慶撰"。《舊唐書·經籍志》、《新唐書·藝文志》無著録，則其至唐末或已亡佚。文廷式《補晉書藝文志》卷二史部雜傳類補録，題"袁宏《江左名士傳》"，按云："此所引謂此盡出劉義慶書，俟考。"吳士鑑《補晉書藝文志》卷二史録雜傳類有"《江左名士表》"，云《世説·賞譽篇》注，當指此書。而吳士鑑云"表"，則不知何據。

劉義慶，字季伯，徐州彭城人。宋長沙景王道憐次子，出繼臨川烈武王道規。《宋書》卷五一《臨川烈武王道規傳》附其傳。劉義慶幼爲高祖劉裕所知，襲封南郡公。永初元年（420），襲封臨川王，徵爲侍中。元嘉元年（424），轉散騎常侍，祕書監，徙度支尚書，遷丹陽尹，加輔國將軍、常侍並如故。六年（429），加尚書左僕射。八年（431），解僕射，加中書令，進號前將軍，常侍、尹如故。在京尹九年，出爲使持節、都督荆雍益寧梁南北秦七州諸軍事、平西將軍、荆州刺史。十六年（439），改授散騎常侍、都督江州豫州之西陽晉熙新蔡三郡諸軍事、衛將軍、江州刺史，持節如故。十七年（440），即本號都督南兗徐兗青冀幽六州諸軍事、南兗州刺史，加開府儀同三司。元嘉二十一年（444）卒。《宋書》卷五一《宗室·劉義慶傳》云："爲性簡素，寡嗜欲，愛好文義，才詞雖不多，然足爲宗室之表。"又云："在州八年，爲西土所安。撰《徐州先賢傳》十卷，奏上之。又擬班固典引爲典叙，以述皇代之美。"又有《幽明錄》、《宣驗記》、《世説新語》等書。《江左名士傳》亦如《世説新語》等書，乃是其組織門客編纂。

《江左名士傳》久佚，其佚文今主要見於《世説新語》劉注引。劉緯毅輯得杜乂、謝鯤、王承事蹟，題《江左名士傳》，宋劉義慶撰，録於《漢唐方志輯佚》中。

《漢魏六朝雜傳集》據諸書徵引新輯其文，得杜乂、謝鯤、王承三人事蹟。

今簡括諸書引作《江左名士傳》者，以人名標目，條列其佚文如下。

一、杜乂。存文三節，分别見於《世説新語·賞譽》第七〇條劉注、《世説新語·容止》第二六條劉注、《世説新語·品藻》第四二條劉注引。杜乂，《晉書》卷九三《外戚傳》有傳。

二、謝鯤。存文一節，見於《世説新語·賞譽》第九七條劉注引。謝鯤，《晉書》卷四九有傳。

三、王承。存文一節，見於《世説新語·品藻》第一〇條劉注引。王承,《晉書》卷七五《王湛傳》附其傳。

　　觀《江左名士傳》之文,與《名士傳》相類,多録名士言談動止,乃是踵武《名士傳》之作。

徐州先賢傳贊

　　輯存。劉義慶撰。原十卷。

　　劉義慶《徐州先賢傳贊》,《隋書・經籍志》史部雜傳類著録《徐州先賢傳》一卷,劉義慶《徐州先賢傳贊》九卷;《舊唐書・經籍志》史部雜傳類著録《徐州先賢傳》一卷、《徐州先賢傳》九卷,均無撰人;《新唐書・藝文志》史部雜傳記類著録王義度《徐州先賢傳》九卷,又一卷;劉義慶《徐州先賢傳贊》八卷。《新唐書・藝文志》題“王義度”者,章宗源《隋書經籍志考證》卷一三史部雜傳類“《徐州先賢傳》”條按語云:“按《唐志》王義度乃臨川王劉義慶,誤删臨川劉三字,又訛慶作度,《隋志》、《舊唐志》並脱落撰名。”《太平御覽經史圖書綱目》録《徐州先賢傳》。

　　劉義慶,長沙景王道憐次子,出繼臨川烈武王道規。《宋書》卷五一《宗室傳》、《南史》卷一三有傳。其生平行事已見前録。《宋書》卷五一《宗室・劉義慶傳》、《南史》卷一三《宗室・劉義慶傳》皆云:“撰《徐州先賢傳》十卷,奏上之。”則《隋書・經籍志》等著録《徐州先賢傳》一卷、劉義慶《徐州先賢傳贊》九卷者,當均爲劉義慶所作,原書有傳有贊,十卷,後析爲二書。姚振宗《隋書經籍志考證》史部雜傳類“《徐州先賢傳》一卷、《徐州先賢傳贊》九卷”條案云:“宋氏,漢楚元王之後,世爲彭城人,後居京口。彭城屬徐州,京口亦曰南徐州,皆宋室之鄉國也,故臨川王爲是書。”

　　《宋書》卷五一《宗室・劉義慶傳》云劉義慶“爲性簡素,寡嗜欲,愛好文義,才詞雖不多,然足爲宗室之表。”“招聚文學之士,近遠必至。太尉袁淑，文冠當時，義慶在江州，請爲衛軍諮議參軍；其餘吳郡陸展、東海何長瑜、鮑照等，並爲辭章之美，引爲佐史國臣"。衆多文士聚集，形成當時著名文學集團。劉義慶撰小說多種，又多撰雜傳，《江左名士傳》之外，又有此《徐州先賢傳贊》。

劉義慶《徐州先賢傳贊》已佚，其佚文今散見諸書徵引。

劉緯毅輯徐盛事一節，題《徐州先賢贊》，宋劉義慶撰；又輯范蠡、楚老事兩節，題《徐州先賢傳》，云"撰人不詳，唐人已引，當爲南朝之作"。皆錄於《漢唐方志輯佚》中。《漢魏六朝雜傳集》據諸書徵引輯錄其文，題其名曰《徐州先賢傳贊》，得范蠡、楚老、徐盛三人事蹟，並詳加比勘。

今簡括諸書引作《徐州先賢傳贊》者，以人名標目，條列其佚文如下。

一、范蠡。存文一節，見於《初學記》卷七《地部下·湖第一》"賣藥浮舟"、《太平御覽》卷六六《地部三十一·湖》引。

二、楚老。存文一節，見於《文選》卷二三《哀傷·廬陵王墓下作一首》"延州協心許楚老惜蘭芳"李注引。

三、徐盛。存文一節，見於《太平御覽》卷四三七《人事部七十六·勇五》引。

范蠡事、楚老事所存文少，徐盛事存文較多，敘徐盛敦直勇氣，特舉一次與魏之戰事。徐盛，《三國志》卷五五《吳書十》有傳，此事《三國志·吳書·徐盛傳》亦載，其云："曹公出濡須，從權禦之。魏嘗大出橫江，盛與諸將俱赴討。時乘蒙衝，遇迅風，船落敵岸下，諸將恐懼，未有出者，盛獨將兵，上突斫敵，敵披退走，有所傷殺，風止便還，權大壯之。"由此觀之，其敘事或多據史實。

童子傳

輯存。王瓆之撰。原二卷。

王瓆之《童子傳》,《隋書・經籍志》史部雜傳類著録王瓆之《童子傳》二卷,《金樓子》卷二《聚書篇》云:"隱士王縝之經飾書如《童子傳》之例是也。""王縝之"當是"王瓆之"之誤。《舊唐書・經籍志》、《新唐書・藝文志》無著録,則其或在唐末已散佚。

王瓆之,始末未詳,蕭繹《金樓子》提及其書,則其當生於梁世前後。

王瓆之《童子傳》久佚,其佚文散見諸書徵引,《漢魏六朝雜傳集》據諸書徵引輯録其文,得任暇、孔林二人事蹟。任暇事見於《初學記》卷一七《人部上・聰敏第七》、《廣博物志》卷二六《藝苑一》引。孔林事見於《太平御覽》卷四六四《人事部・辯下》引。

王瓆之《童子傳》乃是繼劉昭《幼童傳》之後,又一部專爲兒童立傳之雜傳。所存任暇事,叙任暇幼慧,引鄉人歌曰"蔣氏翁,任氏童"。引諺謡證其事,既可見當時諺謡詠事之趣尚,又可見其時民風民情。

武昌先賢志

輯存。郭緣生撰。原二卷,或三卷。

郭緣生《武昌先賢志》,《隋書・經籍志》史部雜傳類著録《武昌先賢志》二卷,題"宋天門太守郭緣生撰";《舊唐書・經籍志》史部雜傳類著録《武昌先賢傳》三卷,題郭延生撰;《新唐書・藝文志》史部雜傳記類著録郭緣生《武昌先賢傳》三卷。《舊唐書・經籍志》題郭延生撰,當誤。宋程大昌《雍録》卷七《郡縣》"霸水雜名二":"郭緣生從劉裕入長安,記其所聞,名《述征記》。緣生或云延生,其語轉耳,實一人也。"章宗源《隋書經籍志考證》卷一三史部雜傳類"《武昌先賢志》"條云:"兩《唐志》皆作'先賢傳',《太平御覽·人事部》郭緣生《武昌先賢傳》曰:'郭翻字長翔,爲人非己耕不食,非妻織不衣。'"

郭緣生,生平始末不詳,據《隋書·經籍志》著録《武昌先賢志》時題署,知其仕宋,曾爲天門太守。"曾爲天門太守"——下補入:《册府元龜》卷五五五《國史部·採撰》云:"郭緣生爲天門太守,撰《武昌先賢志》二卷、《述征記》二卷。"《新唐書·藝文志》史部地理類又載郭緣生《述征記》二卷,《通志·藝文略》地理類"行記"亦載郭緣生《述征記》二卷。地理書頗引之,《水經注》、《太平寰宇記》等引十數條。

武昌,南北朝郡名,治武昌縣,即今湖北鄂州。

郭緣生《武昌先賢志》久佚,今存佚文一節,見於《太平御覽》卷四二六《人事部六十七·清廉下》引,作郭緣生《武昌先賢傳》,叙郭翻爲人非己耕不食,非妻自織不衣。劉緯毅據以採得,題《武昌先賢志》,宋郭緣生撰,録於《漢唐方志輯佚》中。《漢魏六朝雜傳集》亦據以輯得其文,並據《隋書·經籍志》著録,題其名曰《武昌先賢志》。

青州先賢傳

輯存。佚名撰。

《青州先賢傳》,《隋書·經籍志》等史志書目無著録,撰人、卷數不詳。章宗源《隋書經籍志考證》卷一三雜傳類補録。

《青州先賢傳》久佚,《漢魏六朝雜傳集》輯録其文,得周璆、陶丘洪二人事蹟。周璆事見於《藝文類聚》卷二二《人部六·品藻》、《天中記》卷二五《德譽》"瀏瀏"引。主要引京師之謠,將周璆與陳蕃對舉。陶丘洪事見於《後漢書》卷六四《史弼傳》"陶丘洪曰"李注引。叙陶丘洪清達博辯，文冠當代。舉孝廉，不行，辟太尉府。年三十卒。

武陵先賢傳

輯存。佚名撰。

《武陵先賢傳》，《隋書·經籍志》等史志書目無著録，撰人、卷數不詳。

《武陵先賢傳》久佚，酈道元《水經注》已見徵引，則《武陵先賢傳》當出此之前無疑。

今存《武陵先賢傳》潘京事，言及太守趙偉問郡何以名武陵，潘京答云："鄜郡本名義陵，在辰陽縣界，與夷相接，數爲所破。光武時移治東山之上，遂爾易號。《傳》曰：'止戈爲武。'《詩》云：'高平曰陵。'於是名焉。"由此知此武陵郡乃高祖五年（前202）由秦所置黔中郡所改之武陵郡，郡治駐義陵（今懷化市漵浦縣）。東漢建武六年（30），郡治遷於索縣（今常德市鼎城區）。順帝陽嘉二年（133），郡治又移臨沅（今常德市武陵區）。案：此武陵郡外，又有武陵縣，高祖五年析上庸之地置武陵縣（今湖北竹溪），隸屬漢中郡。此武陵縣即春秋時楚國滅方國庸（今湖北竹山一帶）所置漢中郡下另設之武陵縣。秦襲之，亦置武陵縣。晉時陶淵明《桃花源記》所言武陵，即此武陵縣。

《武陵先賢傳》久佚，清陳運溶據《北堂書鈔》、《藝文類聚》等引輯得王坦、潘京二人事蹟，録於《麓山精舍叢書》之《歷朝傳記九種》中。今劉緯毅亦輯有《武陵先賢傳》，得王坦、潘京二人事蹟，共三節，云"撰人不詳，《水經注》已引，當爲晉或宋初之作"，録於《漢唐方志輯佚》中。考諸古籍舊典，《武陵先賢傳》今存潘京、王坦二人事蹟。潘京事存文二節，其一叙潘京答太守趙偉問郡何以名武陵，見於《水經注》卷三六《延江水》"又東南至武陵西陽縣入於酉水”、《北堂書鈔》卷七三《設官部二十五・主簿一百六十三》“趙偉甚器之”引。其二敘潘京機辯事,見於《藝文類聚》卷五《歲時下・社》引。王坦事今存文一節,見於《北堂書鈔》卷六六《設官部十八・太子中庶子一百二十一》“有鸞來翔王坦被令爲賦論之”引。《漢魏六朝雜傳集》據以輯得其文,詳加比勘,定其文字,題其名曰《武陵先賢傳》。

廣陵耆老傳

輯存。佚名撰。

《廣陵耆老傳》,《隋書・經籍志》等史志書目無著錄,撰人、卷數不詳。文廷式《補晉書藝文志》卷二史部雜傳類補錄《廣陵耆老傳》。

《廣陵耆老傳》久佚,今劉緯毅據《太平御覽》卷八六七、《事類賦》卷一七輯得老姥事,題《廣陵耆老傳》,錄於《漢唐方志輯佚》中。《漢魏六朝雜傳集》據諸書徵引,新輯其文,得佚文一節,敘老姥事,見於《茶經》卷下《七茶之事》、《太平御覽》卷八六七《飲食部二十五・茗》、《事類賦》卷一七《飲食部・茶賦》“至於飛自獄中”引,作《廣陵耆老傳》。老姥每旦獨提一器茗,往市鬻之,自旦至夕,其器不減。得錢散路傍孤貧乞人。州法曹繫之獄中。至夜,老姥執所鬻茗器,從獄牖中飛出。事涉神仙,未知《廣陵耆老傳》散佚之文是否皆此類。又,四庫本《北堂書鈔》卷一四四《酒食部・茶篇八》“鬻茗”、《淵鑑類函》卷三九〇《食物部三・茶四》“鬻茗”各引一節,作《廣陵耆舊傳》,文與《太平御覽》卷八六七、《事類賦》卷一七引多同。《廣陵耆老傳》或又作《廣陵耆舊傳》,亦未可知。

廣陵列士傳

輯存。華隔撰。原一卷。

《廣陵列士傳》,《隋書·經籍志》無著録,《舊唐書·經籍志》史部雜傳類著録《廣陵列士傳》一卷,《新唐書·藝文志》史部雜傳記類、《通志·藝文略》史類傳記類著録《廣陵烈士傳》一卷,均題華隔撰。《太平御覽經史圖書綱目》録《廣陵列士傳》,章宗源《隋書經籍志考證》史部雜傳類補録《廣陵烈士傳》,文廷式《補晉書藝文志》卷二史部雜傳類補録《廣陵烈士傳》。

華隔,生平事蹟不詳。

華隔《廣陵列士傳》久佚,今劉緯毅據諸書徵引,采得劉俊、劉瑜、吳武、吳戒四人事蹟,題《廣陵烈士傳》,晉華鬲撰,録於《漢唐方志輯佚》。《漢魏六朝雜傳集》據諸書徵引,新輯其文,得劉儁、劉瑜、吳武、吳戒四人事蹟。且據《舊唐書·經籍志》,題其名曰《廣陵列士傳》。

今簡括諸書稱引《廣陵列士傳》者,以人名標目,條列其佚文如下。

一、劉儁。存文一節,見於《北堂書鈔》卷七三《設官部二十五·主簿一百六十三》“叩頭流血”引作《廣陵烈士傳》,《太平御覽》卷二六五《職官部六十三·州主簿》引作《廣陵列士傳》。

二、劉瑜。存文一節,見於《白氏六帖事類集》卷九《鬚十七》“長鬚方士”、《太平御覽》卷三七四《人事部一十五·鬚髯》引作《廣陵列士傳》。

三、吳武。存文一節,見於《太平御覽》卷四九九《人事部一百四十·真愚》引作《廣陵列士傳》。

四、吳戒。存文一節,見於《北堂書鈔》卷一三三《服飾部二·案二十》“吳戒舉案投江”引作《廣陵烈士傳》,《太平御覽》卷七一〇《服用部十二·案》、《天中記》卷四八《案》"舉案投江"及四庫本《北堂書鈔》卷一三三引作《廣陵傳》。

《列士傳》之作，劉向最早，《廣陵列士傳》踵武劉向《列士傳》，而僅述廣陵一地。今所存劉儁事，《北堂書鈔》卷七三《設官部二十五·主簿一百六十三》"叩頭流血"引作《廣陵烈士傳》，《太平御覽》卷二六五《職官部六十三·州主簿》引作《廣陵列士傳》，觀劉儁行事，非"烈士"，其當作"列士傳"爲是。

雜傳

輯存。任昉撰。

任昉《雜傳》，《隋書·經籍志》史部雜傳類著録《雜傳》三十六卷，小注云："任昉撰，本一百四十七卷，亡。"《新唐書·藝文志》史部雜傳記類著録任昉《雜傳》一百二十卷。《新唐書考證》云："任昉《雜傳》一百二十卷，沈炳震曰：'按《隋書·經籍志》作三十六卷，注云本百四十七卷，亡。此云一百二十卷，既非原本，又非缺本，未詳何據。'"《通志·藝文略》史類傳記類著録任昉《雜傳》三十六卷。《梁書·任昉傳》云："昉撰《雜傳》二百四十七卷，《地記》二百五十二卷，文章三十三卷。"諸書所言任昉《雜傳》卷數頗不同。姚振宗《隋書經籍志考證》任昉"《雜傳》三十六卷"案云："雜傳、地理總集爲書者，自齊陸澄始，本《志》地理類云，梁任昉增陸澄之書八十四家以爲此《地記》若干卷。則此《雜傳》亦增陸氏之書。"姚氏所言或是。據《梁書·任昉傳》所言任昉撰《雜傳》二百四十七卷，卷帙巨大，或是集歷代以來雜傳而成。

任昉，歷仕宋、齊、梁三朝，與江淹齊名。《梁書》卷一四、《南史》卷五九有傳，《梁書·任昉傳》云："任昉字彥昇，樂安博昌人，漢御史大夫敖之後也。父遙，齊中散大夫。"任昉幼而好學，早知名。宋丹陽尹劉秉辟爲主簿。時昉年十六，以氣忤秉子。久之，爲奉朝請，舉兖州秀才，拜太常博士，遷征北行參軍。齊永明初，衞將軍王儉領丹陽尹，復引爲主簿，遷司徒刑獄參軍事，入爲尚書殿中郎，轉司徒竟陵王記室參軍，以父憂去職，服除，拜太子步兵校尉、管東宫書記。齊明帝崩，遷中書侍郎。永元末，爲司徒右長史。蕭衍克京邑，霸府初開，以昉爲驃騎記室參軍。梁初，拜黄門侍郎，遷吏部郎中，尋以本官掌著作。天監二年（503），出爲義興太守，重除吏部郎中，參掌大選，居職不稱。尋轉御史中丞，祕書監，領前軍將軍。天監六年（507）春，出爲寧朔將軍、新安太守。卒於官舍，時年四十九。

任昉《雜傳》久佚，今見《文選》卷四六《王文憲集序》“國學初興華夷慕義經師人表允兹望實”李注引一節，作任昉《雜傳》，《漢魏六朝雜傳集》據以輯録。

高才不遇傳

輯存。劉晝撰。四卷。

《隋書·經籍志》史部雜傳類著録《高才不遇傳》四卷，題後齊劉晝撰。《舊唐書·經籍志》史部雜傳類著録《高才不遇傳》四卷，劉晝撰；《新唐書·藝文志》史部雜傳記類著録劉晝《高才不遇傳》四卷。《通志·藝文略》史類傳記類著録同《隋書·經籍志》。《北齊書·儒林·劉晝傳》云：“晝又撰《高才不遇傳》三篇。”《册府元龜》卷五五六《國史部·採撰》亦云：“劉晝冀州舉秀才，不第，撰《高才不遇傳》四卷。”

劉晝，《北齊書》卷四四《儒林傳》、《北史》卷八一《儒林上》有傳，《北齊書·儒林·劉晝傳》云：“劉晝，字孔昭，渤海阜城人也。少孤貧，愛學，負笈從師，伏膺無倦。”河清初（562），還冀州，舉秀才入京，考策不第，乃恨不學屬文。“方復緝綴辭藻，言甚古拙。制一首賦，以‘六合’爲名。”劉晝撰《六合賦》及《高才不遇傳》，在皇建、大寧之朝，又頻上書，言亦切直，多非世要，終不見收采。天統中（565—569），卒於家，年五十二。

劉書《高才不遇傳》今見《後漢書·鄭玄傳》李注引一節論鄭玄之文，可知此傳中當有鄭玄。

陰德傳

輯存。范晏撰。二卷。

《隋書·經籍志》史部雜傳類著録《陰德傳》二卷，題"宋光禄大夫范晏撰"。《舊唐書·經籍志》史部雜傳類著録《陰德傳》二卷，范晏撰；《新唐書·藝文志》史部雜傳記類著録范晏《陰德傳》二卷。《通志·藝文略》史類傳記類著録《陰德傳》二卷，范晏撰。《册府元龜》卷五五五《國史部·採撰》云："范晏撰《陰德傳》二卷。"《太平御覽經史圖書綱目》録范晏《陰德傳》。

范晏，范泰第三子。《宋書》卷六〇《范泰傳》云："次晏，侍中、光禄大夫。"《隋書·經籍志》著録題署范晏銜同此。范晏嘗規勸廬陵王劉義真，《宋書》卷六一《武三王·廬陵孝獻王義真傳》云："義真聰明愛文義，而輕動無德業。與陳郡謝靈運、琅邪顏延之、慧琳道人並周旋異常，云得志之日，以靈運、延之爲宰相，慧琳爲西豫州都督。徐羨之等嫌義真與靈運、延之暱狎過甚，故使范晏從容戒之，義真曰：'靈運空疏，延之隘薄，魏文帝云鮮能以名節自立者。但性情所得，未能忘言於悟賞，故與之遊耳。'"《建康實録》卷一一《宋·高祖武皇帝》亦載此事，稱范晏爲劉義真"故吏"，知范晏曾爲劉義真屬官。

范晏《陰德傳》今存文一節，見於《太平御覽》卷五五六《禮儀部三十五·葬送四》等引，叙陳翼義葬長安魏公卿事。陳翼事《廬江七賢傳》亦載，魏公卿作魏少卿，文略於此。又，《太平廣記》卷一一七"劉弘敬"、卷一二三"韋判官"，亦注出《陰德傳》，而皆唐代人事，則唐時又尚有《陰德傳》，亦或續補范晏之書者。

薩婆多部傳

　　輯存。釋僧祐撰，五卷。又作《薩婆多師資傳》、《薩婆多師資記》。

　　《隋書·經籍志》史部雜傳類著録《薩婆多部傳》五卷，題釋僧祐撰。《舊唐書·經籍志》史部雜傳類著録《薩婆多部傳》四卷，作“釋僧佑撰”；《新唐書·藝文志》子部釋氏類著録僧僧祐《薩婆多師資傳》四卷。《通志·藝文略》釋家類著録同《隋書·經籍志》。

　　《歷代三寶記》卷一一著録釋僧祐一十四部合六十三卷著述中，有《薩婆多師資傳》五卷。道宣《大唐内典録》卷四著録僧祐一十四部合六十三卷著述中，有《薩婆多師資傳》五卷。《法苑珠林》卷一〇〇傳記篇録“梁朝揚州建安寺沙門釋僧祐撰”十四部七十二卷著述中有《薩婆多師資傳》五卷。《開元釋教録》卷六《總括群經録上之六》録僧祐《釋迦譜》十卷、《出三藏記集》十五卷、《弘明集》十四卷，云“右三部三十九卷其本並在”。又云：“祐洞明律藏，兼善文藻，搜集記録，撰爲部袠，庶尋覽之者功省而博達，實法門之綱要，釋氏之元宗也。自蕭齊末爰及梁代，撰《釋迦譜》等三部，自外法苑集《世界記》、《師資傳》等，以非入藏，故闕不論，並如《三藏記》等具顯。”《出三藏記集》卷一二《釋僧祐法集總目録序》，其中列《薩婆多師資傳》，云“尊崇律本，故銓《師資》之傳”，其下録作“《薩婆多部相承傳》五卷，右一部第四帙。”《出三藏記集》卷一二録《薩婆多部記目録序》，則其又作《薩婆多師資記》。

　　釋僧祐，《高僧傳》卷一一有傳，題《齊京師建初寺釋僧祐》，其云：“釋僧祐，本姓俞氏，其先彭城下邳人，父世居於建業。祐年數歲，入建初寺禮拜。因踴躍樂道，不肯還家。父母憐其志，且許入道，師事僧范道人。年十四，家人密爲訪婚，祐知而避至定林，投法達法師。達亦戒德精嚴，爲法門梁棟，祐師奉竭誠。及年滿具戒，執操堅明。初，受業於沙門法穎，穎既一時名匠，爲律學所宗。祐乃竭思鑽求，無懈昏曉。遂大精律部。"永明中入吳，以天監十七年(518)五月二十六日卒于建初寺，春秋七十有四。由此推之，僧祐當生於宋文帝劉義隆元嘉二十二年、北魏太武帝拓跋燾太平真君六年(445)。

釋僧祐撰述，《高僧傳·釋僧祐傳》云："初，祐集經藏既成，使人鈔撰要事，爲《三藏記》、《法苑記》、《世界記》、《釋迦譜》及《弘明集》等，皆行於世。"僧祐所著《出三藏記集》卷一二《釋僧祐法集總目録序》第三，自録其著述包括：《釋迦譜》五卷，右一部第一帙；《世界記》五卷，右一部第二帙；《出三藏記集》十卷，右一部第三帙；《薩婆多部相承傳》五卷，右一部第四帙；《法苑集》十卷，右一部第五帙；《弘明集》十卷，右一部第六帙；《十誦義記》十卷，右一部第七帙；《法集雜記傳銘》七卷，右一部第八帙。共八部六十二卷。費長房《歷代三寶記》著録十四部六十三卷，釋道宣《大唐内典録》著録十一部一百八十餘卷。互有異同。釋僧祐著述，今存《釋迦譜》、《出三藏記集》、《弘明集》三部。

釋僧祐《薩婆多部傳》佚，今存序及目録，見於《出三藏記集》卷一二，題《薩婆多部記目録序》第六，其序云：

> 大聖遷輝，歲紀綿邈，法僧不墜，其惟律乎！初集律藏，一軌共學，中代異執，五部各分。既分五部，則隨師傳習。惟薩婆多部偏行齊土，蓋源起天竺，流化罽賓，前聖後賢，重明疊耀。或德昇住地，或道證四果，或顯相標瑞，或晦跡同凡，皆秉持律儀，闡揚法化。舊記所載五十三人，自兹以後，叡哲繼出。並嗣徽於在昔，垂軌於當今。季世五衆，依斯立教。遺風餘烈，炳然可尋。夫蔭樹者護其本，飲泉者敬其

源，寧可服膺玄訓，而不記列其人哉！祐幼齡凭法，年踰知命，仰前覺之弘慈，奉先師之遺德。猥以庸淺，承業《十誦》，諷味講説，三紀於茲。每披聖文以凝感，望遐蹤以翹心，遂搜訪古今，撰《薩婆多記》。其先傳同異，則並録以廣聞，後賢未絶，則製傳以補闕。總其新舊九十餘人。使英聲與至教永被，懋實共日月惟新。此撰述之大旨也。條序餘部，則委之明勝。疾恙悟漢，則辭之銓藻。儻有覽者，略文取心①。

　　"夫蔭樹者護其本，飲泉者敬其源，寧可服膺玄訓，而不記列其人哉"，可知，僧祐撰此傳，在於沿波討源，會通貫一，釐清薩婆多部歷代宗師傳承源流。第一卷即爲"舊記所載五十三人"，録自《長安城内齊公寺薩婆多部佛大跋陀羅師宗相承略傳》，其餘四卷爲新撰，包括第二卷五十四人，第三卷六人，第四卷二十人，第五卷五人。俱録其目如下：

　　　　大迦葉羅漢傳第一、阿難羅漢第二、末田地羅漢第三（譯曰中也）、舍那婆斯羅漢第四、優波掘羅漢第五、慈世子菩薩第六、迦旃延羅漢第七、婆須蜜菩薩第八、吉栗瑟那羅漢第九、長老脅羅漢第十、馬鳴菩薩第十一、鳩摩羅馱羅漢第十二、韋羅羅漢第十三、瞿沙菩薩第十四、富樓那羅漢第十五、後馬鳴菩薩第十六、達磨多羅菩薩第十七、蜜遮伽羅漢第十八、難提婆秀羅漢第十九、瞿沙羅漢第二十、般遮尸棄羅漢第二十一、羅睺羅羅漢第二十二、彌帝麗尸利羅漢第二十三、達磨達羅漢第二十四、師子羅漢第二十五、因陀羅摩那羅漢第二十六、瞿羅忌梨婆羅漢第二十七、婆秀羅羅漢

第二十八、僧伽羅叉菩薩第二十九、優波羶馱羅漢第三十、婆難提羅漢第三十一、那伽難羅漢第三十二、達磨尸梨帝羅漢第三十三（譯曰法勝）、龍樹菩薩第三十四、提婆菩薩第三十五、婆羅提婆菩薩第三十六、破樓提婆第三十七、婆修跋摩第三十八、毗栗惠多羅第三十九、毗樓第四十、毗闍延多羅菩薩第四十一、摩帝麗菩薩第四十二、訶梨跋暮菩薩第四十三、婆秀槃頭菩薩第四十四（譯曰青目）、達磨達帝菩薩第四十五、旃陀羅羅漢第四十六、勒那多羅菩薩第四十七、槃頭達多第四十八、弗若蜜多羅漢第四十九、婆羅多羅第五十、不若多羅第五十一、佛馱先第五十二、達磨多羅菩薩第五十三。

右五十三人第一卷。

《長安城內齊公寺薩婆多部佛大跋陀羅師宗相承略傳》

阿難羅漢第一、末田地羅漢第二、舍那婆斯羅漢第三、優波掘羅漢第四、迦旃延菩薩第五、婆須蜜菩薩第六、吉栗瑟那羅漢第七、勒比丘羅漢第八、馬鳴菩薩第九、瞿沙菩薩第十、富樓那羅漢第十一、達摩多羅菩薩第十二、寐遮迦羅漢第十三、難提婆秀羅漢第十四、巨沙第十五、般遮尸棄第十六、達摩浮帝羅漢第十七、羅睺羅第十八、沙帝貝尸利第十九、達磨巨沙第二十、師子羅漢第二十一、達磨多羅第二十二、因陀羅摩那羅漢第二十三、瞿羅忌利羅漢第二十四、鳩摩羅大菩薩第二十五、衆護第二十六、優波羶大第二十七、婆婆難提第二十八、那迦難提第二十九、法勝菩薩第三十、婆難提菩薩第三十一、破樓求提第三十二、婆修跋慕第三十三、比栗瑟兜彌多羅第三十四、比樓第三十五、比闍延多羅菩薩第三十六、摩帝戾拔羅菩薩第三十七、阿梨跋慕菩薩第三十八、波秀槃頭菩薩第三十九、達磨呵帝菩薩第四十、旃陀羅羅漢第四十一、勒那多羅菩薩第四十二、槃頭達多第四十三、不若多羅第四十四、佛大尸致利羅漢第四十五、佛馱悉達羅漢第四十六、又師以疊爲證不出名羅漢第四十七、婆羅多羅菩薩第四十八、佛大先第四十九、曇摩多羅第五十、達摩悉大第五十一、羅睺羅第五十二、耶舍第五十三、僧伽佛澄第五十四。

右五十四人第二卷。

卑摩羅叉傳第一、鳩摩羅什傳第二、弗若多羅傳第三、曇摩流支傳第四、求那跋摩傳第五、佛大跋陀羅傳第六。

右第三卷。

業律師傳第一、詢律師傳第二、儼律師傳第三、香律師傳第四、力律師傳第五、耀律師傳第六、璩律師傳第七、猷律師傳第八、光律師傳第九、遠律師傳第十、具律師傳第十一、穎律師傳第十二、道律師傳第十三、嵩律師傳第十四、熙律師傳第十五、度律師傳第十六、暉律師傳第十七、暢律師傳第十八、獻律師傳第十九、稱律師傳第二十。

右第四卷。

元嘉初三藏二法師重受戒記第一、元嘉末賦住阮奇弟子受戒記第二、永明中三吳始造戒壇受戒記第三、建武中江北尼衆始往僧寺受戒記第四、小乘迷學竺法度造異儀記第五

右第五卷①。

由目録可知，僧祐《薩婆多部傳》所録薩婆多部歷代宗師，起自印度，繼以中土，中外並録，完整、清晰呈現了薩婆多部之傳承

---

① 釋僧祐撰，蘇晉仁、蕭鍊子點校：《出三藏記集》卷一二《薩婆多部記目録序》第六，中華書局 1995 年，第 466—476 頁。

脈絡。

又，宋高承《事物紀原》卷七《道釋科教部三十八》"尼戒"引一條《薩婆多師資傳》曰："宋元嘉十一年，師子國尼鐵索羅等於建康南林寺壇上，爲景福寺尼惠果、净音等受戒法事，北方尼受戒，自惠果等始也。"

名僧傳

節存。釋寶唱撰。原三十卷。今存《名僧傳鈔》一卷。

《名僧傳》，隋沙門法經等撰《衆經目錄》卷六、費長房《歷代三寶記》卷一一、道宣《大唐内典錄》卷四並著錄《名僧傳》三十卷。《隋書·經籍志》史部雜傳類著錄《名僧傳》三十卷，題釋寶唱撰。《舊唐書·經籍志》史部雜傳類著錄《名僧傳》三十卷，釋寶唱撰；《新唐書·藝文志》史部雜傳記類著錄僧寶唱《名僧傳》三十卷。《通志·藝文略》史類傳記類著錄同《隋書·經籍志》。

百卷本《法苑珠林》卷一〇〇《傳記篇第一百·雜集部》錄《名僧傳》并《序目》三十一卷。智昇《開元釋教錄》卷六《總括群經錄上之六》亦云"唱又别撰《名僧傳》等七部"。道宣《宋高僧傳·序》言及釋寶唱《名僧傳》，其云："時則裴子野著《衆僧傳》、釋法濟撰《高逸沙門傳》、陸杲述《沙門傳》、釋寶唱立《名僧傳》。"

釋寶唱，唐釋道宣《續高僧傳》卷一《譯經篇初》有傳，其云："釋寶唱，姓岑氏，吳郡人，即有吳建國之舊壤也。少懷恢敏，清貞自蓄，顧惟隻立，勤田爲業。資養所費，終於十畝。至於傍求，備書取濟。寓目流略，便能强識。文采鋪瞻，義理有聞。年十八，投僧祐律師而出家焉。"唐釋智昇撰《開元釋教錄》卷六《總括群經錄上之六》略述釋寶唱生平云："沙門釋寶唱，揚都莊嚴寺僧也。俗姓岑氏，吳郡人。僧祐律師之高足也。博識洽文，罕有其匹，武帝甚相崇敬，天監年中頻敕撰集，皆愜帝旨，十五年丙申又敕撰《經律異相》一部，唱又别撰《尼傳》四卷。房《録》之中復有《名僧傳》等七部，非此入藏，故闕不論，餘並備在《續高僧傳》。"釋寶唱生年，據許雲和考證，生于宋廢帝蕭子業永光元年（465），"至于其卒年，雖不可確知，但……寶唱大同初年尚有活動，此時寶唱年已七十歲，因此寶唱之卒應該就在大同年間"①。

　　釋寶唱著述，《法苑珠林》卷一百十九共著録九部一百二十二卷。許雲和考證，"至少可得十六部八百九十九卷之多"②。而據劉颿考證，寶唱編纂佛教經籍甚多，"參與編輯以及獨自撰著書籍多達十八部"。其中參與編輯的書籍包括：《衆經要抄》八十八卷（包括目録）、《注大般涅盤經》七十二卷、《義林》八十卷、《法寶聯璧》二百二十卷（包括二十卷目録）、《定林寺藏經録》，獨自編述的書籍包括：《法集》一百四十卷、《續法輪論》七十卷或一百六十卷、《出要律儀》二十卷、《衆經飯供聖僧法》五卷、《衆經護國鬼神名録》、《衆經擁護國土諸龍王名録》、《衆經懺悔滅罪方法》、《衆經諸佛名》、《名僧傳》三十一卷（包括目録一卷）、《經律異相》五十卷目録五卷、《衆經目録》四卷、《比丘尼傳》四卷③。

　　《名僧傳》之作，《續高僧傳·釋寶唱傳》云："初唱天監九年先疾復動，便發二願：遍尋經論，使無遺失；搜括列代僧録，創區别之，撰爲部帙，號曰《名僧傳》三十一卷。至十三年，始就條列。其序略云……"可知《名僧傳》之始作，在天監九年（510），完成在天監十三年（514）。

　　《名僧傳》正文三十卷，目録一卷，計三十一卷。分爲法師、

①許雲和：《梁揚都莊嚴寺沙門釋寶唱生平及著作考略》，《宗教學研究》2009年第3期，95—98頁。

②許雲和：《梁揚都莊嚴寺沙門釋寶唱生平及著作考略》，《宗教學研究》2009年第3期，95—98頁。

③劉颿：《釋寶唱著述考》，《古籍整理研究學刊》2011年第3期，5—14頁。

律師、禪師、神力、苦節、導師、經師七類，其中法師又分爲外國法
師、神通弘教外國法師、高行中國法師、隱道中國法師，禪師分爲
外國禪師、中國禪師，苦節分爲兼學苦節、感通苦節、遺身苦節、
宗索苦節、尋法出經苦節、造經像苦節、造塔寺苦節。

《名僧傳》已佚，《文獻通考》已不著録，其散佚或在宋元間。
《續高僧傳·釋寶唱傳》節録其序，云：

> 夫深求寂滅者，在於視聽之表，考乎心行者，諒須丹青
> 之工。是知萬象森羅，立言之不可以已者也。大梁之有天
> 下也，威加赤縣，功濟蒼生，皇上化範《九疇》，神遊八正，頂
> 戴法橋，伏膺甘露。竊以外(514)典鴻文布在方册，九品六
> 藝尺寸罔遺，而沙門净行獨亡紀述，玄宗敏德名絶終古，擁
> 歎長懷，靡兹永歲。律師釋僧祐道心貞固，高行超邈，著述
> 諸記，振發宏要。寶唱不敏，預班二落，禮誦餘日，捃捨
> 遺漏。

又云“文廣不載”，當非全序。明梅鼎祚輯《釋文紀》卷二八《梁》
據以記録。由此序可知，寶唱作《名僧傳》，或受其師僧祐撰《釋
迦譜》及《薩婆多師資傳》啓發，姚振宗《隋書經籍志考證》“《名僧
傳》三十卷”條於“律師釋僧祐著述諸記，振發宏要”下案云：“此
蓋指僧祐所作《釋迦譜》及《薩婆多師資傳》各五卷也。”

《名僧傳》或於唐宋間傳入日本，日本僧人釋宗性在文曆二
年，即宋端平二年(1235)於日本奈良東大寺東南院得見此傳，遂
鈔其目録，並鈔録晉代和南北朝時期三十六名僧人傳記，其中晉
代八人、前秦二人、南朝宋代二十一人、齊代三人。又附《名僧傳
説處》，皆爲書中各傳要點，共有一百八十餘條。其中多是關於
彌勒感應故事，或僧人事蹟。宗性鈔《名僧傳》，於其後云：“文曆
二年五月晦日(午時)，於笠置寺福城院南堂書寫之畢，柳宗性自
去十三日參籠當山，《名僧傳》三十卷中令抄出，彌勒感應之要文
之次，其外至要之釋，聊所記置之也。此書世間流布，惟希之間

發慇懃大願。鈔彌勒要文之今。雖似交餘事，只爲備後覽也。門跡之輩可哀其志矣。仰願以此處處要文抄出書寫之功，必結生生常隨彌勒值遇之緣矣。"①宗性所節鈔《名僧傳》，今題《名僧傳抄》，一卷，現存《卍續藏經》第一三四册。

　　據宗性《名僧傳抄》所錄《名僧傳目錄》，《名僧傳》共錄東漢以來僧人四百二十五人，今錄其目次如下。

　　　　名僧傳第一（外國法師一）

　　　　漢雒陽蘭台寺竺迦攝摩騰一、漢雒陽蘭台寺竺法蘭二、漢雒陽支樓柯讖三、漢雒陽安世高四、吳建初寺康僧會五、晉長安青門外寺竺法護六、晉建初寺白尸梨蜜七、晉豫章山康僧淵八。

　　　　名僧傳第二（外國法師二）

　　　　僞秦逍遥園佛陀邪舍一、僞秦逍遥園鳩摩羅耆婆二、僞秦西河曇無懺三。

　　　　名僧傳第三（外國法師三）

　　　　王衛軍寺僧伽提婆一、僞秦曇摩難提二、僞秦僧伽跋澄三、祇洹寺求那跋摩四、許岡寺僧伽跋摩五、中興寺求那跋陀六。

　　　　名僧傳第四（神通弘教外國法師四）

　　　　竺佛圖澄。

　　　　名僧傳第五（高行上中國法師一）

　　　　晉倉垣水南寺朱仕行一、僞秦長安官寺釋道安二。

　　　　名僧傳第六（高行中中國法師第二）

　　　　僞秦飛龍山釋僧光一、僞秦飛龍山竺道護二、僞趙長安竺道進三、僞趙燉煌竺法乘四、晉江陵上東寺竺僧輔五、僞

①宗性：《名僧傳抄·後序》，日本《續藏經》第一輯第二編《支那撰述》史傳部《名僧傳抄》。

秦勞陽釋法和六、僞秦中山康法朗七、晉江陵長沙寺釋曇翼八、宋江陵竹林寺釋曇從九、僞魏釋玄高十。

　　名僧傳第七（高行下中國法師第三）

　　宋餘杭方顯寺僧詮一、宋江陵辛寺曇鑒二、僞魏曇弘三、宋道場寺僧馥四、宋祇洹寺僧苞五、宋南林寺法業六、宋新安寺法瑶七、宋彭城晉山寺僧篇八、齊靈根寺玄暢九、齊定林上寺僧遠十、齊定林上寺僧柔十一、齊山陰城傍寺惠基十二。

　　名僧傳第八（隱道上中國法師四）

　　晉長安山寺于法蘭一、晉長安城西寺帛法祖二、晉剡東仰山寺竺法深三、晉剡白山靈鷲寺于法開四、晉剡石城山寺支道林五、晉於替青山寺竺道曠六、晉酒泉山寺帛法作七、晉吴虎東山竺道一八、晉會稽山寺竺法仰九、晉剡東仰山寺竺法友十、晉長沙麓山寺釋法崇十一、晉剡東仰山寺竺法蘊十二、晉剡東仰山寺康法式十三、晉奉高琨瑞山寺竺僧朗十四、晉剡山于道邃十五、晉始寧保山竺法義十六。

　　名僧傳第九（隱道中中國法師五）

　　晉尋陽廬山釋惠遠傳。

　　名僧傳第十（隱道下中國法師六）

　　晉故章崐山支曇諦一、晉吴虎丘東竺道寶二、晉蜀郡龍淵寺惠持三、僞秦京兆商洛山道整四、僞秦覆舟山道立五、晉江夏五層寺法愍六、晉奉高太山寺僧敦七、晉尋陽廬山東寺曇邕八、晉尋陽廬山東寺曇恒九、宋尋陽廬山西寺道生十、宋會稽若邪山懸雷寺道敬十一、宋始興靈化山寺僧宗十二、宋鍾山定林下寺僧鏡十三、宋鍾山草堂寺僧拔十四、齊鍾山藥王寺法整十五、齊上虞城山寺僧行十六。

　　名僧傳第十一（中國法師七）

　　晉高邑竺法雅一、晉淮陽支孝龍二、晉瓦官寺竺僧敷

三、晉瓦官寺竺法汰四、晉江陵上明寺釋曇微五、晉江陵長沙寺釋法遇六、晉河內釋惠超七、晉彭城郡竺道融八、晉吳郡臺寺釋道祖九、晉蜀郡龍淵寺釋惠嚴十、晉江陵長沙寺釋僧衛十一。

名僧傳第十二（中國法師八）

僞秦長安大寺釋僧䂮一、僞秦長安釋僧叡二、僞秦長安大寺釋景影三、僞秦長安釋僧肇四、僞秦長安釋道恒五。

名僧傳第十三（中國法師九）

宋城都廣平寺釋僧恭一、宋瓦官寺釋法和二、宋彭城寺釋僧弼三、宋東阿釋惠靜四、宋烏衣寺釋惠叡五、宋東安寺釋惠嚴六、宋道場寺釋惠觀七、宋祇洹寺釋惠義八、宋廣平長樂寺釋道誾九、宋尋陽廬山釋曇詵十。

名僧傳第十四（中國法師十）

宋江陵瑟杷寺惠徹一、宋祇洹寺僧睿二、宋龍光寺寶林三、宋淮南中寺釋曇無成四、宋棲玄寺釋惠耀五、宋吳虎丘山釋道施六、宋中興寺釋惠定七、宋天竺寺釋弘稱八、宋謝寺釋曇無達九、宋淮南中寺釋曇因十、宋比多寶寺釋静林十一、宋長干寺釋道景十二、宋靈味寺釋僧合十三、宋莊嚴寺釋僧璩十四、宋舟楊釋梵敏十五、宋中興寺釋道溫十六、宋中興寺釋僧嵩十七、宋多寶寺釋道亮十八、宋天保寺釋惠整十九、宋壽陽東山寺釋僧導二十、宋江陵上明寺釋惠莊二十一。

名僧傳第十五（中國法師十一）

宋廣陵永福寺惠因一、宋東莞竺僧度二、宋宗熙寺曇瑤三、宋會稽天柱山惠靜四、宋山陰若邪山道猷五、宋治城寺惠琳六、宋新安寺道猷七、宋東安寺道猛八、宋長樂寺覺世九。

名僧傳第十六（中國法師十二）

宋中興寺智斌一、宋靈基寺僧瑾二、宋莊嚴寺曇斌三、宋何園寺惠高四、宋莊嚴寺曇濟五、宋治城寺惠通六、宋東安寺法智七、宋龍光寺法寶八、宋謝寺僧度九、宋中興寺僧慶十、宋靈基寺道愛十一、宋天竺寺曇淵十二。

名僧傳第十七（中國法師十三）

齊新安寺曇度一、僞魏僧淵二、齊莊嚴寺道惠三、齊高座寺僧成四、齊瓦官寺惠智五、齊天保寺道盛六、齊湘官寺法鮮七、齊中興寺僧念八、齊中興寺道文九、齊草堂寺惠熙十、齊多寶寺弘苑十一、齊長樂寺僧周十二、齊靈基寺智林十三、僞魏法度十四、齊靈基寺曇識十五、齊建元寺惠原十六、齊中興寺僧鍾十七、齊樂土寺曇遷十八、齊中興寺僧表十九、齊靈基寺法湲二十、齊北多寶寺惠隆二十一、齊謝寺惠次二十二、齊何園寺惠隆二十三、僞魏智誕二十四、齊靈基寺僧修二十五、齊謝寺僧最二十六、齊南海三藏寺曇通二十七、齊莊嚴寺玄趣二十八、齊大昌寺僧宗二十九、僞魏惠記三十、齊中寺法安三十一、齊莊嚴寺僧達三十二、僞魏道登三十三、齊彌陀寺僧顯三十四、齊靈根寺法常三十五、齊中興寺僧印三十六、齊福寺敏達三十七、齊莊嚴寺僧寶三十八。

名僧傳第十八（律師）

宋壽陽石澗寺卑摩羅叉一、宋長安大寺曇摩流支二、宋江陵辛寺惠猷三、宋吳閑居寺僧業四、宋廣陵長樂寺惠詢五、宋汴泗道儼六、宋吳閑居寺惠光七、宋江陵枇杷寺僧隱八、宋北法輪寺道遠九、宋江陵上明寺成具十、宋閑心寺道榮十一、宋涼洲公府寺法香十二、宋涼洲法力十三、齊瓦官禪房超度十四、齊長干寺法穎十五、宋蜀郡靈建寺法琳十六、齊定林下寺道嵩十七、齊天保寺惠文十八、齊閑心寺僧祐十九、齊安樂寺智稱二十。

名僧傳第十九（外國禪師上）

晉長安大寺弗若多羅一、晉西海跋摩瞿沙二、宋西梁洲智山三、宋高昌摩騰掘帝四、宋道場寺佛馱跋陀五、宋江陵辛寺曇摩耶舍六、宋定林寺曇摩蜜多七、宋建康僧伽達多八、宋道林寺畺良耶舍九、宋宗熙寺僧伽羅多哆十。

名僧傳第二十（中國禪師下）

晉中山郡柳泉山釋令詔一、晉剡石城山帛僧光二、晉始豐赤城山竺曇猷三、晉涼洲惠紹四、晉彭城鍾寺法相五、晉始豐赤城山支曇蘭六、晉長安大后寺智通七、宋會稽石室静度八、僞魏燉煌道韶九、宋南林寺惠始十、宋涼洲法成十一、宋枳園寺道恭十二、宋枳園寺僧諸十三、宋酒泉惠全十四、宋建康曇泓十五、僞魏長安大寺僧印十六、宋中興寺惠攬十七、宋欣平龍華寺智寅十八、宋莊嚴寺僧謙十九、宋靈根寺道忠二十、宋江陵長沙寺法期二十一、宋欣平龍華寺曇智二十二、宋靈根寺惠印二十三、宋城都安樂寺普恒二十四、齊栖静寺僧審二十五、齊招提寺法隱二十六、齊武昌頭陀寺法悟二十七、齊靈根寺惠暉二十八、齊龍華寺曇超二十九、齊安固新興寺道果三十。

名僧傳第二十一（神力）

晉雒陽滿水寺耆域一、晉雒陽般鵄山㮌陀勒二、晉南海羅浮山單道開三、晉雒陽常山竺佛調四、晉懋陽樓至山訶羅竭五、晉襄陽羊舛于寺竺法惠六、晉永興龍山大寺納衣七、晉南海羅浮山沙門八、宋雒陽釋曇始九、宋延賢寺杯渡十、宋梁洲釋智整十一、宋高昌釋法朗十二、齊江陵長沙寺釋惠遠十三、宋尋陽釋惠通十四、齊江陵陟岯寺釋僧惠十五。

名僧傳第二十二（兼學苦節第一）

晉尋陽廬山西寺惠永一、宋寧蜀江陽寺普明二、宋欣平龍華寺道汪三、宋道場寺法莊四、宋謝寺僧開五、宋彭城寺

惠琳六、宋天保寺僧蘭七、齊普弘寺惠溫八、齊道林寺僧隆
九、齊興皇寺惠堅十、齊西安寺僧侯十一、齊草堂寺法紹十
二、齊靈曜寺僧全十三、齊靈根寺惠豫十四、齊奉城寺僧護
十五、齊長干寺玄暢十六、齊新安寺玄運十七、齊彭城靜林
法遷十八、齊建元寺僧嵩十九、齊臨沂攝山法度二十、齊江
陵四層寺惠敞二十一。

名僧傳第二十三（感通苦節第二）

晉洛陽康法持一、晉江左釋僧顯二、晉河北帛法橋三、
晉剡支曇巋四、晉尋陽廬山陵雲寺釋惠永五、晉信安釋曇彼
六、晉長安太后寺釋惠精七、晉長安釋惠蒐八、晉鍾山竺曇
蓋九、晉尋陽釋僧濟十、晉河陰白馬寺釋曇邃十一、晉尋陽
廬山釋僧融十二、晉瓦官寺支法乾十三、晉山陰顯義寺竺法
純十四、宋鹽官若常山石室釋僧秀十五、宋建康釋惠簡十
六、宋南磵寺釋道固十七、宋謝寺釋僧弘十八、宋尋陽廬山
竺惠慶十九、宋瓦官寺釋慧果二十。

名僧傳第二十四（遺身苦節三）

晉羅江霍山僧群一、晉河北曇稱二、宋長安寒山僧周
三、宋高昌法迎四、宋鄴廷尉寺僧富五、僞秦法羽六、宋臨川
招提寺惠紹七、宋尋陽廬山僧瑜八、宋北竹林寺惠蓋九、宋
江陵道海十、宋城都義興寺僧慶十一、宋城都三寶寺僧生十
二、宋城都武擔寺弘濟十三、宋城都香積寺道法十四、宋欣
平慈氏寺僧業十五、齊壟西記城寺法光十六、齊交洲仙山寺
曇弘十七、齊金剛寺法紆十八、宋晉壽建元寺弘願十九。

名僧傳第二十五（［宋］索苦節第四）

晉上虞徐山曇隆一、晉治城寺僧法二、晉武當山普施
三、晉於替法恒四、宋東安寺法恭五、宋始豐曝布山僧從六、
宋尋陽廬山陵雲寺惠安七、宋剡法華臺法宗八、宋天保寺玄
敦九、宋西涼洲法進傳十、宋招提寺惠標十一、宋靈曜寺智

玄十二、宋彭城寺僧霞十三、宋莊嚴寺僧懿十四、宋招提寺惠宏十五、宋靈基寺道毗十六、宋新安寺惠辨十七、宋莊嚴寺惠忠十八、齊吳閑心寺法訓十九、齊興福寺僧高二十、齊中僧盛二十一、齊高座寺惠進二十二、齊靈曜寺志道二十三、齊龍華寺僧念二十四、齊瓦官寺法纖二十五、齊定林上寺超弁二十六、齊高昌僧遵二十七、齊靈基寺法明二十八、齊祇洹寺僧志二十九、齊祇洹寺惠志三十、齊莊嚴寺惠演三十一、齊高昌仙窟寺法惠三十二、齊正勝寺法願三十三、齊山陰天柱寺法惠三十四、齊欣平等法定三十五、齊欣平龍華寺法衛三十六。

名僧傳第二十六（尋法出經苦節六）

晉長安竺佛念一、晉道場寺法顯二、晉東安寺竺法維三、晉吳通玄寺僧表四、宋枳園寺智嚴五、宋道場寺寶雲六、宋定林上寺智猛七、宋黃龍法勇八、宋高昌道普九、宋齊昌寺法盛十、齊定林上寺法獻十一。

名僧傳第二十七（造經像苦節六）

晉吳紹靈寺惠護一、晉山陰嘉祥寺惠虔二、宋瓦官寺僧供三、宋吳虎丘山僧詮四、宋彭城寺僧鍾五、宋瓦官寺僧楊六、宋江陵鹿山寺僧亮七、宋安樂寺道靜八、宋謝寺僧昌九、宋龍華寺道矯十、齊安樂寺曇副十一。

名僧傳第二十八（造塔寺苦節七）

晉安樂寺僧受一、晉瓦官寺惠力二、晉武陵平山惠原三、晉建初寺曇爽四、晉長干寺惠達五、宋白馬寺惠光六、宋武陵顯宋寺慈欽七、宋始興虎丘山僧律八、宋城都費寺法智九、宋廣陵靈鷲寺淨開十、宋宜昌閑居寺曇蘭十一、宋延賢寺法意十二、宋江陵多寶寺僧運十三、宋定林下寺僧鑒十四、宋吳縣南寺僧智十五、宋江陵長沙寺法翼十六、宋長干寺智愛十七、宋靈曜寺法意十八、宋謝寺僧瞿十九、宋番禺祇洹寺法獻二十、宋祇洹寺惠敬二十一。

　　名僧傳第二十九（導師）

　　宋祇洹寺道照一、宋長干寺曇穎二、宋瓦官寺惠璩三、宋靈味寺僧意四、宋靈味寺曇宋五、宋中寺曇光六、宋興福寺惠芬七、宋祇洹寺惠明八、齊齊福寺道儒九、齊瓦官寺惠重十、齊閑心寺僧惠十一、齊瓦官寺法覺十二、齊齊隆寺法鏡十三。

　　名僧傳第三十（經師）

　　晉建初寺曇籥一、晉祇洹寺法平二、晉祇洹寺法等三、宋白馬寺超明四、宋白馬寺明惠五、宋白馬寺僧饒六、宋安樂寺道惠七、宋謝寺智宋八、宋新安寺道綜九、宋烏衣寺曇遷十、宋道場寺法暢十一、宋瓦官寺道琰十二、齊東安寺曇智十三、齊安樂寺僧弁十四、齊寧蜀龍淵寺曇馮十五、齊中寺僧琮十六、齊北多寶寺惠忍十七。

　　宗性抄錄三十六傳：

　　中興寺求那跋陀、僞秦長安官寺釋道安、晉江陵長沙寺釋曇翼、晉始寧保山竺法義、齊上虞城山寺僧行、晉江陵長沙寺釋法遇、僞秦長安釋道恒、三乘漸解實相事、無神我事、宋長樂寺釋覺世、宋莊嚴寺曇斌、宋莊嚴寺曇濟、禮法事、宋道場寺佛馱跋陀、宋定林寺曇摩蜜多、宋宗熙寺僧伽羅多哆、僞魏燉煌道韶、僞魏長安大寺僧印、宋中興寺慧欖、晉永興龍山大寺納衣、宋尋陽釋慧通、宋欣平龍華寺道汪、晉尋陽廬山陵雲寺釋慧永、晉長安太后寺釋慧精、晉山陰顯義寺竺法純、宋尋陽廬山竺慧慶、宋瓦官寺釋慧果、宋江陵慧海、宋城都香積寺道法、宋欣平慈氏寺僧業、齊高昌仙窟寺法慧、晉吳通玄寺僧表、宋枳園寺智嚴、宋道場寺寶雲、宋齊昌寺法盛、宋瓦官寺僧供、宋龍華寺道矯、齊安樂寺曇副、釋法祥。

慧皎《高僧傳序錄》云："自前代所撰，多曰'名僧'。然名者，本實之賓也。若實行潛光,則高而不名;寡德適時,則名而不高。名而不高,本非所紀;高而不名,則備今録。故省名音,代以高字。"①責其"名僧"之名狹隘,所取不當。今檢《名僧傳》與《高僧傳》所録,其間正傳二百二十一人相同,《高僧傳》附見二百四十四人中,亦有九十二人與《名僧傳》重複。可見寶唱之去取標準,與慧皎相去非遠,而慧皎作《高僧傳》,實多據《名僧傳》,任繼愈《中國佛教史》即云:"《名僧傳》當是慧皎編寫《高僧傳》所用的重要參考資料之一。《名僧傳》還可以補《高僧傳》記載的不足。"②

《名僧傳》亦見引於宋代文獻,宋羅濬《寶慶四明志》卷一三《鄞縣志卷二寺院·禪院二十二》即引《名僧傳》云:"昔有神人捧塔飛行海上,弟子中有未得道者,墮地化爲烏石,猶作人形,上有袈裟文。"《名僧傳》佚文,蘇晉仁、黄先炳嘗作輯録,可參看③。

比丘尼傳

存。釋寶唱撰。四卷。

《比丘尼傳》,《隋書·經籍志》史部雜傳類著録《尼傳》二卷,題皎法師撰。姚振宗《隋書經籍志考證》"《尼傳》二卷"條云:"皎法師當爲寶唱,有《名僧傳》。見前。"又案云:"皎法師即慧皎,所著唯《高僧傳》一部(見前),別無他書,《開元釋教録》及《法苑珠林·傳記篇》所載並同,此實寶唱撰,今釋藏有之,不知何以誤爲

①釋慧皎撰,湯用彤校注,湯一玄整理:《高僧傳》卷第十四《高僧傳序録》,中華書局 1992 年,第 525 頁。

②任繼愈主編:《中國佛教史》第三卷,中國社會科學出版社 1988 年,第 525 頁。

③蘇晉仁:《佛教文化和歷史》,中央民族大學出版社 1998 年,第 132—134 頁。黄先炳:《〈高僧傳〉研究》,南京大學博士論文 2005 年 5 月,第 35—36 頁。

皎法師也。"今中華書局點校本已改題爲釋寶唱撰①。《舊唐
書·經籍志》史部雜傳類著録《比丘尼傳》四卷，釋寶唱撰；《新唐
書·藝文志》子部釋家類著録僧寶唱《比丘尼傳》四卷。隋費長
房《歷代三寶記》卷一一、道宣《大唐内典録》卷四、《法苑珠林》卷
一〇〇《傳記篇》、智昇《開元釋教録》卷六、别本卷二〇、《貞元新
定釋教目録》卷九著録《比丘尼傳》，皆作四卷。智昇撰《開元釋
教録》卷六《總括群經録上之六》著録《比丘尼傳》四卷，並云："述
晉宋齊梁四代尼行，新編入録。"

　　《隋書·經籍志》著録作"二卷"，王孺童考證，"二卷本"《比
丘尼傳》亦"見於《大明三藏聖教北藏目録》、《大清三藏聖教目
録》及《閱藏知津》、《大日本校訂藏經目録》、《藏版經直畫一目
録》等。考察《永樂北藏》原本，其在正文卷一首云：'《比丘尼傳》
卷第一、第二同卷。'在卷三首云：'《比丘尼傳》卷第三、第四同
卷。'可見，此二卷本即將第一、二卷合爲一卷，將第三、四卷合爲
一卷。正如《南禪寺經藏一切經目録》所云'《比丘尼傳》四卷，每
二卷同卷。'其實亦爲四卷本"②。

　　唐宋以後書志著録《比丘尼傳》，多同《舊唐書·經籍志》、
《新唐書·藝文志》，唯《宋史·藝文志》子部釋家類著録作"五
卷"，他本無著録"五卷"者，不知所據何本。王孺童認爲："所謂
'五卷本'者，祇見于《宋史·藝文志》。余認爲此五卷本之'五'，
要麽爲'三'之形誤，要麽就是將《比丘尼傳》之《序》與其餘四卷
傳文合稱爲'五'。"③或是。

---

①《隋書·經籍志》史部雜傳類"《尼傳》"條注，中華書局 2011 年，第 979 頁。
②釋寶唱著，王孺童校注：《比丘尼傳校注·前言》，中華書局 2006 年，第
　6 頁。
③釋寶唱著，王孺童校注：《比丘尼傳校注·前言》，中華書局 2006 年，第
　6 頁。

《比丘尼傳》,爲釋寶唱在《名僧傳》之外,又一部僧尼傳記。釋寶唱在《比丘尼傳·序》中云:

　　原夫貞心抗志,奇操異節,豈惟體率由於天真,抑亦勵景行於仰止,故曰:"希顏之士,亦顏之儔。慕驥之馬,亦驥之乘。"斯則風烈英徽流芳不絶者也。是以握筆懷鉛之客,將以語厥方來;比事記言之士,庶其勸誠於後世。故雖欲忘言,斯不可已也。昔大覺應乎羅衛,佛日顯於閻浮,三界歸依,四生向慕,比丘尼之興,發源於愛道,登地證果,仍世不絶,列之於法藏,如日經天。自拘屍滅影,雙樹匿跡,歲歷蟬聯,陵夷訛紊。於是時澆信謗,人或存亡。微言興而復廢者,不肖亂之也;正法替而復隆者,賢達維之也。像法東流,净檢爲首,綿載數百,碩德係興,善妙、净珪,窮苦行之節,法辯、僧果,盡禪觀之妙,至若僧端、僧基之立志貞固,妙相、法令之弘震曠遠,若此之流,往往間出,並淵深岳峙,金聲玉震,實惟荻葉之貞幹,季緒之四依也。夫年代推移,清規稍遠,英風將範於千載,志事未集乎方册,每懷慨歎,其歲久矣。始乃博採碑頌,廣搜記集,或訊之傳聞,或訪之故老,詮序始終,爲之立傳。起晉咸和,訖梁普通,凡六十五人,不尚繁華,務存要實。庶乎求解脱者,勉思齊之德,而寡見庸疏,或有遺漏,博雅君子箴其闕焉[①]。

晁公武《郡齋讀書志》卷九傳記類著録此書時云:"起晉升平,訖梁天監,得尼六十五人,爲之傳,以檢净爲首。"年代起訖均與寶唱自序不符,又"檢净"亦誤,當爲"净檢"。考《比丘尼傳》,其載有六十五人傳記,又附見五十一人,不分科類。大致依時代順序,卷一東晉一十三人,卷二劉宋二十三人,卷三南齊一十五人,

---

① 釋寶唱《比丘尼傳·序》,見《比丘尼傳》,《續修四庫全書》第 1285 册,上海古籍出版社 2002 年,第 649 頁上—下。

卷四梁一十四人,本傳六十五人外,又各依本傳附見五十一人。

今存《比丘尼傳》,以佛藏本爲主,《大正藏》所收最善。王孺童校注《比丘尼傳》,即以《大正藏》所收《比丘尼傳》爲底本,又校以《金藏》、《高麗藏》、《資福藏》、《磧砂藏》、《普寧藏》、《洪武南藏》、《永樂北藏》、《永樂南藏》、《徑山藏》、《清藏》、《頻伽藏》相關傳本及資料①。

釋寶唱《比丘尼傳》,開爲比丘尼撰傳之先例,而竟成絶響,歷代無繼之者,直至近代民國釋震華,方效仿寶唱《比丘尼傳》之體例,編述《續比丘尼傳》六卷,上接寶唱所作,下收梁、陳、北齊、隋、唐、五代、宋、元、明、清、民國比丘尼兩百餘人。《續比丘尼傳》自序云:"愛道雖有傳人,難登竹帛;高僧獨多長史,盡著簡篇。幸賴寶唱一呼,僅存六十五傳,何竟步塵無繼,寥落千百餘年? 夏樹芳爲衆名公立言,彭尺木爲善女人著録。彼皆各擅其美,光暇不磨,此何獨付闕如? 機緣有待,華才實愧於贊寧,志竊希於司馬,感潛德之不彰,悲斯文之若喪。於是振襟而起,甯計學殖之疏;奮筆直書,渾忘言詞之拙。歷時幾及三年,集稿垂成數帙……"②

高僧傳

存。釋慧皎撰。十四卷。

《高僧傳》,慧皎《高僧傳序録》云:"故述六代賢異,止爲十三卷,並序録,合十四軸,號曰《高僧傳》。"《隋書·經籍志》史部雜傳類著録《高僧傳》十四卷,題釋僧祐撰;《舊唐書·經籍志》史部

---

①釋寶唱著,王孺童校注:《比丘尼傳校注·前言》,中華書局 2006 年,第2—6 頁。

②釋震華:《續比丘尼傳·序》,釋慧皎等撰《高僧傳合集》,上海古籍出版社 1991 年,第 982 頁上—中。

雜傳類著録《高僧傳》十四卷，釋惠皎撰；《新唐書·藝文志》子部
釋家類著録僧惠皎《高僧傳》十四卷。則《隋書·經籍志》史部雜
傳類所題"釋僧祐撰"誤，姚振宗《隋書經籍志考證》"《高僧傳》十
四卷"條題下注云："僧祐當爲慧皎，慧亦通作惠。"又案云："案唐
《日本書目》亦誤題僧祐撰，考僧祐所撰，《法苑珠林·傳記篇》全
載其目，無《高僧傳》，《開元釋教録》亦不云僧祐有是書，此實爲
惠皎之書，釋藏有本，今《海山仙館叢書》刻之，章氏考證以爲本
《志》不著録者，似是而非也。"陳垣先生亦云："此今本《隋志》之
誤也，此書蓋即慧皎撰。"並舉四證證之①。《宋史·藝文志》子
部道家類附釋氏類著録僧慧皓《高僧傳》十四卷，此慧皓，當作慧
皎。《通志·藝文略》著録同《隋書·經籍志》，亦誤。《崇文總
目》著録《高僧傳》十三卷，或僅爲正文，未包括叙録。

　　隋沙門法經等撰《衆經目録》卷六著録《高僧傳》十五卷，題
釋慧皎撰；費長房《歷代三寶記》卷一一著録《高僧傳》十四卷；道
宣《大唐内典録》卷四著録《高僧傳》十四卷並目録，又卷一〇著
録梁會稽嘉祥寺沙門釋慧皎撰《高僧傳》一十四卷；《法苑珠林》
卷一〇〇《傳記篇》"《高僧傳》十四卷並目録"；智昇《開元釋教
録》著録《高僧傳》十四卷，注云："序録一卷，傳十三卷，共十四
卷，天監十八年撰。"

　　釋慧皎，或作釋惠皎，唐道宣《續高僧傳》卷六有傳，其云：
"釋慧皎，未詳氏族，會稽上虞人，學通内外，博訓經律，住嘉祥
寺，春夏弘法，秋冬著述……"②僧果《高僧傳·跋》云："此傳是
會稽嘉祥寺慧皎法師所撰，法師學通内外，善講經律，著《涅盤
疏》十卷、《梵網戒》等義疏，並爲世軌。又著此《高僧傳》十三卷，

①陳垣：《中國佛教史籍概論》，上海書店出版社 2001 年，第 18—19 頁。
②道宣：《續高僧傳》卷六《梁會稽嘉祥寺釋慧皎傳五》，《高僧傳合集》本，
　上海古籍出版社 1995 年，第 151 頁。

梁末承聖二年（553）太歲癸酉避侯景難，來至溢城，少時講説。
甲戌年（554）二月捨化，時年五十有八，江州僧正慧恭經始，葬廬
山禪閣寺墓。龍光寺僧果同避難在山，遇見時事，聊記之云
爾。"①此當是慧皎事蹟的最早記録，費長房《歷代三寶記》及其
他書志著録所題，均源自於此。道宣所撰《慧皎傳》，未用僧果所
撰《高僧傳·跋》之記録。綜言之，釋慧皎，不詳姓氏，會稽上虞
人，梁武帝時住會稽嘉祥寺。撰《高僧傳》十四卷之外，又撰《涅
盤疏》十卷、《梵網戒疏》。梁末承聖二年太歲癸酉，避侯景難來
至溢城，甲戌歲二月捨化，年五十有八。由此推之，慧皎當生於
齊明帝建武四年（497）。

關於慧皎著《高僧傳》的緣起及目的，其《高僧傳序録》云：

　　……自爾西域名僧往往而至，或傳度經法，或教授禪
道，或以異跡化人，或以神力救物。自漢之梁，紀曆彌遠，世
涉六代，年將五百，此土桑門，舍章秀起，群英間出，迭有其
人。衆家記録，叙載各異。沙門法濟，偏叙高逸一跡；沙門
法安，但列志節一行；沙門僧寶，止命游方一科；沙門法進，
迺通撰傳論，而辭事闕略。並皆互有繁簡，出没成異，考之
行事，未見其歸。宋臨川康王義慶《宣驗記》及《幽明
録》……並傍出諸僧，叙其風素，而皆是附見，亟多疏闕。齊
竟陵文宣王《三寶記》傳，或稱佛史，或號僧録，既三寶共叙，
辭旨相關，混濫難求，更爲蕪昧。琅琊王巾所撰《僧史》，意
似該綜，而文體未足；沙門僧祐撰《三藏記》，止有三十餘僧，
所無甚衆；中書郎郗景興《東山僧傳》、治中張孝秀《廬山僧
傳》、中書陸明霞《沙門傳》，各競舉一方，不通今古，務存一
善，不及餘行。逮乎即時，亦繼有作者，然或褒贊之下，過相

①僧果：《高僧傳·跋》，見釋慧皎撰，湯用彤校注，湯一玄整理：《高僧傳》
　　卷第十四《高僧傳序録》，中華書局 1992 年，第 554 頁。

揄揚，或叙事之中，空列辭費，求之實理，無的可稱，或復嫌以繁廣，刪減其事，而抗跡之奇，多所遺削，謂出家之士，處國賓王，不應勵然自遠，高蹈獨絕，尋辭榮棄愛，本以異俗爲賢，若此而不論，竟何所紀！①

《高僧傳》將其所傳之僧分爲十類，即：譯經、義解、神異、習禪、明律、亡身、誦經、興福、經師、唱導，其所傳人物時間斷限，“始於漢明帝永平十年(67)，終至梁天監十八年(519)，凡四百五十三載，二百五十七人，又傍出附見者二百餘人”②。《開元釋教錄》云：“因遂開例成廣著《高僧傳》一部，始於漢明帝永平十年，終至梁天監十八年，凡四百五十三載，二百五十七人。又傍出附見者二百三十九人，都合四百九十六人，開其德業，大爲十例。”③對《高僧傳》人數統計更爲細緻。正傳人數統計多同，而附傳統計或有遺漏，今紀贇詳覆各傳，按卷統計：

卷一有僧人十五人，附傳僧人十五人，居士六人（包括支亮）。

卷二正傳收録僧人七人，附傳收録僧人五人，居士一人，即《曇無讖》所附的安陽侯。

卷三正傳收録僧人十三人，附傳收録僧人四人，此卷較爲瑣碎，零星紀録的實際數目尚不止於此。

卷四正傳收録僧人十四人，附傳收録僧人十九人，另有居士一人，即《朱士行傳》附《竺叔蘭》。

---

① 釋慧皎撰，湯用彤校注，湯一玄整理：《高僧傳》卷第十四《高僧傳序録》，中華書局 1992 年，第 523—524 頁。
② 釋慧皎撰，湯用彤校注，湯一玄整理：《高僧傳》卷第十四《高僧傳序録》，中華書局 1992 年，第 524 頁。
③ 智昇：《開元釋教録》卷六“《高僧傳》十四卷”注，《大正藏》第五十五册，第 538—539 頁。

　　卷五正傳收録僧人十五人，附傳收録僧人七人，另有隱士一人即《道安傳》載有王嘉，此人甚至不是居士，因爲没有任何證據表明他對於佛教有某種程度的歸依傾向，以及尼姑一人，就是《釋慧虔傳》附録的淨嚴尼。

　　卷六正傳收録僧人十三人，附傳收録僧人十四人（《趙城金藏》本少《慧持傳》所附曇蘭），另外實際上還附録有尼傳，即《慧持傳》中記録有道儀尼的生平，只是並未標出。

　　卷七正傳收録僧人三十二人，附傳收録僧人四十五人。

　　卷八正傳收録僧人二十七人，附傳收録僧人七十五人（其中《齊上定林寺釋僧柔》實際上收録了其弟子僧紹），另沙彌一人即《梁上定林寺法通傳》附《智進》。

　　卷九正傳收録僧人四人，附傳收録僧人一人。

　　卷十正傳收録僧人十五人，沙彌一人，即《齊京師枳園寺沙彌釋法匱》。附傳收録僧人九人，另外道士一人，即《晉襄陽竺法慧》所附《范材傳》，不明身份一人，即《宋京師杯度》所附《張奴》。

　　卷十一正傳收録僧人三十四人，附傳收録僧人二十人。此統計和諸本相差一人，因爲《齊京師安樂寺釋智稱傳》附有"聰超"，一般統計都當作一人計算，其實察其文"稱弟子聰、超二人最善毗尼，爲門徒所挹"，則明顯爲兩個人。

　　卷十二正傳收録僧人三十二人，附傳收録僧人十五人。

　　卷十三正傳收録僧人三十五人，附傳收録僧人三十三人①。

　　《高僧傳·釋僧護傳》有云："自像成之後，建安王所苦稍瘳，本卒已康復。王後改封，今之南平王是也。"建安王即蕭偉，檢

---

①紀贇：《慧皎〈高僧傳〉研究》，復旦大學 2006 年 4 月博士學位論文，第85 頁。

《梁書·武帝本紀》，天監十七年二月“丙申，改封建安王偉爲南平王”，（中大通五年）“三月丙辰，大司馬南平王偉薨”。此言“今之南平王是也”，則《高僧傳》撰《釋僧護傳》時，南平王偉仍在世，故《高僧傳》成書之年代下限，或至中大通五年（533）。“也就是此書實際上是慧皎二三十歲時的作品。”①然《高僧傳》記事，止於天監十八年（519），無以後事，故慧皎自序所言、智昇《開元釋教録》著録時所言“天監十八年撰”，應確爲此書撰成之時。

　　慧皎撰《高僧傳》，廣摭博採，其於序録中云：“嘗以暇日，遇覽群作，輒搜檢雜録數十餘家，及晉、宋、齊、梁春秋書史，秦、趙、燕、涼荒朝僞曆，地理雜篇，孤文片記，並博諮古老，廣訪先達，校其有無，取其同異。”②可見其搜聚之富，粗略估計，《高僧傳》所據之書當在八十種以上③。這種情況，是與其主張博覽相關，他在卷三《譯經》論中就説：“而頃世學徒，唯慕鑽求一典，謂言廣讀多惑，斯蓋墮學之辭，匪曰通方之訓。何者？夫欲考尋理味，決正法門，豈可斷以胸襟，而不博尋衆典。”所以，慧皎《高僧傳》所傳録人物及行事“多爲有據，且較爲可信”④。不過，細讀之，《高僧傳》中亦多虛誕之事。

　　《高僧傳》今存，版本多爲佛藏所收，自《高麗藏》以降，各本著録、收録清晰。童瑋《二十二種大藏經通檢》之“《高僧傳》”條，

① 紀贇：《慧皎〈高僧傳〉研究》，復旦大學 2006 年 4 月博士學位論文，第 27—28 頁。
② 釋慧皎撰，湯用彤校注，湯一玄整理：《高僧傳》卷第十四《高僧傳序録》，中華書局 1992 年，第 524 頁。
③ 湯一介《高僧傳·緒論》云：“據《高僧傳》自序及他處所引，可知其所據之書當在八十種以上，而不稱書名，僅言‘記曰’者甚多，均不知其所指，如《道安傳》有‘別記’云云，則又多矣。”見《高僧傳》，中華書局 1992 年，第 3 頁。
④ 湯一介：《高僧傳·緒論》，中華書局 1992 年，第 3 頁。

對此條列清晰,可參看①。今湯用彤校注、湯一介整理本,最善。此本爲湯用彤先生早年校注,後經湯一玄整理,收入《中國佛教典籍選刊》叢書,1992 年由中華書局出版。當然,湯用彤校注《高僧傳》亦有缺失,紀贇在《慧皎〈高僧傳〉研究》中,對其校勘資料運用、版本、校勘問題,進行了檢討②。

　　《高僧傳》分類傳錄僧人,類例區分頗妥當,頗能囊括當時僧人身份,加之描摹富贍,人物形象鮮明,情感濃烈,堪稱成功。對後世人物傳記之作影響甚巨。《開元釋教錄》稱賞《高僧傳》云:"謹詳覽此傳,義例甄著,文詞婉約。實可以傳之不朽,永爲龜鏡矣。"③朱東潤云:"從《高僧傳》各篇分論,最先引起注意的,便是篇幅底擴大……篇幅底長短,固然不能作爲判定優劣底惟一的標準,甚至也非主要的標準。但是惟有在擴大的篇幅裏,纔能得到完密的敘述……佛教文字比較地繁富,受到佛教影響的文字,也連帶地豐縟。在傳敘文學方面,對於傳主,因此得到更美滿充分的記載,這個當然是一種良好的影響。"④

　　慧皎《高僧傳序錄》云"故述六代賢異,止爲十三卷,並序錄,合十四軸,號曰《高僧傳》,自前代所撰,多曰'名僧'。然名者,本實之賓也。若實行潛光,則高而不名;寡德適時,則名而不高。名而不高,本非所記;高而不名,則備今錄。故省名音,代以高字……"自慧皎之後,爲僧人作傳,名"高僧傳"遂成定例,模襲之作歷代不斷,如唐釋道宣《續高僧傳》、宋釋贊寧《宋高僧傳》、明

---

① 童瑋:《二十二種大藏經通檢》之"《高僧傳》"條,中華書局 1997 年,第 273 頁。
② 紀贇:《慧皎〈高僧傳〉研究》,復旦大學 2006 年 4 月博士學位論文,第 51—62 頁。
③ 智昇:《開元釋教錄》卷六"《高僧傳》十四卷"注,《大正藏》第五十五册,第 539 頁。
④ 朱東潤:《八代傳敘文學述論》,復旦大學出版社 2006 年,第 157 頁。

釋如惺《大明高僧傳》、明釋明河《補續高僧傳》、民國喻謙《新續高僧傳四集》等。

道學傳

輯存。馬樞撰。原二十卷。

《道學傳》,《隋書·經籍志》史部雜傳類著録《道學傳》二十卷,不題撰人;《舊唐書·經籍志》史部雜傳類著録《學道傳》二十卷,題馬樞撰;《新唐書·藝文志》子部神仙類著録《學道傳》十二卷,題馬樞;《通志·藝文略》道家類著録《道學傳》二十卷,題馬樞撰;《茅山志》卷九亦録《道學傳》二十卷。《太平御覽經史圖書綱目》録《道學傳》。

馬樞,《陳書》卷一九、《南史》卷六六《隱逸傳》有傳,《茅山志》卷一五《采真游篇》亦有其傳略。《陳書·馬樞傳》云:"馬樞,字要理,扶風郿人也。祖靈慶,齊竟陵王録事參軍。樞數歲而父母俱喪,爲其姑所養。六歲,能誦《孝經》、《論語》、《老子》。及長,博極經史,尤善佛經及《周易》、《老子》義。"馬樞曾爲梁邵陵王綸學士,遇侯景之亂,遂隱於茅山,陳太建十三年(581)卒。《陳書·馬樞傳》又云:"撰《道覺論》二十卷行於世。"則《道學傳》當即此《道覺論》。而《舊唐書·經籍志》及《新唐書·藝文志》著録作《學道傳》,"學道"二字當乙。

《道學傳》久佚,其文今散見諸書徵引,諸書徵引亦或作《學道傳》。近人陳國符據諸書採摭,得《道學傳集佚》,録於其所著《道藏源流考》一書下册《附録七》中①。《漢魏六朝雜傳集》據諸

---

① 陳國符:《道藏源流考》(新修訂版),中華書局 2016 年,第 423—452 頁。《道藏源流考》(增訂版),中華書局 1963 年,第 454—504 頁,作《道學傳輯佚》。

書徵引新輯其文，參之陳國符所輯，並據《舊唐書·經籍志》及《新唐書·藝文志》著録，題馬樞撰。

馬樞《道學傳》原二十卷，諸書徵引其文，或存其卷次，陳國符《道藏源流考》所輯及《漢魏六朝雜傳集》所輯，亦皆存其卷次。

今簡括諸書稱引《道學傳》者，分卷羅列其所存人物如下。

卷二：張天師、許邁、龍威丈人、金城玉屋、九泉洞庭。

卷三：云名正、燕濟、王嘉。

卷四：范豺、任敦、杜炅、吳猛、辛玄子，交阯。

卷五：東方朔、嚴遵、安丘望之、郭文、劉凝之。

卷六：諸慧開、褚伯玉。

卷七：陸修静、孟景翼。

卷八：顧歡、陶弘景。

卷九：薛彪之、蔣負芻、潘洪。

卷一〇：東鄉宗超、嚴寄之、方謙之、張玄徹、褚雅、章旻。

卷一一：張澤。

卷一二：賈稜、孟智周。

卷一三：庾承仙、孟道養。

卷一四：孫遊嶽、雙子辯、許明業、雙襲祖。

卷一五：戴勝、陸逸沖、鄒榮、桓闓，三真寶經。

卷一六：陶炎、殷仲堪、孔靈産。

卷一八：鄧郁之、諸葛綝、濮陽、沈法義、婁安樂、倪道存。

卷一九：嚴智明、徐師子。

卷二〇：傅禮和、張元妃、李令稱、暨慧琰、蕭貞、宋玉賢、錢妙真、許道育、王道憐。其中，"許道育"，陳國符輯《道學傳》録於第二卷。

諸書徵引，未詳隸屬何卷者：顓頊、堯、舜、禹、闔閭、漢武帝、司馬季主、茅濛、鮑靚、介像、李根、伯山甫、劉政、王烈、步正、焦光、孫登、帛和、宮嵩、李常在、王遠、葛洪、張允之、成童孫、殷法仁、王靈嶼、謝暄、苶定、王僧鎮、薛玉寶、李景遊、楊超、馮法先、張裕、杜京産、劉法先、董率法、張詵、陳景尚、曹寶、史襲先、王遠起、淳于普洽、許靈真、蕭子褘、黄觀子、陳尼公、樂鉅公、謝允當、孔惚，六行、燕口洞、萬流屋、金簡、茅山南洞諸觀。其中，"禹"、"萬流屋"，陳國符輯《道學傳》録於第二卷。

又，《太平御覽》卷六六六《道部八·道士》引出《太平經》者，尚有宋文同、郗愔、張孝秀、許思玄、楊超、濮陽、張陵、王遂起八人事，另有"晝夜不卧，日月合光"一節文字，或亦當出《道學傳》。陳國符《道藏源流考》2016 年新修訂版輯《道學傳》録宋文同，1963 年增訂版不録。宋文同事不見他書引作《道學傳》，故存疑。陳國符《道藏源流考》1963 年增訂版及 2016 年新修訂版輯《道學傳》又録鄭思遠，見於《仙苑編珠》卷上"鄭遠養虎涓子剖鮮"引，未注出處，其上條葛洪事，注出《道學傳》，陳國符據以入《道學傳》，此亦存疑。

卷　下

揚雄家諜

輯存。佚名撰。

姚振宗《漢書藝文志拾補》卷二《諸子略》第二補録《子雲家諜》，案云："《文選·任彦昇序》注引《七略》曰：《子雲家諜》言以甘露元年生，則同時劉子駿已見及之。大抵侯芭諸人所作歟？《漢志》揚雄所序三十八篇，《太玄》十九、《法言》十三、樂四、箴二，正合三十八篇之數，知自序、家諜，皆在其外者也。"

《揚雄家諜》已佚，嚴可均據《文選》李注、《藝文類聚》、《太平御覽》輯得一節，録於《全漢文》卷五四"揚雄"文下，題《家牒》，案云："家牒不知何人何時所撰，今附載《揚雄集》後。"

今檢諸書稱引《揚雄家諜》者，得佚文二條，其一見於《文選》卷四六任彦昇《王文憲集序》"其先自秦至宋國史家諜詳焉"李注引《七略》曰《子雲家諜》云云，僅作"以甘露元年生也"。其二見於《藝文類聚》卷四〇《禮部下·冢墓》、《太平御覽》卷五五八《禮部三七·冢墓二》、《御定淵鑑類函》卷一八三《禮儀部三十·塚墓四》"原揚塚"引，作《揚雄家諜》。言揚雄天鳳五年（18）卒，葬安陵阪上，所厚沛郡桓君山等共爲治墓。則知此《揚雄家諜》非劉知幾所謂揚雄自撰《家諜》，或據揚雄《家諜》，補揚雄身後事等而成。

附：家諜

佚。揚雄撰。

揚雄《家諜》,劉知幾《史通·雜述》:"高門華胄,奕世載德,才子承家,思顯父母。由是紀其先烈,貽厥後來,若揚雄《家諜》、殷敬《世傳》、孫氏《譜記》、陸宗《系曆》,此之謂家史者也。"唐初劉知幾尚見之,其佚或在此之後。

揚雄,生平行事已見前録。

揚雄《家諜》今不見古籍舊注稱引其文。

李膺家録

輯存。佚名撰。又或作《李膺家乘》。

《李膺家録》,《隋書·經籍志》等無著録,顧櫰三《補後漢書藝文志》卷七别傳類補録。其佚文今主要見於《太平御覽》、《太平廣記》等徵引。《太平廣記》卷一六四引注出《膺家録》、《李膺家録》,汪紹楹校云:"明抄本録作乘。"則其或又名《李膺家乘》。《太平御覽經史圖書綱目》所録作《李膺家録》。姑從之,題其名曰《李膺家録》。

《李膺家録》今失作者姓名,推之以人情物理,作者當爲膺之後人或後學。

《李膺家録》久佚,今存佚文三節,其一叙李膺惟迎送陳仲弓,見於《太平廣記》卷一六四《名賢》"李膺"引,注出《膺家録》,明抄本"録"作"乘";《續談助》卷四《殷芸小説》引注出《李膺家録》。其二叙李膺與杜密、荀翊同繫新汲縣獄事,嘆漢其亡矣,見於《太平廣記》卷一六四《名賢》"李膺"引,作《李膺家録》,明抄本"録"作"乘";《太平御覽》卷二九《時序部十四·元日》、《天中記》卷四《元日》"獄中引杯"、《廣博物志》卷四《時序》引,作《李膺家

録》。其三叙郭林宗還鄉，唯李膺與林宗共乘，見於《續談助》卷
四《殷芸小説》引，注出《膺家傳》。

　　《李膺家録》見於宋初李昉等《太平御覽》、《太平廣記》稱引，
宋前類書舊注未見徵引，其書宋初李昉等或尚見之，其佚當在
此後。

附：李氏家傳

　　輯存。佚名撰。原一卷。

　　《隋書·經籍志》史部雜傳類著録《李氏家傳》一卷，不題撰
人。章宗源《隋書經籍志考證》史部雜傳類“《李氏家傳》一卷”條
云：“《世説·賞譽篇》注《李氏家傳》云，膺岳峙淵清，峻貌貴重。
華夏稱曰：‘潁川李府君，頹頹如玉山。’《太平廣記》名賢類又引
有《李膺家録》。”似區分《李膺家録》與《李氏家傳》。姚振宗《隋
書經籍志考證》案云：“本志叙諸家家傳，以李氏爲之首，在當時
寓尊王之義，史臣命意所在歟？”這條案語，似即以《李膺家録》與
《李氏家傳》爲一書。觀諸書引《李膺家録》與《李氏家傳》者，雖
皆爲李膺事，然諸書稱引之文互不交涉，實難遽斷爲一書。

　　《李氏家傳》久佚，今存佚文一節，見於《世説新語·賞譽》第
二條劉注引，叙李膺峻貌貴重，又及陳仲舉、朱公叔。

王朗王肅家傳

　　輯存。佚名撰。原一卷。

　　《王朗王肅家傳》，《隋書·經籍志》史部雜傳類著録《王朗王
肅家傳》一卷，未題傳人。《通志·藝文略》著録同《隋書·經籍
志》。

　　《王朗王肅家傳》久佚。侯康《補三國藝文志》卷三史類雜傳
類、姚振宗《三國藝文志》卷二史類雜傳記類補録。章宗源《隋書

經籍志考證》"《王朗王肅家傳》一卷"條云："《魏志‧王朗傳注》朗除會稽秦始皇舊祀，又朗與沛國名士劉陽交。二事引《朗家傳》。"姚振宗《三國藝文志》"《王朗王肅家傳》一卷"條轉錄章氏所考。

王朗，《三國志》卷一三有傳。其云："王朗，字景興，東海郯人也。"以通經，拜郎中，除菑丘長。徐州刺史陶謙察朗茂才。時漢帝在長安，關東兵起，拜會稽太守。孫策攻之，朗敗績。曹操徵之，拜諫議大夫，參司空軍事。魏國初建，以軍祭酒領魏郡太守，遷少府、奉常、大理。文帝即王位，遷御史大夫，封安陵亭侯。及文帝踐阼，改爲司空，進封樂平鄉侯。明帝即位，進封蘭陵侯，轉司徒。太和二年（228）薨，諡曰成侯。

王肅，字子雍，朗子，《三國志》卷一三《魏書‧王朗傳》附其傳。黃初中，爲散騎黃門侍郎。太和三年（229），拜散騎常侍。後以常侍領祕書監，兼崇文觀祭酒。正始元年（240），出爲廣平太守。公事徵還，拜議郎。頃之，爲侍中，遷太常。坐宗廟事免。後爲光禄勳，徙爲河南尹。後遷中領軍，加散騎常侍。甘露元年（256）薨，追贈衛將軍，諡曰景侯。

《王朗王肅家傳》撰人不詳。或當爲王氏後人所撰，以顯揚王氏家統。

《王朗王肅家傳》今尚存佚文二節，皆叙王朗事，見於《三國志》卷一三《魏書‧王朗傳》裴注引。其一叙王朗到會稽，除夏禹廟秦始皇像。其二叙王朗全劉陽嗣子事。

王氏世家

輯存。佚名撰。

《王氏世家》，宋高似孫撰《剡錄》卷五《書》著錄《王氏世家》五卷。

《王氏世家》今存文一節，見於《世説新語・品藻》第六四條劉注引一節，作《王氏世家》，叙王褘之事。章宗源《隋書經籍志考證》"《太原王氏家傳》二十三卷"條以爲此即《太原王氏家傳》。或非是。

附：太原王氏家傳

佚。佚名撰。

《隋書・經籍志》史部雜傳類著録《太原王氏家傳》二十三卷，不題撰人。《舊唐書・經籍志》譜牒類著録《王氏家傳》二十一卷。《新唐書・藝文志》史部雜傳記類著録《王氏家傳》二十一卷。《通志・藝文略》史類傳記類著録《太原王氏家傳》二十三卷。

《北堂書鈔》卷七六《設官部二十八・太守下一百六十六》"居郡四年惠愛在民"下引《王氏家傳》，云："王朗爲會稽太守，居郡四年，惠愛在民。"明陳禹謨補註據《三國志》卷一三《魏書・王朗傳》"朗會稽太守"裴注引作《朗家傳》。王朗，東海人，非太原王氏，故《王氏家傳》當非《太原王氏家傳》。

又，章宗源《隋書經籍志考證》"《太原王氏家傳》二十三卷"條以爲《世説新語・品藻》第六四條劉注所引《王氏世家》即此家傳。其云："《世説・品藻》篇注王褘之少知名，仕至中書郎，未三十而卒，贈散騎常侍。此作《王氏世家》。"小注云："據《晉書》，褘之固太原王氏。"或非是。

姚振宗《隋書經籍志考證》案云："《南史・王玄謨傳》云：'玄謨太原祁人，六世祖宏，河東太守，綿竹侯，以從叔司徒允之難，棄官北居新興，仍爲新興、雁門太守。其自序云爾。'又：'王懿太原祁人，自言漢司徒允弟、幽州刺史懋七世孫，祖宏仕石季龍，父苗仕苻堅，皆至二千石。'史稱自序云爾，又曰自言，則皆本之是傳。可知《北史》載王慧龍、王松年、王劭等傳，亦似本之此書。"

《太原王氏家傳》今不見古籍舊注稱引其文。

褚氏家傳

輯存。褚顗等撰。原一卷。

《褚氏家傳》，《隋書·經籍志》史部雜傳類著錄《褚氏家傳》一卷，題褚顗等撰；《舊唐書·經籍志》史部雜譜牒類、《新唐書·藝文志》史部雜傳記類著錄《褚氏家傳》一卷，題褚結撰，褚陶注。《通志·藝文略》史類傳記類著錄《褚氏家傳》一卷，褚顗等撰。

《隋書·經籍志》著錄題褚顗等撰，《舊唐書·經籍志》、《新唐書·藝文志》著錄題褚結撰，褚陶注，其最初作者當是褚顗等，後經褚結等續補，褚陶作注。姚振宗以爲褚結乃褚顗之音訛，其《隋書經籍志考證》史部雜傳類"《褚氏家傳》一卷"條案云："褚顗，《唐志》作結，蓋音聲之誤。褚陶字季雅，吳郡錢塘人，州郡辟不就。吳平，召補尚書郎，遷九真太守，轉中尉，年五十五卒，見《晉書·文苑傳》。案：陶注顗書，則顗在陶前，當是漢吳時人。"今見《世説新語·賞譽》第一九條劉注引一節作《褚氏家傳》，叙褚陶事，則梁時劉孝標注《世説新語》，褚陶已入《褚氏家傳》，亦可見《褚氏家傳》當不斷有增補。故褚顗與褚結，或非一人，而實二人。作者亦不僅有褚顗、褚結等人，褚陶補注後仍有續補。然已不得其名矣。褚陶爲晉初人，《晉書》卷九二《文苑傳》有傳，此傳當是據《世説新語·賞譽》第一九條及劉注寫成。其云："吳平召補尚書郎……遷九真太守，轉中尉。年五十五卒。"《褚氏家傳·褚陶傳》文稱"吳歸命世祖"，則補褚陶事者，當亦是晉人。且就其先作者褚顗、褚結推之，續補者或亦當爲褚氏後人。《通志·藝文略》題"褚顓等撰"，蓋因襲《隋書·經籍志》著錄，而誤"顗"爲"顓"。

《褚氏家傳》久佚，其佚文今主要見於《世説新語》劉注引，存褚少孫、褚陶二人事蹟。

邵氏家傳

輯存。佚名撰。原十卷。

《邵氏家傳》,《隋書・經籍志》無著錄,《舊唐書・經籍志》史部雜譜牒類著錄《邵氏家傳》十卷,《新唐書・藝文志》史部雜傳記類著錄《邵氏家傳》十卷,不題撰人。《太平御覽經史圖書綱目》錄《邵氏家傳》。《太平御覽》獨引多節,宋初李昉等修《太平御覽》或尚見其本。

《邵氏家傳》久佚,其佚文今散見於《三國志》裴注及《太平御覽》等書徵引,存邵弘、邵信臣、邵仲金、邵信、邵貞、邵疇、邵員、邵夫人義姬八人事蹟。

一、邵弘。存文一節,見於《北堂書鈔》卷七一《設官部二十三・諸王國子尉一百五十五》"邵弘上書"、"王甚憚焉"、《太平御覽》卷二四八《職官部四十六・國中尉》、《職官分紀》卷三二《諸王府僚屬・中尉》"思邵中尉言使人毛竪"引。

二、邵信臣。存文一節,見於《太平御覽》卷七三六《方術部十七・術》等引。

三、邵仲金。存文一節,見於《太平御覽》卷五九八《文部十四・契券》引。

四、邵信。存文一節,見於《太平御覽》卷四五七《人事部九十八・諫諍七》引。

五、邵貞。存文一節,見於《太平御覽》卷八七一《火部四・炭》引。

六、邵疇。存文一節,見於《三國志》卷四八《吳書・三嗣主傳・孫晧傳》"送付建安作船"裴注引作會稽《邵氏家傳》,《北堂書鈔》卷七七《設官部二十九・功曹一百七十二》"圖形明堂"引作《邵氏家傳》。

七、邵員。存文一節,見於《職官分紀》卷三三《主簿》"諫法嚴峻"引。

八、邵夫人義姬。存文一節,見於《太平御覽》卷四四一《人事部八十二·貞女下》引。

《邵氏家傳》存文較多,如叙邵弘事,頗詳贍,"君徐理鬢冠履,俯伏盡禮,然後讀之",由動作形貌,可窺人物形貌動作,至見秉性。邵疇事亦叙述頗詳,特詳記其辭,以資見性。劉知幾釋"家傳"云:"高門華胄,奕世載德,才子承家,思顯父母。由是紀其先烈,貽厥後來……此之謂家史者也。"又云:"家史者,事惟三族,言止一門,正可行於室家,難以播於邦國。"①《邵氏家傳》頗爲典型,其記人叙事,正在於顯揚其祖先品德嘉行,故而盡爲誇贊、褒美之事。

袁氏家傳二種

今見於諸書徵引袁氏家傳者有二,其一爲《袁氏世紀》,其一爲《袁氏家傳》。二書皆不見《隋書·經籍志》等史志書目著錄,撰人、卷數不詳。

袁氏世紀

《緯略》卷九録《袁氏世紀》,其佚文今主要見於《三國志》卷一一《魏書·袁涣傳》裴注引二節。其一叙袁涣於曹軍破吕布時取書數百卷及資料而已。其二叙袁涣四子侃、寓、奥、準生平簡歷。袁準,字孝尼,曾欲從嵇康學《廣陵散》,嵇康靳固不與,臨刑

①劉知幾撰,浦起龍釋:《史通通釋》卷一〇《雜述》,上海古籍出版社1978年,第274—275頁。

嘆恨。亦魏晉間名士。

袁氏家傳

《袁氏家傳》,其佚文今主要見於《世説新語》劉注等引,存袁勗、袁喬、袁耽三人事蹟。

一、袁勗。存文一節,見於《北堂書鈔》卷六九《設官部二十一・刑獄參軍一百四十五》"袁勗多所救免"引。

二、袁喬。存文二節,其一見於《世説新語・言語》第九○條劉注引,其二見於《世説新語・文學》第七八條劉注引。

三、袁耽。存文一節,見於《世説新語・任誕》第三四條劉注引。

《袁氏家傳》所載袁耽事,言袁耽爲"涣曾孫"。由此推之,《袁氏家傳》與《袁氏世紀》或爲一書,"家傳"或即"世紀"之異稱。然二者今存之文未有相同者,姑存疑。

殷氏家傳

輯存。殷敬等撰。原三卷。

《殷氏家傳》,《隋書・經籍志》無著録;《舊唐書・經籍志》史部雜譜牒類著録《殷氏家傳》三卷,題殷敬等撰;《新唐書・藝文志》史部雜傳記類著録有《殷氏家傳》三卷,題殷敬撰。劉知幾《史通》叙家史,言及殷敬《世傳》:"高門華胄,奕世載德,才子承家,思顯父母。由是紀其先烈,貽厥後來,若揚雄《家諜》、殷敬《世傳》、孫氏《譜記》、陸宗《系曆》,此之謂家史者也。"①今見諸書稱引,亦有作《殷氏世傳》者,文與《殷氏家傳》多有同者,則《殷

---

① 劉知幾撰,浦起龍釋:《史通通釋》卷一○《雜述》,上海古籍出版社 1978年,第 274 頁。

氏世傳》當爲《殷氏家傳》之異稱。後世亦有依托劉知幾之言而及於殷敬書,亦稱"《世傳》",明陸深撰《儼山外集》卷二四《史通會要上·品流第三》云:"揚雄《家譜》、殷敬《世傳》、孫氏《譜記》、陸宗《系歷》,此皆出其子孫,以顯先烈,所謂家史者也。家史者,正可行于一家,難以播於鄉國,若夫薪構已亡,則斯文亦喪矣。"然《太平御覽經史圖書綱目》録《殷氏家傳》。明顧起元撰《説略》卷一三《典述中》論及劉知幾《史通》提及之書云:"劉子玄《史通》所載古今正偏史,今多不存,澹園先生《筆乘》常載之。"其中即列"殷敬《世傳》"。則其在宋初李昉等修《太平御覽》等後,逐漸散佚。

殷敬,生平不詳。《舊唐書·經籍志》著録題殷敬等撰,《新唐書·藝文志》著録題殷敬撰,其或殷敬撰作之後,又有殷氏後人增補之。

《殷氏家傳》久佚,其佚文今散見於《初學記》、《太平御覽》等書徵引。杜文瀾輯《殷氏世傳》,得殷褒、殷亮二人事蹟,録於《曼陀羅華閣叢書》卷一八中。《漢魏六朝雜傳集》據諸書徵引輯録其文,得殷泰、殷褒、殷亮、殷蓋寬、殷謖、殷勤六人事蹟,並從《舊唐書·經籍志》著録,題《殷氏家傳》,殷敬等撰。

今簡括諸書稱引《殷氏家傳》者,以人名標目,條列其佚文如下。

一、殷泰。存文一節,見於《太平御覽》卷二四九《職官部四十七·府掾》、《職官分紀》卷三三《軍府官屬·掾屬》"鷹鸇之爪"引作《殷氏家傳》。

二、殷褒。存文二節,其一見於《北堂書鈔》卷七八《設官部三十·縣令一百七十六》"殷褒有異政"、《藝文類聚》卷一九《人部三·謳謡》引作《殷氏世傳》,四庫本《北堂書鈔》卷七八引作《殷氏家傳》。其二見於《北堂書鈔》卷七八《設官部三十·縣令一百七十六》"穿渠入河疏導原隰"、《太平御覽》卷七五《地部四十·溝》引作《殷氏世傳》,四庫本《北堂書鈔》卷七八引作《殷氏家傳》;《職官分紀》卷四二《縣令》“疏導原隰用致豐年”引作《殷氏家傳》。

三、殷亮。存文二節,其一見於《太平御覽》卷四三六《人事部七十七·勇四》、卷八九二《獸部四·虎下》引作《殷氏世傳》。其二見於《北堂書鈔》卷六七《設官部十九·博士一百三十二》“子華重席講學”、卷九八《藝文部四·談講十三》“諸儒講論勝者賜席”、《藝文類聚》卷四六《職官部二·博士》、卷五五《雜文部一·談講》、《太平御覽》卷二三六《職官部三十四·博士》、《職官分紀》卷二一《國子博士》“賜席至八九重”、《記纂淵海》卷一五〇《問學部之一·好學》、《天中記》卷三三《博士》“賜席”引作《殷氏世傳》,《初學記》卷二五《器用部·席第六》“戴益五十殷重八九”引作《殷氏家傳》;《北堂書鈔》卷一三三《服飾部二·席十九》“講勝者賜”引作《殷氏世傳》,四庫本《北堂書鈔》卷一三三引作《殷氏家傳》。

四、殷蓋寬。存文一節,見於《太平御覽》卷八二八《資産部八·肆》引作《殷氏世傳》。

五、殷謖。存文一節,見於《太平御覽》卷八三七《百穀部一·穀》、《天中記》卷四五《穀》“埋穀與賊”引作《殷氏世傳》。

六、殷勤。存文一節,見於《北堂書鈔》卷七九《設官部三十一·嗇夫一百八十》“不爲苛擾”、《職官分紀》卷四二《嗇夫》“省徭賦賑困乏”引作《殷氏世傳》。

殷敬《殷氏家傳》不脱家傳窠臼,多記氏族先人懿言嘉行,可注意者,《殷氏家傳》常録他人稱賞之語,如記殷泰,引皇帝之嘆“非惟秋兔之毫,乃是鷹鶵之爪”以顯之;記殷亮,亦引皇帝之語“學不當如是耶”以顯之。記殷褒,則引民謡“滎陽令,有異政,修立學校人易性,令我子弟恥訟争”以實之;記殷亮,又引時人之謡“石里之勇殷子華,暴虎見之合爪牙”以揚之。

陶氏家傳

輯存。佚名撰。

《陶氏家傳》，《隋書·經籍志》等書志無著録，撰人不詳。《太平御覽經史圖書綱目》録《陶氏家傳》。

《陶氏家傳》久佚，其文今見於《北堂書鈔》、《太平御覽》等書徵引，《漢魏六朝雜傳集》據諸書徵引輯得其文，得陶敦、陶基、陶濬、陶侃、陶迴、陶猷、陶汪、陶覆之、陶遽九人事迹。

今簡括諸書所引稱《陶氏家傳》者，以人名標目，條列其佚文如下。

一、陶敦。存文一節，見於《北堂書鈔》卷五二《設官部四·司空九》“當朝正色”引。

二、陶基。存文一節，見於《太平御覽》卷二五八《職官部五十六·良刺史下》引。

三、陶濬。存文二節，其一見於《職官分紀》卷六《散騎常侍》“敏於應對”引。其二見於《北堂書鈔》卷七二《設官部二十四·刺史一百六十》“旌顯異行”引。

四、陶侃。存文一節，見於《北堂書鈔》卷六六《設官部十八·太子中庶子一百二十一》“陶侃孝廉拜”、《太平御覽》卷二四五《職官部四十三·太子中庶子》、《職官分紀》卷二八《太子左春坊·左庶子》“儲選難其人”、《古今合璧事類備要後集》卷四六《東宮官門·太子庶子》“難儲選”、四庫本《記纂淵海》卷三三《職官部·總東宮官·太子庶子》引。

五、陶迴。存文一節，見於《太平御覽》卷二○九《職官部七·司徒從事中郎》、《職官分紀》卷五《從事中郎》“有輔佐之才”引。

六、陶猷。存文一節，見於《太平御覽》卷二四八《職官部四

十六 · 府長史》引。

七、陶汪。存文一節,見於《藝文類聚》卷六《郡部 · 宣城郡》引。

八、陶覆之。存文一節,見於《北堂書鈔》卷五五《設官部七 · 諸卿丞三十》"覆之決定疑義"、《太平御覽》卷二二九《職官部二十七 · 太常丞》、《職官分紀》卷一八《丞》"定禮決疑問陶覆之"、《古今合璧事類備要後集》卷三三《九卿門 · 太常寺丞》"定禮"、《天中記》卷三三《寺丞》"定禮決疑"、《山堂肆考》卷五一《臣職》"定廟議"、四庫本《記纂淵海》卷三一《職官部 · 寺丞》引。

九、陶遽。存文一節,見於《北堂書鈔》卷七八《設官部三十 · 縣令一百七十八》"清白聞於州郡"引。

桓氏家傳

輯存。佚名撰。

《桓氏家傳》,《隋書 · 經籍志》等史志書目無著録,撰人不詳。《隋書 · 經籍志》史部雜傳類著録《桓任家傳》一卷,不知是否即此書。《太平御覽經史圖書綱目》列《桓氏家傳》。

《桓氏家傳》今存佚文三節,皆叙桓範事。《漢魏六朝雜傳集》據諸書徵引輯録其文。桓範處魏晉之際,黨曹爽,高平陵事件,爲曹爽謀劃,曹爽不用其計。嘉平元年(249),與丁謐、鄧颺、何晏等同爲司馬懿所誅。

虞氏家記

輯存。虞覽撰。原五卷。

《虞氏家記》,《隋書 · 經籍志》史部雜傳類著録《虞氏家記》五卷,題虞覽撰;《舊唐書 · 經籍志》史部雜譜牒類、《新唐書 · 藝文志》史部雜傳記類著録《虞氏家傳》五卷,題虞覽撰。《太平御覽經史圖書綱目》録《虞氏家記》。姚振宗《隋書經籍志考證》史部雜傳類"《虞氏家記》五卷"條案云:"《晉書·虞預傳》:撰《諸虞傳》十二篇,行於世。此記或猶在其後歟?"

虞覽,生平行事不詳。

《虞氏家記》久佚,《漢魏六朝雜傳集》據諸書徵引輯其文,得虞潭事蹟,存文四節,其一見於《北堂書鈔》卷一〇二《藝文部八·碑三十五》"建碑於門"引。其二見於《北堂書鈔》卷三九《政術部十三·賑恤三十四》"私粟賑餘弊"(四庫本"粟"作"米","弊"作"敝")引。其三見於《藝文類聚》卷六三《居處部三·堂》引。其四見於《太平御覽》卷五五五《禮儀部三十四·葬送三》引。另有"吳小城白門"事,見於《藝文類聚》卷六三《居處部三·樓》、《太平御覽》卷一七六《居處部四·樓》、《吳郡志》卷八《古蹟》引。

虞潭,《晉書》卷七六有傳,其云:"虞潭,字思奥,會稽餘姚人,吳騎都尉翻之孫也。父忠,仕至宜都太守,吳之亡也,堅壁不降,遂死之。"虞潭一生數參與晉室平亂,多在軍旅,今見《虞氏家記》述其施惠百姓及孝母事,特於改殯事尤詳。可知《家記》意在顯其仁孝,而非功業。

裴氏家傳三種

今見裴氏家傳有三,其一爲裴松之《裴氏家傳》,其二爲傅暢《裴氏家記》,其三爲裴子野《續裴氏家傳》。

裴氏家傳

輯存。裴松之撰。原四卷,或三卷。

《裴氏家傳》,《隋書·經籍志》史部雜傳類著録《裴氏家傳》

四卷,題裴松之撰;《舊唐書·經籍志》史部雜譜牒類、《新唐書·藝文志》史部雜傳記類著録《裴氏家記》三卷,題裴松之撰。《通志·藝文略》史類傳記類著録《裴氏家傳》四卷,題裴松之撰。

裴松之,《宋書》卷六四有傳,其云:"裴松之,字世期,河東聞喜人也。祖昧,光禄大夫。父珪,正員外郎。松之年八歲,學通《論語》、《毛詩》,博覽墳籍,立身簡素。"年二十,先後拜殿中將軍、員外散騎侍郎。義熙初,爲吳興故鄣令,在縣有績。入爲尚書祠部郎。宋初,裴松之使湘州,轉中書侍郎、司冀二州大中正。出爲永嘉太守,入補通直爲常侍,復領二州大中正。尋出爲南琅邪太守。元嘉十四年(437)致仕,拜中散大夫,尋領國子博士,進太中大夫,博士如故。續何承天《國史》,未及撰述,元嘉二十八年(451)卒,時年八十。裴松之注陳壽《三國志》,爲歷代所賞。《宋書·裴松之傳》云:"上使注陳壽《三國志》,松之鳩集傳記,增廣異聞,既成奏上。上善之,曰:'此爲不朽矣。'"

《裴氏家傳》久佚,今存裴榮、裴頠二人事蹟,裴榮事見於《世説新語·文學》第九〇條劉注引。裴頠事見於《世説新語·任誕》第一四條劉注引。

裴氏家記

輯存。傅暢撰。

《隋書·經籍志》等史志書目無著録。卷數不詳。《舊唐書·經籍志》史部雜傳類、《新唐書·藝文志》史部雜傳記類著録《裴氏家記》,題裴松之撰,當非此傅暢《裴氏家記》。

《三國志》卷四二《蜀書十二·孟光傳》云:"光禄勳河東裴儁等,年資皆在光後,而登據上列,處光之右,蓋以此也。"言及裴儁,裴松之注引傅暢《裴氏家記》,裴松之自撰《裴氏家傳》,此注當不誤,則傅暢又當有《裴氏家記》。丁國鈞《補晉書藝文志》卷二史録雜傳類、文廷式《補晉書藝文志》卷三史部雜傳類、吳士鑑

《補晉書藝文志》卷二史録雜傳類、黄逢元《補晉書藝文志》卷二史録雜傳類補録傅暢《裴氏家記》。

姚振宗《隋書經籍志考證》史部雜傳類"《裴氏家傳》四卷"條案云："裴松之注史自引傅暢《裴氏家記》，蓋即《晉諸公贊》中之一節，後松之爲《家傳》，至曾孫子野又從而續之也。"姚氏以爲題傅暢《裴氏家記》者，乃是《晉諸公贊》文，此説無據，裴松之既確稱傅暢《裴氏家記》，此當非《晉諸公贊》之文。

傅暢，字世道，北地泥陽人，傅祗次子。《晉書》卷四七《傅玄傳》附其傳。其生平行事已見前録。

《裴氏家記》久佚，今存文一節，《三國志》卷四二《蜀書十二·孟光傳》裴注引，叙裴儁生平大略，亦及其子裴越。

續裴氏家傳

佚。裴子野撰。原二卷。

《梁書·裴子野傳》云："子野少時《集注喪服》、《續裴氏家傳》各二卷，抄合後漢事四十餘卷，又敕撰《衆僧傳》二十卷，《百官九品》二卷，附益《謚法》一卷，《方國使圖》一卷，文集二十卷，並行於世。又欲撰《齊梁春秋》，始草創。未就而卒。"知裴子野有《續裴氏家傳》二卷。

裴子野，《梁書》卷三〇、《南史》卷三三有傳，《梁書·裴子野傳》云："裴子野，字幾原，河東聞喜人，晉太子左率康八世孫。兄黎，弟楷、綽，並有盛名，所謂'四裴'也。曾祖松之，宋太中大夫。祖駰，南中郎外兵參軍。父昭明，通直散騎常侍。"子野生而偏孤，爲祖母所養，年九歲，祖母亡，泣血哀慟，家人異之。少好學，善屬文。起家齊武陵王國左常侍，右軍江夏王參軍。入梁，爲右軍安成王參軍，俄遷兼廷尉正。除尚書比部郎，仁威記室參軍。出爲諸暨令。後爲著作郎，掌國史及起居注，兼中書通事舍人，尋除通直正員郎，又敕掌中書詔誥，遷中書侍郎。大通元年

(527)，轉鴻臚卿，尋領步兵校尉。中大通二年(530)卒官，年六十二。

　　裴子野《續裴氏家傳》今不見古籍舊注稱引其文。

嵇氏世家

　　輯存。佚名撰。

　　《嵇氏世家》，《隋書·經籍志》等史志書目無著錄，撰人不詳。《太平御覽經史圖書綱目》錄《嵇氏世家》。

　　《嵇氏世家》久佚，今存佚文一節，叙嵇含事，云嵇含爲中書侍郎，書檄雲集，含初不立草。見於《北堂書鈔》卷五七《設官部九·中書侍郎五十三》"書檄雲集初不立草"、《初學記》卷一一《職官部上·中書侍郎第十》"軌制書檄"、《太平御覽》卷二二〇《職官部十八·中書侍郎》、卷五九七《文部十三·檄》、《職官分紀》卷七《中書省·侍郎》"書檄不立草"引。

　　嵇含，嵇紹從子。《晉書》卷八九《嵇紹傳》附其傳，云："含字君道。祖喜，徐州刺史。父蕃，太子舍人。含好學能屬文。家在鞏縣亳丘，自號亳丘子，門曰歸厚之門，室曰慎終之室。"西晉末年，先後爲楚王瑋掾、齊王冏征西參軍、長沙王乂驃騎記室督、尚書郎，後投鎮南將軍劉弘，弘卒，弘司馬郭勱殺之，時年四十四。《晉書·嵇含傳》云："懷帝爲撫軍將軍，以含爲從事中郎。惠帝北征，轉中書侍郎。及蕩陰之敗，含走歸滎陽。永興初，除太弟中庶子。"即嵇含惠帝北征時爲中書侍郎，《嵇氏世家》所存佚文，當叙此間事。

　　《漢魏六朝雜傳集》據諸書徵引，輯得其文。

崔氏家傳

輯存。崔鴻撰。原七卷。

《崔氏家傳》，其佚文今主要見於《北堂書鈔》、《太平御覽》等引。《隋書・經籍志》史部雜傳類著錄《崔氏五門家傳》二卷，題崔氏撰。《通志・藝文略》著錄同。《新唐書・藝文志》史部雜傳記類著錄《崔氏世傳》七卷，題崔鴻撰。《隋書・經籍志》著錄之《崔氏五門家傳》及《新唐書・藝文志》著錄之《崔氏世傳》，今不見古籍舊注稱引其文。章宗源以爲《崔氏世傳》及《崔氏家傳》皆爲《崔氏五門家傳》，章宗源《隋書經籍志考證》"《崔氏五門家傳》二卷"條按云："崔瑗爲汲令事，《御覽》人事部又載之，題崔鴻《崔氏家傳》，則《隋志》注崔氏撰，當改崔鴻。"姚振宗則認爲《隋書・經籍志》所錄《崔氏五門家傳》二卷，非即《新唐書・藝文志》所錄《崔氏世傳》七卷，或是其節本。其《隋書經籍志考證》"《崔氏五門家傳》二卷"條案云："此二卷或非其全，故不見崔鴻，但知爲崔氏。章氏云當改崔鴻，謬矣。"

《崔氏家傳》，其文今主要見於《北堂書鈔》、《太平御覽》等引。《太平御覽》卷四六五《人事部・歌》引崔瑗爲汲令事，作崔鴻《崔氏家傳》，他處引則僅作《崔氏家傳》，則諸書所引《崔氏家傳》，或即《新唐書・藝文志》所著錄《崔氏世傳》。《崔氏五門家傳》僅二卷，或《崔氏世家》之節本，亦或別一種崔氏之家傳。

顧櫰三《補後漢書藝文志》卷七別傳類補錄《崔氏家傳》，並略輯其文。《漢魏六朝雜傳集》據諸書徵引輯錄校勘。檢諸書徵引，《崔氏家傳》今存崔瑗、崔寔二人事。

崔瑗事今存文三節，其一叙其爲汲令，開溝造稻田，民作歌頌之。見於《太平御覽》卷二六八《職官部六十六・良令長下》、《職官分紀》卷四二《縣令》"天降神明君"、《翰苑新書前集》卷五

八《知縣》"神明君"、《橘山四六》卷九"摛辭爲風雅之伯發政號神
明之君"孫雲翼注引作《崔氏家傳》;《太平御覽》卷四六五《人事
部·歌》引作崔鴻《崔氏家傳》。其二叙崔瑗上疏言孝廉限年事,
見於《北堂書鈔》卷七九《設官部三十一·孝廉一百七十七》"孝
廉皆限年恐失賢才之士"、《御定淵鑑類函》卷一一五《設官部五
十五·孝廉》"孝廉限年恐失賢才"引。其三叙崔瑗座右銘事,見
於《太平御覽》卷四七七《人事部一百十八·施惠下》引。

　　崔寔事存文一節,叙崔寔除五原太守,教民農種。見於《太
平御覽》卷二六二《職官部六十·良太守下》引。

范氏家傳

　　輯存。范汪撰,原一卷。

　　《隋書·經籍志》史部雜傳類著錄《范氏家傳》一卷,題范
汪撰。

　　范汪,《晉書》卷七五有傳,其云:"范汪,字玄平,雍州刺史晷
之孫也。父稚,蚤卒。汪少孤貧,六歲過江,依外家新野庾氏。
荆州刺史王澄見而奇之,曰:'興范族者,必是子也。'"范汪先後
爲庾亮佐吏十有餘年,甚相欽待。轉鷹揚將軍、安遠護軍、武陵
内史,徵拜中書侍郎。又爲何充長史、桓温安西長史。後爲東陽
太守,遷中領軍、本州大中正。除都督徐兖青冀四州揚州之晉陵
諸軍事、安北將軍、徐兖二州刺史、假節。桓温北伐,令汪率文武
出梁國,以失期,免爲庶人。年六十五,卒於家。

　　今僅見《建康實錄》卷四引一節,言范慎著書二十篇,號曰
《矯非》。又,宋林駉撰《古今源流至論前集》卷五《聖學》、《翰苑
新書前集》卷二七《國史院》"未嘗謁荆公"、"論次唐鑑"引三節,
叙范祖禹事,則非范汪書,當爲范氏後人之續。

何氏家傳

輯存。佚名撰。原三卷。

《隋書·經籍志》史部雜傳類著録《何氏家傳》三卷，不題撰人。

今見《後漢書·何敞傳》李注引《何氏家傳》，叙比干爲汝陰縣獄吏，平活數千人，又爲丹陽都尉，獄無冤囚。因有陰德，致子孫昌隆。《三國志·魏書·劉劭傳》裴注引《廬江何氏家傳》，叙何禎答明帝問，云胡康雖有才，性質不端，必有負敗，後果如其言。諸書所稱引之《何氏家傳》、《廬江何氏家傳》，當即《隋書·經籍志》所著録之《何氏家傳》。

《何氏家傳》今見諸書稱引，存何比干、何禎二人事蹟。

何比干事，見於《後漢書》卷四三《何敞傳》"何敞字文高扶風平陵人也其先家于汝陰六世祖比干學尚書於晁錯"李注、《北堂書鈔》卷五五《設官部七·廷尉平》"丞相舉比干"、《職官分紀》卷一九《正》"濟活千數"、《野客叢書》卷一"三公治獄陰德"、《記纂淵海》卷三一《職官部·大理正》、《古今事文類聚新集》卷二七《諸寺部·大理寺正》"何家陰德"、《古今合璧事類備要後集》卷三四《九卿門·大理卿·大理正》"活千數"、《翰苑新書前集》卷二二《宗正寺·大理正》"濟活千數"、《天中記》卷三九《貴盛》"天賜册"、《御定淵鑑類函》卷二〇五《文學部十四·策二》"增帝告成功天錫有德"引，叙何比干爲汝陰縣獄吏決曹掾，平活數千人，避雨老嫗授其符策，寓言其子孫昌盛。

何禎事，見於《三國志》卷二一《魏書·劉劭傳》"郎中令河東杜摯等亦著文賦頗傳於世"裴注引，叙何禎預言胡康必有負敗。

附:何妥家傳

佚。原二卷。

《舊唐書·經籍志》史部雜譜牒類、《新唐書·藝文志》史部雜傳記類、《通志·藝文略》史類傳記類著録《何妥家傳》二卷,不題撰人。姚振宗《隋書經籍志考證》"《何氏家傳》二卷"條案云:"何妥,西城郫縣人。西城郡隋屬梁州,其先或與平陵何氏、廬江何氏同族。有《周易講疏》,見經部易類。"姚氏以爲此《何妥家傳》,或出《何氏家傳》。

《何妥家傳》今不見古籍舊注稱引其文。

漢魏六朝雜傳存目

卷　上

曾參傳

佚。佚名撰。原一卷。

《隋書·經籍志》史部雜傳類著録《曾參傳》一卷，不題撰人。《通志·藝文略》史類傳記類著録同。

曾參至孝，其孝事歷代頗爲傳誦，諸家《孝子傳》如蕭廣濟《孝子傳》多載其事，《隋書·經籍志》録此傳於諸孝傳後，此《曾參傳》或亦當多記其孝事。不詳出何代何氏所撰。

《曾參傳》今不見古籍舊注稱引其文。

司馬相如自叙

佚。司馬相如撰。

《隋書》卷七五《儒林傳·劉炫傳》："于時群盜蜂起，穀食踴貴，經籍道息，教授不行。炫與妻子相去百里，聲問斷絶，鬱鬱不得志，乃自爲贊曰：'通人司馬相如、揚子雲、馬季長、鄭康成等，皆自叙風徽，傳芳來葉。余豈敢仰均先達，貽笑後昆。徒以日迫桑榆，大命將近，故友飄零，門徒雨散，溘死朝露，埋魂朔野，親故莫照其心，後人不見其迹，殆及餘喘，薄言胸臆，貽及行邁，傳示州里，使夫將來俊哲知余鄙志耳。'"《史通·序傳》云："然自叙之

爲義也，苟能隱己之短，稱其所長，斯言不謬，即爲實録。而相如
《自序》，及記其客遊臨邛，竊妻卓氏，以《春秋》所諱，持爲美談。
雖事或非虚，而理無可取，載之於傳，不其愧乎！"皆云司馬相如
有《自叙》。朱東潤推測云："司馬相如竊妻之事，顯然見於自叙，
《漢書·相如傳》所載，當然也以自叙爲本。"①

　　《司馬相如自叙》今不見古籍舊注稱引其文。

鄧玄傳

　　佚。周捨撰。

　　周捨《鄧玄傳》，《隋書·經籍志》等史志書目未見著録，《南
史》卷七六《隱逸傳·鄧郁傳》言及周捨嘗撰《鄧玄傳》，其云："武
帝後令周捨爲《鄧玄傳》，具序其事。"則周捨嘗爲《鄧玄傳》。

　　周捨，《梁書》卷二五有傳，其云："周捨，字昇逸，汝南安城
人，晉左光禄大夫顗之八世孫也。父顒，齊中書侍郎，有名於時。
捨幼聰穎，顒異之，臨卒謂曰：'汝不患不富貴，但當持之以道
德。'既長，博學多通，尤精義理，善誦書，背文諷説，音韻清辯。
起家齊太學博士，遷後軍行參軍。"入梁，官至散騎常侍、本州大
中正，遷太子詹事。普通五年(524)卒，時年五十六。

　　周捨《鄧玄傳》今佚，不見古籍舊注稱引其文。

魏武自爲家傳

　　佚。曹操撰。

　　《魏武自爲家傳》，《隋書·經籍志》等史志書目無著録，姚振
宗《三國藝文志》卷二史類雜史類補録。

---

① 朱東潤：《八代傳叙文學述論》，復旦大學出版社 2006 年，第 47 頁。

《三國志》卷一四《魏書・蔣濟傳》裴松之案云："魏武作家傳，自云曹叔振鐸之後。"《廣韻》"六豪""曹"字注："魏武作家傳，自云曹叔振鐸之後，周武王封母弟振鐸於曹，後以國爲氏，出譙國彭城高平鉅鹿四望。""自云"下文字，當據《魏武自爲家傳》，然非原文。

曹操，《三國志》卷一《魏書・武帝紀》云曹操"漢相國參之後"，即曹操爲曹參之後。王沈《魏書》又云曹氏，"其先出於黃帝。當高陽世，陸終之子曰安，是爲曹姓"。然《三國志・武帝紀》又云："桓帝世，曹騰爲中常侍大長秋，封費亭侯。養子嵩嗣，官至太尉，莫能審其生出本末。嵩生太祖。"則曹操或非真曹參之後。《三國志》裴注引吳人作《曹瞞傳》及郭頒《世語》並云："嵩，夏侯氏之子，夏侯惇之叔父。太祖於惇爲從父兄弟。"則曹操出身於時傳聞頗多，曹操乃自作家傳，自稱曹叔振鐸之後。蓋追源曹氏譜系，以顯其自所從來。故此傳當是曹操挾天子以令諸侯以後所作，其時身份既顯，以此彌謗。

姚振宗《三國藝文志》卷二史部雜史類"《魏武自作家傳》"條案云："家傳非記一人一事，故入之此類。"將其補録於史部雜史類中，則爲誤斷矣。

任城王舊事

佚。佚名撰。原三卷。

侯康《補三國藝文志》卷三史部雜傳類補録，"三卷"，云："見《拾遺記》卷七，當時國史所撰也。"王嘉《拾遺記》卷七原文云：

> 任城王彰，武帝之子也。少而剛毅，學陰陽緯候之術，誦《六經》、《洪範》之書數千言。武帝謀伐吳、蜀，問彰取便利行師之決。王善左右射，學擊劍，百步中髭髮。時樂浪獻虎，文如錦斑，以鐵爲檻，兕殷之徒，莫敢輕視。彰曳虎尾以

繞臂，虎弭耳無聲。莫不服其神勇。時南越獻白象子在帝前，彰手頓其鼻，象伏不動。文帝鑄萬斤鍾，置崇華殿，欲徙之，力士百人不能動，彰乃負之而趨。四方聞其神勇，皆寢兵自固。帝曰："以王之雄武，吞併巴蜀，如鷗衡腐鼠耳！"彰薨，如漢東平王葬禮。及喪出，空中聞數百人泣聲。送者皆言，昔亂軍相傷殺者，皆無棺槨，王之仁惠，收其朽骨，死者歡於地下，精靈知感，故人美王之德。國史撰《任城王舊事》三卷，晉初藏於秘閣①。

《拾遺記》此節文字，《太平廣記》兩處見引，一在《太平廣記》卷一六一《感應一》"魏任城王"，文略，其云："魏任城王章薨，如漢東平王禮葬。及喪出，聞空中數百人泣聲。送者言，昔亂軍殺傷者皆無棺槨，王之仁惠，收其朽骨，死者歡於地下，精靈以之懷感焉。"注："出《王子年拾遺記》。"一在《太平廣記》卷一九一《驍勇一》"魏任城王"，全引《拾遺記》原文，注"出《拾遺錄》"。文字與今傳《拾遺記》多有異。書名作《任城舊事》，卷數作"二卷"。

《拾遺記》所錄曹彰諸事，或即出《任城王舊事》。

曹彰，曹操子。《三國志》卷一九《魏書》有傳，其云："任城威王彰，字子文。少善射御，臂力過人，手格猛獸，不避險阻。數從征伐，志意慷慨。"黃初四年（223）朝京都，薨於邸舍。

昭明太子傳

佚。蕭綱撰。原五卷。

《梁書·簡文帝紀》云："所著《昭明太子傳》五卷，《諸王傳》三十卷，《禮大義》二十卷，《老子義》二十卷，《莊子義》二十卷，《長春義記》一百卷，《法寶連璧》三百卷，並行於世焉。"

---

① 王嘉撰，齊治平校注：《拾遺記》卷七，中華書局 1981 年，第 165 頁。

　　蕭綱有《上〈昭明太子集〉〈別傳〉等表》，見於《藝文類聚》卷一六《儲宮部·儲宮》、卷五五《雜文部一·史傳》引。嚴可均《全梁文》卷九《簡文帝集》輯錄。其云：

　　　　若夫正少陽之位，主承祧之則，口實爲美，唯稱啓誦，自茲厥後，罕或聞焉。昭明太子稟仁聖之姿，縱生知之量，孝敬兼極，溫恭在躬。明月西流，幼有文章之敏；羽籥東序，長備元良之德。蘊茲三善，弘此四聰，非假二疏，寧勞四皓，虎賁忨其經學，智囊憼其調護，豈止博望延賓，壽春能賦，問疑稟據，書戒憑陵而已哉。玉折何追，星頹靡續，地尊號嗣，外陽之術無徵；位比周儲，緱山之駕不反。臣以不肖，妄作明離，出入銅龍，瞻仰故實，思所以揄揚盛軌，宣記德音，謹撰昭明太子別傳、文集，請備之延閣，藏諸廣內，永彰茂實，式表洪徽。

　　蕭綱《昭明太子傳》今不見古籍舊注稱引其文。

孝子傳

　　佚。劉虬撰。

　　《隋書·經籍志》等史志書目未見有著錄劉虬《孝子傳》者。《南史》卷七三《孝義傳上·庾震傳》：“震字彥文，新野人。喪父母，居貧無以葬，賃書以營事，至手掌穿然後葬事獲濟。南陽劉虬因此爲撰《孝子傳》。”知劉虬嘗撰《孝子傳》，叙庾震孝事。

　　劉虬，《南齊書》卷五四《高逸傳》、《南史》卷五○有傳，《南齊書·劉虬傳》云：“劉虬，字靈預，南陽涅陽人也，舊族徙居江陵。虬少而抗節好學，須得禄便隱。”建武二年（495），詔徵國子博士，不就。其冬卒，年五十八。

　　劉虬《孝子傳》久佚，今不見古籍舊注稱引其文。

孝義傳

佚。王澄撰。

王澄《孝義傳》,《隋書·經籍志》等史志書目無著録。《周書》卷四〇《顔之儀傳》附《樂運傳》云:"時京兆郡丞樂運亦以直言數諫於帝。運字承業,南陽淯陽人,晉尚書令廣之八世孫。祖文素,齊南郡守;父均,梁義陽郡守。運少好學,涉獵經史而不持章句,年十五而江陵滅,運隨例遷長安,其親屬等多被籍,而運積年爲人傭保,皆贖免之。又事母及寡嫂甚謹,由是以孝義聞。梁故都官郎琅邪王澄美之,爲次其行事爲《孝義傳》。"《北史》卷六二《王軌傳》附《樂運傳》亦言王澄撰《孝義傳》。據此,則王澄所撰,其當爲樂運孝義事。

王澄《孝義傳》今不見古籍舊注稱引其文。

京兆、沛國、三輔耆舊傳三種
魯國、廬江先賢傳贊二種

佚。佚名撰。

此五種雜傳即《京兆耆舊傳》、《沛國耆舊傳》、《三輔耆舊傳》、《魯國先賢傳贊》、《廬江先賢傳贊》。

《隋書·經籍志》史部雜傳類序云:"後漢光武,始詔南陽,撰作風俗,故沛、三輔有耆舊節士之序,魯、廬江有名德先賢之贊……"《文苑英華》卷五〇二《策》載許南容《對》云:"京兆耆舊,光武創其篇;陳留神仙,阮蒼述其事。"李令琛《對》云:"京兆耆舊之篇,創於光武;陳留神仙之傳,起自阮蒼。"

侯康在其《補後漢藝文志》卷三史部雜傳類中稱《南陽風俗傳》、《京兆耆舊序》,並云"沛、魯、廬江諸書,《隋志》但渾括其名,

無從著録，今附志於此”。曾樸在其《補後漢書藝文志並考》卷六
記傳志内篇第二之二中稱光武詔纂《京兆耆舊序》、《馮翊耆舊
序》、《扶風耆舊序》、《沛國節士序》、《魯國名德贊》、《廬江先賢
贊》。並云：“案《隋志》先賢之贊下又云序贊，今並亡，則序贊二
字確爲當時書名，非作志者隨文換易之字。據《玉海》引許南容
《策》所言，則知三輔各自爲書，非併合一帙，且可徵三輔之並名
耆舊，而沛國之名節士，亦無疑矣。至魯國、廬江，姑依其先後次
第分屬之。”姚振宗在其《後漢藝文志》卷二史部雜傳類中補録
《京兆耆舊傳》、《沛國耆舊傳》、《三輔耆舊傳》、《魯國先賢贊》、
《廬江先賢贊》，並云：“今考《隋志》，有《魯國先賢傳》，蓋後人續
編之書，又載諸郡國傳記，以耆舊、先賢名書者尤多，以後況前，
不甚相遠，《隋志》稱節士、名德，當在耆舊、先賢之中，今以沛、三
輔稱耆舊傳，魯、廬江稱先賢傳，著於録。”

　　《京兆耆舊傳》、《沛國耆舊傳》、《三輔耆舊傳》、《魯國先賢
贊》、《廬江先賢贊》今並亡佚，不見古籍舊注稱引其文。

陳留先賢像贊

　　佚。陳英宗撰。原一卷。

　　陳英宗《陳留先賢像贊》，《隋書·經籍志》史部雜傳類著録
《陳留先賢像贊》一卷，題陳英宗撰；《舊唐書·經籍志》史部雜傳
類著録《陳留先賢像贊》一卷，題陳英宗撰；《新唐書·藝文志》著
録陳英宗《陳留先賢傳像贊》一卷。《通志·藝文略》史類傳記類
著録《陳留先賢像贊》一卷，陳英宗撰。

　　章宗源《隋書經籍志考證》録其名而未考，僅云“《唐志》作
《先賢傳像贊》”。姚振宗《隋書經籍志考證》陳英宗“《陳留先賢
像贊》”條認爲《蔡邕傳》及《蔡邕別傳》所言圖其形而頌即出此
書，他説：“案《後漢書·蔡邕傳》：‘邕遂死獄中，縉紳諸儒莫不流

涕，兖州陳留聞，皆畫像而頌焉。'此書中之一事也。"

陳英宗，生平行事俱不詳。

陳英宗《陳留先賢像贊》今已亡佚，不見古籍舊注稱引其文。

東萊耆舊傳

佚。王基撰。原一卷。

王基《東萊耆舊傳》，《隋書・經籍志》史部雜傳類、《新唐書・藝文志》史部雜傳記類著録王基《東萊耆舊傳》一卷。

王基，生平行事不詳。

王基《東萊耆舊傳》今不見古籍舊注稱引其文。

高士傳

佚。蘇順撰。

《類説》卷二《高士傳》載一節皇甫謐《高士傳・序》，言及蘇順曾"叙高士"："史班之書多所闕略，梁鴻頌逸民，蘇順叙高士，或録屈節，雜而不純。"

蘇順，《後漢書》卷八〇上《文苑傳上》有傳，其云："蘇順，字孝山，京兆霸陵人也。和安間以才學見稱。好養生術，隱處求道。晚乃仕，拜郎中，卒於官。所著賦、論、誄、哀辭、雜文凡十六篇。"《舊唐書・經籍志》、《新唐書・藝文志》載其有集二卷，蘇順善哀辭、誄文。諸書多引之。

蘇順《高士傳》今不見古籍舊注稱引其文。

貞潔記

佚。諸葛亮撰。原一卷。

諸葛亮《貞潔記》,《隋書·經籍志》、《舊唐書·經籍志》無著録,《新唐書·藝文志》史部雜傳記類著録諸葛亮《貞潔記》一卷。

諸葛亮,《三國志》卷三五有傳,已見前録。

諸葛亮《貞潔記》今不見古籍舊注稱引其文。觀其題名,當叙列女之堅貞者。

益部耆舊傳

佚。鄭廑撰。

常璩《華陽國志》之《後賢志·陳壽傳》云:"益部自建武後,蜀郡鄭伯邑、太尉趙彦信,及漢中陳申伯、祝元靈、廣漢王文表皆以博學洽聞,作巴、蜀《耆舊傳》。壽以爲不足經遠,乃並巴、漢,撰爲《益部耆舊傳》十篇,散騎常侍文立表呈其傳,武帝善之。"可知,在陳壽撰《益部耆舊傳》以前,出現過多家《益部耆舊傳》,據常璩《華陽國志》,則東漢以來有鄭廑、趙謙、祝龜、王商、陳術等諸家所撰巴、蜀《耆舊傳》。其稱"蜀郡鄭伯邑",鄭廑爲蜀郡人。

鄭廑,字伯邑。《華陽國志》作"鄭廑",《後漢書》作"鄭勤",後漢安帝時爲漢中太守。《華陽國志》卷一二《序志》録"右四十人馳名後漢"者有鄭廑:"述作:漢中太守鄭廑字伯邑。"小注云:"臨邛人也,作《耆舊傳》。"永初四年(110),先零羌寇褒中,戰死。《後漢書·孝安帝紀》記其死事,其云:永初四年(110)"三月南單于降,先零羌寇褒中,漢中太守鄭勤戰殁,徙金城郡都襄武"。《華陽國志》卷二《漢中志》、卷一〇下《漢中士女》、《後漢書·西羌傳》皆述及鄭廑死事,《後漢書·西羌傳》云:"時羌復攻褒中,鄭勤欲擊之。主簿段崇諫,以爲虜乘勝,鋒不可當,宜堅守待之。勤不從,出戰,大敗,死者三千餘人,段崇及門下史王宗、原展以身扞刃,與勤俱死。於是徙金城郡居襄武。"《後漢書·西羌傳》當是據《華陽國志》所載,《華陽國志》卷一〇下《漢中士女》所叙

最爲明晰,其云:“禮高殉名:段崇,字禮高,南鄭人。太守河間鄭
廑命爲主簿。永初四年,涼州羌反,溢入漢中,從廑屯褒中,虜東
攻,廑欲戰,崇諫不可,願固壘待之。廑不聽,出戰敗績。崇與門
下吏王宗、原展及子勃、兄子伯生,推鋒死戰,衆寡不敵,崇等皆
死,羌遂得廑殺之。”此處云“太守河間鄭廑”,作“河間”者,甚疑
其誤,或是衍入。

　　鄭廑所作,常璩《華陽國志・序志》小注僅云“作《耆舊傳》”,
《華陽國志・後賢志・陳壽傳》亦僅籠統稱“作巴、蜀《耆舊傳》”,
《蜀中廣記》卷九六《著作記第六・地理志部》“陳術《益部耆舊
傳》”下附記亦云“臨邛鄭廑伯邑亦作《耆舊傳》”。皆未言明其前
地名。鄭廑爲臨邛人,又爲漢中太守,其所作或囊括益部。故其
作或當稱《益部耆舊傳》爲是。

　　今諸古籍舊注未見有稱鄭廑《益部耆舊傳》者,或已亡佚。
其文陳壽《益部耆舊傳》或當采摭。

蜀郡耆舊傳

　　佚,趙謙撰。

　　常璩《華陽國志》之《後賢志・陳壽傳》云:“益部自建武後,
蜀郡鄭伯邑、太尉趙彦信,及漢中陳申伯、祝元靈、廣漢王文表皆
以博學洽聞,作巴、蜀《耆舊傳》。壽以爲不足經遠,乃並巴、漢,
撰爲《益部耆舊傳》十篇,散騎常侍文立表呈其傳,武帝善之。”可
知,在陳壽撰《益部耆舊傳》以前,出現過多家《益部耆舊傳》,據
常璩《華陽國志》,則東漢以來有鄭廑、趙謙、祝龜、王商、陳術等
諸家所撰巴、蜀《耆舊傳》。其稱“太尉趙彦信”爲蜀郡人,其作或
稱《蜀郡耆舊傳》。

　　趙謙,字彦信,成都府人。《後漢書・獻帝紀》李注引《謝承
書》曰:“謙字彦信,太尉趙戒之孫,蜀郡成都人也。”《華陽國志》

卷一二《序志》：“右四十人馳名後漢”記云：“忠亮：太尉、司徒、郫惠侯趙謙，字彥信。”注云：“戒孫也。其子孫襲厨亭侯，不顯。”其祖趙戒，曾祖義士趙定。《華陽國志》卷一二《序志》：“右四十人馳名後漢”記云：“義士：趙定”。注云：“成都人。以延仁赴義、濟窮恤乏爲業。”“保貴：太尉、司徒、司空、特進、厨亭文侯趙戒，字志伯。”注云：“定子。”《華陽國志》卷一〇上《先賢士女總讚》“太尉頡頎志振頹綱”下略述趙謙生平：“趙謙字彥信，戒孫也。歷位卿尹。初平元年，爲太尉。時董卓秉政，欲遷天子長安，謙與司空荀爽固諫，卓不聽，以爲車騎將軍，奉大駕西幸，封洛亭侯。拜司隸校尉，忤卓旨，免。討白波賊有功，封侯，進司徒，免。拜尚書令、太僕，三年薨，諡曰忠侯。”趙謙當卒於初平三年（192）。趙謙初平年間多與董卓相牽連，《後漢書》卷九《獻帝紀》云：（初平元年）“以光禄勳趙謙爲太尉”，（二年）“太尉趙謙罷”，（三年六月）“丙子，前將軍趙謙爲司徒……（八月）司徒趙謙罷”。趙謙曾爲汝南太守，中平元年（184）爲黄巾軍所敗，《後漢書》卷八《靈帝紀》云：“汝南黄巾敗太守趙謙於邵陵。”曾舉董扶，《三國志·蜀書·劉二牧傳》裴注引陳壽《益部耆舊傳·董扶》云：“永康元年（167），日有蝕之，詔舉賢良方正之士，策問得失，左馮翊趙謙等舉扶，扶以病不詣。”

趙謙所作，《華陽國志·後賢志·陳壽傳》僅籠統稱“作巴、蜀《耆舊傳》”，不詳其題名，趙謙爲成都人，其作或當稱《蜀郡耆舊傳》。

今諸古籍舊注未見有稱趙謙《耆舊傳》或《蜀郡耆舊傳》者，或已亡佚。其文陳壽《益部耆舊傳》或采摭。

漢中耆舊傳

佚。祝龜撰。

常璩《華陽國志》之《後賢志‧陳壽傳》云:"益部自建武後,蜀郡鄭伯邑、太尉趙彥信,及漢中陳申伯、祝元靈、廣漢王文表皆以博學洽聞,作巴、蜀《耆舊傳》。壽以爲不足經遠,乃並巴、漢,撰爲《益部耆舊傳》十篇,散騎常侍文立表呈其傳,武帝善之。"可知,在陳壽撰《益部耆舊傳》以前,出現過多家《益部耆舊傳》,據常璩《華陽國志》,則東漢以來有鄭廑、趙謙、祝龜、王商、陳術等諸家所撰巴、蜀《耆舊傳》。其稱"祝龜"爲漢中人,其作或稱《漢中耆舊傳》。

祝龜,字元靈,南鄭人。《華陽國志》卷一二《序志》"右三十八人後漢"有載,云:"文才:葭萌長祝龜,字元靈。"注云:"南鄭人也。"《華陽國志》卷一〇下《漢中士女》有其傳略:"元靈斐斐":"祝龜,字元靈,南鄭人也。年十五,遠學汝潁及太學,通博蕩達,能屬文。太守張府君奇之,曰:吾見海內士多矣,無如祝龜者也。州牧劉焉辟之,不得已行,授葭萌長,撰《漢中耆舊傳》,以著述終。"知其曾爲葭萌長,所撰稱"《漢中耆舊傳》"。《明一統志》卷三四《漢中府》"人物"亦云:"祝龜,南鄭人,劉焉爲益州牧,辟之。後撰《漢中耆舊傳》。"當是據《華陽國志》。祝龜又曾爲叔紀作頌,《華陽國志》卷一〇上《先賢士女總讚》"叔紀婉娩十媛仰風":"叔紀,霸女孫也。適廣漢王尊,至有賢訓,事姑以禮。生子商,海內名士。廣漢周幹、古朴、彭勰、漢中祝龜爲作頌,曰:少則爲家之孝女,長則爲家之賢婦,老則爲子之慈親,終溫且惠,秉心塞淵,宜諡曰化明惠母。"

今諸古籍舊注未見有稱祝龜《漢中耆舊傳》者,或已亡佚。其文陳壽《益部耆舊傳》或采摭。

蜀郡耆舊傳

佚。王商撰。

　　常璩《華陽國志》之《後賢志‧陳壽傳》云："益部自建武後，蜀郡鄭伯邑、太尉趙彦信，及漢中陳申伯、祝元靈、廣漢王文表皆以博學洽聞，作巴、蜀《耆舊傳》。壽以爲不足經遠，乃並巴、漢，撰爲《益部耆舊傳》十篇，散騎常侍文立表呈其傳，武帝善之。"可知，在陳壽撰《益部耆舊傳》以前，出現過多家《益部耆舊傳》，據常璩《華陽國志》，則東漢以來有鄭廑、趙謙、祝龜、王商、陳術等諸家所撰巴、蜀《耆舊傳》。

　　王商，字文表，廣漢郪人，父王尊，母張叔紀。《華陽國志》卷一〇上《先賢士女總讚》"叔紀婉娩十媛仰風"載其母及父事，其云："叔紀，霸女孫也。適廣漢王尊，至有賢訓，事姑以禮。生子商，海内名士。廣漢周幹、古朴、彭勰、漢中祝龜爲作頌，曰：少則爲家之孝女，長則爲家之賢婦，老則爲子之慈親，終溫且惠，秉心塞淵，宜諡曰化明惠母。"《華陽國志》卷一〇中《先賢士女總讚論》"文表氾博，提攜士彦"載其傳略，其云："王商，字文表，廣漢人也。博學多聞。州牧劉璋辟爲治中，試守蜀郡太守。荆州牧劉表、大儒南陽宋仲子遠慕其名，皆與交好，許文休稱商‘中夏王景興輩也’。商勸璋攬奇拔雋，甚善匡救。薦致名士安漢趙韙及陳實、盛先、墊江龔楊、趙敏、黎景、閬中王澹、江州孟彪，皆至州右職、郡守。又爲嚴、李立祠，正諸祀典。在官一十年而卒。"《三國志》卷三八《蜀書‧許靖傳》裴注引佚名《益州耆舊傳》，叙王商事，云王商"以才學稱，聲問著於州里"，劉璋辟爲治中從事，劉璋懦弱多疑，不能黨信大臣，商奏記諫璋，璋頗感悟。特舉王商諫劉璋拒絶馬超。劉璋以商爲蜀郡太守，在郡十載，卒於官。許靖代之。

　　王商，廣漢人，爲蜀郡太守十載，其作或稱《蜀郡耆舊傳》。

　　今諸古籍舊注未見有稱王商《蜀郡耆舊傳》者，或已亡佚。其文陳壽《益部耆舊傳》或采摭。

益部耆舊傳　益部耆舊志

佚。陳術撰。

《三國志》卷四二《蜀書‧李譔傳》附傳云：“時又有漢中陳術，字申伯，亦博學多聞，著《釋問》七篇、《益部耆舊傳》及《志》，位歷三郡太守。”則又有陳術撰《益部耆舊傳》並《益部耆舊志》。

《隋書‧經籍志》史部雜傳類著録有《續益部耆舊傳》三卷，《新唐書‧藝文志》史部雜傳記類著録有《益州耆舊雜傳記》二卷，均無撰人。《三國志》裴注又有引《益部耆舊雜記》和《益部耆舊傳雜記》者，侯康《補三國藝文志》卷三史類雜傳類“陳術《益部耆舊雜傳記》二卷”條認爲《隋志》、《新唐志》所著録和《三國志》裴注所引二書即陳術之書。姚振宗《隋書經籍志考證》卷二〇“《續益部耆舊傳》”條以爲常璩《華陽國志‧陳壽傳》明言陳術在陳壽之前，陳壽《三國志》也附《陳術傳》於《李譔傳》後，則陳術所撰《益部耆舊傳》當在陳壽之前，“術之書爲壽藍本中之一也”，姚氏之言甚是，《續益部耆舊傳》不是陳術之書。

陳術，字申伯，漢中人。《華陽國志》卷一二《序志》“右一人劉氏之世”有陳術，云：“陳術字申伯。”注云：“歷二郡太守，見《蜀書》，撰《益部耆舊傳》者。”云其歷二郡太守。《華陽國志》卷一〇下《先賢士女摠讚》云其歷三郡太守：“其陳術，字申伯，作《耆舊傳》者也，失其行事，歷新城、魏興、上庸三郡太守。及錫光等不列也。”《三國志》卷四二《蜀書‧李譔傳》亦云其“位歷三郡太守”，或《華陽國志‧序志》誤。

今諸古籍舊注未見有稱陳術《益部耆舊傳》或《益部耆舊志》者，或已亡佚。其文陳壽《益部耆舊傳》或采摭。

益部耆舊傳

佚。陳封撰。

《職官分紀》卷一六《祕書省・著作郎》"作益部耆舊傳"、《古今合璧事類備要後集》卷三七《三監門・著作郎》"陳封作耆舊傳"、《古今事文類聚新集》卷三○《諸監部・著作郎》"作耆舊傳"、《翰苑新書前集》卷二四《祕書省》"作耆舊傳"皆云："陳封作《益部耆舊傳》,武帝善之,命爲著作郎。"則陳封嘗作《益部耆舊傳》。

今諸古籍舊注未見有稱陳封《益部耆舊傳》者,或已亡佚。其文陳壽《益部耆舊傳》或采摭。

續益部耆舊傳

佚。常寬撰。

《隋書・經籍志》史部雜傳類著録有《續益部耆舊傳》三卷,無撰人;《新唐書・藝文志》史部雜傳記類著録有《益州耆舊雜傳記》二卷,無撰人。《三國志》裴注又有引《益部耆舊雜記》和《益部耆舊傳雜記》者,侯康《補三國藝文志》卷三史部雜傳類"陳術《益部耆舊雜傳記》"條認爲《隋志》及《新唐志》所著録和《三國志》裴注所引二書即陳術之書。姚振宗《隋書經籍志考證》卷二○"《續益部耆舊傳》"條以爲常璩《華陽國志・陳壽傳》明言陳術在陳壽之前,陳壽《三國志》也附《陳術傳》於《李譔傳》後,則陳術所撰《益部耆舊傳》當在陳壽之前,"術之書爲壽藍本中之一也",姚氏之言甚是,《續益部耆舊傳》不是陳術之書。

常璩《華陽國志》卷一一《後賢志・常寬傳》云常寬"撰《蜀後

志》及《後賢傳》,續陳壽《耆舊》"①,則《續益部耆舊傳》或爲常寬所作。姚振宗《隋書經籍志考證》卷二〇"《續益部耆舊傳》"條也以爲《續益部耆舊傳》爲常寬所作,其云:"本《志》、《唐志》皆列此書於陳壽之後,名之曰'續',與《後賢志(常璩《華陽國志》之《後賢志》)·常寬傳》合,是出於寬爲多。寬即常璩所稱族祖武平府君者是也。"

　　常寬,《華陽國志》卷一二《序志》"右二十一人蜀郡人在晉世"有常寬,云:"述作:武平太守常寬,字泰恭。"注云:"騫從弟也。"《華陽國志》卷一一《後賢志》有其傳,其云:"常寬,字泰恭,騫族弟,郫令勖弟子也。父廓,字敬業,以明經著稱,早亡。"常寬闔門廣學。治《毛詩》、《三禮》、《春秋》、《尚書》,尤耽意大《易》,博涉《史》、《漢》,彊識多聞。郡命功曹,及察孝廉,不就。州辟主簿、別駕,舉刺史羅尚秀才,爲侍御史,除繁令,隨民安縣零陵。以舉將喪去官。湘州叛亂,乃南入交州。交州刺史陶咸表爲長史,固辭不之職。晉元帝踐祚,嘉其德行潔白,拜武平太守,民悦其政。以榮貴非志,在官三年,去職。尋梁碩作亂,得免難。卒於交州。《華陽國志·後賢志·常寬傳》又云:"獨鳩合經籍,研精著述。依孟陽宗、盧師矩著《典言》五篇,撰《蜀後志》及《後賢傳》,續陳壽《耆舊》,作《梁益篇》。""凡所著述詩、賦、論、議二十餘篇。"則常寬著述頗富。

　　今諸古籍舊注未見有稱常寬《續益部耆舊傳》者,或已亡佚。

兗州山陽先賢傳

　　佚。仲長穀撰。原一卷。

----

① 常璩:《華陽國志》卷一一《後賢志·常寬傳》,《龍谿精舍叢書》刊顧千里校本,中國書店 1991 年,第 653—654 頁。

《兗州山陽先賢傳》，仲長轂撰，《隋書·經籍志》史部雜傳類著錄有《兗州先賢傳》一卷，無撰人，《舊唐書·經籍志》史部雜傳類著錄有《兗州山陽先賢贊》一卷，題仲長統撰，《新唐書·藝文志》史部雜傳記類著錄仲長統《山陽先賢傳》一卷。

章宗源《隋書經籍志考證》卷一三史部雜傳類"《兗州先賢傳》"條云："據《元和姓纂》稱晉太宰參軍長仲轂著《山陽先賢傳》。"小注云："則《唐志》仲長統誤。"

姚振宗《隋書經籍志考證》卷二〇史部雜傳類"《兗州先賢傳》"條引述章氏語，小注案云："此稱長仲轂，據《姓纂》孫輯本之寫誤。"又案云："此《兗州先賢傳》即《山陽先賢傳》，非《舊唐志》明著兗州二字，必誤認二書。仲長轂始末未詳。"姚振宗《後漢藝文志》史部雜傳記類"仲長統《山陽先賢贊》"條小注又按云："郡國傳記之書，大抵多後人以次注續，不止一家。兩《唐志》既明載其書，未有確證，不當直斷其誤。"又按云："《隋志》有《兗州先賢傳》一卷，不著撰人，似即是書。"

校之以理，章宗源《隋書經籍志考證》所言爲是。《元和姓纂》卷五"長仲"姓"山陽"籍云："後漢尚書郎仲長統著《昌言》，代居高平。晉太宰參軍長仲轂著《山陽先賢傳》。"岑仲勉校云："長仲二字應乙。"可見，《兗州山陽先賢傳》確爲晉太宰參軍仲長轂所撰而非仲長統撰。

兗州（古作"沇州"），古九州之一，在古黃河與古濟水之間，大致爲今山東西部與山東、河北交界地區，包括今山東省西部、河南省東北部、河北省東南部。山陽，郡名，西漢始置，郡治昌邑（今山東省巨野縣）。故屬秦朝碭郡，楚漢之際屬楚國。漢高祖五年（前202）屬漢，以屬梁國。漢景帝中元六年（前144），梁孝王劉武病逝，景帝分梁國北部置山陽國，封梁王武之子劉定爲山陽王，國都昌邑。漢武帝建元五年（前136），劉定薨，山陽國除爲郡，稱"山陽郡"。其後，據其所屬，又曾名山陽國、山陽郡、昌邑國,至隋初廢。山陽舊屬兖州刺史部,故稱兖州山陽。

《兖州山陽先賢傳》今全佚,不見古籍舊注稱引其文。

錢塘先賢傳

佚。吳均撰。原五卷。

《舊唐書·經籍志》史部雜傳類著録《吳郡錢塘先賢傳》五卷,題吳均撰;《新唐書·藝文志》史部雜傳記類著録吳均《吳郡錢塘先賢傳》五卷。《通志·藝文略》史類傳記類著録《吳郡錢塘先賢傳》五卷,題吳均撰。《南史》卷七二《文學傳·吳均傳》言及吳均曾撰《錢塘先賢傳》,其云:"均注范曄《後漢書》九十卷,著《齊春秋》三十卷,《廟記》十卷,《十二州記》十六卷,《錢唐先賢傳》五卷,《續文釋》五卷,《文集》二十卷。"卷數與《舊唐書·經籍志》、《新唐書·藝文志》著録同。

吳均,《梁書》卷四九《文學上》、《南史》卷七二《文學傳》有傳,《梁書》卷四九《文學上·吳均傳》云:"吳均,字叔庠,吳興故鄣人也。家世寒賤,至均好學,有俊才。沈約嘗見均文,頗相稱賞。"普通元年(520)卒,時年五十二。

吳均《錢塘先賢傳》今不見古籍舊注稱引其文。

晉仙傳

佚。顔協撰。原五篇。

顔協《晉仙傳》,《隋書·經籍志》等史志書目未見著録。《金樓子》卷五《著書篇》有《晉仙傳》一袟五卷,原注云:"金樓使顔協撰。"《南史》卷七二《文學傳·顔協傳》:"協所撰《晉仙傳》五篇,《日月災異圖》兩卷,行于世。其文集二十卷,遇火湮滅。"

唐皎然有詩《賦得顔氏古今事得〈晉仙傳〉送顔逸》,小注云:

"梁湘東王國常侍顔協著《晉仙傳》五篇。"詩云："曾看顔氏《傳》，多記晉時仙。却憶桐君老，俱還桂父年。青春留鬢髮，白日向雲煙。遠別賫遺簡，囊中有幾篇。"則皎然曾得《晉仙傳》而觀之，其佚或在此後。

顔協，《梁書》卷五〇《文學下》、《南史》卷七二有傳，《梁書·文學下·顔協傳》云："顔協，字子和，琅邪臨沂人也，七代祖含，晉侍中、國子祭酒、西平靖侯。父見遠，博學有志行。"大同五年（539）卒，時年四十二。

顔協《晉仙傳》今不見諸書稱引。

續高士傳

佚。宗測撰。原三卷。

《隋書·經籍志》等史志書目未見著録宗測《續高士傳》。《南齊書》卷五四《高逸·宗測傳》云："測善畫，自圖阮籍遇蘇門於行障上，坐卧對之。又畫永業佛影臺，皆爲妙作。頗好音律，善《易》、《老》。續皇甫謐《高士傳》三卷，又嘗遊衡山七嶺，著《衡山》、《廬山記》。"《南史》卷七五《隱逸上·宗測傳》："測善畫，自圖阮籍遇蘇門於行鄣上，坐卧對之，又畫永業佛影臺，皆爲妙作。好音律，善《易》、《老》，續皇甫謐《高士傳》三卷，嘗游衡山七嶺，著《衡山》、《廬山記》。"知宗測曾續皇甫謐《高士傳》，撰《續高士傳》三卷。

宗測，《南齊書》卷五四《高逸傳》、《南史》卷七五《隱逸上》有傳，《南齊書·宗測傳》云："宗測，字敬微，南陽人，宋徵士炳孫也。世居江陵，測少静退，不樂人間。"

宗測《續高士傳》久佚，今不見古籍舊注稱引其文。

妒記

佚。虞通之撰。原二卷。

《隋書·經籍志》史部雜傳類著錄《妒記》二卷,題虞通之撰；《新唐書·藝文志》史部雜傳記類著錄虞通之《妒記》二卷,《通志·藝文略》史類傳記類著錄《妒記》二卷,題虞通之撰。

《宋書》卷四一《孝武文穆王皇后傳》附偃子藻傳云:"宋世諸主莫不嚴妒,太宗每疾之,湖熟令袁慆妻,以妒忌賜死,使近臣虞通之撰《妒婦記》。"《南史》卷二三《王誕傳》附偃子藻傳云:"長子藻,位東陽太守,尚文帝第六女臨川長公主,諱英媛。公主性妒,而藻別愛左右人吳崇祖。景和中,主讒之於廢帝,藻下獄死,主與王氏離婚。宋世諸主莫不嚴妒,明帝每疾之。湖熟令袁慆妻,以妒賜死,使近臣虞通之撰《妒婦記》。"《妒婦記》當即此《妒記》。

胡應麟云:"六朝宋虞之有《妒記》一卷,至唐不傳,而宋王某補之,今所補者又不存矣。余生平二親極念,而不幸際敬通之厄,居常扼腕弗堪,每欲叢錄古今史傳中事迹,以補二書之亡而未暇。"[1]則其或佚於唐代。

虞通之,《南史》卷七二《丘巨源傳》附其事云:"又時有虞通之、虞龢、司馬憲、袁仲明、孫詵等皆有學行,與廣埒名。通之、龢皆會稽餘姚人,通之善言《易》,至步兵校尉。"

虞通之《妒記》今不見古籍舊注稱引其文。

---

[1] 胡應麟:《少室山房筆叢》卷三六己部《二酉綴遺中》,中華書局 1958 年,第 485 頁。

后妃記

佚。虞通之撰。原四卷。

《舊唐書·經籍志》史部雜傳類著録《后妃記》四卷，題虞道之撰；《新唐書·藝文志》史部雜傳記類著録虞通之《后妃記》四卷；《通志·藝文略》史類傳記類著録同《舊唐書·經籍志》。《舊唐書·經籍志》著録題"虞道之撰"，"道"當誤。

虞通之《后妃記》今不見古籍舊注稱引其文。

列女傳

佚。庾仲容撰。原三卷。

庾仲容撰《列女傳》，《南史》卷三五《庾悦傳》附《庾仲容傳》言及，其云："仲容抄子書三十卷，諸集三十卷，衆家地理書二十卷，《列女傳》三卷，文集二十卷，並行於代。"《隋書·經籍志》史部雜傳類著録《列女傳要録》三卷，不題撰人。姚振宗推測或即庾仲容書。其《隋書經籍志考證》"《列女傳要録》三卷"條案云："《南史·庾仲容傳》，仲容字子仲，潁川鄢陵人，博學有盛名……此卷數相同，其即仲容所抄者歟？"

庾仲容《列女傳》，今不見古籍舊注稱引其文。

前漢功臣序贊

佚。李仲尚撰。

《魏書》卷三九《李寶傳》附《李仲尚傳》云："伯尚弟仲尚，儀貌甚美。少以文學知名。二十著《前漢功臣序贊》及季父《司空沖誄》，時兼侍中高聰、尚書邢巒見而歎曰：'後生可畏，非虛言也。'起家京兆王愉行參軍。景明中，坐兄事賜死，年二十五。"《北史·序傳》記李仲尚事，亦云其撰《前漢功臣序贊》，知李仲尚曾撰《前漢功臣序贊》。《玉海》卷六二《藝文·序贊》"《漢三輔耆舊節士序》、《名德先賢贊》"條云："《北史》李仲尚著《前漢功臣序讚》。"即指此。

李仲尚《前漢功臣序贊》今不見古籍舊注稱引其文。

訪來傳

佚。來奧撰。原十卷。

《隋書·經籍志》史部雜傳類著録《訪來傳》十卷，題來奧撰。《通志·藝文略》史類傳記類著録同。

來奧，生平事蹟不詳。《隋書·經籍志》史部雜史類著録來奧撰《帝王本紀》十卷，《舊唐書·經籍志》、《新唐書·藝文志》史部雜史類著録同。姚振宗《隋書經籍志考證》"《訪來傳》十卷"條案云："此不與前諸家家傳爲類，而列於梁元帝《懷舊志》之前，似來氏集其知友之來訪者以爲之傳，猶交游傳之類。"姚氏所言近實。

《訪來傳》今不見古籍舊注稱引其文。

知己傳

佚。盧思道撰。原一卷。

《隋書·經籍志》史部雜傳類著録《知己傳》一卷，題盧思道撰。《舊唐書·經籍志》史部雜傳類、《新唐書·藝文志》史部雜傳記類、《通志·藝文略》史類傳記類著録同。《册府元龜》卷五五六《國史部·採撰》云："盧思道爲黃門侍郎，待詔文林館，撰《知己傳》一卷。"

　　盧思道，《隋書》卷五七有傳，其云："盧思道字子行，范陽人也。祖陽烏，魏祕書監。父道亮，隱居不仕。思道聰爽俊辯，通俶不羈。"在齊，解褐司空行參軍，長兼員外散騎侍郎，直中書省。後漏洩省中語，出爲丞相西閤祭酒，歷太子舍人、司徒録事參軍。復爲京畿主簿，歷主客郎、給事黃門侍郎，待詔文林館。周武帝平齊，授儀同三司。入隋，遷武陽太守。後爲散騎侍郎，開皇六年（586）卒于京師，時年五十二。

　　盧思道《知己傳》，劉知幾《史通》言及，《史通·雜述》篇在定義偏記小説之小録類時，舉《知己傳》："普天率土人物弘多，求其行事，罕能周悉。則有獨舉所知，編爲短部。若戴逵《竹林名士》、王粲《漢末英雄》、蕭世誠《懷舊志》、盧子行《知己傳》，此之謂小録者也。"①則劉知幾當見其書。胡應麟《甲乙剩言》"《知己傳》"條云："別後乃從都下得隋盧思道《知己傳》二卷，上自伊吕，下至六代，由君相、父兄、妻子、友朋以及鬼神、禽畜涉於知己者皆録。第諸葛孔明與先主最相知，以爲有君自取之一語，爲大不知己，不録。蓋有激乎其言之也。因尋校此書，惟《隋志》有之，自唐已下，不復有也。能不愧金岩石篋，遽以語叔祥者乎。"②章宗源《隋書經籍志考證》"《知己傳》一卷"條案云："此則是書明時尚存，宋史志不載，自屬闕漏。但應麟謂此書惟《隋志》有之，自唐以下不復有也，亦失考。"胡應麟既得此書，明代當存。其爲二卷，當非《隋書·經籍志》等所著録本，或爲唐後人析一爲二。

　　《知己傳》今不見古籍舊注稱引其文。

① 劉知幾撰，浦起龍釋：《史通通釋》卷十《雜述》，上海古籍出版社1978年，第274頁。
② 胡應麟：《甲乙剩言》"《知己傳》"，陳繼儒輯《寶顔堂秘笈》正集第五册，文明書局1922年印行。

新舊傳

佚。佚名撰。原四卷。

《隋書·經籍志》史部雜傳類著録《新舊傳》四卷，子部雜家類著録《新舊傳》四卷。《新唐書·藝文志》子部雜家類著録《新舊傳》四卷。《通志·藝文略》雜家類著録《新舊傳》四卷。姚振宗《隋書經籍志考證》"《新舊傳》四卷"條云疑其爲彙編之作："豈彙合北朝人雜傳如陸澄、任昉之類歟？"據此傳名，實難窺其内容，疑其題名是省稱，亦或有脱字。

《新舊傳》今不見古籍舊注稱引其文。

四海耆舊傳

佚。佚名撰。原一卷。

《隋書·經籍志》史部雜傳類著録《四海耆舊傳》一卷，不題撰人；《舊唐書·經籍志》史部雜傳類著録《四海耆舊傳》一卷，題李氏撰；《新唐書·藝文志》史部雜傳記類著録韋氏《四海耆舊傳》一卷，《通志·藝文略》史類傳記類著録《四海耆舊傳》一卷，題韋氏撰。

章宗源《隋書經籍志考證》"《四海耆舊傳》一卷"條云："《群輔録》注公沙孚事，引《北海耆舊傳》。"小注云："北字疑誤。"姚振宗《隋書經籍志考證》"《四海耆舊傳》一卷"條案云："《群輔録》稱北海公沙穆，則公沙氏本北海人。稱北海不誤。此云四海，似以東西南北分篇，北海爲其中之一篇。韋氏又别舉《北堂書鈔》政術部劉盛、設官部董政各一事，並引《南海先賢傳》，以謂本志不著録者，亦似此書之篇目也。"四海當非指東海、西海、南海、北海，《南海先賢傳》亦不能確定即出《四海耆舊傳》，章氏、姚氏臆測而已，難以成立。

《四海耆舊傳》今不見古籍舊注稱引其文。

海岱志

佚。崔慰祖撰。原二十卷。

《隋書·經籍志》史部雜傳類著録《海岱志》二十卷，題"齊前將軍記室崔慰祖撰"。《舊唐書·經籍志》史部雜傳類著録《海岱志》十卷，題崔蔚祖撰；《新唐書·藝文志》史部雜傳記類著録崔蔚祖《海岱志》十卷。《通志·藝文略》史類傳記類著録同《隋書·經籍志》。《舊唐書·經籍志》、《新唐書·藝文志》著録題"崔蔚祖"，《南齊書·文學·崔慰祖傳》作"崔慰祖"，《隋書·經籍志》著録亦作"崔慰祖"，當作崔慰祖爲是。

《南齊書·崔慰祖傳》云："慰祖著《海岱志》，起太公迄西晉人物，爲四十卷，半未成。臨卒，與從弟緯書云：'常欲更注遷、固二史，採《史》、《漢》所漏二百餘事，在廚簏，可檢寫之，以存大意。《海岱志》良未周悉，可寫數本，付護軍諸從事人一通，及友人任昉、徐寅、劉洋、裴揆。'"則崔慰祖原書計劃作"四十卷"，"半未成"者，即僅完成二十卷，《隋書·經籍志》著録作"二十卷"，則當爲完帙。至《舊唐書·經籍志》、《新唐書·藝文志》著録作"十卷"，則又佚一半矣。

崔慰祖，《南齊書》卷五二《文學》、《南史》卷七二《文學》有傳。《南齊書·崔慰祖傳》云："崔慰祖字悦宗，清河東武城人也。父慶緒，永明中，爲梁州刺史。"慰祖解褐奉朝請，爲始安王撫軍墨曹行參軍，轉刑獄，兼記室。永元元年（499），蕭遥光反，慰祖詣闕自首，繫尚方，病卒，時年三十五。

《海岱志》所録爲"起太公迄西晉人物"，今已散亡，不見古籍舊注稱引其文。

交州先賢傳

佚。范瑗撰。原三卷。

《隋書·經籍志》史部雜傳類著錄《交州先賢傳》三卷,題晉范瑗撰。《舊唐書·經籍志》史部雜傳類著錄《交州先賢傳》四卷,題范瑗撰;《新唐書·藝文志》史部雜傳記類著錄范瑗《交州先賢傳》四卷。《通志·藝文略》史類傳記類著錄同《隋書·經籍志》。

劉知幾《史通·雜説下》"别傳"第五條云:"夫十室之邑,必有忠信。欲求不朽,弘之在人。何者? 交阯遠居南裔,越裳之俗也;燉煌僻處西域,昆戎之鄉也。求諸人物,自古闕載。蓋由地居下國,路絶上京,史官注記所不能及也。既而士燮著錄,劉炳裁書,則磊落英才,粲然盈矚者矣。向使兩賢不出,二郡無記,彼邊隅之君子,何以取聞於後世乎? 是知著述之功,其力大矣,豈與夫詩賦小技校其優劣者哉?"[1]姚振宗《隋書經籍志考證》"《交州先賢傳》三卷"條案云:"《史通·雜説》篇,交阯遠居南裔,燉煌僻處西域,既而士燮著錄,劉晒裁書。則交州人物志自士燮,此殆續士之書,合爲一編者。"

《隋書·經籍志》著錄作"三卷",《舊唐書·經籍志》、《新唐書·藝文志》著錄作"四卷",未詳何故。

范瑗,據《隋書·經籍志》著錄,知其爲晉人,餘皆不詳。

《交州先賢傳》今不見古籍舊注稱引其文。

---

[1] 劉知幾撰,浦起龍釋:《史通通釋》卷一八《雜説下》,上海古籍出版社1978年,第520—521頁。

諸國先賢傳

佚。佚名撰。原一卷。

《隋書‧經籍志》史部雜傳類著錄《諸國清賢傳》一卷，不題撰人。《舊唐書‧經籍志》史部雜傳類、《新唐書‧藝文志》史部雜傳記類、《通志‧藝文略》史類傳記類著錄《諸國先賢傳》一卷。《隋書‧經籍志》著錄作"清賢"，當誤，從《舊唐書‧經籍志》及《新唐書‧藝文志》。

《諸國先賢傳》今不見古籍舊注稱引其文。

東陽朝堂像贊

佚。留叔先撰。原一卷。

《隋書‧經籍志》史部雜傳類著錄《東陽朝堂像贊》一卷，題"晉南平太守留叔先撰"。《新唐書‧藝文志》史部雜傳記類著錄留叔先《東陽朝堂書贊》一卷，章宗源《隋書經籍志考證》、姚振宗《隋書經籍志考證》"《東陽朝堂像贊》一卷"條皆以爲"書贊"當是"畫贊"之誤，誠是。《通志‧藝文略》史類傳記類著錄同《隋書‧經籍志》。

《隋書‧經籍志》撰者題"留叔先"，《新唐書‧藝文志》一本作"劉叔先"，或同音寫誤。留叔先，始末未詳，僅據《隋書‧經籍志》著錄知其曾爲晉南平太守。

《東陽朝堂像贊》今不見古籍舊注稱引其文。

漢世要記

佚。佚名撰。原一卷。

《隋書·經籍志》史部雜傳類著録《漢世要記》一卷,不題撰人。姚振宗《隋書經籍志考證》"《漢世要記》一卷"條以爲此《漢世要記》即劉宋劉義恭所撰《要記》之一部分,其云:"《宋書》、《南史·江夏文獻王義恭傳》,孝建二年(455),爲揚州刺史,撰《要記》五卷,起前漢訖晉太元,表上之,詔付祕閣。疑此唯存其前一卷,失去叙録,故不見撰人,書名唯云《漢世要記》。"《宋書》卷六一《武三王·江夏文獻王義恭傳》云:"(孝建)二年春,進督東、南兖二州,其冬徵爲揚州刺史,餘如故。加入朝不趨、贊拜不名、劒履上殿,固辭殊禮,又解持節、都督并侍中。義恭撰《要記》五卷,起前漢訖晉太元,表上之,詔付祕閣。"然實難定此《漢世要記》即劉義恭之《要記》一卷。

蜀文翁學堂像題記　附益州文翁學堂圖

佚。佚名撰。原二卷。

《隋書·經籍志》史部雜傳類著録《蜀文翁學堂像題記》二卷,不著撰人。《通志·藝文略》史類傳記類著録同。《舊唐書·經籍志》史部雜傳類、《新唐書·藝文志》史部雜傳記類著録《益州文翁學堂圖》一卷,不著撰人。姚振宗《隋書經籍志考證》"《蜀文翁學堂像題記》二卷"條下注此書,以爲《舊唐書·經籍志》、《新唐書·藝文志》所著録《益州文翁學堂圖》即是《蜀文翁學堂像題記》。或是,然姚氏推測無據,姑存疑。

蜀文翁學堂圖像事,姚振宗《隋書經籍志考證》"《蜀文翁學堂像題記》二卷"條,在章宗源《隋書經籍志考證》考述的基礎上,列舉歷代有關資料,甚詳。

《蜀文翁學堂像題記》及《益州文翁學堂圖》皆不見諸書稱引。

止足傳

　　佚。蕭子良撰，原十卷。

　　《隋書·經籍志》史部雜傳類著録《止足傳》十卷，不題撰人。《舊唐書·經籍志》史部雜傳類著録《止足傳》十卷，題王子良撰；《新唐書·藝文志》著録二《止足傳》，其一宗躬《孝子傳》二十卷下，著録"又《止足傳》十卷"，其二"齊竟陵文宣王子良《止足傳》十卷"。《通志·藝文略》史類傳記類著録《止足傳》十卷，題"齊竟陵文宣王子良撰"。

　　《舊唐書·經籍志》著録題"王子良撰"者，姚振宗《隋書經籍志考證》"《止足傳》十卷"條案云："王上脱竟陵二字。"甚是，當作"竟陵王子良"。至於《新唐書·藝文志》著録二《止足傳》，且皆十卷，姚振宗以爲實爲一書重出，其《隋書經籍志考證》"《止足傳》十卷"案云："諸史有《止足傳》，自魚豢《魏略》始其別爲一書。據《唐·藝文》，惟宗躬及蕭子良二家。然考宗躬與蕭子良同時，其與王植同修永明律，子良爲監領，似亦嘗爲王府官屬，疑衹是一書，故《舊唐志》無宗躬《止足傳》之目，《新志》似重出也。子良本傳不言有是書，或編入《四部要略》一千卷中，此十卷大抵是子良書，亦即宗躬書也。"姚氏所言是。宗躬或奉蕭子良之命而纂集，故作者兩出。

高士傳

　　佚。劉杳撰。原二卷。

　　劉杳《高士傳》，《隋書·經籍志》等史志書目無著録。《梁書·劉杳傳》云："杳自少至長，多所著述。撰《要雅》五卷，《楚辭草木疏》一卷，《高士傳》二卷，《東宮新舊記》三十卷，《古今四部書目》五卷，並行於世。"知劉杳有《高士傳》二卷。

　　劉杳，《梁書》卷五〇《文學傳》下有傳，其云："劉杳，字士深，平原平原人也。祖乘民，宋冀州刺史。父聞慰，齊東陽太守，有清績，在《齊書·良政傳》。"天監初，爲太學博士、宣惠豫章王行參軍。佐周捨撰國史，出爲臨津令，以疾陳解，還除雲麾晉安王府參軍。普通元年（520），復除建康正，遷尚書駕部郎，徙署儀曹郎，出爲餘姚令，還除宣惠湘東王記室參軍，母憂去職。服闋，復爲王府記室，兼東宮通事舍人。大通元年（527），遷步兵校尉，兼舍人如故，除中書侍郎。尋爲平西湘東王諮議參軍，兼舍人、知著作如故。遷爲尚書左丞。大同二年（536），卒官，時年五十。

　　劉杳《高士傳》今不見古籍舊注稱引其文。

續高士傳

　　佚。周弘讓撰。原七卷。

　　《隋書·經籍志》史部雜傳類著録《續高士傳》七卷，題周弘讓撰。《舊唐書·經籍志》史部雜傳類著録《續高士傳》八卷，題周弘讓撰；《新唐書·藝文志》史部雜傳記類著録周弘讓《續高士傳》八卷。《通志·藝文略》史類傳記類著録同《隋書·經籍志》。《隋書·經籍志》著録作"七卷"，《舊唐書·經籍志》、《新唐書·藝文志》著録作"八卷"，未知所增一卷之所出，或爲其目，或別有增注，未詳。

　　周弘讓，弘正弟，《陳書》卷二四《周弘正傳》附其事，其云："弘讓性簡素，博學多通，天嘉初，以白衣領太常卿、光禄大夫，加金章紫綬。"

　　周弘讓《續高士傳》今不見古籍舊注稱引其文。

顯忠録

　　佚。元懌撰。原二十卷。

　　《隋書・經籍志》史部雜傳類著録《顯忠録》二十卷，題梁元帝撰。《舊唐書・經籍志》史部雜傳類著録《顯忠録》二十卷，元懌撰;《新唐書・藝文志》史部雜傳記類著録元懌《顯忠録》二十卷。《通志・藝文略》史類傳記類著録同《隋書・經籍志》。

　　《隋書・經籍志》史部雜傳類著録梁元帝《顯忠録》二十卷，章宗源《隋書經籍志考證》"《顯忠録》二十卷"條云:"《隋志》作梁元帝，誤。"姚振宗《隋書經籍志考證》"《顯忠録》二十卷"條題下小注案云:"此題梁元帝，因上下文而寫誤也。"均以爲《顯忠録》非梁元帝所撰，此顯係誤題，甚是。《舊唐書・經籍志》史部雜傳類、《新唐書・藝文志》史部雜傳記類著録《顯忠録》二十卷，題元懌撰，元懌當是此書作者。《魏書・孝五王傳》之《清河獻王傳》云:"清河王懌，字宣仁，幼而敏惠，美姿貌……博涉經史，兼綜羣言，有文才，善談理……懌以忠而獲謗，乃鳩集昔忠烈之士爲《顯忠録》二十卷，以見意焉。"《魏書》卷六〇《韓子熙傳》云:"侍中崔光舉子熙爲清河王懌常侍，遷郎中令……子熙與懌中大夫劉定興、學官令傅靈摽、賓客張子慎伏闕上書曰:'竊惟故主太傅清河王，職綜樞衡……搜括史傳，撰《顯忠録》，區目十篇，分卷二十，既欲彰忠心於萬代，豈可爲逆亂於一朝……'"《北史》卷二七《李先傳》云:"皎孫義徽。太和中，以儒學博通，有才華，補清河王懌府記室，……又爲懌撰《輿地圖》及《顯忠録》。"則韓子熙、李義徽亦參與此書撰寫。故此書當是元懌召集門下文士韓子熙、李義徽等纂集。

　　元懌，字宣仁，北魏宗室，《魏書》卷二二、《北史》卷一九有傳。元懌幼而敏惠，博涉經史，兼綜群言，有文才，善談理。正光元年(520)被誣見害,年三十四。

《顯忠録》今不見古籍舊注稱引其文。

英藩可録

佚。一題張萬賢撰,邵武侯新注。一題殷系撰。原二卷。

《隋書・經籍志》史部雜傳類著録《英藩可録》二卷,題"張萬賢撰,邵武侯新注"。"藩",姚振宗《隋書經籍志考證》"《英藩可録》二卷"條云:"一本藩作蕃,同。"《舊唐書・經籍志》史部雜傳類著録《英藩可録事》二卷,殷系撰;《新唐書・藝文志》史部雜傳記類著録殷系《英藩可録事》三卷,注云:"一云張萬賢撰。"則《英蕃可録》與《英藩可録事》當爲一書。《通志・藝文略》史類傳記類著録《英藩可録事》三卷,張萬賢撰,邵武侯新注。

張萬賢、邵武侯及殷系,始末皆不詳。

姚振宗《隋書經籍志考證》"《英藩可録》二卷"條案云:"《唐・經籍志》以是書與魏徵《自古諸侯王善惡録》二卷、章懷太子《列藩正論》三十卷相類從,目之曰列藩,蓋歷代藩臣傳之屬。《通志・藝文略》載此書於傳記名士類,似非其倫。殷系亦不知何許人。張萬賢疑即撰《楚國先賢傳》之張方賢,因方誤爲万,遂以爲萬賢,猶蕭方等誤爲蕭萬等也。"姚氏推測此書爲歷代藩臣傳,近似。至於作者張萬賢之爲張方賢,可備一説。

《舊唐書・經籍志》及《新唐書・藝文志》著録書名多"事"字,不詳其因,而作者又爲殷系,頗不可解。

《英藩可録》今不見古籍舊注稱引其文,此據《隋書・經籍志》著録,題其名曰《英藩可録》。

悼善傳

佚。佚名撰。原十一卷。

《隋書・經籍志》史部雜傳類著録《悼善傳》十一卷，不題撰人。《舊唐書・經籍志》史部雜傳類、《新唐書・藝文志》史部雜傳記類、《通志・藝文略》史類傳記類著録《悼善列傳》四卷。

《悼善傳》撰人不詳，今亦不見古籍舊注稱引其文。

雜傳

佚。賀蹤撰。原七十卷。

《隋書・經籍志》史部雜傳類著録《雜傳》四十卷，題賀蹤撰，注云：“本七十卷，亡。”《舊唐書・經籍志》史部雜傳類著録《雜傳》六十五卷，又九卷，又四十卷。《新唐書・藝文志》史部雜傳記類著録《雜傳》六十九卷，又四十卷，又九卷。其四十卷者，當即賀蹤《雜傳》。《通志・藝文略》史類傳記類著録《雜傳》四十卷，賀縱撰。

賀蹤，《梁書》卷一四《任昉傳》云：“昉墳籍無所不見，家雖貧，聚書至萬餘卷，率多異本。昉卒後，高祖使學士賀縱共沈約勘其書目，官所無者，就昉家取之。昉所著文章數十萬言，盛行於世。”《梁書》卷五〇《文學・劉峻傳》言及賀蹤：“天監初，召入西省，與學士賀蹤典校祕書。”知賀蹤在梁嘗爲學士。

賀蹤《雜傳》原本七十卷，唐初修《五代史志》已不全，僅餘四十卷，今則全部亡佚，不見諸書稱引。

雜傳

佚。陸澄撰。原十九卷。

《隋書·經籍志》史部雜傳類著録《雜傳》十九卷,題陸澄撰。《南齊書·陸澄傳》云:"澄當世稱爲碩學,讀《易》三年不解文義,欲撰《宋書》竟不成,王儉戲之曰:'陸公,書廚也。'家多墳籍,人所罕見。撰《地理書》及《雜傳》,死後乃出。"姚振宗《隋書經籍志考證》"《雜傳》十九卷"條案云:"此十九卷,或非其全。"誠是。《舊唐書·經籍志》史部雜傳類著録《雜傳》六十五卷,又九卷,又四十卷。《新唐書·藝文志》史部雜傳記類著録《雜傳》六十九卷,又四十卷,又九卷。"又九卷"者或即陸澄書。《通志·藝文略》史類傳記類著録《雜傳》十九卷,陸澄撰。

陸澄,《南齊書》卷三九、《南史》卷四八有傳,《南齊書·陸澄傳》云:"陸澄,字彦淵,吳郡吳人也。祖邵,臨海太守。父瑗,州從事。澄少好學,博覽無所不知,行坐眠食,手不釋卷。起家太學博士,中軍衛軍府行佐,太宰參軍,補太常丞,郡主簿,北中郎行參軍。"宋泰始初,爲尚書殿中郎,轉通直郎,兼中書郎,尋轉兼左丞。轉劉秉後軍長史、東海太守。遷御史中丞。轉給事中,祕書監,遷吏部。泰始四年(468),復爲祕書監,領國子博士。遷都官尚書。出爲輔國將軍、鎮北鎮軍二府長史,廷尉,領驍騎將軍。永明元年(483),轉度支尚書。尋領國子博士。轉散騎常侍,祕書監,吳郡中正,光禄大夫。加給事中,中正如故。尋領國子祭酒。隆昌元年(494),以老疾,轉光禄大夫,加散騎常侍,未拜,卒,年七十。

陸澄《雜傳》今不見古籍舊注稱引其文。

雜傳

佚。佚名撰。

《隋書・經籍志》史部雜傳類在賀蹤、陸澄《雜傳》後，又著録《雜傳》十一卷，不題撰人。《舊唐書・經籍志》史部雜傳類著録"又九卷"、"又四十卷"前，著録《雜傳》六十五卷，不題撰人；《新唐書・藝文志》史部雜傳記類著録"又九卷"、"又四十卷"《雜傳》前，著録《雜傳》六十九卷，不題撰人。《通志・藝文略》史類傳記類著録賀縱《雜傳》四十卷、陸澄《雜傳》十九卷外，又著録《雜傳》六十九卷，不題撰人。姚振宗《隋書經籍志考證》"《雜傳》十一卷"條案云："《唐・經籍志》有《雜傳》六十五卷，《藝文志》作六十九卷，又九卷，皆不著撰人，此十一卷或在陸氏、任氏、賀氏之外別爲一家，或即三家之書之佚出者。"

《隋書・經籍志》著録之《雜傳》十一卷者及《舊唐書・經籍志》著録之《雜傳》六十五卷者、《新唐書・藝文志》著録之《雜傳》六十九卷者，今並不存。故並叙録於此。

孔子弟子先儒傳　附孔子弟子傳　先儒傳

佚。佚名撰。原十卷。

《隋書・經籍志》史部雜傳類著録《孔子弟子先儒傳》十卷，不題撰人。《舊唐書・經籍志》史部雜傳類、《新唐書・藝文志》史部雜傳記類著録《孔子弟子傳》五卷，又著録《先儒傳》五卷，皆不題撰人。《通志・藝文略》史類傳記類著録《孔子弟子先儒傳》十卷，又著録《先儒傳》五卷。章宗源《隋書經籍志考證》"《孔子弟子先儒傳》十卷"條"《唐志》、《孔子弟子傳》五卷"注云："別有《先儒傳》五卷，列次鍾岏《良吏傳》下，當即一書，而誤分爲二。"

章氏所言近實,《隋書‧經籍志》著録《孔子弟子先儒傳》十卷,
《舊唐書‧經籍志》、《新唐書‧藝文志》著録《孔子弟子傳》及《先
儒傳》各五卷,相併正十卷之數。

　　《玉海》卷五八《藝文‧傳》"《孔子弟子先儒傳》"條列出宋時
所見四種孔子弟子傳贊:"《隋志》:十卷。《唐志》:《孔子弟子傳》
五卷,姚澹《四科傳贊》四卷。《書目》:皇朝李畋爲《孔子弟子贊
傳》六十卷,十萬餘言。"小注云:"《國史志》李略。"其中《孔子弟
子傳》五卷即《舊唐書‧經籍志》、《新唐書‧藝文志》所著録書。
則《孔子弟子先儒傳》或在宋時分爲二書。又《宋史‧馮去非傳》
云:"馮去非,字可遷,南康都昌人。父椅,字儀之,家居授徒,所
注《易》、《書》、《詩》、《語》、《孟》、《太極圖》、《西銘輯説》、《孝經章
句》、《喪禮小學》、《孔子弟子傳》,讀《史記》及詩文、志録,合二百
餘卷。去非淳祐元年進士……"馮椅所讀,已名《孔子弟子傳》。

　　《孔子弟子先儒傳》今不見古籍舊注稱引其文。

美婦人傳

　　佚。佚名撰。原六卷。

　　《隋書‧經籍志》史部雜傳類著録《美婦人傳》六卷,不題撰
人。《通志‧藝文略》史類傳記類著録同《隋書‧經籍志》。明賀
復徵編《文章辨體彙選》卷七三〇《墓誌三十三》録明王穉登《顧
姬王麗人墓誌》:"往閲古今圖籍志,見所載《美婦人傳》,蓋有其
目而亡其書。意遂就足成之,於是稽竹帛之未盡,訪蠹魚之所
遺,見古所謂美婦人者……"則明代已不見其書。姚振宗《隋書
經籍志考證》"《美婦人傳》六卷"條案云:"《太平御覽》人事部有
'美婦人'上下兩卷,似多本於是書。"《藝文類聚》人部、《初學記》
人部、《白孔六帖》亦有美婦人類,或是其影響,亦或本之。

　　《美婦人傳》今不見古籍舊注稱引其文。

仁政傳

佚。柳惔撰。

《梁書・柳惔傳》云：“惔著《仁政傳》及諸詩賦，粗有辭義。”

柳惔，《梁書》卷一二有傳，《南史》卷三八《柳元景傳》附其傳，《梁書・柳惔傳》云：“柳惔，字文通，河東解人也。父世隆，齊司空。”惔年十七，齊武帝爲中軍，命爲參軍，轉主簿。齊初，入爲尚書三公郎，累遷太子中舍人，巴東王子響友。歷中書侍郎，中護軍長史。出爲新安太守，居郡，以無政績，免歸。久之，爲右軍諮議參軍事。梁初，徵爲護軍將軍，未拜，仍遷太子詹事，加散騎常侍，論功封曲江縣侯，遷尚書右僕射。出爲使持節、安南將軍、湘州刺史。天監六年(507)十月，卒于州，時年四十六。

柳惔《仁政傳》今不見古籍舊注稱引其文。

諸葛傳

佚。佚名撰。原五卷。

《舊唐書・經籍志》史部雜譜牒類著録《諸葛傳》五卷，《新唐書・藝文志》史部雜傳記類著録《諸葛傳》五卷。

世多省稱《三國志・蜀書・諸葛亮傳》爲《諸葛傳》。如明胡應麟《少室山房集》卷九八《史論五首・陳壽上》即云：“甚矣哉！史氏之言不可不詳其顛末也。陳壽之志三國，繼躅馬班，而世率以壽父子見法武鄉，故《諸葛傳》贊有將略非長之訾。此皆不詳覈傳文之顛末，且不知壽之所處何時，而托摭片言以藉口者也。”然《舊唐書・經籍志》著録此書於雜譜牒類，《新唐書・藝文志》在雜傳記類中著録此書，其前後分別爲裴松之《裴氏家記》三卷與曹毗《曹氏家傳》一卷，其必亦當家傳之類。明凌迪知《萬姓統

譜·氏族博攷》卷一〇《譜籍·家譜》著錄《諸葛傳》五卷,亦其
證也。

《諸葛傳》今不見於古籍舊注稱引其文。

諸王傳

佚。蕭綱撰。

《梁書·簡文帝紀》云:"所著《昭明太子傳》五卷,《諸王傳》
三十卷,《禮大義》二十卷,《老子義》二十卷,《莊子義》二十卷,
《長春義記》一百卷,《法寶連璧》三百卷,並行於世焉。"

《舊唐書·經籍志》史部雜譜牒類著錄《諸王傳》一卷,《新唐
書·藝文志》史部雜傳記類著錄《諸王傳》一卷。《舊唐書·經籍
志》及《新唐書·藝文志》所著錄《諸王傳》才一卷,且《舊唐書·
經籍志》著錄於雜譜牒類。故此一卷《諸王傳》或當非《梁書·簡
文帝紀》所言簡文帝蕭綱著《諸王傳》三十卷。

蕭綱《諸王傳》今不見古籍舊注稱引其文。

酬德傳

佚。劉善經撰。原三十卷。

《隋書》卷七六《文學·劉善經傳》云:"河間劉善經,博物洽
聞,尤善詞筆,歷仕著作佐郎、太子舍人,著《酬德傳》三十卷、《諸
劉譜》三十卷、《四聲指歸》一卷行於世。"

劉善經《酬德傳》今不見古籍舊注稱引其文。

逸人傳

佚。鍾離儒撰。原七卷。

鍾離儒《逸人傳》,《隋書・經籍志》、《舊唐書・經籍志》史部雜傳類無著録,《新唐書・藝文志》史部雜傳記類著録鍾離儒《逸人傳》十卷。《通志・藝文略》史類傳記類著録《逸人傳》七卷,鍾離儒撰。

鍾離儒生平事蹟不詳。鍾離儒《逸人傳》今不見古籍舊注稱引其文。

古今名妃賢后録

佚。元孚撰。原四卷。

元孚《古今名妃賢后録》四卷,《魏書》卷一八《太武五王傳・臨淮王傳》附《元孚傳》云:"靈太后臨朝,宦者干政,孚乃總括古今名妃賢后,凡爲四卷,奏之。"《北史》卷一六《太武五王傳・臨淮王傳》附《元孚傳》所言同。《册府元龜》卷六〇七《學校部・譔集》云:"淮王昌弟孚,爲尚書丞。靈太后臨朝,宦者干政,孚乃總括古今名妃賢后,凡爲四卷,奏之。"

元孚,北魏臨淮王譚子提第二子,《元孚傳》云:"昌弟孚,字秀和,少有令譽,侍中游肇、并州刺史高聰、司徒崔光等見孚,咸曰:'此子當準的人物,恨吾徒衰暮,不及見耳。'累遷兼尚書右丞。靈太后臨朝,宦者干政,孚乃總括古今名妃賢后,凡爲四卷,奏之。遷左丞。"後拜冀州刺史,孚勸課農桑,境内稱爲慈父,隣州號曰神君。後爲葛榮所陷,榮平,還除冀州刺史。元顥入洛,授孚東道行臺,彭城郡王。孚封顥逆書送朝廷,天子嘉之。顥平,封孚萬年鄉男。

元孚《古今名妃賢后録》今不見諸書徵引。

列女傳

佚。常景撰。

　　常景《列女傳》,《隋書·經籍志》等史志書目無著錄。《魏書》卷八二《常景傳》云:"景所著述數百篇,見行於世,删正晉司空張華《博物志》及撰《儒林》、《列女傳》各數十篇云。"《北史》卷四二《常爽傳》附《常景傳》同。知常景嘗撰《列女傳》。

　　《魏書》卷八二《常景傳》云:"常景,字永昌,河内人也。父文通,天水太守。景少聰敏,初讀《論語》、《毛詩》,一受便覽。及長,有才思,雅好文章,廷尉公孫良舉爲律博士,高祖親得其名,既而用之。後爲門下録事,太常博士。"景淹滯門下積歲,累遷積射將軍、給事中,延昌初,東宫建,兼太子屯騎校尉、録事皆如故。尚書元萇出爲安西將軍、雍州刺史,請景爲司馬,以景階次不及,除録事参軍、襄威將軍,帶長安令,甚有惠政,民吏稱之。世宗崩,召景赴京,還修《儀注》,拜謁者僕射,加寧遠將軍,又以本官兼中書舍人,後授步兵校尉,仍舍人。正光初,除龍驤將軍、中散大夫,舍人如故。孝昌初,兼給事黄門侍郎,尋除左將軍、授散騎常侍。普泰初,除車騎將軍、右光禄大夫、祕書監。以預詔命之勤,封濮陽縣子。後以例追。永熙二年(533),監議事。武定六年(548),以老疾去官,武定八年(550)薨。

　　常景《列女傳》今不見諸書徵引。

儒林傳

佚。常景撰。

　　常景《儒林傳》,《隋書·經籍志》等史志書目無著錄。《魏書》卷八二《常景傳》云:"景所著述數百篇,見行於世,删正晉司空張華《博物志》及撰《儒林》、《列女傳》各數十篇云。"《北史》卷四二《常爽傳》附《常景傳》同。知常景嘗撰《儒林傳》。

常景《儒林傳》今不見諸書徵引。

三吳決録

佚，孔逭撰。

孔逭《三吳決録》，《隋書・經籍志》等史志書目無著録。《南齊書》卷四六《王秀之傳》云："掾孔逭亦抗直，著《三吳決録》，不傳。"《南史》卷七二《文學・丘巨源傳》："陳郡謝瀹年少時，遊會稽還，父莊問：'入東何見，見孔逭不？'見重如此。著《三吳決録》，不傳。終於衛軍武陵王東曹掾。"知孔逭嘗撰《三吳決録》。

孔逭，其事附見《南史》卷七二《文學・丘巨源傳》，其云："時又有會稽孔廣、孔逭，皆才學知名……逭抗直有才藻，製《東都賦》，於時才士稱之。陳郡謝瀹年少時，遊會稽還，父莊問：'入東何見，見孔逭不？'見重如此。著《三吳決録》，不傳。終於衛軍武陵王東曹掾。"《南齊書》卷四九《王奐傳》附其從弟《王繢傳》言及孔逭，云王奐"出補義興太守，輒録郡吏陳伯喜，付陽羨獄，欲殺之。縣令孔逭不知何罪，不受繢教"。《隋書・經籍志》集部、《舊唐書・經籍志》集部、《新唐書・藝文志》集部著録孔逭《文苑》一百卷。《宋史・藝文志》集部著録作十九卷。

孔逭《三吳決録》不傳，梁時蕭子顯修《南齊書》已不可得見。

貴儉傳

佚。蕭子顯撰。原三十卷。一作三卷。

蕭子顯《貴儉傳》，《梁書》卷三五《蕭子恪傳》附《蕭子顯傳》："子顯所著《後漢書》一百卷、《齊書》六十卷、《普通北伐記》五卷、

《貴儉傳》三十卷、文集二十卷。"《南史》卷四二《齊高帝諸子上》：
"子顯所著《後漢書》一百卷、《齊書》六十卷、《普通北伐記》五卷、
《貴儉傳》三卷、文集二十卷。"《册府元龜》卷五五五《國史部‧採
撰》亦云："蕭子顯爲吳興太守，好學屬文，採衆家後漢，考正同
異，爲一家之書。又啓撰《齊史》，書成，表奏之，詔付秘閣。所著
《後漢書》一百卷、《齊書》六十卷、《普通北伐記》五卷、《貴儉傳》
三卷。"《梁書‧蕭子顯傳》云《貴儉傳》"三十卷"，而《南史‧蕭子
顯傳》云《貴儉傳》"三卷"，《册府元龜》亦作"三卷"，《通志》亦作
"三卷"，姚思廉與李延壽必有一誤，《南史》近實，《梁書》有誤。

　　蕭子顯，《梁書》卷三五《蕭子恪傳》附《蕭子顯傳》云："子顯，
字景陽，子恪第八弟也。幼聰慧，文獻王異之，愛過諸子。七歲
封寧都縣侯，永元末，以王子例拜給事中。天監初，降爵爲子，累
遷安西外兵，仁威記室參軍，司徒主簿，太尉錄事。子顯偉容貌，
身長八尺。好學，工屬文，嘗著《鴻序賦》。"累遷太子中舍人，建
康令，邵陵王友，丹陽尹丞，中書郎，守宗正卿。出爲臨川內史，
還除黃門郎。中大通二年（530），遷長兼侍中。中大通三年
（531），以本官領國子博士，遷國子祭酒，又加侍中。中大通五年
（533），選吏部尚書。大同三年（537），出爲仁威將軍、吳興太守。
至郡未幾，卒，時年四十九。

　　蕭子顯《貴儉傳》今不見諸書徵引。

要言

　　佚。高叡撰。

　　高叡《要言》，《北齊書》卷一三《趙郡王琛傳》附《高叡傳》云：
"叡久典朝政，清真自守，譽望日隆，漸被疎忌。乃撰古之忠臣義
士，號曰《要言》，以致其意。"《北史》卷五一《齊宗室諸王上‧趙
郡王琛傳》附其子《高叡傳》同。知高叡嘗撰《要言》，主要内容爲

"古之忠臣義士"，審其體例，當以記錄古之忠臣義士之懿行嘉言爲主，爲傳記或類傳記作品。

《北齊書》卷一三《趙郡王琛傳》附其傳，云："叡小名須拔，生三旬而孤，聰慧夙成，特爲高祖所愛，養於宮中，令游孃母之，恩同諸子。魏興和中，襲爵南趙郡公。"武定末，除太子庶子。顯祖受禪，進封爵爲南趙郡王，邑一千二百户，遷散騎常侍。天保二年（551），出爲定州刺史，加撫軍將軍，六州大都督，時年十七。天保三年（552），加儀同三司。天保七年（556），詔以本官都督滄瀛幽安平東燕六州諸軍事，滄州刺史。天保八年（557），徵叡赴鄴，仍除北朔州刺史，都督北燕北蔚北恒三州及厙推以西黄河以東長城諸鎮諸軍事。天保十年（559），轉儀同三司，侍中、將軍長史，王如故。尋加開府儀同三司、驃騎大將軍、太子太保。皇建初，行并州事。北齊孝昭帝臨崩，預受顧託，奉迎世祖於鄴，以功拜尚書令，别封浮陽郡公，監太史，太子太傅，議律令，又以討北狄之功，封潁川郡公，復拜尚書令，攝大宗正卿。以功復封宣城郡公，攝宗正卿，進拜太尉，監議五禮。天統五年（569），高叡上書後主及胡太后，云和士開不宜仍居内任，爲胡太后所惡，使劉桃枝殺之，時年三十六。

高叡《要言》今不見諸書徵引。

幽州古今人物志

佚。陽休之撰。原三十卷。一題《幽州人物志》。

《舊唐書·經籍志》史部雜傳類著録《幽州古今人物志》十三卷，陽休之撰。《新唐書·藝文志》史部雜傳記類著録陽休之《幽州古今人物志》三十卷。《通志·藝文略》史類傳記類著録《幽州古今人物志》三十卷，陽休之撰。《舊唐書·經籍志》著録作"十三卷"，"十"、"三"當乙。《玉海》卷五七《記志》"魏《人物志》、唐

《廣人物志》"條據《新唐書·藝文志》提及,亦作陽休之《幽州古今人物志》三十卷。《北齊書》卷四二《陽休之傳》作《幽州人物志》:"隋開皇二年,罷任,終於洛陽,年七十四。所著文集三十卷,又撰《幽州人物志》,並行於世。"《北史》卷四七《陽休之傳》亦云:"所著文集四十卷,又撰《幽州人物志》,並行於世。"

　　陽休之,《北齊書》卷四二有傳,《北史》卷四七《陽尼傳》附其傳,《北齊書·陽休之傳》云:"陽休之,字子烈,右北平無終人也。父固,魏洛陽令,贈太常少卿。休之儁爽有風概,少勤學,愛文藻,弱冠擅聲,爲後來之秀。"幽州刺史常景、王延年並召爲州主薄。莊帝立,解褐員外散騎侍郎,尋以本官領御史,遷給事中、太尉記室參軍,加輕車將軍。李神儁監起居注,啟休之與河東裴伯茂、范陽盧元明、河間邢子明等俱入撰次。永安末,洛州刺史李海啟除冠軍長史。普泰(531)中,兼通直散騎侍郎,加鎮遠將軍,尋爲太保長孫稚府屬。尋敕與魏收、李同軌等修國史。太昌(532)初,除尚書祠部郎中,尋進征虜將軍、中散大夫。賀拔勝出爲荊州刺史,啟補驃騎長史。勝爲行臺,又請爲右丞。勝經略樊、沔,又請爲南道軍司。元象初(538),錄荊州軍功,封新泰縣開國伯,食邑六百户,除平東將軍、太中大夫、尚書左民郎中。興和二年(540),兼通直散騎常侍。武定二年(544),除中書侍郎。七年(549),除太子中庶子,遷給事黃門侍郎,進號中軍將軍、幽州大中正。八年(550),兼侍中。入齊,除散騎常侍,修起居注。以禪讓之際,參定禮儀,別封始平縣開國男,以本官兼領軍司馬。後除都水使者,歷司徒掾、中書侍郎,尋除中山太守。乾明元年(560),兼侍中,巡省京邑。仍拜大鴻臚卿,領中書侍郎。皇建初(560),以本官兼度支尚書,加驃騎大將軍,領幽州大中正。大寧(561—562)中,除都官尚書,轉七兵、祠部。河清三年(564),出爲西兗州刺史。天統初,徵爲光禄卿,監國史。除吏部尚書,食陽武縣幹,除儀同三司,又加開府。武平元年(570),除中書監,尋以本官兼尚書右僕射。二年(571)，加左光禄大夫，兼中書監。三年(572)，加特進。五年(574)，正中書監，餘並如故。尋以年老致仕，抗表辭位，帝優答不許。六年(575)，除正尚書右僕射。未幾，又領中書監。入周，除開府儀同，歷納言中大夫、太子少保。大象末(580)，進位上開府，除和州刺史。

《册府元龜》卷五五六《國史部·採撰》云："陽休之爲中書監，撰《幽州人物志》行於世。"陽休之爲中書監，在武平元年(570)，如《册府元龜》所言，則陽休之撰《幽州古今人物志》當在此時。陽休之《幽州古今人物志》，當與人物品評有關。據《北齊書·陽休之傳》，陽休之武定七年(549)爲幽州大中正，掌人物品評、拔舉之職，其作《幽州古今人物志》或在此時。

陽休之《幽州古今人物志》今已盡佚，不見古籍舊注稱引其文。

卷　中

庾氏家傳　附漢南庾氏家傳　漢南家傳

《庾氏家傳》,佚。庾斐撰。原一卷。

《漢南庾氏家傳》,佚。庾守業撰。原三卷。

《漢南家傳》,佚。原三卷。

《隋書・經籍志》史部雜傳類著録《庾氏家傳》一卷,題庾斐撰;《舊唐書・經籍志》史部雜譜牒類著録《庾氏家傳》三卷,題庾守業撰;《新唐書・藝文志》史部雜傳記類著録《漢南庾氏家傳》三卷,題庾守業。《通志・藝文略》史類傳記類著録《漢南庾氏家傳》三卷,題庾斐撰,注云:“《南志》作十卷,《唐志》注虞守業。”《隋書・經籍志》史部雜傳類又著録《漢南家傳》三卷,不題撰人。

姚振宗《隋書經籍志考證》“《庾氏家傳》一卷”條案云:“《元和姓纂》云庾氏堯時掌庾大夫,以官命氏。後漢始居潁川,有潁川庾氏,漢末又有新野庾氏。案本志別有《漢南庾氏家傳》三卷,漢南即謂新野。此一卷或潁川庾氏之家傳,或即後三卷之別出者。”姚振宗懷疑《庾氏家傳》與《舊唐書・經籍志》、《新唐書・藝文志》所著録或非一書,然不能定。又於“《漢南家傳》三卷”條案云:“此脱庾氏二字,微《新唐志》,莫詳其爲誰氏矣。《元和姓纂》新野庾氏,漢末居南陽,後分赭防爲新野,遂爲郡人。此曰漢南,即新野也。新野庾氏最著聞者有庾易、庾域、庾黔婁、庾於陵、庾肩吾、庾詵、庾曼倩、庾蓽、庾信、庾季才。《南》、《北史》並有傳。
此題庾守業，當是隋唐間人。始末未詳。"即以爲《隋書・經籍
志》所著録《漢南家傳》即《新唐書・藝文志》所著録《漢南庾氏家
傳》。

　　庾斐、庾守業，生平事蹟皆不可考。

　　《庾氏家傳》及《漢南庾氏家傳》、《漢南家傳》今皆不見諸書
稱引。

紀氏家紀

　　佚。紀友撰。一卷。

　　《隋書・經籍志》史部雜傳類著録《紀氏家紀》一卷，題紀友
撰。《通志・藝文略》著録同。

　　紀友，紀瞻孫，《晉書》卷六八《紀瞻傳》附其事云："長子景早
卒。景子友嗣，官至廷尉。"

　　《紀氏家紀》今不見古籍舊注稱引其文。

韋氏家傳

　　佚。皇甫謐撰。原一卷，或作三卷。

　　《隋書・經籍志》史部雜傳類著録《韋氏家傳》一卷，不題撰
人。《舊唐書・經籍志》史部雜譜牒類著録《韋氏家傳》三卷，題
皇甫謐撰；《新唐書・藝文志》史部雜傳記類著録皇甫謐《韋氏家
傳》三卷。《通志・藝文略》著録同《隋書・經籍志》。《隋書・經
籍志》著録作"一卷"，《舊唐書・經籍志》及《新唐書・藝文志》著
録作"三卷"，姚振宗《隋書經籍志考證》《韋氏家傳一卷》條云：
"案兩《唐志》皆以爲皇甫謐撰，又多出二卷，疑此一卷非其
全也。"

皇甫謐生平事蹟已見前録。

《韋氏家傳》今不見古籍舊注稱引其文。

諸虞傳

佚。虞預撰。原十二篇。

《晉書・虞預傳》云虞預"著《晉書》四十餘卷、《會稽典録》二十篇、《諸虞傳》十二篇。"《册府元龜》卷五五五《國史部・採撰》亦云:"虞預爲散騎常侍,領著作,著《晉書》七十餘卷,《會稽日録》二十篇,《諸虞傳》十二篇,皆行於世。"姚振宗以爲《虞氏家記》或即此《諸虞傳》,其《隋書經籍志考證》史部雜傳類"《虞氏家記》五卷"條案云:"《晉書・虞預傳》撰《諸虞傳》十二篇,行於世,此記或猶在其後歟?"吳士鑑《補晉書藝文志》卷二史録雜傳類、黃逢元《補晉書藝文志》卷二史録雜傳類據《晉書・虞預傳》補録。

虞預,《晉書》卷八二有傳,生平行事已見前録。《諸虞傳》今不見古籍舊注稱引其文。

薛常侍家傳　附薛常侍傳

《薛常侍家傳》,佚。佚名撰。原一卷

《薛常侍傳》,荀伯子撰。二卷。

《隋書・經籍志》史部雜傳類著録《薛常侍家傳》一卷,不題撰人。《舊唐書・經籍志》史部雜傳類著録《薛常侍傳》二卷,題荀伯子撰;《新唐書・藝文志》史部雜傳記類著録荀伯子《薛常侍傳》二卷;《通志・藝文略》史類傳記類著録《薛常侍家傳》一卷。

荀伯子,《宋書》卷六〇有傳,其云:"荀伯子,潁川潁陰人也。祖羡,驃騎將軍;父猗,祕書郎。伯子少好學,博覽經傳,而通率好爲雜戲，邀遊閭里，故以此失清塗。解褐爲駙馬都尉、奉朝請、員外散騎侍郎，著作郎徐廣重其才學，舉伯子及王韶之並爲佐郎，助撰晉史及著桓玄等傳，遷尚書祠部郎。"伯子爲世子征虜功曹，國子博士。妻弟謝晦薦達之，入爲尚書左丞，出補臨川内史。遷太子僕，御史中丞，出補司徒左長史，東陽太守。元嘉十五年（438），卒官，時年六十一。

《册府元龜》卷五五五《國史部·採撰》云："荀伯子少好學，博覽經傳，爲員外散騎侍郎，著作郎徐廣重其才學，舉伯子及王韶之並爲佐郎，助撰晉史，乃著桓元（玄）等傳，又撰《薛常侍傳》二卷。"《薛常侍家傳》或即《薛常侍傳》。

《薛常侍家傳》、《薛常侍傳》今不見古籍舊注稱引其文。

何顒使君家傳

佚。佚名撰。原一卷。

《隋書·經籍志》史部雜傳類著録《何顒使君家傳》一卷，不題撰人。《通志·藝文略》史類傳記類著録同。《舊唐書·經籍志》史部雜傳類、《新唐書·藝文志》史部雜傳記類著録《何顒傳》一卷。姚振宗《隋書經籍志考證》"《何顒使君家傳》一卷"條以爲《何顒傳》即《何顒使君家傳》。

《何顒使君家傳》、《何顒傳》今不見古籍舊注稱引其文。《太平御覽》卷四四四《人事部八十五·知人下》、卷七二二《方術部三·醫二》、卷七三九《疾病部二·總叙疾病下》、《天中記》卷四〇《醫》"仲景方"引《何顒别傳》，或非《何顒使君家傳》、《何顒傳》。案：《漢魏六朝雜傳集》輯《何顒别傳》。

明氏世録

佚。明粲撰。原六卷。

《隋書·經籍志》史部雜傳類著録《明氏世録》六卷,題"梁信武記室明粲撰"。《舊唐書·經籍志》史部雜譜牒類著録《明氏世録》五卷,題明粲撰;《新唐書·藝文志》史部雜傳記類著録《明氏世録》六卷,注明粲撰。《通志·藝文略》著録同《隋書·經籍志》。

姚振宗《隋書經籍志考證》"《明氏世録》六卷"條引《南史》所傳明氏人物後案云:"史所據似即此《世録》,明粲與明山賓同時人,其書至梁,止於北齊時,其後尚有明克讓最知名,見《隋書》、《北史》,山賓之子也。"

《明氏世録》今不見古籍舊注稱引其文。

陸史

佚。陸煦撰。原十五卷。

《隋書·經籍志》史部雜傳類著録《陸史》十五卷,不題撰人。《舊唐書·經籍志》史部雜譜牒類著録《陸史》十五卷,題陸煦撰;《新唐書·藝文志》史部雜傳記類著録《陸史》十五卷,陸煦撰。《通志·藝文略》史類傳記類著録《陸史》十五卷,題陸煦撰。

陸煦,陸杲弟,《梁書》卷二六《陸杲傳》及《南史》卷四八《陸杲傳》附其傳,《梁書·陸杲傳》附《陸煦傳》云:"弟煦,學涉有思理。天監初,歷中書侍郎,尚書左丞,太子家令,卒。撰《晉書》未就。又著《陸史》十五卷,《陸氏驪泉志》一卷,並行於世。"

姚振宗《隋書經籍志考證》"《陸史》十五卷"條案云:"陸氏爲江左四大姓之一,自漢末陸績公紀以來,代有聞人。李延壽修

《南史》，諸列傳往往參以各家家傳，《南史》第四十八卷所載陸
澄、陸慧曉、陸杲三族，皆吳郡吳人，大都即節取《陸史》入宋以後
之事也。"

《陸史》今不見古籍舊注稱引其文。

王氏江左世家傳

佚。王褒撰。原二十卷。

《隋書·經籍志》史部雜傳類著錄《王氏江左世家傳》二十
卷，題王褒撰。《通志·藝文略》著錄同。姚振宗《隋書經籍志考
證》"《王氏江左世家傳》二十卷"條題下小注云："此傳字似
誤加。"

王褒，《周書》卷四一、《北史》卷八三《文苑》有傳，《梁書》卷
四一《王規傳》附其事。《周書·王褒傳》云："王褒，字子淵，琅邪
臨沂人也。曾祖儉，齊侍中、太尉、南昌文憲公；祖騫，梁侍中、金
紫光禄大夫、南昌安侯；父規，梁侍中、左民尚書、南昌章侯。並
有重名於江左。褒識量淵通，志懷沉静，美風儀，善談笑，博覽史
傳，尤工屬文。"王褒之字，《周書》云"字子淵"，《北史》云"字子
深"，《梁書》云"字子漢"，姚振宗《隋書經籍志考證》"《王氏江左
世家傳》二十卷"條注云《周書》"因漢之王褒而誤，《北史》作子
深，又沿《周書》而避唐諱之誤"。姚振宗所言是，王褒，當字子
漢。王褒爲琅琊臨沂人，故其所作《王氏江左世家傳》當記琅琊
王氏，非太原王氏。章宗源《隋書經籍志考證》"《王氏江左世家
傳》二十卷"條云："《世説·品藻》篇注引《王氏世家》王褘之事，
乃太原王氏，其稱'世家'又與此相合。"章氏誤。

姚振宗《隋書經籍志考證》"《王氏江左世家傳》二十卷"條
云："蓋晉、宋、齊、梁及《南史》所載諸王列傳，皆取證於是書。"
宋、齊、梁及《南史》諸王列傳，或摭取《王氏江左世家傳》所載。

《王氏江左世家傳》今不見古籍舊注稱引其文。

暨氏家傳

佚。佚名撰。原一卷。

《隋書·經籍志》史部雜傳類著録《暨氏家傳》一卷，《舊唐書·經籍志》史部雜譜牒類、《新唐書·藝文志》史部雜傳記類、《通志·藝文略》史類傳記類著録同。姚振宗懷疑此即《暨豔別傳》，其《隋書經籍志考證》"《暨氏家傳》一卷"條案云："暨豔見《吳志·張温傳》，云字子休，吳郡人。温引致之，以爲選曹郎，至尚書，爲怨家所譖，自殺。疑此即其別傳歟？"

《暨氏家傳》今不見古籍舊注稱引其文。

周齊王家傳

佚。姚氏撰。原一卷。

《隋書·經籍志》史部雜傳類著録《周齊王家傳》一卷，題姚氏撰。《通志·藝文略》史類傳記類著録同。姚振宗《隋書經籍志考證》"《周齊王家傳》一卷"案云："本志題姚氏者，據《後周書·姚僧垣》附傳，乃姚最所撰也。最爲察之弟。"

《周齊王家傳》今不見古籍舊注稱引其文。

尔朱家傳

佚。王劭撰。原二卷。或作《爾朱氏家傳》。

《隋書·經籍志》史部雜傳類著録《尔朱家傳》二卷，題王氏撰。《舊唐書·經籍志》史部雜譜牒類著録《爾朱氏家傳》二卷，題王邵撰；《新唐書·藝文志》史部雜傳記類著録王劭《尔朱氏家傳》二卷,《通志·藝文略》史類傳記類著録《爾朱家傳》二卷,題王劭撰。

王劭,《隋書》卷六九有傳,其云:"王劭,字君懋,太原晉陽人也。父松年,齊通直散騎侍郎。劭少沈默,好讀書。弱冠,齊尚書僕射魏收辟參開府軍事,累遷太子舍人,待詔文林館。"遷中書舍人。齊滅,入周,不得調。入隋,授著作佐郎,以母憂去職。起爲員外散騎侍郎。煬帝立,遷祕書少監,數載,卒官。《隋書·王劭傳》又云:"劭在著作,將二十年,專典國史,撰《隋書》八十卷。……初撰《齊誌》,爲編年體二十卷,復爲《齊書》紀傳一百卷,及《平賊記》三卷。或文詞鄙野,或不軌不物,駭人視聽,大爲有識所嗤鄙。然其採摭經史謬誤,爲《讀書記》三十卷,時人服其精博。"未言及王劭撰《爾朱氏家傳》。《册府元龜》卷五五六《國史部·採撰》云:"王邵爲著作佐郎,以母憂去職,在家著《齊書》。時制禁私撰史,爲内史侍郎李元操所奏。帝怒,遣使收其書,覽而悦之。於是起爲員外散騎侍郎,遷秘書少監,卒。邵在著作將二十年,專典國史,撰《隋書》八十卷,初撰《齊誌》,爲編年體二十卷,復爲《齊書》紀傳一百卷,《平賊記》三卷,《爾朱氏家傳》二卷。"則在其撰作中列《爾朱氏家傳》。

王劭《尔朱家傳》今不見古籍舊注稱引其文。

周氏家傳

佚。佚名撰。原一卷。

《隋書·經籍志》史部雜傳類著録《周氏家傳》一卷,不題撰人。《通志·藝文略》史類傳記類著録同。

《周氏家傳》今不見古籍舊注稱引其文。

譜記

佚。孫氏撰。

孫氏《譜記》，劉知幾《史通·雜述》云："高門華胄，奕世載德，才子承家，思顯父母。由是紀其先烈，貽厥後來，若揚雄《家諜》、殷敬《世傳》、孫氏《譜記》、陸宗《系歷》，此之謂家史者也。"則初唐劉知幾或尚見之。

孫氏，不詳其名及所出。

孫氏《譜記》今不見古籍舊注稱引其文。

系歷

佚。陸宗撰。

陸宗《系歷》，劉知幾《史通·雜述》云："高門華胄，奕世載德，才子承家，思顯父母。由是紀其先烈，貽厥後來，若揚雄《家諜》、殷敬《世傳》、孫氏《譜記》、陸宗《系歷》，此之謂家史者也。"知陸宗《系歷》，初唐劉知幾尚見之。

陸宗，生平行事不詳。

陸宗《系歷》今不見古籍舊注稱引其文。

卷　下

梁故草堂法師傳　附草堂法師傳　草堂傳

《梁故草堂法師傳》，佚。陶弘景撰。原一卷。

《草堂法師傳》，佚。蕭理撰，一作蕭回理撰。原一卷。

《草堂傳》，佚。梁簡文帝蕭綱撰。

《隋書・經籍志》史部雜傳類著録《梁故草堂法師傳》一卷，不題撰人。《舊唐書・經籍志》史部雜傳類著録《草堂法師傳》一卷，陶弘景撰；《新唐書・藝文志》子部釋氏類著録陶弘景《草堂法師傳》一卷。《通志・藝文略》釋家類著録《梁故草堂法師傳》一卷，陶弘景撰。則《隋書・經籍志》所録《梁故草堂法師傳》一卷，當即陶弘景所撰。宋王質《紹陶録》卷上《華陽譜》亦云："晚年始堅此願，《唐志》有所著《草堂法師傳》，當時佛教雖隆，禪宗未開圓覺，以大中元年至，以是年去，留臺城十九日，度君不及相見。"《册府元龜》卷五五五《國史部・採撰》云："陶弘景爲諸王侍讀，後辭禄，自號華陽隱居，撰《帝代年曆》五卷、《周氏冥通記》一卷、《草法師傳》一卷。"

又，《舊唐書・經籍志》史部雜傳類著録《草堂法師傳》一卷，陶弘景撰；又著録"又一卷，蕭理撰"。《新唐書・藝文志》子部釋家類著録陶弘景《草堂法師傳》一卷，又著録"蕭回理《草堂法師傳》一卷"，《通志・藝文略》釋家類著録《梁故草堂法師傳》一卷，陶弘景撰，又著録"又一卷，蕭回理撰"。則陶弘景《梁故草堂法師傳》一卷之外，又有蕭理或蕭回理《草堂法師傳》一卷，蕭理、蕭回理當是同一人，生平行事不詳。

又，《文選》卷四三《書下·北山移文》"鍾山之英草堂之靈"李注引一節，作梁簡文帝《草堂傳》，其云："汝南周顒，昔經在蜀，以蜀草堂寺林壑可懷，乃於鍾嶺雷次宗學館立寺，因名草堂，亦號山茨。"宋人注杜詩或言及草堂，多據《文選》李注引此節，如宋郭知達編《九家集注杜詩》卷二一《西郊》詩"時出碧雞坊西郊向草堂"下注即引。《文選》李注引言之鑿鑿，題"梁簡文帝"《草堂傳》，則梁簡文帝蕭綱又撰《草堂傳》，傳中有周顒。

姚振宗《隋書經籍志考證》"《梁故草堂法師傳》一卷"條案云："章氏《考證》皆引之，蓋以此三家皆近似之也。考《南史》顒本傳，益州刺史蕭惠開攜顒入蜀，爲府參軍。又云顒長於佛理，於鍾山西立隱舍，休沐則歸之，是鍾山草堂寺起於顒。然顒無草堂法師之號，又卒於齊永明中，不當云'梁故'。考《藝文類聚》七十六有王筠撰《國師草堂法師智者約法師碑》，《梁書·孝義傳》云江紑第三叔祿與草堂寺智者法師善，蓋即其人也。"注云："智者約法師當在唐釋道宣《續高僧傳》中，今未得見。"則稱梁簡文帝《草堂傳》者，《文選》李注引有周顒，然周顒當非傳主，傳主另有其人。

梁武皇帝大捨

佚。嚴嵩撰。原三卷。

《隋書·經籍志》史部雜傳類著録《梁武皇帝大捨》三卷，題嚴嵩撰。《通志·藝文略》釋家類著録《梁皇大捨記》三卷，嚴嵩撰。《册府元龜》卷五五五《國史部·採撰》云"梁嵩撰《梁武帝大捨》三卷"。

嚴嵩,生平始末未詳。

梁武帝蕭衍佞佛,據《南史·梁武帝紀》,大通元年(527)創同泰寺,"初帝創同泰寺,至是開大通門以對寺之南門,取反語以協同泰,自是晨夕講義,多由此門,三月辛未,幸寺捨身"。中大通元年(529)秋九月癸巳,"幸同泰寺,設四部無遮大會,上釋御服,披法衣,行清淨大捨"。中大同元年(546)三月乙巳大赦,庚戌"幸同泰寺,講《金字三慧經》,仍施身"。太清元年(547),"三月庚子,幸同泰寺,設無遮大會,上釋御服,服法衣,行清淨大捨"。姚振宗《隋書經籍志考證》"《梁武皇帝大捨》三卷"條引韓愈《佛骨表》云梁武帝在位四十八年,前後三度捨身施佛云云,案云:"此亦云前後三度捨身施佛,則《南史》書大通元年幸寺捨身者似誤衍也。蓋止於中大通、中大同及太清三次耳。是書分爲三卷,或亦由此。"

《隋書·經籍志》子部雜家類著錄《皇帝菩薩清淨大捨記》三卷,題謝吳撰,注云"亡"。姚振宗《隋書經籍志考證》"《梁武皇帝大捨》三卷"又案云:"本志子部雜家又有《皇帝菩薩清淨大捨記》三卷,謝吳撰,書名、撰人並與此不同,未詳是一是二。"

嚴嵩《梁武皇帝大捨》今不見古籍舊注稱引其文。謝吳《皇帝菩薩清淨大捨記》,《隋書·經籍志》著錄時已亡佚。

正一真人三天法師張君內傳

佚。佚名撰。舊題王薦撰。原一卷。

《隋書·經籍志》史部雜傳類著錄《正一真人三天法師張君內傳》一卷,不題撰人。《舊唐書·經籍志》史部雜傳類著錄《三天法師張君內傳》一卷,王薦撰;《新唐書·藝文志》子部道家類著錄王薦《三天法師張君內傳》一卷;《通志·藝文略》道家類著錄《正一真人三天法師張君內傳》一卷,王薦撰。

正一真人三天法師張君，即張道陵。《三國志》卷八《魏書·張魯傳》云："張魯，字公祺，沛國豐人也。祖父陵，客蜀學道鵠鳴山中，造作道書以惑百姓，從受道者，出五斗米，故世號米賊。陵死，子衡行其道；衡死，魯復行之。"晉常璩撰《華陽國志》卷二《漢中志》云："漢末沛國張陵學道於蜀鶴鳴山，造作道書，自稱太清玄元以惑百姓。陵死，子衡傳其業；衡死，子魯傳其業。魯字公祺，以鬼道見信於益州牧劉焉，魯母有少容，往來焉家。"

張道陵之五斗米道，乃道教之初興，後道教漸盛，張道陵遂爲道教神仙譜系中重要神仙，《神仙傳》卷五、《歷世真仙體道通鑑》卷一八有傳。《神仙傳·張道陵傳》云："天師張道陵，字輔漢，沛國豐縣人也。本太學書生，博採《五經》。晚乃歎曰：'此無益於年命。'遂學長生之道，得《黃帝九鼎丹經》，修鍊于繁陽山，丹成服之，能坐在立亡，漸漸復少。後於萬山石室中，得隱書秘文及制命山嶽衆神之術，行之有驗。"《歷世真仙體道通鑑·張天師傳》云："天師真人姓張氏，諱道陵，字輔漢，沛豐邑人，留侯子房八世孫也。"

王萇，或作王長，生平事蹟不詳。姚振宗《隋書經籍志考證》"《正一真人三天法師張君內傳》一卷"條案云："然則此王萇殆琅邪王氏之族世奉五斗米道者，《真靈位業圖》有三天都護王長，即其人也。不詳何時。"姚氏所言是。《歷世真仙體道通鑑》卷一八《張天師傳》言及王長，乃天師弟子，天師別衆弟子云："吾今將遊涉山海，遠離塵境，棲寓幽渺，以究所學。與汝等別離，子等固如何也？""弟子有王長者，習天文，通黃老，留侍左右。遂散學徒。以清虛淡薄爲務，不交人事。王長負書行歌，同往雲錦山居。"《歷世真仙體道通鑑》卷一九有《王長傳》，傳略，僅云："真人王長，不知何所人也，從張正一真人學。真人往雲錦山，散群弟子，惟王長習天文，通黃老，留侍左右。長遂負書行歌，同真人往雲錦山，日侍真人。服丹戰鬼，積行累功，後於渠亭山，真人一日指長曰：'惟爾累世種善，宿有仙骨，可與成就矣。'遂盡得真人九鼎之要，白日飛升。"其事前卷《張天師傳》俱載，當是從《張天師傳》中取出王長事而成。

《正一真人三天法師張君内傳》，當出道教大規模造經、造傳之時，或與《正一經》等正一道派諸經録之造作有關。題王萇撰者，乃因王長爲張道陵弟子，託名而已。《歷世真仙體道通鑑·張天師傳》當據此傳，存其概貌。《三洞群仙録》卷二引本傳云："張道陵，留侯六代孫也。舉賢良方正，雖仕而志在鍊形，遂退隱北邙山。章帝以三品印綬起之，不就。入嵩山，遇神人告之曰：'石室中藏黃帝丹經琅函玉笈之書，子行必獲矣。'師從之，果得其書。於是築壇朝真以煉九丹，丹成，謂弟子王長曰：'服丹當沖天，然吾未有大功，豈敢遽服，宜爲國家除害興利，然後服之，則吾臣事三境亦無愧矣。'"又引一節："天師至仁壽縣，遇十二天游玉女，各獻玉環一隻，願事天師。師合而爲一環，謂之曰：'吾投於地中，先得之者納焉。'玉女爭取，愈取愈深，即禁之不出，因化爲鹽井，公私取之以爲利。其邑因爲陵郡，自道陵始也。"陳國符"疑取自已佚之《張陵傳》"[1]，或即此《正一真人三天法師張君内傳》。其所述之事亦見《歷世真仙體道通鑑·張天師傳》，文字散處前後，故《三洞群仙録》卷二所引當是節文。

《正一真人三天法師張君内傳》今不見古籍舊注稱引其文。

陸先生傳

佚。孔稚珪撰。原一卷。

《隋書·經籍志》史部雜傳類著録《陸先生傳》一卷，題孔稚珪撰。《通志·藝文略》道家類著録同《隋書·經籍志》。《册府

---

[1]陳國符：《道藏源流考》（新修訂版），中華書局2016年，第84頁。

元龜》卷五五五《國史部·採撰》云:"孔稚珪爲散騎常侍,卒,贈金紫光禄大夫。撰《陸先生傳》一卷。"

孔稚珪,《南齊書》卷四八有傳。其云:"孔稚珪,字德璋,會稽山陰人也。祖道隆,位侍中。父靈産,泰始中,罷晉安太守。"稚珪少學涉,有美譽。太守王僧虔見而重之,引爲主簿。州舉秀才。解褐宋安成王車騎法曹行參軍,轉尚書殿中郎。太祖爲驃騎,以稚珪有文翰,取爲記室參軍,遷正員郎,中書郎,尚書左丞。父憂去官,服闋,爲司徒從事中郎,州治中,別駕,從事史,本郡中正。永明七年(489),轉驍騎將軍,復領左丞。遷黄門郎,左丞如故。轉太子中庶子,廷尉。轉御史中丞,遷驃騎長史,輔國將軍。建武初,遷冠軍將軍、平西長史、南郡太守。永元元年(499),爲都官尚書,遷太子詹事,加散騎常侍。永元三年(501),稚珪疾,遂卒,年五十五。

孔稚珪作《陸先生傳》,姚振宗《隋書經籍志考證》"《陸先生傳》一卷"條所引有關孔稚珪生平及作《陸先生傳》文獻甚夥,又案云:"稚珪從褚伯玉受道法,見《南齊書·高逸傳》,蓋其家亦與王氏世事道者,故爲陸修静作傳。《雲笈七籤》載《簡寂陸先生傳》,其即是傳歟?"姚氏所言非是。《雲笈七籤》卷五《經教相承部·真系》下注云:"隴西李勃述",李勃,或作李渤。《真系》所錄《宋廬山簡寂陸先生》,當爲李勃所述,其傳末有"後孔德璋與果之書論先生"云云,則知非孔稚珪《陸先生傳》。但其當據《陸先生傳》而成之。元趙道一《歷世真仙體道通鑑》卷二四《陸修静傳》,多承《雲笈七籤》。

孔稚珪《陸先生傳》今不見古籍舊注稱引其文。

王喬傳

佚。佚名撰。原一卷。

　　《隋書·經籍志》史部雜傳類著録《王喬傳》一卷，不題撰人。《舊唐書·經籍志》史部雜傳類、《新唐書·藝文志》子部道家類、《通志·藝文略》道家類著録同《隋書·經籍志》。

　　《後漢書》卷八二上《方術列傳》有《王喬傳》，其云：

　　　　王喬者，河東人也。顯宗世，爲葉令。喬有神術，每月朔望，常自縣詣臺朝。帝怪其來數，而不見車騎，密令太史伺望之。言其臨至，輒有雙鳧從東南飛來。於是候鳧至，舉羅張之，但得一隻舄焉。乃詔尚方訦視，則四年中所賜尚書官屬履也。每當朝時，葉門下鼓不擊自鳴，聞於京師。後天下玉棺於堂前，吏人推排，終不搖動。喬曰：“天帝獨召我邪？”乃沐浴服飾寢其中，蓋便立覆。宿昔葬於城東，土自成墳。其夕，縣中牛皆流汗喘乏，而人無知者。百姓乃爲立廟，號葉君祠。牧守每班録，皆先謁拜之。吏人祈禱，無不如應。若有違犯，亦立能爲祟。帝乃迎取其鼓，置都亭下，略無復聲焉。或云此即古仙人王子喬也。

　　《後漢書·王喬傳》李注引劉向《列仙傳》曰：

　　　　王子喬，周靈王太子晉也。好吹笙，作鳳鳴。遊伊洛閒，道士浮丘公接上嵩山。三十餘年後，來於山上，告桓良曰：“告我家，七月七日待我緱氏山頭。”果乘白鶴駐山顛，望之不得到，舉手謝時人而去。

則《後漢書·方術列傳》採傳聞，言當時已有將王喬視爲《神仙傳》之王子喬。劉知幾《史通·雜説中》“諸晉史”云：“夫學未該博，鑒非詳正，凡所修撰，多聚異聞，其爲蹖駁，難以覺悟。案應劭《風俗通》載楚有葉君祠，即葉公諸梁廟也。而俗云孝明帝時有河東王喬爲葉令，嘗飛鳧入朝。及干寶《搜神記》，乃隱應氏所通，而收流俗怪説。又劉敬叔《異苑》稱晉武庫失火，漢高祖斬蛇劍穿屋而飛，其言不經。致梁武帝令殷芸編諸《小説》，及蕭方等撰《三十國史》，乃刊爲正言。既而宋求漢事，旁取令升之書；唐

徵晉語，近憑方等之録。編簡一定，膠漆不移。故令俗之學者，
説鳧履登朝，則云《漢書》舊記。談蛇劍穿屋，必曰晉典明文。摭
彼虛詞，成兹實録。語曰：‘三人成市虎。’斯言其得之者乎！”又
云：“馬遷持論，稱堯世無許由；應劭著録，云漢代無王喬，其言
讜矣。”①

　　章宗源《隋書經籍志考證》“《王喬傳》一卷”條以爲《太平御
覽》時序部所引蔡邕《王喬録》即此《王喬傳》，侯康《補後漢藝文
志》據《太平御覽》卷三三引蔡邕《王喬録》，徑題蔡邕撰，補録“蔡
邕《王喬傳》一卷”。姚振宗《隋書經籍志考證》“《王喬傳》一卷”
條案云：“《蔡中郎集》有《王子喬碑》，《御覽》所引即碑文中語而
稱爲録，或別有記録歟？……於是王喬遂有墓、有祠、有碑、頌並
有此傳記行於世。然與范書所載明帝時葉令飛鳧實各爲一事，
後人傅會其説，合爲一事，故《史通》別辨白之。章、侯兩家以蔡
氏《王喬録》謂即是傳，或當然。然亦竊疑後人取《列仙傳》、《搜
神記》、蔡氏碑、范氏傳諸説彙次成編焉。”姚氏所疑有理，此傳當
非蔡邕《王喬碑》。

　　《王喬傳》已佚，今不見古籍舊注稱引其文。

嵩高寇天師傳

　　佚。宋都能撰。原一卷。一作三卷。
　　《隋書·經籍志》史部雜傳類著録《嵩高寇天師傳》一卷，不
題撰人。《舊唐書·經籍志》史部雜傳類著録《嵩高少室寇天師
傳》三卷，宋都能撰；《新唐書·藝文志》子部神仙類著録宋都能
《嵩高少室寇天師傳》三卷。《通志·藝文略》道家類著録《嵩高

---

① 劉知幾撰，浦起龍釋：《史通通釋》卷一七《雜説中》，上海古籍出版社
　　1978 年，第 480 頁，第 481 頁。

寇天師傳》一卷，題宋都能撰。《隋書・經籍志》著録作“一卷”，未題撰人；而《舊唐書・經籍志》、《新唐書・藝文志》著録作“三卷”，題宋都能撰。抑其原本一卷，失撰者姓名，而後有宋都能者，增補爲三卷歟？

寇天師，即寇謙之，《魏書》卷一一四《釋老志》載其傳略云：“世祖時，道士寇謙之，字輔真，南雍州刺史讚之弟，自云寇恂之十三世孫。早好仙道，有絶俗之心。少修張魯之術，服食餌藥，歷年無效。幽誠上達，有仙人成公興，不知何許人，至謙之從母家傭賃。”因得師事。以神瑞二年（415）十月乙卯，太上老君來降，授寇謙之天師之位，賜雲中音誦新科之誡二十卷，號曰“並進”，又授服氣導引口訣之法。太平真君九年（448）羽化，年八十四。

宋都能，生平事蹟不詳，亦不知“宋”爲南朝劉宋之“宋”，而其人名“都能”；亦或其姓“宋”，全名“宋都能”。然以理推之，寇謙之生北魏，其道亦大行於北方，爲其作傳者，當是其門徒傳其術者，故其人當作宋都能，爲寇天師弟子。

《嵩高寇天師傳》今不見古籍舊注稱引其文。

華陽子自序

佚。茅濩玄撰。一作茅處玄撰。原一卷。

《隋書・經籍志》史部雜傳類著録《華陽子自序》一卷，不題撰人。《舊唐書・經籍志》史部雜傳類著録《華陽子自序》一卷，茅濩玄撰；《新唐書・藝文志》子部神仙類著録《華陽子自序》一卷，注：“茅處玄。”《通志・藝文略》道家類著録同《隋書・經籍志》。

《舊唐書・經籍志》題其作者爲“茅濩玄”，《新唐書・藝文志》注爲“茅處玄”，“濩”、“處”當因形近而訛。循《新唐書・藝文志》著録慣例,其作者在書名前,此以注標出,或以其有疑。又,此傳既名《華陽子自序》,其作者當爲華陽子,華陽子即陶弘景自號,即據題目,作者當爲陶弘景。姚振宗《隋書經籍志考證》"《華陽子自序》一卷"條案云:"茅處玄始末未詳,《新唐志》類從於《辛玄子自序》之次,疑亦得之於乩筆,處玄録以成編。"姚氏所言是,此傳當非陶弘景自序,故《舊唐書·經籍志》著録題茅虩玄撰、《新唐書·藝文志》著録注茅處玄撰,則其當是名茅虩玄或名茅處玄者所造。

《華陽子自序》今不見古籍舊注稱引其文。

太上真人内記

佚。李氏撰。原一卷。

《隋書·經籍志》史部雜傳類著録《太上真人内記》一卷,李氏撰。《通志·藝文略》道家類著録同。

李氏,不詳其人始末。

姚振宗《隋書經籍志考證》"《太上真人内記》一卷"案云:"太上真人即所謂太上老君也。亦即老子,太史公有列傳。此與《辛玄子自序》、《華陽子自序》皆似降乩所語,李氏録以爲記,其苗裔也。"姚氏所言此傳之出,"似降乩所語",近實焉。今道教與太上真人有關經書頗夥,此傳當爲道教造作經書時所造。

《太上真人内記》今不見古籍舊典稱引其文。

東山僧傳

佚。郗超撰。

《東山僧傳》,《隋書·經籍志》等史志書目無著録。《高僧傳序録》云:"中書郗景興《東山僧傳》、治中張孝秀《廬山僧傳》、中書陸明霞《沙門傳》,各競舉一方,不通今古,務存一善,不及餘行。"言及郗超撰《東山僧傳》。梁王曼穎《與皎法師書》亦略及,其云:"間有諸傳,又非隱括。景興偶採居山之人,僧寳偏綴遊方之士,法濟惟張高逸之例,法安止命志節之科,康泓專紀單開,王秀但稱高座,僧瑜卓爾獨載,玄暢超然孤録。唯釋法進所造,王巾有著,意存該綜,可擅一家。"①其所謂"景興偶採居山之人",當即指郗超撰《東山僧傳》。

郗超,郗愔子,郗鑒孫。《晉書》卷六七《郗鑒傳》附其傳,其云:"超字景興,一字嘉賓。少卓犖不羈,有曠世之度,交游士林,每存勝拔,善談論,義理精微。愔事天師道,而超奉佛。愔又好聚斂,積錢數千萬,嘗開庫,任超所取。超性好施,一日中散與親故都盡。其任心獨詣,皆此類也。"其生平行事已見前録。郗超奉佛,其作《東山僧傳》,在情理之中。

郗超《東山僧傳》,慧皎作《高僧傳》時當見之。其後散亡,今不見古籍舊注稱引其文。

廬山僧傳

佚。張孝秀撰。

慧皎《高僧傳序録》云:"中書郗景興《東山僧傳》、治中張孝秀《廬山僧傳》、中書陸明霞《沙門傳》,各競舉一方,不通今古,務存一善,不及餘行。"言及張孝秀嘗作《廬山僧傳》。

張孝秀,《梁書》卷五一《處士傳》有傳,其云:"張孝秀,字文逸,南陽宛人也。少仕州爲治中從事史;遭母憂,服闋,爲建安王

---

① 釋道宣:《廣弘明集》卷二四梁王曼穎《與皎法師書》,《四部叢刊》本。今湯用彤校注《高僧傳》附。見:釋慧皎撰,湯用彤校注,湯一玄整理:《高僧傳》卷第十四《高僧傳序録》,中華書局 1992 年,第 552 頁。

別駕。頃之，遂去職歸山，居于東林寺。有田數十頃，部曲數百人，率以力田，盡供山衆，遠近歸慕，赴之如市。孝秀性通率，不好浮華，常冠穀皮巾，躡蒲履，手執幷櫚皮麈尾。服寒食散，盛冬能臥於石。博涉群書，專精釋典。善談論，工隸書，凡諸藝能，莫不明習。普通三年（522），卒，時年四十二，室中皆聞有非常香氣。太宗聞甚傷悼焉，與劉慧斐書，述其貞白云。"此云張孝秀"居于東林寺"，"博涉群書，專精釋典"，其故張孝秀撰佛徒傳，其宜也。慧皎《高僧傳序錄》稱其"治中"，《晉書·張孝秀》亦云"少仕州爲治中從事史"，皆相合。

張孝秀《廬山僧傳》，慧皎撰《高僧傳》當見之，其後散佚，今不見古籍舊注稱引其文。

衆僧傳

佚。裴子野撰。原二十卷。

《隋書·經籍志》史部雜傳類著錄《衆僧傳》二十卷，題裴子野撰；《通志·藝文略》史類雜傳類著錄同。

《梁書·裴子野傳》："子野少時《集注喪服》、《續裴氏家傳》各二卷，抄合後漢事四十餘卷，又敕撰《衆僧傳》二十卷，《百官九品》二卷，附益《謚法》一卷，《方國使圖》一卷，文集二十卷，並行於世。又欲撰《齊梁春秋》，始草創，未就而卒。"知裴子野有《衆僧傳》二十卷。贊寧《宋高僧傳·序》言及裴子野撰《衆僧傳》："時則裴子野著《衆僧傳》、釋法濟撰《高逸沙門傳》、陸杲述《沙門傳》、釋寶唱立《名僧傳》，斯皆《河圖》作《洪範》之椎輪，土鼓爲《咸池》之壞器。"

裴子野《衆僧傳》今不見古籍舊注稱引其文。

沙門傳

　　佚。陸杲撰。原三十卷。

　　《梁書·陸杲傳》云：“杲素信佛法，持戒甚精，著《沙門傳》三十卷。”慧皎《高僧傳序錄》云：“中書郗景興《東山僧傳》、治中張孝秀《廬山僧傳》、中書陸明霞《沙門傳》，各競舉一方，不通今古，務存一善，不及餘行。”贊寧《宋高僧傳·序》亦言及陸杲撰《沙門傳》：“時則裴子野著《衆僧傳》、釋法濟撰《高逸沙門傳》、陸杲述《沙門傳》、釋寶唱立《名僧傳》，斯皆《河圖》作《洪範》之椎輪，土鼓爲《咸池》之壞器。”

　　陸杲，《梁書》卷二六、《南史》卷四八有傳。《梁書·陸杲傳》云：“陸杲，字明霞，吳郡吳人。祖徽，宋輔國將軍、益州刺史。父叡，揚州治中。”在齊，陸杲起家齊中軍法曹行參軍，太子舍人，衛軍王儉主簿。遷尚書殿中曹郎。後爲司徒竟陵王外兵參軍，遷征虜宜都王功曹史，驃騎晉安王諮議參軍，司徒從事中郎。入梁，爲驃騎記室參軍，遷相國西曹掾。天監元年（502），除撫軍長史，母憂去職。服闋，拜建威將軍、中軍臨川王諮議參軍，尋遷黃門侍郎，右軍安成王長史。陸杲在梁官至金紫光祿大夫，領揚州大中正。中大通四年（532）卒，時年七十四。

　　《沙門傳》今不見古籍舊注稱引其文。

法師傳

　　佚。王巾撰。原十卷。

　　《隋書·經籍志》史部雜傳類著錄《法師傳》十卷，題王巾撰。《通志·藝文略》釋家類著錄同《隋書·經籍志》。《册府元龜》卷五五五《國史部·採撰》云“王巾撰《法師傳》十卷”。王巾《法師

傳》或又名《僧史》,慧皎《高僧傳序録》云:"既三寶共叙,辭旨相
關,混濫難求,更爲蕪昧。瑯琊王巾所撰《僧史》,意似該綜,而文
體未足。"贊寧《宋高僧傳・序》亦云:"是以王巾《僧史》、孫綽《道
賢》,摹列傳以周流,象世家而布濩。"姚振宗《隋書經籍志考證》
"《法師傳》十卷"條案云:"慧皎《序》所言,則其書亦名《僧史》,以
竟陵王子良《三寶記》爲藍本。"

　　梁王曼穎《與皎法師書》亦言及王巾之作,其云:"間有諸傳,
又非隱括。景興偶採居山之人,僧寶偏綴遊方之士,法濟惟張高
逸之例,法安止命志節之科,康泓專紀單開,王秀但稱高座,僧瑜
卓爾獨載,玄暢超然孤録。唯釋法進所造,王巾有著,意存該綜,
可擅一家。"①此所謂"意存該綜",與慧皎所謂"意似該綜",其義
一也。

　　王巾,字簡栖。《文選》卷五九《碑文下・頭陀寺碑文》作者
"王簡栖"李注引《姓氏英賢録》曰:"王巾,字簡栖,琅邪臨沂人
也。有學業,爲《頭陀寺碑文》,詞巧麗,爲世所重。起家郢州從
事,征南記室。天監四年卒。碑在鄂州,題云'齊國録事參軍琅
邪王巾製'。"王巾《頭陀寺碑文》典麗有則,故《文選》録之。

　　王巾《法師傳》今不見古籍舊注稱引其文。

志節沙門傳

　　佚。釋法安撰。

　　慧皎《高僧傳序録》:"衆家記録,叙載各異。沙門法濟,偏叙
高逸一跡。沙門法安,但列志節一行。沙門僧寶,止命遊方一

---

① 釋道宣:《廣弘明集》卷二四梁王曼穎《與皎法師書》,《四部叢刊》本。今
　　湯用彤校注《高僧傳》附。見:釋慧皎撰,湯用彤校注,湯一玄整理:《高
　　僧傳》卷第十四《高僧傳序録》,中華書局1992年,第552頁。

科。沙門法進，迺通撰傳論。而辭事闕略，並皆互有繁簡，出没成異。"①梁王曼穎《與皎法師書》亦云："間有諸傳，又非隱括。景興偶採居山之人，僧寶偏綴遊方之士，法濟惟張高逸之例，法安止命志節之科，康泓專紀單開，王秀但稱高座，僧瑜卓爾獨載，玄暢超然孤録。唯釋法進所造，王巾有著，意存該綜，可擅一家。"②此言法安"但列志節一行"，"止命志節之科"，知釋法安曾撰沙門傳，未言其傳之名，據前釋法濟作《高逸沙門傳》，而慧皎云"偏叙高逸一跡"，法安所作，傳名或當作《志節沙門傳》，因以題其名。

釋法安，《高僧傳》卷六《義解》有傳，其云："釋法安，一名慈欽，未詳何許人，遠公之弟子也。善戒行，講説衆經，兼習禪業，善能開化愚曚，拔邪歸正。"晉義熙中嘗化新陽縣虎患，又夢得銅鐘。後不知所終③。《高僧傳·釋法安傳》未言及其作傳。《法苑珠林》卷一九《敬僧篇第八·感應緣》、《法苑珠林》卷八九《受戒篇三聚部第七·感應緣》節録《高僧傳·釋法安傳》大略。

釋法安《志節沙門傳》，慧皎嘗見之，今不見古籍舊注稱引其文。

遊方沙門傳

佚。釋僧寶撰。

① 釋慧皎撰，湯用彤校注，湯一玄整理：《高僧傳》卷第十四《高僧傳序録》，中華書局1992年，第525頁。
② 釋道宣：《廣弘明集》卷二四梁王曼穎《與皎法師書》，《四部叢刊》本。今湯用彤校注《高僧傳》附。見：釋慧皎撰，湯用彤校注，湯一玄整理：《高僧傳》卷第十四《高僧傳序録》，中華書局1992年，第552頁。
③ 釋慧皎撰，湯用彤校注，湯一玄整理：《高僧傳》卷第六《晉新陽釋法安》，中華書局1992年，第235—236頁。

　　慧皎《高僧傳序錄》："衆家記録，叙載各異。沙門法濟，偏叙高逸一跡。沙門法安，但列志節一行。沙門僧寶，止命遊方一科。沙門法進，迺通撰傳論。而辭事闕略，並皆互有繁簡，出没成異。"①又，梁王曼穎《與皎法師書》亦言及，其云："間有諸傳，又非隱括。景興偶採居山之人，僧寶偏綴遊方之士，法濟惟張高逸之例，法安止命志節之科，康泓專紀單開，王秀但稱高座，僧瑜卓爾獨載，玄暢超然孤録。唯釋法進所造，王巾有著，意存該綜，可擅一家。"②

　　此言僧寶"止命遊方一科"，"偏綴遊方之士"，知釋僧寶曾撰沙門傳，未及具體傳名爲何，據前釋法濟作《高逸沙門傳》，而慧皎云"偏叙高逸一跡"，僧寶所作，傳名或當作《遊方沙門傳》。因以題其名。

　　釋僧寶，《高僧傳》卷八《梁京師靈味寺釋寶亮》附其傳，云："時高座寺僧成、曠野寺僧寶，亦並齊代法匠。寶又善《三玄》，爲貴遊所重。"③知僧寶爲曠野寺僧，善《三玄》。《高僧傳》卷八《齊京師中興寺釋僧鍾》亦附其事，云："時與鍾齊名比德者，曇纖、曇遷、僧表、僧最、敏達、僧寶等，並各善經論，悉爲文宣所敬，迭興講席矣。"④知其善經論，知名當時。

　　僧寶《遊方沙門傳》，慧皎嘗見之，今不見古籍舊注稱引其文。

---

① 釋慧皎撰，湯用彤校注，湯一玄整理：《高僧傳》卷第十四《高僧傳序錄》，中華書局 1992 年，第 525 頁。

② 釋道宣：《廣弘明集》卷二四梁王曼穎《與皎法師書》，《四部叢刊》本。今湯用彤校注《高僧傳》附。見：釋慧皎撰，湯用彤校注，湯一玄整理：《高僧傳》卷第十四《高僧傳序錄》，中華書局 1992 年，第 552 頁。

③ 釋慧皎撰，湯用彤校注，湯一玄整理：《高僧傳》卷第八《梁京師靈味寺釋寶亮》，中華書局 1992 年，第 339 頁。

④ 釋慧皎撰，湯用彤校注，湯一玄整理：《高僧傳》卷第八《齊京師中興寺釋僧鍾》，中華書局 1992 年，第 307 頁。

江東名德傳

佚。釋法進撰。原三卷。

《隋書·經籍志》史部雜傳類著録《江東名德傳》三卷,題釋法進撰。《通志·藝文略》史類傳記類著録同。

慧皎《高僧傳序録》:"衆家記録,叙載各異。沙門法濟,偏叙高逸一跡。沙門法安,但列志節一行。沙門僧寶,止命遊方一科。沙門法進,迺通撰傳論。而辭事闕略,並皆互有繁簡,出没成異。"①慧皎云法進"迺通撰傳論",未言及其傳名,或即此《江東名德傳》,如是,其當有傳有論。梁王曼穎《與皎法師書》亦言及云:"間有諸傳,又非隱括。景興偶採居山之人,僧寶偏綴遊方之士,法濟惟張高逸之例,法安止命志節之科,康泓專紀單開,王秀但稱高座,僧瑜卓爾獨載,玄暢超然孤録。唯釋法進所造,王巾有著,意存該綜,可擅一家。"②所謂"意存該綜"者,與慧皎所云"迺通撰傳論",其義一也。

姚振宗《隋書經籍志考證》"《江東名德傳》三卷"條案云:"法進所撰疑别有其書,非此《江東名德傳》也。晉孫綽有《名德沙門論》、《名德沙門贊》,嚴氏《全晉文》編並輯並輯存其文,此三卷疑即孫氏書。本志此處傳寫似有脱誤。"姚氏所言或是,然無據,此存疑。

法進所撰《江東名德傳》,慧皎作《高僧傳》當見之,今不見古籍舊注稱引其文。

---

① 釋慧皎撰,湯用彤校注,湯一玄整理:《高僧傳》卷第十四《高僧傳序録》,中華書局 1992 年,第 525 頁。
② 釋道宣:《廣弘明集》卷二四梁王曼穎《與皎法師書》,《四部叢刊》本。今湯用彤校注《高僧傳》附。見:釋慧皎撰,湯用彤校注,湯一玄整理:《高僧傳》卷第十四《高僧傳序録》,中華書局 1992 年,第 552 頁。

參考書目

《史記》，〔漢〕司馬遷撰，〔南朝宋〕裴駰集解，〔唐〕司馬貞索隱，〔唐〕張守節正義，中華書局，2011。

《史記會注考證附校補》，〔日〕瀧川資言考證，〔日〕水澤利忠校補，上海古籍出版社，1986。

《漢書》，〔漢〕班固撰，〔唐〕顏師古注，中華書局，2011。

《漢書補注》，〔清〕王先謙撰，中華書局，1983。

《漢書注校補》，〔清〕周壽昌撰，張舜徽主編《二十五史三編》本，岳麓書社，1994。

《三國志》，〔晉〕陳壽撰，〔南朝宋〕裴松之注，中華書局，2011。

《三國志旁證》，〔清〕梁章鉅撰，張舜徽主編《二十五史三編》本，岳麓書社，1994。

《三國志集解》，〔清〕盧弼撰，中華書局影印 1957 年古籍出版社本，1982。

《後漢書》，〔南朝宋〕范曄撰，〔唐〕李賢注，中華書局，2011。

《晉書》，〔唐〕房玄齡等撰，中華書局，2011。

《宋書》，〔南朝梁〕沈約撰，中華書局，2011。

《南齊書》，〔南朝梁〕蕭子顯撰，中華書局，2011。

《梁書》，〔唐〕姚思廉撰，中華書局，2011。

《陳書》，〔唐〕姚思廉撰，中華書局，2011。

《魏書》，〔北齊〕魏收撰，中華書局，2011。

《周書》，〔唐〕令狐德棻等撰，中華書局，2011。

《北齊書》，〔唐〕李百藥撰，中華書局，2011。

《隋書》，〔唐〕魏徵等撰，中華書局，2011。

《南史》，〔唐〕李延壽撰，中華書局，2011。

《北史》，〔唐〕李延壽撰，中華書局，2011。

《舊唐書》，〔五代〕劉昫等撰，中華書局，2011。

《新唐書》，〔宋〕歐陽修、宋祁撰，中華書局，2011。

《建康實録》，〔唐〕許嵩撰，張忱石點校，中華書局，1986。

《資治通鑑》，〔宋〕司馬光撰，〔元〕胡三省注，中華書局，1976。

《十七史商榷》，〔清〕王鳴盛撰，黄曙輝點校，上海書店出版
    社，2005。

《廿二史劄記校證》（訂補本），〔清〕趙翼撰，王樹民校證，中華書
    局，1984。

《廿二史考異》，〔清〕錢大昕著，方詩銘、周殿傑校點，上海古籍出
    版社，2004。

《經典釋文》，〔唐〕陸德明撰，《四部叢刊初編》本。

《經典釋文彙校》，〔唐〕陸德明撰，黄焯彙校，中華書局，2006。

《通志·藝文略》，〔宋〕鄭樵撰，上海古籍出版社影印明陳宗夔校
    刻本，1990。

《文獻通考·經籍考》，〔元〕馬端臨撰，華東師範大學出版社，1985。

《文獻通考·經籍考》，〔元〕馬端臨撰，《十通》本，浙江古籍出版
    社影印，1988。

《續文獻通考·經籍考》，〔明〕王圻撰，（臺灣）文海出版社影明萬
    曆刊本。

《續文獻通考·經籍考》，清高宗敕撰，王雲五主編《萬有文庫》
    本，商務印書館，1936。（《十通》本，浙江古籍出版社影
    印，1988。）

《清朝文獻通考·經籍考》，清高宗敕撰，王雲五主編《萬有文庫》

本,商務印書館,1936。(《十通》本,浙江古籍出版社影印,1988。)

《清朝續文獻通考·經籍考》,劉錦藻撰,王雲五主編《萬有文庫》本,商務印書館,1936。(《十通》本,浙江古籍出版社影印,1988。)

《七略別録佚文》,[漢]劉向撰,[清]姚振宗輯,《續修四庫全書》本,上海古籍出版社,2002。

《七略佚文》,[漢]劉向撰,[清]姚振宗輯,《續修四庫全書》本,上海古籍出版社,2002。

《衆經目録》,[隋]法經等撰,《中華大藏經》本。

《歷代三寶記》,[隋]費長房撰,《中華大藏經》本。

《大唐内典録》,[唐]道宣撰,《中華大藏經》本。

《開元釋教録》,[唐]智昇撰,《中華大藏經》本。

《貞元新定釋教目録》,[唐]圓照撰,《中華大藏經》本。

《崇文總目》,[宋]王堯臣等撰,[清]錢東垣等輯,《叢書集成初編》本,1985。

《郡齋讀書志校證》,[宋]晁公武撰,孫猛校證,上海古籍出版社,1990。

《直齋書録解題》,[宋]陳振孫撰,徐小蠻、顧美華點校,上海古籍出版社,2006。

《子略》,[宋]高似孫撰,《續修四庫全書》本,上海古籍出版社,2002。

《遂初堂書目》,[宋]尤袤撰,文淵閣《四庫全書》本。

《國史經籍志》,[明]焦竑撰,《續修四庫全書》本,上海古籍出版社,2002。

《百川書志》,[明]高儒撰,《續修四庫全書》本,上海古籍出版社,2002。

《晁氏寶文堂書目》,[明]晁瑮撰,《續修四庫全書》本,上海古籍出版社,2002。

《徐氏家藏書目》,〔明〕徐𤊗撰,《續修四庫全書》本,上海古籍出版社,2002。

《世善堂藏書目録》,〔明〕陳第撰,《續修四庫全書》本,上海古籍出版社,2002。

《澹生堂藏書目》,〔明〕祁承㸁撰,《續修四庫全書》本,上海古籍出版社,2002。

《菉竹堂書目》,〔明〕葉盛編,《叢書集成初編》本,中華書局,1985。

《汲古閣珍藏祕本書目》,〔明〕毛扆撰,《叢書集成初編》本,中華書局,1985。

《四庫全書總目》,〔清〕永瑢等撰,中華書局影印本,1995。

《八千卷樓書目》,〔清〕丁仁編,《續修四庫全書》本,上海古籍出版社,2002。

《絳雲樓書目》,〔清〕錢謙益撰,《續修四庫全書》本,上海古籍出版社,2002。

《錢遵王述古堂藏書目録》,〔清〕錢曾撰,《續修四庫全書》本,上海古籍出版社,2002。

《述古堂藏書目》,〔清〕錢曾撰,《叢書集成初編》本,中華書局,1985。

《稽瑞樓書目》,〔清〕陳揆撰,《叢書集成初編》本,中華書局,1985。

《季滄葦藏書目》,〔清〕季振宜撰,《叢書集成初編》本,中華書局,1985。

《文瑞樓書目》,〔清〕金檀撰,《叢書集成初編》本,中華書局,1985。

《皕宋樓藏書志》,〔清〕陸心源撰,《續修四庫全書》本,上海古籍出版社,2002。

《傳是樓書目》,［清］徐乾學撰,《續修四庫全書》本,上海古籍出版社,2002。

《千頃堂書目》,［清］黃虞稷撰,文淵閣《四庫全書》本。

《孫氏祠堂書目》,［清］孫星衍撰,《叢書集成初編》本,中華書局,1985。

《愛日精廬藏書志》,［清］張金吾撰,《續修四庫全書》本,上海古籍出版社,2002。

《鐵琴銅劍樓藏書目錄》,［清］瞿鏞撰,《續修四庫全書》本,上海古籍出版社,2002。

《書目答問》,［清］張之洞撰,《續修四庫全書》本,上海古籍出版社,2002。

《讀書敏求記》,［清］錢曾撰,《續修四庫全書》本,上海古籍出版社,2002。

《士禮居藏書題跋記》,［清］黃丕烈撰,《叢書集成初編》本,中華書局,1985。

《鄭堂讀書記》,［清］周中孚撰,黃曙輝、印曉峰標校,上海書店出版社,2009年。

《越縵堂讀書記》,［清］李慈銘撰,中華書局,2006。

《日本國見在書目錄》,［日］藤原佐世撰,《古逸叢書》影舊鈔本。

《漢藝文志考證》,［宋］王應麟撰,開明書店《二十五史補編》本,中華書局,1955。

《隋書經籍志考證》,［清］章宗源撰,開明書店《二十五史補編》本,中華書局,1955。

《隋書經籍志考證》,［清］姚振宗撰,《續修四庫全書》本,上海古籍出版社,2002。

《漢書藝文志條理》,［清］姚振宗撰,開明書店《二十五史補編》本,中華書局,1955。

《漢書藝文志拾補》,［清］姚振宗撰,開明書店《二十五史補編》

本，中華書局，1955。

《補後漢書藝文志》，[清]侯康撰，開明書店《二十五史補編》本，中華書局，1955。

《後漢藝文志》，[清]姚振宗撰，開明書店《二十五史補編》本，中華書局，1955。

《補後漢書藝文志》，[清]顧櫰三撰，開明書店《二十五史補編》本，中華書局，1955。

《補後漢書藝文志並考》，[清]曾樸撰，開明書店《二十五史補編》本，中華書局，1955。

《三國藝文志》，[清]姚振宗撰，開明書店《二十五史補編》本，中華書局，1955。

《補三國藝文志》，[清]侯康撰，開明書店《二十五史補編》本，中華書局，1955。

《補晉書藝文志》，[清]丁國鈞撰，開明書店《二十五史補編》本，中華書局，1955。

《補晉書藝文志》，[清]文廷式撰，開明書店《二十五史補編》本，中華書局，1955。

《補晉書藝文志》，[清]秦榮光撰，開明書店《二十五史補編》本，中華書局，1955。

《補晉書經籍志》，[清]吳士鑑撰，開明書店《二十五史補編》本，中華書局，1955。

《補晉書藝文志》，[清]黃逢元撰，開明書店《二十五史補編》本，中華書局，1955。

《補宋書藝文志》，聶崇岐撰，開明書店《二十五史補編》本，中華書局，1955。

《補南齊書藝文志》，陳述撰，開明書店《二十五史補編》本，中華書局，1955。

《隋書經籍志補》，張鵬一撰，開明書店《二十五史補編》本，中華

　　書局,1955。

《四庫提要辨證》,余嘉錫撰,(香港)中華書局,1974。

《四庫全書總目提要補正》,胡玉縉撰,王欣夫輯,中華書
　　局,1964。

《四庫提要訂誤》,李裕民撰,書目文獻出版社,1990。

《四庫提要補正》,崔富章撰,杭州大學出版社,1990。

《古佚書輯本目錄》,孫啟治、陳建華編,中華書局,1997。

《文選》,〔南朝梁〕蕭統編,〔唐〕李善注,中華書局影清嘉慶十四
　　年胡克家本,1981。

《文選李注義疏》,〔南朝梁〕蕭統編,〔唐〕李善注,高步瀛義疏,曹
　　道衡、沈玉成點校,中華書局,1985。

《編珠》,〔隋〕杜公瞻撰,〔清〕高士奇校,日本文政十二年(1829)
　　刊本。

《北堂書鈔》,〔唐〕虞世南編,中國書店影南海孔氏三十有三萬卷
　　堂本,1989。

《藝文類聚》,〔唐〕歐陽詢編,汪紹楹校,上海古籍出版社,1995。

《初學記》,〔唐〕徐堅編,中華書局,1978。

《白氏六帖事類集》,〔唐〕白居易編,文物出版社,1987。

《白孔六帖》,〔唐〕白居易原本,〔宋〕孔傳續,上海古籍出版
　　社,1992。

《蒙求集注》,〔唐〕李瀚編,〔宋〕徐子光注,《四庫類書叢刊》本,上
　　海古籍出版社,1992。

《天地瑞祥志》,〔唐〕薩守真撰,任繼愈主編《中國科學技術典籍
　　通彙》天文卷第四分冊,河南教育出版社據日本昭和七年
　　(1932)抄本影印,1993。

《稽瑞》,〔唐〕劉賡撰,〔明〕許光祚訂,《後知不足齋叢書》本,清光
　　緒十年(1884)刊本。

《敦煌類書》,王三慶編,(臺灣)麗文文化事業股份有限公司,1993。

《太平廣記》,[宋]李昉等編,中華書局,1961。

《太平御覽》,[宋]李昉等編,中華書局影印本,1960。

《文苑英華》,[宋]李昉等編,中華書局影印本,1966。

《册府元龜》,[宋]王欽若等編,中華書局影印本,1982。

《事類賦》,[宋]吳淑編,《北京圖書館古籍珍本叢刊》本,書目文獻出版社影宋紹興十六年刻本,1988。

《事類賦注》,[宋]吳淑編,冀勤、王秀梅、馬蓉校點,中華書局,1989。

《玉海》,[宋]王應麟撰,廣陵書社,2003。

《職官分紀》,[宋]孫逢吉撰,文淵閣《四庫全書》本。

《海録碎事》,[宋]葉廷珪撰,李之亮校點,中華書局,2002。

《記纂淵海》,[宋]潘自牧撰,《北京圖書館古籍珍本叢刊》本,書目文獻出版社影宋本,1988。

《古今事文類聚》,[宋]祝穆撰,文淵閣《四庫全書》本。

《古今合璧事類備要》,[宋]謝維新撰,文淵閣《四庫全書》本。

《事物紀原》,[宋]高承撰,明正統九年(1444)序刊本。

《六朝事迹編類》,[宋]張敦頤撰,張忱石點校,上海古籍出版社,1995。

《錦繡萬花谷》,[宋]闕名,明嘉靖十五年(1536)序錫山秦汴繡石書堂刊本。

《翰苑新書》,[宋]闕名,文淵閣《四庫全書》本。

《羣書考索》,[宋]章如愚撰,明正德十三年(1518)建陽劉氏慎獨書齋刊本。

《古今事文類聚新集》,[元]富大用撰,文淵閣《四庫全書》本。

《韻府羣玉》,[元]陰時夫、陰中夫編,文淵閣《四庫全書》本。

《羣書類編故事》,[明]王罃輯,江蘇廣陵古籍刻印社,1990。

《天中記》,〔明〕陳耀文撰,清光緒四年(1878)聽雨山房重刻本。

《廣博物志》,〔明〕董斯張撰,明萬曆高暉同刻本。

《蜀中廣記》,〔明〕曹學佺撰,文淵閣《四庫全書》本。

《駢志》,〔明〕陳禹謨撰,文淵閣《四庫全書》本。

《御定淵鑑類函》,〔清〕張英、王士禛、王惔等撰,文淵閣《四庫全書》本。

《御定佩文韻府》,〔清〕張玉書等編,文淵閣《四庫全書》本。

《御定佩文韻府》,〔清〕張玉書等編,上海古籍出版社,1983。

《格致鏡原》,〔清〕陳元龍撰,文淵閣《四庫全書》本。

《真誥校注》,〔日〕吉川中夫、麥谷邦夫編,朱越利譯,中國社會科學出版社,2006 年。

《法苑珠林》,〔唐〕釋道世編,上海古籍出版社,1991。

《法苑珠林校注》,〔唐〕釋道世編,周叔迦、蘇晉仁校注,《中國佛教典籍選刊》本,中華書局,2003。

《上清道類事相》,〔唐〕王懸河撰,明《正統道藏》本。

《仙苑編珠》,〔唐〕王松年撰,明《正統道藏》本。

《三洞珠囊》,〔唐〕王懸河撰,明《正統道藏》本。

《雲笈七籤》,〔宋〕張君房編,書目文獻出版社,1992。

《雲笈七籤》,〔宋〕張君房編,李永晟點校,《道教典籍選刊》本,中華書局,2003。

《三洞群仙錄》,〔宋〕陳葆光撰,明《正統道藏》本。

《漢魏六朝百三家集》,〔明〕張溥輯,文淵閣《四庫全書》本。

《漢魏六朝百三名家集》,〔明〕張溥輯,民國六年(1917)上海掃葉山房石印本。

《歷代文紀》,〔明〕梅鼎祚輯,文淵閣《四庫全書》本。

《釋文紀》,〔明〕梅鼎祚輯,文淵閣《四庫全書》本。

《漢魏叢書》，〔明〕程榮輯，民國十四年（1925）上海商務印書館據明萬曆中新安程氏刊本影印。

《廣漢魏叢書》，〔明〕何允中輯，明末刊本。

《祕册彙函》，〔明〕沈士龍、胡震亨輯，明萬曆中刊本。

《津逮祕書》，〔明〕毛晉輯，民國十一年（1922）上海博古齋據明汲古閣本影印。

《全上古三代秦漢三國六朝文》，〔清〕嚴可均輯，中華書局，1999。

《增訂漢魏叢書》，〔清〕王謨輯，清乾隆五十六年（1791）金谿王氏刊本。

《重訂漢唐地理書抄》，〔清〕王謨輯，清嘉慶中金谿王氏刊本。

《玉函山房輯佚書》，〔清〕馬國翰輯，上海古籍出版社影印本，1990。

《玉函山房輯佚書續編》，〔清〕王仁俊輯，《玉函山房輯佚書續編三種》本，上海古籍出版社，1989。

《玉函山房輯佚書補編》，〔清〕王仁俊輯，《玉函山房輯佚書續編三種》本，上海古籍出版社，1989。

《經籍佚文》，〔清〕王仁俊輯，《玉函山房輯佚書續編三種》本，上海古籍出版社，1989。

《祕書廿一種》，〔清〕汪士漢輯，清康熙七年（1668）新安汪氏據《古今逸史》刊版重編印本。

《龍威祕書》，〔清〕馬俊良輯，清乾隆五十九年（1794）石門馬氏大酉山房刊本。

《心齋十種》，〔清〕任兆麟撰，清乾隆中震澤任氏忠敏家塾刊本。

《群書拾補》，〔清〕盧文弨輯，《叢書集成初編》本，中華書局，1985。

《龍谿精舍叢書》，〔清〕鄭堯臣輯，中國書店影印本，1991。

《學津討原》，〔清〕張海鵬輯，江蘇廣陵古籍刻印社影印本，1990。

《黃氏逸書考》，〔清〕黃奭輯，民國二十三年（1934）江都朱氏刊本。

《漢學堂知足齋叢書》，[清]黄奭輯，清道光中甘泉黄氏刊本。

《平津館叢書》，[清]孫星衍輯，清光緒十一年(1885)吳縣朱氏槐
　　廬家塾刊本。

《指海》，[清]錢熙祚、錢培讓輯，錢培傑續輯，清道光中金山錢氏
　　據《借月山房彙鈔》刊版重編增刊本。

《守山閣叢書》，[清]錢熙祚輯，民國十一年(1922)上海博古齋據
　　清錢氏本影印。

《問經堂叢書》，[清]孫馮翼輯，清嘉慶中承德孫氏刊本。

《經典集林》，[清]洪頤煊輯，民國十五年(1926)陳氏慎初堂據清
　　嘉慶間《問經堂叢書》本影印。

《浮谿精舍叢書》，[清]宋翔鳳撰，清嘉慶二十五年(1820)刊本。

《二酉堂叢書》，[清]張澍輯，清道光元年(1821)武威張氏二酉堂
　　刊本。

《十種古逸書》，[清]茆泮林輯，清道光十四年(1834)梅瑞軒
　　刊本。

《曼陀羅華閣叢書》，[清]杜文瀾輯，清咸豐同治間秀水杜氏刊、
　　清光緒十八年(1892)上海掃葉山房修補印本。

《古逸叢書》，[清]黎庶昌輯，江蘇廣陵古籍刻印社影印本，1990。

《心矩齋叢書》，[清]蔣鳳藻輯，清光緒中長洲蔣氏刊、民國十四
　　年(1925)文學山房重印本。

《十萬卷樓叢書》，[清]陸心源輯，清光緒中歸安陸氏刊本。

《月河精舍叢鈔》，[清]丁寶書輯，清光緒六年(1880)苕溪丁氏
　　刊本。

《半厂叢書》，[清]譚獻輯，清光緒中仁和譚氏刊本。

《傅氏家書》，[清]傅以禮輯，清光緒二年(1876)手稿本。

《士禮居黄氏叢書》，[清]黄丕烈輯，清光緒十三年(1887)上海蜚
　　英館據清黄氏刊本影。

《麓山精舍叢書》，[清]陳運溶輯，清光緒宣統間湘西陳氏刊本。

《雪堂叢刻》，羅振玉輯，民國四年（1915）上虞羅氏排印本。

《嘉業堂叢書》，劉承幹輯，民國七年（1918）吳興劉氏序刊本。

《關隴叢書》，張鵬一輯，民國十一年（1922）排印本。

《怡蘭堂叢書》，唐鴻學輯，民國十一年（1922）大關唐氏成都刊本。

《續古逸叢書》，張元濟等輯，1922—1957年上海商務印書館本。

《叢書集成初編》，中華書局，1985。

《魯迅輯録古籍叢編》，魯迅輯，人民文學出版社，1999。

《元和姓纂》（附四校記），[唐]林寶撰，岑仲勉校記，中華書局，1994。

《文心雕龍注》，[南朝梁]劉勰撰，范文瀾注，人民文學出版社，1998。

《詩品集注》，[南朝梁]鍾嶸撰，曹旭集注，上海古籍出版社，1994。

《文章緣起注》，[南朝梁]任昉撰，[明]陳懋仁注，《叢書集成初編》本，中華書局，1985。

《文録》，[宋]唐庚撰，《叢書集成初編》本，中華書局，1985。

《文則》，[宋]陳騤撰，人民文學出版社，1998。

《文章精義》，[元]李塗撰，王利器校點，人民文學出版社，1998。

《續文章緣起》，[明]陳懋仁撰，[清]曹溶輯、陶樾增訂，《學海類編》本，江蘇廣陵古籍刻印社，1994。

《文章辨體序説》，[明]吳訥撰，于北山點校，人民文學出版社，1998。

《文體明辨序説》，[明]徐師曾撰，羅根澤點校，人民文學出版社，1998。

《文原》，[明]宋濂撰，[清]曹溶輯、陶樾增訂，《學海類編》本，江蘇廣陵古籍刻印社，1994。

《文脈》,[明]王文禄撰,[清]曹溶輯、陶樾增訂,《學海類編》本,
　　江蘇廣陵古籍刻印社,1994。

《文評》,[明]王世貞撰,[清]曹溶輯、陶樾增訂,《學海類編》本,
　　江蘇廣陵古籍刻印社,1994。

《藝概箋注》,[清]劉熙載撰,王氣中箋注,貴州人民出版
　　社,1986。

《史通通釋》,[唐]劉知幾撰,[清]浦起龍釋,白玉崢校點,上海古
　　籍出版社,1978。

《〈史略〉校箋》,[宋]高似孫撰,周天游校箋,書目文獻出版
　　社,1987。

《史見》,[清]陳遇夫撰,《叢書集成初編》本,中華書局,1985。

《文史通義校注》,[清]章學誠撰,葉瑛校注,中華書局,1985。

後　記

　　余治漢魏六朝雜傳有年矣，始欲"涸澤而漁"，擬作漢魏六朝雜傳"三書"，以"叙録"檢其篇目，以"輯校"彙其文本，以"研究"審其流變。在史學與文學雙重視閾下審視漢魏六朝雜傳品格及其歷史流變的《漢魏六朝雜傳研究》最早成書，以彙集散佚漢魏六朝雜傳、校定文本的《漢魏六朝雜傳集》繼而成帙，而以全面調查、清理漢魏六朝雜傳篇目及其相關文獻的《漢魏六朝雜傳叙録》今乃始成。

　　時正孟春，草木初蘇，園中紫玉蘭的枝頭已冒出顆顆花苞，心形，高高舉起，紫色暈染的花瓣已隱然可見，正欲一瓣一瓣打開。柳條雖尚未萌芽，但已在潮濕的暮靄中變得柔軟了，仿佛欲煙。紫荆樹光滑的枝榦突然擠滿密密麻麻的豆粒般的花蕾，也許明朝南風一吹，就會爆開成千朵萬朵。結香知春早，珊瑚般的樹枝上，已綴滿半球形的花團，淡青的黄，優雅玲瓏。只有一帶斜坡的草地，還是向來的枯黄，而踏行其上，軟軟地，仿佛有某種力量在蘊積、在萌動……

　　又一個春天正悄悄來臨。春朝多懷，易生無由之輕愁。南窗前的三株櫻樹，枝頭已是點點花痕，不數日，便將會繁花滿目。向來兩個春天，遭遇疫情，都在居家，三株櫻樹的繁花，讓無法四處悠遊尋花的禁足生活，可見可感春日的美好。不知這個春天是否可得有逐春的機緣。轉念，無論如何，至少還有這三株櫻樹的燦爛，可以坐賞。因想起西雅圖華盛頓大學的櫻花廣場，廣場上幾十株年逾百年的櫻花樹，春來繁花盛放，熱鬧壯觀。西雅圖多雨，那些百年櫻樹，嶙峋虯曲的枝幹上，一年四季都是濕漉漉的，莓苔堆積，不時在巨大的老幹間生出一條細細的柔嫩的新枝，搖曳數朵新鮮嬌艷的櫻花，每睹見，無不惻然憐惜。憶昔客訪華大，朝暮流連，興意盎然。

年年春來，草木枯而復榮，一季紅紫芬芳，歲歲可期。如我不敏如斯，於學問一途，窮人生百年，能得一而有所成，已是奢望。惟孜孜矻矻，日將月就，以終歲月而已。

　　　　　　　　　　　壬寅春分日熊明識於耕煙堂